de Gruyter Studienbuch

Stephen Barbour/Patrick Stevenson

Variation im Deutschen

Soziolinguistische Perspektiven

Übersetzt aus dem Englischen von
Konstanze Gebel

Walter de Gruyter · Berlin · New York
1998

Titel der englischen Originalausgabe:
Stephen Barbour and Patrick Stevenson,
Variation in German: A critical approach to German sociolinguistics
© Copyright für die englische Ausgabe 1990 by Cambridge University Press

Gedruckt auf säurefreiem Papier, das die US-ANSI-Norm über Haltbarkeit erfüllt.

Die Deutsche Bibliothek — CIP-Einheitsaufnahme

Barbour, Stephen:
Variation im Deutschen / Stephen Barbour/Patrick Stevenson.
Übers. aus dem Engl. von Konstanze Gebel. — Berlin ; New York :
de Gruyter, 1998
(De-Gruyter-Studienbuch)
Einheitssacht.: Variation in German <dt.>
ISBN 3-11-014581-2

Printed in Germany
Satz: Dörlemann Satz, Lemförde
Druck: Werner Hildebrand, Berlin
Buchbinderische Verarbeitung: Lüderitz & Bauer-GmbH, Berlin
Einbandgestaltung: Hansbernd Lindemann, Berlin

Vorwort

Das vorliegende Buch wäre sicher nie zustande gekommen, hätten wir nicht von zahlreichen Kollegen und Freunden Hilfe, Rat und moralische Unterstützung erfahren. Aus Platzgründen können hier nur wenige namentlich erwähnt werden, doch unser herzlicher Dank gilt selbstverständlich ihnen allen.

Peter Trudgill, Norbert Dittmar, Martin Durrell und Reinhard Bichsel sahen größere Teile des Manuskriptes durch, gaben wertvolle Hinweise und äußerten konstruktive Kritik. Peter Schlobinski versorgte uns mit vielen interessanten Informationen und war uns mehrfach ein großzügiger und anregender Gastgeber. Seine Begeisterung für seine Heimatstadt Berlin hat uns immer wieder beeindruckt und inspiriert, und wir hoffen, daß es noch vielen anderen Germanisten so oder ähnlich ergehen wird.

In unserem engeren Kollegenkreis sind wir insbesondere Anne Judge, Margaret Rogers, Olga Lalor, Clare Mar-Molinero und Bill McCann verpflichtet, die uns in diversen Stadien unverzichtbare Hilfe und Ratschläge zukommen ließen. Penny Carter, Judith Ayling, Marion Smith und Ginny Catmur vom Verlagshaus Cambridge University Press standen uns mit viel Geduld beim Redigieren zur Seite.

Spezieller Dank gebührt ferner Chris Moss, der in breitem Umfang an der Konzipierung dieses Projektes beteiligt war und beinahe zu einem Mitautor geworden wäre. Sein Beitrag erstreckt sich auf viele Abschnitte des Buches, spiegelt sich aber besonders deutlich im Kapitel 3 wider.

Die Entscheidung, die Originalfassung dieses Buches ins Deutsche übertragen zu lassen, wurde maßgeblich von Klaus J. Mattheier herbeigeführt und unterstützt. Auch ihm sind wir sehr verpflichtet.

Dankbar erwähnt seien an dieser Stelle schließlich noch die Bibliothek des Instituts für Deutsche Sprache Mannheim und das Institut für Deutsche Sprache ‚Deutscher Sprachatlas‘ der Universität Marburg, wo man uns deren außergewöhnlich reiche Sammlung von Primär- und Sekundärliteratur zur Verfügung stellte, sowie der Deutsche Akademische Austauschdienst und die Universitäten von Surrey und Southampton, die uns die Nutzung der genannten Institutionen finanziell ermöglicht haben.

London, im Oktober 1996

Stephen Barbour
Patrick Stevenson

Inhalt

6   **Standard- und Nichtstandard-Deutsch:**
        ihre Rollen in der Gesellschaft   199

7   **Sprache in multilingualen Gesellschaften:**
        Deutschland und die Schweiz   211

Abkürzungsverzeichnis

Abb.	Abbildung	norddt.	norddeutsch
Abk.	Abkürzung	nördl.	nördlich
Abschn.	Abschnitt	OMS	obere Mittelschicht
AE	amerikanisches Englisch	orig.	original
Akk.	Akkusativ	OS	Oberschicht
allg.	allgemein	österr.	österreichisch
BE	britisches Englisch	proto-ide.	protoindoeuropäisch
bzgl.	bezüglich	Pers.	Person
dän.	dänisch	Pl.	Plural
Dat.	Dativ	russ.	russisch
d.h.	das heißt	S.	Seite
DH	Deutsche Hochlautung	Sg.	Singular
dial.	dialektal	schott.	schottisch
dt.	deutsch	schweiz.	schweizerisch
engl.	englisch	s.o.	siehe oben
fem.	femininum	sog.	sogenannt
frz.	französisch	standardspr.	standardsprachlich
Gen.	Genitiv	sth.	stimmhaft
Ggs.	Gegensatz	stl.	stimmlos
hochdt.	hochdt.	süddt.	süddeutsch
hochspr.	hochsprachlich	südl.	südlich
höfl.	höflich	s.u.	siehe unten
ide.	indoeuropäisch	u.a.	und andere; unter anderem
idg.	indogermanisch	u. dgl.	und dergleichen
i.d.R.	in der Regel	u.E.	unseres Erachtens
Jh.	Jahrhundert	ugs.	umgangssprachlich
Kap.	Kapitel	UMS	untere Mittelschicht
lat.	lateinisch	urspr.	ursprünglich
ling.	linguistisch	US	Unterschicht
mask.	maskulinum	usw.	und so weiter
mittelbair.	mittelbairisch	u.U.	unter Umständen
mittl.	mittlere	Vgl./vgl.	Vergleich/vergleiche
MS	Mittelschicht	vs.	versus
ndl.	niederländisch	westl.	westlich
neutr.	neutrum	wörtl.	wörtlich
nicht-		zit.	zitiert
standardspr.	nichtstandardsprachlich	z.B.	zum Beispiel
niederdt.	niederdeutsch	z.Z.	zur Zeit
Nom.	Nominativ	z.T.	zum Teil
nordbair.	nordbairisch		

Abbildungsverzeichnis

Kartenverzeichnis

Tabellenverzeichnis

1 Einleitung

1.1 Was ist Deutsch und wer spricht es?

1.1.1 Definitionsprobleme

Ein großer Anteil sprachwissenschaftlicher Studien ist der ernsthaften Beantwortung recht trivial anmutender Fragen gewidmet. Wären aber angemessene Erklärungen tatsächlich so naheliegend, wie man auf den ersten Blick annehmen möchte, hätte die Linguistik keinerlei Anspruch darauf, als eine „Wissenschaft" anerkannt und entsprechend ernst genommen zu werden. Trügerisch einfache Probleme werden auch in anderen akademischen Bereichen thematisiert, man denke nur an die Physik: Warum dreht sich z.B. der beim Ablassen von Wasser aus einer Wanne entstehende Strudel in der nördlichen Hemisphäre im Uhrzeigersinn und in der südlichen entgegengesetzt?

Das Studium sprachlicher Variation ist zweifellos ein kompliziertes, vieldimensionales Unterfangen. Das vorliegende Buch sucht diese Erfahrung zu veranschaulichen und ihre Relevanz für den akademischen Bereich wie auch für öffentliche Diskussionen zu demonstrieren, denn zu welchem Aspekt menschlicher Tätigkeit, wenn nicht zu Sprache, hat schon jeder und jede einzelne von uns konkrete Ansichten? Unsere Aufmerksamkeit gilt speziell dem Deutschen, doch die in diesem Kontext aufgeworfenen Fragen dürften für das Studium aller Sprachen relevant sein.

Damit kommen wir auf den Titel dieses Abschnitts zurück. Leicht unterliegt man der Versuchung, die zwei Fragen mit dem Gedanken abzutun, daß das Deutsche die in den sog. deutschsprachigen Ländern verwendete Sprache sei. Viele Leute würden die betreffende Region sogleich als Deutschland, Österreich, die Schweiz und Liechtenstein definieren und das Deutsche als die Muttersprache der Einwohner dieser vier Staaten verstanden wissen wollen. In der Schweiz werden allerdings auch das Französische, das Italienische und das Rätoromanische als Muttersprache erlernt, weshalb man sich für unsere Zwecke auf die Deutschschweiz festlegen müßte. Diese einfache Antwort birgt jedoch noch ganz andere Stolpersteine. Zunächst einmal enthält sie einen logischen Kreisschluß, wäre also als Definition prinzipiell ungeeignet. Sie ist ebenso aufschlußreich wie die Feststellung, daß

Rot die Farbe roter Blumen ist: nicht falsch, aber keine wirkliche Antwort auf die Frage, was ,das Deutsche' konstituiere. Außerdem engt sie die Wirklichkeit ein. Es gibt hunderttausende Menschen, die außerhalb der vier sog. deutschsprachigen Länder leben und sich der Sprache ständig oder zumindest unter bestimmten Umständen bedienen. Schätzungen zufolge gibt es heute zwischen 52 und 120 Millionen auf etwa 30 Staaten verstreut lebende Muttersprachler des Deutschen. Selbst wenn wir berücksichtigen, daß diese Angaben aus Selbsteinschätzungen hervorgegangen und folglich mit großer Vorsicht zu genießen sind, können wir also davon ausgehen, daß es eine Vielzahl von Ländern gibt, in denen beträchtliche Bevölkerungsteile ihre Sprache dem Deutschen zurechnen. Was, wenn nicht Deutsch, sind ihre Sprachen (vgl. entsprechende Ausführungen in Ammon 1991)?

Aus diesem Gedanken ergibt sich ein dritter Einwand. Die so verführerisch einfache Antwort geht von einem Grad sprachlicher Uniformität aus, den jeder, der zumindest geringen Umgang mit dem Deutschen gehabt hat, sofort bestreiten würde. Der Wahrheit erheblich näher kommt die These, daß sich alle Sprachen in mehr oder weniger großer Mannigfaltigkeit realisieren, von künstlichen Sprachen wie Esperanto oder COBOL einmal abgesehen. Analysen der Variation des Deutschen konzentrieren sich einerseits auf den Kontakt des Deutschen mit anderen Sprachen und die Frage, wo die sie trennenden Grenzen liegen (siehe 1.1.3), und andererseits auf die Typen und das Ausmaß interner Variation. Das Deutsche ist wahrscheinlich die vielgestaltigste Sprache Europas, weshalb nicht wenige seiner ausländischen Studenten bei ihrem ersten Besuch eines sog. deutschsprachigen Landes verblüfft sind, daß die ihnen dort begegnende Sprache wenig Ähnlichkeit mit jener hat, die sie aus ihren Schulen und Universitäten kennen. Viele fortgeschrittene Lernende sind sich aber zumindest der historisch-genealogisch bedingten Variation des Deutschen bewußt und wären bereit, die folgenden fünf Texte im einen oder anderen Sinne als ,Deutsch' zu akzeptieren:

Lukas-Evangelium 2, 4–6

1963: Da wanderte auch Joseph von Galiläa, aus der Stadt Nazareth, nach Judäa in die Stadt der Familie Davids, nach Bethlehem. Denn er gehörte zur Familie und zum Stamme Davids. Und er ließ sich in die Listen des Kaisers mit Maria zusammen, seiner Verlobten, eintragen. Maria aber war schwanger. Als sie in Bethlehem waren, kam die Zeit für sie, zu gebären.

1739: Da machte sich aber Joseph auf, von Galiläa, aus der stadt Nazareth, in Judäa, in die stadt Davids, die Bethlehem heisset, weil er aus dem hause und familie Davids war, auf daß er sich aufschreiben liesse mit seiner braut Maria, die empfangen hatte. Und als sie daselbst waren, kam die zeit, daß sie gebähren solte.

1522 (Luthers Bibel): Da macht sich auff, auch Joseph von Gallilea, aus der stadt Nazareth, ynn das Judisch land, zur stad Dauid, die da heyst Bethlehem, darumb, das er von dem hauße und geschlecht Dauid war, auff das er sich schetzen ließe mit Maria seynem vertraweten weybe, die gieng schwanger. Vnnd es begab sich, ynn dem sie daselbst waren, kam die zeyt das sie geperen sollte.

1343: Abir Jōsēph gīnc ouch ūf von Galilēa von der stat Nazarēth in Judēam in die stat Dāvīdis, di geheizen ist Bēthlehēm, darumme daz her was von dem hūse und von dem gesinde Dāvīdis, ūf daz her vorjehe mit Marīen ime vortrûwit zů einer hů svrowin swangir. Und geschēn ist, dō so dā wāren, dō sint irfullit ire tage, daz si gebēre.

frühes 9. Jahrhundert: Fuor thō Ioseph fon Galieu fon thero burgi thiu hiez Nazareth in Iudeno lant inti in Dauides burg, thiu uuas ginemnit Bethleem, bithiu uuanta her uuas fon huse inti fon hiuuiske Dauides, thaz her giiahi saman mit mariun imo gimahaltero gimahhun sō scaffaneru. Thō sie thar uuarun, vvurðun taga gifulte, thaz siu bari.

Quelle: von Polenz 1978

Die wenigsten Studenten sind jedoch auf die Vielfalt der modernen deutschen Sprache vorbereitet. Variation hat mit geographischen Gegebenheiten zu tun, wird aber auch von situationsgebundenen Faktoren und dem Verhältnis zwischen den Sprechenden beeinflußt. Sie kann als ein Merkmal aller natürlichen Sprachen betrachtet werden. Was die Variation des Deutschen so ungewöhnlich macht, sind ihre erstaunlichen Ausmaße und vielfältigen Abstufungen.

1.1.2 Zum Spektrum der Variation des Deutschen

Textbeispiele:

1(a) Das Flugzeug wurde von einer mit einer Pistole bewaffneten Frau entführt und zur Kursänderung gezwungen.
(aus einem Bericht in der *Frankfurter Allgemeinen Zeitung*)

1(b) Eine Frau, die mit einer Pistole bewaffnet war, hat das Flugzeug entführt und es gezwungen, seinen Kurs zu ändern.

2(a) Da bei dem Wolfe Verknappungen auf dem Ernährungssektor vorherrschend waren, beschloß er, bei der Großmutter der Rotkäppchen unter Vorlage falscher Papiere vorsprachig zu werden.
(aus: *Zeitschrift für Strafvollzug*, nachgedruckt in Eggerer und Rötzer 1978)

2(b) Da der Wolf großen Hunger hatte, beschloß er, sich zu verkleiden und die Großmutter der Rotkäppchen zu besuchen.

3(a) Gnädige Frau, ich hab de Pferde derweile angeschirrt. A Jorgel und 's Karlchen hat d'r Herr Kandedate schon in a Wagen gesetzt. Kommt's gar schlimm, da fahr m'r los.
(aus: Gerhard Hauptmann, *Die Weber*)

3(b) Gnädige Frau, ich habe die Pferde inzwischen angeschirrt. Der Herr Kandidat hat Jorgel und Karlchen schon in den Wagen gesetzt. Wenn es schlimm wird, dann fahren wir los.

4(a) Das Antörnen der Teenies ist für unser Land eine echt coole Sache. Auch wird jeder ne geile Azubistelle raffen können, nur nicht immer dort, wo seine Alten rumhängen. Ein so aufgemotztes und aufgepowertes Land muß es checken, diesen Brasel zu schnallen.

4(b) Unser Staat braucht die zupackende Mitarbeit der jungen Generation. In diesem Jahr werden alle Jugendlichen, die ausbildungswillig und ausbildungsfähig sind, eine Lehrstelle erhalten können. Allerdings wird nicht jeder – das sage ich schon seit Mo-

naten – seinen Wunschberuf erlernen und nicht jeder dort in die Lehre gehen können, wo er möchte, wo er wohnt. Ein hochentwickeltes Industrieland wie die Bundesrepublik muß es möglich machen, diese schwierige Aufgabe zu lösen.
(aus einer Rede von Helmut Kohl; beide Versionen erschienen in *Der Sprachdienst*
1/2, 1984)

5(a) Der Bundeskanzler hat im Spionage-Skandal einen erschreckenden Mangel an Ur-
teilskraft gezeigt.

5(b) Der Kohl ist vielleicht auf'n Arsch gefallen wegen den Spionen!

6(a) Darf ich Sie bitten, das Fenster zuzumachen?

6(b) Mensch, mach doch mal endlich das Fenster zu!

7(a) Der im Kanton Zürich immatrikulierte Autocar verweigerte dem Velofahrer den
Vortritt und drängte ihn über das Strassenbord hinaus.
(aus: Haas 1982)

7(b) Der im Kanton Zürich angemeldete Bus verweigerte dem Radfahrer die Vorfahrt und
drängte ihn über den Straßenrand hinaus.

Bei (a) und (b) handelt es sich zunächst einmal um verschiedene sprachliche
Realisierungen gleicher Mitteilungen. Die Aussagen stimmen sachlich überein, aber sie divergieren auf einer Ebene, die weniger mit Wortbedeutung
(Denotation) zu tun hat als mit durch Wortform und Textstruktur vermittelten Botschaften. 1(a) z.B. schildert denselben Vorgang wie 1(b), steht
aber im Passiv *(wurde .. entführt und … gezwungen)* und enthält anstelle des
Relativsatzes eine Partizipialkonstruktion *(eine mit einer Pistole bewaffnete
Frau)* sowie anstelle des erweiterten Infinitivs mit *zu* + Akkusativobjekt eine
präpositionale Fügung *(zur Kursänderung)*. Daraus läßt sich mit einiger Sicherheit schließen, daß wir es mit gehobener Sprache bzw. **Schriftsprache**
zu tun haben: In der Syntax realisieren sich ein bestimmtes **Register**[1] und
eine bestimmte Textsorte. Im Beispiel 2(a) wird sowohl mit **syntaktischen**
als auch mit lexikalischen Mitteln eine bestimmte Fachsprache realisiert (Ju-
ra-Jargon). Version 2(b) hat derartige Merkmale nicht und repräsentiert einen Erzählstil, der für die Textsorte ‚Märchen‘ typisch ist.

Beispiel 3(a) zeigt den Versuch eines Dramatikers des 19. Jahrhunderts, die
dialektgefärbte Sprache eines aus Schlesien stammenden Dieners wiederzu-
geben. Dabei kommt es weniger darauf an, fehlerfrei einen bestimmten Dialekt zu reproduzieren, als darauf, mit Hilfe der Sprache den sozialen Status
des Sprechenden zu unterstreichen. Intensiviert wird dieser Effekt durch die
Tatsache, daß die besser gestellten Figuren **Standard**deutsch sprechen. Die
unter 3(b) aufgeführte angeglichene Version illustriert, wieviel ohne den
Kontrast verlorenginge. An anderer Stelle wußte ihn der Autor übrigens auf

---

[1] Bei ‚Register‘ handelt es sich um einen Terminus, der dem englischen ‚register‘ ange-
lehnt ist. Gemeint ist innersprachliche Variation in Abhängigkeit vom jeweiligen Ver-
wendungszweck bzw. -kontext. Unter Register versteht man sowohl die textsortenspe-
zifische Anpassung von Sprache als auch ihre stilistische Variation.

noch subtilere Weise zu nutzen: Der durch Panik ausgelöste Rückfall der Fabrikbesitzerfrau von (erlerntem) Standarddeutsch in ihren (ursprünglichen) Dialekt ist nur ein Beispiel für die enthüllende Wirkung von stilistischer Variation. Das kontextbedingte unbewußte Übergleiten von einer **Varietät** in die andere (*code shifting*) ist ein weit verbreitetes Phänomen und wurde offenbar schon als solches anerkannt, bevor sich Linguisten dafür zu interessieren begannen. Man war sich aber nicht darüber im klaren, welcherart Kontraste solche Stil- und **Code**verschiebungen ausmachten und auf welche Art und Weise der durch außersprachliche Faktoren gesteuerte vorübergehende Wechsel von einer Sprachform in die andere zustande kommt.

Die Textbeispiele 4, 5 und 6 haben gemeinsam, daß alle Versionen Merkmale enthalten, die etwas über das Verhältnis zwischen Sprecher und Adressat vermitteln. Ähnlich 2(a) könnte 4(a) als Illustration eines bestimmten technischen Registers akzeptiert werden. Der Terminus ‚Fachsprache' wird gewöhnlich mit Wissenschaft, bestimmten Berufsgruppen und anderen speziellen Aktivitäten assoziiert (Bereiche wie Medizin, Recht, Technik, aber auch Sport und Handarbeit). Jugendsprache gilt hingegen als eine Art Sondersprache (**Jargon**). Sondersprachen unterscheiden sich von technischen Registern darin, daß ihre Bestimmung nicht die eingehende Erörterung fachspezifischer Probleme, sondern die Signalisierung der persönlichen Zugehörigkeit zu einer klar umrissenen sozialen Gruppe ist (wozu sich natürlich auch Fachsprachen eignen). Darüber hinaus unterliegen Sondersprachen einem erheblich rascheren Wandel, was u. a. die willkommene Wirkung hat, Außenseitern die Aneignung des jeweiligen Codes zu erschweren. Während Fachsprachen die Kommunikation zwischen aufgeklärten Insidern optimieren und präzisieren sollen und daher ein gewisses Maß von Standardisierung implizieren, geht es bei Jargon mindestens ebenso um die Kultivierung der Kommunikation mit Gruppenmitgliedern wie um die Behinderung von Gesprächen mit Außenstehenden. Vielen Deutschsprechern über 45 sind Texte wie 4(a) praktisch unverständlich.

Keine solchen Kommunikationsprobleme gibt es im Fall 5(b), wo die Wahl unterschiedlicher sprachlicher Formen lediglich von einem bestimmten Verhältnis zwischen Sprecher und Adressat zeugt. 5(b) stellt die stärker ‚markierte' **Variante** des Beispiels dar, weist jedoch keine zu einem bestimmten technischen Register, Dialekt oder Jargon gehörenden Merkmale auf. Noch deutlicher als im Beispiel 1 ergibt sich der Eindruck, daß es sich bei Version (b) um einen gesprochenen und bei Version (a) um einen geschriebenen Text handelt. Allerdings liegt hier mehr als nur ein stilistischer Kontrast vor. Die Verwendung bestimmter Artikel vor Eigennamen (*Der Kohl*) und idiomatischer Wendungen wie ‚*auf den Arsch gefallen*' sowie die Benutzung des Dativs statt des Genitivs nach der Präposition *wegen* gehören Erscheinungsformen des Deutschen an, die i. d. R. unter dem Terminus ‚**Umgangssprache**' zusammengefaßt werden (vgl. Kap. 5).

Auch die Versionen 6(a) und (b) unterscheiden sich vor allem im Formalitätsgrad, doch sie gehören dem gleichen Medium an (gesprochene Sprache).
Im Unterschied zum Beispiel 1 scheint sich der hier vorhandene stilistische
Kontrast nicht in der Opposition ‚formell‘: ‚informell‘ zu erschöpfen: Die
gravierendsten Unterschiede liegen auf der Ebene der Syntax (Frage vs. Befehlsform) und in der Wahl des Anredepronomens (*Sie* vs *du*). Der soziolinguistische Kontrast ergibt sich aus anderen Aspekten. 6(a) ist nicht einfach
eine relativ formelle Bitte, das Fenster zu schließen, wie sie unter allen einander siezenden Personen üblich ist. Eine normale Äußerung wäre unter
diesen Umständen

6(c) Machen Sie bitte das Fenster zu?

Bei 6(a) handelt es sich um eine Art ‚Doppelfrage‘, eine Verkürzung von:

(i) Darf ich Sie um etwas bitten?
(ii) Würden Sie bitte das Fenster schließen?

Die Gegenüberstellung von 6(a) und 6(c) soll verdeutlichen, daß der eigentliche Unterschied im Verhältnis zwischen Sprecher und Adressat zu suchen
ist. In beiden Fällen zeigt die Verwendung von ‚Sie‘ eine gewisse Distanz an.
Während der Sprecher von 6(c) durchaus mit dem Adressaten vertraut sein
kann, zeugt die ‚Höflichkeitsformel‘ der Doppelfrage davon, daß Sprecher
und Adressat einander fremd sind oder aber Ironie bzw. Humor im Spiel
ist. Wie wäre nun aber 6(b) einzuordnen?

Die familiäre Anredeform indiziert ein freundschaftliches oder verwandt-
schaftliches Verhältnis, unterscheidet sich aber von neutralen Varianten wie

6(d) Kannst du das Fenster mal zumachen?

In der Voranstellung von ‚Mensch‘ und der Verstärkung der Aufforderung
durch ‚doch mal endlich‘ kommt vorwurfsvolle Ungeduld auf Seiten des
Sprechers zum Ausdruck. Der Unterschied zwischen 6(b) und (d) liegt also
nicht im unterschiedlichen Maße von Formalität, sondern im Ton (Tenor).

Beide Varianten des Beispiels 7 gelten als **Standard**deutsch, weisen aber
klare lexikalische Unterschiede auf: Es ist äußerst unwahrscheinlich, daß
der Verfasser von 7(a) jemals Varianten wie 7(b) verwendet und umgekehrt. Bei 7(a) handelt es sich um Schweizer Standarddeutsch und bei 7(b)
um (nord)deutsches Standarddeutsch. Die durch sie exemplifizierte Klasse
von Differenzen ist auch in anderen Sprachen nachweisbar; man denke nur
an das durch wenige, aber feststehende und kodifizierte Merkmale lexikalisch, aber auch orthographisch und **semantisch** vom Britischen Englisch divergierende Amerikanische (vgl. *sidewalk* vs *pavement* für dt. Fuß-
weg; *color* vs *colour* für dt. Farbe bzw. *rubber* = Kondom vs *rubber* =
Radiergummi). Man bezeichnet das Englische und das Deutsche daher
auch als plurizentrische Sprachen (Kloss 1978: 66f; siehe auch Clyne 1995:
Kap. 1)

Von den hier besprochenen Aspekten bis zu einer erschöpfenden Darstellung der Variation des Deutschen (vgl. dazu Durrell 1992) ist es freilich ein langer Weg. Wir wollten zunächst nur ein paar Eindrücke vom Wesen, von den Ausmaßen und von der Komplexität sprachlicher Variabilität vermitteln. Die vorangehenden Abschnitte dienten der Einführung von Begriffen, die allen konkreten Diskussionen sozialer und regionaler Vielfalt zugrundeliegen und von uns entsprechend gehandhabt werden.

1.1.3 Fließende und scharfe Sprachgrenzen

Unsere intuitive Antwort auf die Frage, was das Deutsche sei und von wem es gesprochen werde, war alles andere als befriedigend, doch es fehlt uns noch immer an einer überzeugenderen. Es erscheint folglich sinnvoll, sich der Problematik aus einer anderen Richtung zu nähern. Eine Alternative wäre die Erkundung der Grenzen des Deutschen. Wo hört das Deutsche auf und wo fängt es an? Die Frage sprachlicher Diskretheit bzw. Eigenständigkeit stellt sich freilich nicht nur im hier gewählten Kontext, sondern überall, wo Sprachen miteinander **verwandt** oder aus anderen Gründen in Kontakt sind. Das Deutsche erweist sich aber auch in dieser Hinsicht als ein vergleichsweise komplizierter Fall, denn es läßt sich mit viel weniger Gewißheit umreißen als viele andere Sprachen.

Aus der Alltagsperspektive der meisten Englischsprecher stellt die Bestimmung sprachlicher Grenzen kein Problem dar: Andere Menschen sprechen Englisch, wenn man sie (trotz gelegentlicher Unklarheiten oder Mißverständnisse) verstehen kann.[2] Umgekehrt führt Unverständlichkeit zu der Schlußfolgerung, daß der bzw. die andere eine irgendwie radikal vom Englischen abweichende fremde Sprache verwende. Es sei vorläufig dahingestellt, ob das Englische tatsächlich so eigenständig ist, wie gern behauptet wird, denn selbst wenn dies zuträfe, steht doch fest, daß diskrete Sprachgrenzen eine sehr seltene Erscheinung sind. Eines der wenigen (die Kandidatur des Englischen erheblich relativierenden) positiven Beispiele ist das Japanische. Die meisten Sprachen dieser Welt weisen deutliche, ihren Trägern durchaus geläufige Ähnlichkeiten mit anderen Sprachen und folglich sehr verschwommene Grenzen

---

[2] Aber auch das Englische, um auf unser Eingangsbeispiel zurückzukommen, hat keine so scharfen Grenzen, wie gewöhnlich angenommen wird. Mit genügend Willen und Vorstellungskraft ausgestattete Englischsprecher sind ohne vorbereitenden Sprachunterricht in der Lage, ein paar einfache Sätze in Niederländisch zu verstehen. Auch die aus dem Englischen hervorgegangenen und in Linguistenkreisen als eigenständige Sprachen behandelten *Creoles* zeichnen sich durch ein gewisses Maß an wechselseitiger Verständlichkeit mit dem Englischen aus. Wir müssen fairerweise zugestehen, daß sich die Mehrheit der Englischsprecher dieser verschwommenen Abschnitte am ‚Rande' ihrer Sprache nicht bewußt ist.

auf. Es gibt Varietäten (vgl. Hudson 1980: Kap. 2), die man entweder zwei
verwandten Sprachen zugleich oder keiner von ihnen zuordnen kann.

Abweichungen und Komplikationen bei der Unterscheidung von Sprachen lassen sich an Beispielen aus aller Welt illustrieren. In Indien beispielsweise berühren sich klar voneinander abtrennbare Sprachen wie Hindi und
Tamil, aber man findet auch Paare wie Hindi und Pandschabi, zwischen denen man Grenzen, aber auch erhebliche Übereinstimmungen findet, und
ein Nebeneinander von Hindi und Urdu, die einander so ähnlich sind, daß
die Sprecher der einen Sprache von denen der jeweils anderen in vielen,
wenn auch nicht allen, Konversationstypen ohne große Anstrengungen verstanden werden. Die Unterschiede zwischen den in Indien beheimateten
Sprachen sind nicht nur vielfältiger Natur, es gibt auch Fälle, in denen es
schwierig ist, bestimmte Formen der einen oder anderen Sprache zuzuordnen. So bleibt z. B. die Klassifizierung mancher sowohl dem Bengalischen
als auch Hindi nahestehender Dialekte umstritten (vgl. *Linguistic Minorities
Project 1985*; einen guten Überblick über die sprachliche Situation in Indien
bietet Sutton 1984).

Inwieweit auch immer die Grenzen einander verwandter Sprachen linguistisch bestimmbar sein mögen, die Entscheidung, ob bestimmte Paare von
Varietäten zwei eigenständige Sprachen oder zwei Erscheinungsformen von
einundderselben Sprache darstellen, liegt nicht zuletzt in den Händen ihrer
Sprecher, und die Bereitschaft von Gruppen, sich zu einer gemeinsamen
Sprache zu bekennen, wird bekanntlich von Aspekten ihres außersprachlich
bedingten Verhältnisses zueinander beeinflußt (Religion, Stammeszugehö-
rigkeit, nationale bzw. kulturelle Identität u. dgl.). Hindi und Urdu, die sich
linguistisch betrachtet extrem nahestehen, werden nicht selten als separate
Sprachen ausgelegt, da ihre Träger verschiedenen Religionen (Hinduismus
bzw. Islam) angehören. Das in zahlreiche stark divergierende Dialekte zer-
fallende Arabische gilt hingegen als eine einzige Sprache: ein Ergebnis eines
starken religiösen und kulturellen Verbundenheitsgefühls. Das dem lybi-
schen Arabisch nahestehende Maltesische hat weit geringere Chancen, als
eine Erscheinungsform des Arabischen anerkannt zu werden, da zwischen
seinen christlichen Sprechern und den Muslims angeblich eine zu große religiöse und kulturelle Kluft besteht. Es sollte folglich nicht verwundern, daß
Soziolinguisten den komplexen Wechselwirkungen zwischen Sprache einerseits und gesellschaftlichen, kulturellen und politischen Faktoren andererseits sowie dem Stellenwert dieser Faktoren in der Wahrnehmung und
Bewertung von Sprachformen so außerordentlich viel Aufmerksamkeit
schenken (vgl. z. B. Haugen 1972a).

Auf dem amerikanischen Kontinent, wo vielerorts Englisch und Spanisch
als Haupt- und Muttersprache erlernt werden, mag man sich darüber
im klaren sein, daß nationale Grenzen nicht notwendigerweise mit Sprachgrenzen zusammenfallen oder diese bestimmen (Fasold 1984: Kap.1), doch

unter Europäern gerät diese Tatsache gern in Vergessenheit. In Europa scheinen Sprachen selbstverständlich mit Ländern korreliert zu sein, denn Staaten, Völker und Sprachen tragen größtenteils analoge Bezeichnungen (Spanisch ist die Sprache der Spanier in Spanien, Dänisch die der Dänen in Dänemark usw.). Schon ein flüchtiger Blick auf andere Kontinente zeigt jedoch, wie rar derartige Übereinstimmungen im globalen Maßstab sind (wobei Japan wiederum eine Ausnahme bildet). Außerdem sei daran erinnert, daß die für Europa so charakteristische Korrelation von Sprachen- und Staatenbezeichnungen keineswegs totale Deckungsgleichheit indiziert. Abgesehen von Kleinstaaten wie San Marino und Liechtenstein sind Portugal und Island die einzigen europäischen Staaten ohne autochthone sprachliche Minderheiten (vgl. Haarmann 1975: 42–66, 116–19).

Die Ursprünge der Vorstellung, daß sich Staatsgebiete mit Sprachgebieten decken, liegen im Mittelalter und in der frühen Moderne – einer Zeit, in welcher relativ homogene Sprachgruppen in so starken und einflußreichen westeuropäischen Staaten wie (dem damaligen) Frankreich und Britannien aufgingen. Dem wohnte allerdings eine gewisse Dialektik inne, denn die gerade erst gegründeten Staaten, vor allem der französische Staat, verfolgten eine Politik, die auf wachsende sprachliche Homogenität hinauslief (Coulmas 1985: 30f).

Der kraftvolle Aufstieg dieser Staaten wurde von institutionsbildenden Prozessen begleitet (und möglicherweise sogar befördert), die weit größeren Teilen der Bevölkerung Türen zur Wahl von und Mitwirkung in legislativen und exekutiven Körperschaften öffneten, als man es von den ihnen vorausgegangenen und im übrigen Europa weiterbestehenden, mehr oder weniger absolutistischen Feudalstaaten gewohnt war. Regierungen, Parlamente und ihnen vergleichbare Institutionen lassen sich freilich weit effektiver betreiben, wenn ihre Mitglieder und auch die Wähler über eine gemeinsame Sprache verfügen. Der Umstand, daß in jenen westlichen Staaten Einsprachigkeit die Regel war, kam den politischen Veränderungen also sehr gelegen, und die repräsentativen Institutionen stärkten die von ihnen getragenen politischen Gebilde. Vor allem der Einfluß und das **Prestige** von Frankreich und Britannien sowie die sich weiter ausbreitende Beliebtheit parlamentarischer Einrichtungen beförderten das Ideal des einsprachigen und vornehmlich in Sprache begründeten Nationalstaates in ganz Europa. Die gemeinsame Sprache war einer der wenigen Faktoren, die die verschiedenen Teile des Deutschen Reiches von 1871 verbanden, und auch als es nach dem Ende des Ersten Weltkrieges zur Teilung des Vielvölkerstaates Österreich-Ungarn und der benachbarten osteuropäischen Territorien kam, ließ man sich ganz demonstrativ von sprachlichen Prinzipien leiten (für weitere Details siehe Inglehart/Woodward 1972: 358).

An den soziolinguistischen Gegebenheiten vieler anderer Länder gemessen sind die Bedingungen im deutschsprachigen Raum denen in westeuropäischen Staaten wie Großbritannien oder Frankreich durchaus vergleichbar, doch die sie scheidenden Differenzen sind beträchtlich. Deutschsprachigen Lesern mögen sich die Eigentümlichkeiten ihrer Sprache leichter erschließen, wenn sie wiederum einen vergleichenden Blick auf die Situation des Englischen werfen. In einer Hinsicht scheinen die deutschsprachigen Regionen weniger kompliziert: Ausgedehnte deutschsprachige Territorien existieren nur in Europa, so daß es viel einfacher wäre, alle Deutschsprecher in einem einzigen Staat zu vereinen (eine Vorstellung, die in den dreißiger Jahren zu einem Grundpfeiler faschistischer Expansionspolitik gemacht wurde), als einen Staat aller Englischsprecher zu gründen. In fast allen übrigen Aspekten ist die Situation in den deutschsprachigen Regionen komplizierter. Zunächst einmal erscheinen die Grenzen des Deutschen weniger scharf als die des Englischen. Die Mehrheit der Deutschsprachigen ist sich der Mannigfaltigkeit ihrer Sprache bewußt, denn sie kommen in größerem Maße als Englischspachige mit ihnen nahezu unverständlichen, aber als Spielart ihrer eigenen Sprache klassifizierten Varietäten in Berührung. Vor allem die ländlichen Dialekte bringen Sprecher aus anderen Regionen vielfach in große Schwierigkeiten. Sprecher der englischen Standardvarietäten machen ähnliche Erfahrungen, wenn sie mit bestimmten **traditionellen** britischen **Dialekten** konfrontiert werden, doch alles in allem sind Probleme dieser Art hier weniger alltäglich als im deutschsprachigen Raum. Beträchtliche Verständnisschwierigkeiten bereiten den Standardsprechern auch manche auf der Grundlage des Englischen entstandenen **Kreolsprachen** (engl. *Creoles*), doch direkt mit den oben beschriebenen Verhältnissen vergleichbar ist diese Problematik nicht. Kreolsprachen bilden sich in Wechselwirkung mit Idiomen separater Volksgruppen heraus und sind ein den Deutschsprachigen fremdes Phänomen.

Die Eigenständigkeit des Englischen ist also zum Teil eine reine Illusion: Das Englische weist sowohl Ähnlichkeiten mit den ihm entspringenden Kreolsprachen als auch mit einigen anderen Sprachen (wie z. B. dem Niederländischen) auf. Im Deutschen gehen beachtliche innere Kontraste mit ganz offenkundigen Parallelen zwischen einigen seiner Erscheinungsformen und bestimmten ihm verwandten Sprachen einher. Wer sich z. B. sowohl mit norddeutschen Dialekten als auch mit dem Niederländischen beschäftigt hat, wird eine im ersten Moment geradezu überwältigende Anzahl von Übereinstimmungen festgestellt haben. Viele nahe der deutschen Grenze beheimatete Dialekte des Niederländischen und bestimmte jenseits der Grenze verbreitete deutsche Dialekte sind in hohem Grade wechselseitig verständlich (Lockwood 1976: 188f). Bei vielen Deutschsprachigen hat die Tatsache, daß es zwischen dem Niederländischen und dem Deutschen starke Ähnlichkeiten gibt, zu der (u. E. verfehlten) Auffassung geführt, daß das Niederländische ein deutscher Dialekt sei.[3] Besonders vertraut sind die Gemeinsamkeiten zwischen dem Deutschen und anderen **germanischen Sprachen** den Norddeutschen. Ihre Region ist recht stark von ihrer geographischen Nähe und von historisch gewachsenen engen Kontakten zu den Ländern Skandinaviens geprägt und weist Lokaldialekte auf, die teilweise recht viel mit dem Englischen gemein haben. **Letzeburgisch** (Letzebuergesch) und **Schweizerdeutsch** (Schwyzertütsch) werden dagegen in mancher Hinsicht als Spielarten des Deutschen und in anderer Hinsicht als eigenständige Sprachen betrachtet. Beide Formen können Deutschsprachigen, die nicht aus den entsprechenden Grenzgebieten stammen, enorme Verständnisschwierigkeiten bereiten.

Auch wenn ihre Grenzen nicht ganz eindeutig sind, können Sprachen in den Genuß einer eigenständigen Identität kommen, und zwar vor allem dann, wenn sie ein Merkmal einer ansonsten recht eindeutig abgrenzbaren ethnisch oder kulturell definierten Gruppe bzw. Nation konstituieren. Dies trifft z. B. auf das Polnische zu, welches sich nicht exakt vom benachbarten Ukrainischen, Tschechischen und Slowakischen trennen läßt. Seine offiziell erklärte Eigenständigkeit verdankt es seiner Rolle in der Definition der polnischen Nation, die sich wiederum vor allem auf nichtsprachliche Merkmale beruft. Eine herausragende Rolle spielt dabei das Kriterium Religion: Vom preußischen Protestantismus und russisch-christlicher Orthodoxie flankiert hat sich Polen immer wieder auch als eine katholische Region zu behaupten gewußt. Das Deutsche gehört hingegen zu einer starken nationalen Identität, die von nichts anderem als ihm selbst konstituiert zu werden scheint: Auf welche Gemeinsamkeiten, wenn nicht auf ihre Sprache, können sich schon Orte wie das eng mit dem Baltikum, Skandinavien und anderen Teilen Nordeuropas verbundene protestantische Hamburg und das zum Mittelmeerraum und nach Südosteuropa blickende katholische München berufen?

Beim Deutschen handelt es sich also um eine äußerst vielgestaltige Sprache, die realistisch betrachtet über eher ungewisse Grenzen verfügt und sich dennoch in den Augen von Millionen Sprechern als ein einziges, geschlossenes Phänomen präsentiert. Wie ist dies möglich? Das Deutsche kann schwerlich als die Sprache einer klar umrissenen Ethnie ausgelegt werden, denn seine Sprecher verfügen weder über eine sie einigende Religion, noch über andere sie eindeutig von der übrigen Bevölkerung Europas abhebende kulturelle Charakteristika. Es kommt vor, daß Einwohnern eines sprachlich und kulturell heterogenen Gebietes nicht zuletzt deshalb eine gemeinsame Sprache zugeschrieben wird, weil sie sich als ein geschlossener Nationalstaat präsentieren; man denke z. B. (mit gewissen Vorbehalten) an Großbri-

---

[3] Diese Ansicht vertreten (zumindest implizit) auch viele deutsche Linguisten. Sie wird u. a. von Jan Goossens, einem belgischen Sprachwissenschaftler, energisch und überzeugend verworfen (vgl. Goossens 1976).

tannien und Frankreich. Von den deutschsprachigen Teilen Europas ließe sich dies hingegen nicht behaupten. Bis 1871 war die Region politisch zerrissen, und auch nach 1871 blieben ausgedehnte deutschsprachige Landstriche, vor allem einige in der Schweiz und in Österreich-Ungarn gelegene Gebiete, vom Deutschen Reich ausgeschlossen. Von 1949 bis 1990 existierten in jenem Teil Europas vier Staaten mit fast ausschließlich deutschsprachigen Bevölkerungen, und heute sind es immerhin noch drei: die Bundesrepublik Deutschland, die Republik Österreich und das Großherzogtum Liechtenstein. Flankiert werden sie von Luxemburg, wo fast die gesamte Bevölkerung (je nach Auffassung) einen deutschen Dialekt oder eine dem Deutschen eng verwandte Sprache pflegt und das Deutsche zumindest passiv beherrscht, und von der Schweiz, deren größte **Sprachgemeinschaft** deutschsprachig ist (so stark sich auch die von ihnen bevorzugte Formen von allen übrigen Varietäten des Deutschen unterscheiden mögen) (Löffler 1985: 65f).

Warum werden nun also die Dialekte und **Mundart**en dieses von so großer Vielfalt gekennzeichneten Gebietes als eine einzige geschlossene Sprache ausgelegt? Ein Teil der Antwort ergibt sich natürlich aus der Tatsache, daß die betreffenden Sprachformen einander nicht ganz unähnlich sind. Ihre enge Verwandtschaft ist auch in jenen Fällen unbestreitbar, wo die wechselseitige Verständlichkeit stark in Frage gestellt ist. Andere im deutschsprachigen Raum gebrauchte Sprachformen, die mit dem Deutschen nur sehr entfernt bzw. gar nicht verwandt sind, wie das im äußeren Osten der Bundesrepublik beheimatete Sorbische und das nach Österreich hinüberreichende Ungarische und Kroatische, würden hingegen unter keinen Umständen als ‚Deutsch' klassifiziet werden. Wie wir bereits erwähnten, weist das Deutsche offenkundige Verbindungen zum Niederländischen sowie zum Englischen und den skandinavischen Sprachen auf, aber auch hier wäre die These, daß es sich bei all diesen Varietäten um Spielarten des Deutschen handele, letztlich unhaltbar. Komplikationen ergeben sich allenfalls aus dem Nordfriesischen, welches unverkennbar mit der deutschen Standardsprache verwandt ist, aber nicht als ein deutscher Dialekt, sondern als eine Minderheitensprache gilt. Dem sei hinzugefügt, daß selbst die im Norden Deutschlands verbreiteten und ebenfalls eindeutig mit der Standardform verwandten **niederdeutschen Dialekte** nach Ansicht einiger Linguisten als eine Minderheitssprache betrachtet werden sollten (vgl. Sanders 1982: 30–35).

So relevant also das Kriterium ‚Verwandtschaft' für die Gruppierung zahlreicher Mundarten zu einer einzigen Sprache, dem Deutschen, auch sein mag, es ist in gewisser Hinsicht zu nachgiebig, da es einerseits den Zusammenschluß von wechselseitig kaum verständlichen Varietäten (z.B. Schweizerdeutsch und Westfälisch) erlaubt und andererseits der Eingliederung von Sprachformen Vorschub leistet, die wir nicht als Deutsch klassifizieren würden. Aus all dem wird ersichtlich, daß die Determinierung von

Sprachgrenzen bis zu einem bestimmten Punkt von ganz willkürlichen Entscheidungen abhängt. Die im Nordosten der Niederlande und im Nordwesten der Bundesrepublik verbreiteten niedersächsischen Dialekte sind sich von linguistischer Warte äußerst ähnlich, werden aber von ihren Sprechern als Formen des Niederländischen bzw. Deutschen betrachtet. Ist das nicht Grund genug, unsere Kriterien abzuwandeln und einfach festzulegen, daß ‚Deutsch‘ der Name aller in den Grenzen Deutschlands, der Deutschschweiz, Österreichs und Liechtensteins verwendeten germanischen Sprachformen sei? Dem stünde lediglich entgegen, daß die in anderen Ländern (wie z. B. Frankreich und Italien) angesiedelten Varietäten ausgeschlossen bleiben würden.

Ein verheißungsvoller Vorschlag findet sich bei Kloss (Kloss 1978; auch Goossens 1977, Löffler 1980). Kloss akzeptiert Verwandtschaft als vorrangiges Kriterium, macht dessen Relevanz aber vom Vorhandensein und vom Verhältnis der jeweiligen Sprachform zu einer übergeordneten Sprachvarietät (z. B. Standarddeutsch) abhängig (die Definition von ‚Standard‘ ist ein Problem für sich; siehe Kap. 5). Er bezeichnet das Verhältnis zwischen Standard- und Nichtstandard-Varietäten einer Sprache als **Überdachung**. Überdachung ist ein Phänomen, das sich vielfach über nationale Grenzen hinwegsetzt: Wo immer eine Form von Standarddeutsch als ‚höchste Instanz‘ akzeptiert wird, sind die betreffenden Mundarten als Varietäten des Deutschen zu betrachten. Das Westfälische und der in Ostbelgien verbreitete Rheinland-Dialekt sind beispielsweise von Standarddeutsch überdacht, während das eng verwandte Limburgische dem Niederländischen zugeordnet wird (ähnliche Erklärungen unter Verwendung anderer Terminologie finden sich in Chambers/Trudgill 1980: 11). Ob Varietäten, die außerhalb der unmittelbaren Einflußsphäre der Standardform (z. B. im Elsaß und in Lothringen, in den USA oder in Australien) angesiedelt sind, als Erscheinungsformen ‚des Deutschen‘ eingeordnet werden, hängt nicht nur von den objektiven Kriterien der Verwandtschaft und Überdachung, sondern auch vom Ausmaß der Sprachloyalität ihrer Träger ab (vgl. 8.2.1.).

1.1.4 Abschließende Bemerkungen

Die den Abschnitt 1.1.3 beschließende Antwort auf die Frage, was das Deutsche sei und von wem es gesprochen werde, ist unserer ersten oberflächlichen Reaktion in vielerlei Hinsicht überlegen und alles in allem weitaus befriedigender. Gleichzeitig sei unterstrichen, daß wir von vornherein keine ultimative Definition angestrebt haben, da sich solcherart Fragen prinzipiell einer einzig richtigen Antwort entziehen. Unsere Erörterungen dienten dem Anliegen, die Komplexität solcher Unternehmungen zu demonstrieren und geeignete Ansätze zu umreißen. Wir hoffen verdeutlicht

zu haben, daß bei der Behandlung von Fragen sprachlicher Identität eine
ganze Reihe von Faktoren (sprachliche, historische, politische, kulturelle
und psychologische) Berücksichtigung finden müssen.

1.2 Sprachen und ihr gesellschaftliches Umfeld

1.2.1 Sprachkontakt und Sprachwandel

Damit wären wir an einem Punkt angelangt, wo wir uns mit den Auswirkungen enger Sprachkontakte auf die weitere Entwicklung der betreffenden
Sprachen sowie mit der Rolle von Sprache im gesellschaftlichen Leben ihrer
Sprecher befassen können. Ein Blick in den Atlas macht deutlich, warum
sich das Deutsche besonders gut für das Studium derartiger Probleme eignet. Den geographischen Verhältnissen im deutschsprachigen Europa zufolge berührt sich das Deutsche nicht nur mit vielen verschiedenen Sprachen, sondern mit verschiedenen Sprachfamilien. Im Norden trifft es auf
andere germanische Sprachen (Nordfriesisch, Niederländisch, mehrere
skandinavische Sprachen und Englisch), im Westen und Süden auf **romanische Sprachen** (Französisch, Italienisch, Rätoromanisch sowie weiter östlich Rumänisch), und im Osten grenzt es an das Ungarische und an mehrere
slawische Sprachen (Slowenisch, Serbisch, Kroatisch, Tschechisch, Slowakisch, Polnisch, Russisch und Ukrainisch). Aufgrund von Grenzverschie-
bungen und der Immigration von Flüchtlingen und anderen Exilanten hat
das Deutsche mit manchen dieser sowie verschiedenen anderen Sprachen
auch internen Kontakt. Zu dieser Gruppe von Sprachen zählen u.a. das
Spanische (Kastilisch), das Portugiesische, das Griechische, das Türkische
sowie das Ober- und Niedersorbische (bzw. Wendische) in Deutschland
und das Slowenische und Kroatische in Österreich). Wie bereits in 1.1.3 festgestellt wurde, stimmen Sprachgrenzen häufig nicht mit Staatsgrenzen überein. Auch die periphere Berührung des Deutschen mit anderen Sprachen
verläuft vielerorts nicht entlang politischer Grenzen, sondern im Inneren
der betreffenden Staaten.

Angesichts derartiger geographischer Gegebenheiten ist es kaum verwunderlich, daß es zwischen dem Deutschen und anderen Sprachen gewisse
Übereinstimmungen gibt. Am deutlichsten ausgeprägt sind sie erwartungsgemäß innerhalb der germanischen Sprachfamilie. Man unterscheidet konventionell zwischen sprach- bzw. sprecherkontaktbedingten Ähnlichkeiten
einerseits und genealogisch bedingten Gemeinsamkeiten andererseits, kann
in der Praxis jedoch nicht immer konsequent daran festhalten (vgl. Bynon
1977: 253–56). Wie schon ihr Name verrät, widmet sich die Kontaktlingui-

stik in erster Linie Übereinstimmungen der ersten Kategorie: Sie untersucht das Ausmaß und die Natur von Kontakten zwischen Sprachen und zwischen den Sprechern dieser Sprachen. So führt man zum Beispiel die vergleichsweise reichliche Übernahme von englischem (vor allem amerikanischem) Wortgut in das Gegenwartsdeutsch der Bundesrepublik weitgehend auf die seit dem Zweiten Weltkrieg enorm gewachsene wirtschaftliche und politische Macht der USA zurück, derzufolge das Englische in der westlichen Welt und besonders seit 1990 auch in Osteuropa zum internationalen Medium wissenschaftlich-technischer Diskurse und populärer Kultur gediehen ist.

Es gibt jedoch auch Ähnlichkeiten zwischen dem Englischen und dem Deutschen, die sich damit nicht erhellen lassen. **Neologismen** wie *Software*, *cool* und *Image* sind ohne weiteres als solche erkennbar, und auch weniger offensichtliche Neuprägungen, wie *Gehirnwäsche* (die wörtliche Übersetzung von *brainwashing*), können mit Leichtigkeit als Ergebnisse jüngerer Sprachkontakte nachgewiesen werden. Systematische Gemeinsamkeiten im Grundwortschatz und in der **Morphologie** werden dagegen i.d.R. durch das Vorhandensein gemeinsamer Vorfahren erklärt. Dies gilt nicht nur für das Englische und das Deutsche oder alle germanischen Sprachen. Gemeinsam mit den romanischen, slawischen und zahlreichen anderen Sprachen bilden sie die **indoeuropäische** (oder **indogermanische**) **Sprachfamilie**, deren Ursprung in einer vor fünf- bis sechstausend Jahren angesetzten Gruppe engverwandter Dialekte vermutet wird. Strukturelle Übereinstimmungen zwischen den germanischen und nicht-germanischen Sprachen sind verhältnismäßig schwer identifizierbar, schließen aber einige durchaus wesentliche Merkmale ein.

Das Studium von genealogischem Sprachwandel und seinen sprachstrukturell begründeten Ursachen ist das zentrale Anliegen der **diachronischen** Sprachbetrachtung. Was uns jedoch am meisten interessiert, ist die Rolle außersprachlicher Faktoren für die wechselseitige Beeinflussung einander berührender Sprachen. Es wäre ein Fehler, den historischen Kontext der uns heute begegnenden Sprachformen zu ignorieren (siehe Kap. 2), doch im Rahmen von soziolinguistischen Untersuchungen sprachlichen Wandels kommt es weniger auf rein linguistische Erklärungen von Sprachdynamik als auf die Deutung ihrer Relation zu den sie einbettenden sozialen, politischen und kulturellen Gegebenheiten an.

1.2.2 Multilinguale Sprechergemeinschaften

Im folgenden wollen wir auf Fragen der Koexistenz von zwei und mehr Sprachen innerhalb einer Gemeinschaft eingehen. In Abschnitt 1.1.3 diskutierten wir, welche inner- und außerhalb der deutschsprachigen Länder gepflegten Sprachformen als ‚Deutsch' zu klassifizieren und welche Kriterien dabei anzuwenden sind. Unvollständig berücksichtigt blieb dabei die Tatsache, daß der Status des Deutschen in Regionen, wo es sich mit anderen Sprachen begegnet, von einem Land zum anderen stark variiert. Eine dem entsprechende erste Unterscheidung wäre die zwischen jenen Ländern, in denen das Deutsche die Erstsprache einer Mehrheit ist (Deutschland, Österreich, die Schweiz und Liechtenstein) und jenen Staaten, in denen es die Erstsprache einer kleinen autochthonen Minderheit darstellt (u. a. Belgien, Dänemark und Frankreich). Bei genauerer Betrachtung einzelner Staaten erweist sich eine einfache Gegenüberstellung von Mehrheits- und Minderheitssprache jedoch als unangemessen. Das Deutsche ist beispielsweise die alleinige **Amtssprache** in Deutschland, Österreich und Liechtenstein, nicht aber in der Schweiz. Hier finden wir eine konstitutionell verankerte Unterscheidung von drei Amtssprachen (Deutsch, Französisch, Italienisch) und vier **Nationalsprachen** (oder **Landessprachen**) (Deutsch, Französisch, Italienisch und Rätoromanisch). Auch in Luxemburg werden drei koexistierende Sprachen[4] konstitutionell anerkannt, doch die dort zu verzeichnende reale Position des Deutschen weicht deutlich von der in der Schweiz ab. Alles andere als uniform sind der tatsächliche Status und die Funktion des Deutschen auch in Situationen, wo es eindeutig die Sprache einer Minderheit ist (wie z. B. in Ostbelgien, Ostfrankreich und Norditalien).

Soziolinguistische Analysen des Deutschen (wie auch beliebiger anderer Sprachen) müssen sowohl dessen formelle Variation als auch Veränderungen seines relativen Status und seiner Funktion in Betracht ziehen (Ammon 1989; Ammon/Hellinger 1991). Wir sollten uns beim Studium linguistischer Details also stets vergegenwärtigen, daß Sprache kein autonomes, von einem Vakuum umgebenes Phänomen ist: Wenn wir wissen wollen, was das Deutsche ist, haben wir uns selbstverständlich auch für seine Sprecher zu interessieren. Sprache ist sowohl eine individuelle Fähigkeit als auch ein spezifisches Merkmal der menschlichen Gattung, und die Produktion von Sprache ist eine Form gesellschaftlichen Verhaltens, weshalb man sprachliche Variation stets in ihrem jeweiligen sozialen Kontext erfassen muß.

Während monolinguale Deutschsprachige ihre Sprechweise routinemäßig den wechselnden Konstellationen außersprachlicher Faktoren anpassen, indem sie verschiedene Register wählen, äußert sich sprachliche Variation in zwei- und mehrsprachigen Kontexten häufig auch im Übergang in die bzw. in eine andere Sprache. Wir alle sind in der Lage, unseren Sprachgebrauch innerhalb einer einzigen Sprache zu variieren, doch es gibt viele Menschen, deren kommunikatives **Repertoire** mehr als eine Sprache umfaßt. Letzteres wird in Abgrenzung von gesellschaftlichem **Bilingualismus** (bzw. **Multi-**

---

[4] Wir wollen im Sinne unseres Arguments das Letzeburgische als eine eigenständige Sprache, zumindest aber als eine *Ausbausprache* (definiert nach Kloss 1978: 23–30) betrachten (vgl. Kap. 8).

lingualismus) gewöhnlich als individuelle Zweisprachigkeit (bzw. Mehrsprachigkeit) bezeichnet. Sie verweist auf die Fähigkeit einzelner Personen, zwei (mehrere) Sprachen hinreichend kompetent, wenn auch nicht unbedingt gleich gut, zu verwenden. Gesellschaftlicher Bilingualismus (Multilingualismus) verweist auf die weitreichende Verwendung zweier (mehrerer) Sprachen innerhalb einer **Sprechergemeinschaft** oder Gesellschaft (vgl. z. B. Romaine 1994). Sowohl Großbritannien als auch die Bundesrepublik Deutschland fallen in letztere Gruppe, denn es findet trotz einer relativ niedrigen Anzahl zweisprachiger Individuen (in Großbritannien z. B. Pandschabi/Englisch-Sprecher und in Deutschland z. B. Türkisch/Deutsch-Sprecher) eine ausgiebige Verwendung nichtenglischer bzw. nichtdeutscher Sprachformen statt.

Welche Sprache jeweils zum Einsatz kommt, wird in den meisten Fällen von einem sehr begrenzten Spektrum von Faktoren abhängig gemacht. Die wichtigsten **Steuerfaktoren** sind die eigenen sprachlichen Fertigkeiten und die Präferenzen der Adressaten. In manchen bilingualen Gesellschaften findet Sprachwahl nicht spontan und individuell, sondern unter Berücksichtigung von z. T. recht komplizierten und für alle verbindlichen Konventionen statt. Gewöhnlich werden diese Regeln prinzipiell akzeptiert und von den meisten Sprechern befolgt, zumal die Fähigkeit, in jeder Situation die jeweils angemessene Sprachform zu verwenden, als eine wichtige Dimension muttersprachlicher Kompetenz gilt. Der entscheidende Unterschied zwischen solchen **Diglossie**situationen und einfachem Bilingualismus (Multilingualismus) besteht darin, daß zwei Sprachen im ersteren Falle komplementär verteilt sind (A erfüllt nur bestimmte Funktionen, B bedient alle übrigen) und im letzterem Fall ganz spontan eingesetzt werden.[5]

Die meisten Definitionen für Diglossie enthalten eine ganze Reihe von Kriterien, von denen die Funktion das bei weitem wichtigste (und in bislang allen Definitionen erwähnte) darstellt. Eine der Sprachen (die sog. H-Varietät; von engl. *high* = hoch) wird i.d.R. nur im Rahmen bedeutender öffentlicher Ereignisse bzw. in bestimmten öffentlichen **Domänen** (Parlamentsdebatten, Universitätsvorlesungen, Nachrichtenübertragungen in Rundfunk und Fernsehen und dgl.) eingesetzt, während die andere Form (die sog. L-Varietät; von engl. *low* = niedrig) in halboffiziellen Situationen und im privaten Bereich (Familien- und Freundeskreis bzw. ‚leichte Unterhaltung') Verwendung findet (vgl. Ferguson 1972: 236). Diese Unterscheidung mag als eine rein wissenschaftliche Übung anmuten, hat aber ernstzu-

---

[5] Fergusons ursprünglicher Diglossie-Begriff beschränkte sich auf zwei Existenzformen einer einzigen Sprache (Ferguson 1972 [1959]). Er ist ausgiebig diskutiert und modifiziert worden. Einige moderne Definitionen sind dagegen so großzügig abgefaßt, daß sich heute beliebige Code-Paare als Diglossien auslegen lassen (z. B. Fishman 1972, Fasold 1984).

nehmende praktische Konsequenzen. So wurde zum Beispiel mehrfach
nachgewiesen (siehe z. B. Fishman 1972), daß in Gemeinschaften, die sich
durch Zweisprachigkeit ohne Diglossie auszeichnen, eine der Sprachen
fast unvermeidlich der anderen unterliegt und früher oder später von ihr
verdrängt wird. Nur wenn jeder der Sprachen bestimmte Funktionen bzw.
Domänen zugeordnet werden, haben beide relativ gute langfristige Überlebenschancen, und zwar selbst dann, wenn sie in einem Mehrheit-Min-
derheit-Verhältnis stehen. Die Berücksichtigung von Faktoren wie den oben
genannten ist also von entscheidender Bedeutung für die Analyse von Spracherhaltung (dauerhafter Bilingualismus) und Sprachverdrängung bzw. Sprachwechsel: Prozessen, denen auch die von Mehrheiten und Minderheiten
praktizierte deutsche Sprache ausgesetzt ist.

1.2.3 Abschließende Bemerkungen

Gegenstand der ersten Abschnitte diese Kapitels waren die Komplexität
und Breite, der Charakter und die Bedeutung der Variation des Deutschen.
Darüber hinaus versuchten wir nachzuweisen, daß soziologische Untersuchungen des Deutschen nicht nur an sich, sondern auch als Illustration vieler global relevanter soziolinguistischer Forschungsanliegen von Interesse
sind. Unsere Betrachtungen resultierten in ein paar akzeptablen Antworten
auf provisionelle Fragen und in der Formulierung weiterer Fragen, deren
Bearbeitung der überwiegende Rest dieses Buches gewidmet ist. In den verbleibenden Abschnitten dieses Kapitels umreißen wir die zwei wichtigsten
Ansätze zum Studium sprachlicher Variation. Daneben wollen wir etwas
eingehender die Geschichte der germanistischen Soziolinguistik beleuchten
und eine kurze Vorschau auf den Inhalt der übrigen Kapitel geben.

1.3 Ansätze zum Studium sprachlicher Variation

Dialektologie und Soziolinguistik sind die wichtigsten traditionellen Ansätze zum Studium sprachlicher Variation, und keiner der beiden verdient
aus Sicht seiner Anhänger als ein bloßer Zweig der Sprachwissenschaften
abgetan zu werden. Ähnlich fragwürdig wäre freilich ihre Erhebung zu au-
tonomen Wissenschaften. Dialektologen sehen sich zunehmend mit der
Frage konfrontiert, ob sie die Abgrenzung ihrer Disziplin von der Soziolinguistik aufrechterhalten können (Goosens 1981; Mattheier 1983b: 151-2),
und für Soziolinguisten stellt sich die Frage, ob ihre Forschungen nicht zu
einer separaten, die Dialektologie einschließenden Disziplin geworden ist,

ob mit der Akzeptanz ihres Gegenstandes und ihrer Methodologie durch die Mainstream-Linguistik ihr separater Status und damit ihre separate Identität letzlich verloren geht (Labov 1972a; Löffler 1985) oder ob sie, wie teilweise behauptet wird, bereits in einer Reihe eigenständiger, d.h. nicht mehr lückenlos ineinander übergehender, thematischer Teilgebiete aufgegangen sind (siehe z.B. Peter Auer, zitiert in Schlieben-Lange 1991: 137).

Worin bestehen nun aber die Unterschiede zwischen den zwei Ansätzen? Einfache und klar formulierte Antworten sind leider auch hier so gut wie unmöglich. Ein wichtiger Grund liegt darin, daß sich Dialektologen und Soziolinguisten selbst nicht einig sind. Auch Archäologen und Historiker gehen ähnlichen, sich z.T. sogar deckenden, Interessen nach, haben aber separate Identitäten und können normalerweise zweifelsfrei feststellen, ob jemand ihre eigene oder die jeweils andere Wissenschaft betreibt. Dies läßt sich nicht unbedingt von Repräsentanten der Dialektologie und Soziolinguistik behaupten. Vieles ist hier reine Ansichtssache, und das Bild ist um so komplizierter, als sich in diesen Disziplinen in verschiedenen Ländern verschiedene Traditionen etabliert haben.

In den USA nahm man aus vorwiegend wissenschaftlichen (linguistischen) Erwägungen heraus in den sechziger Jahren erste soziolinguistische Studien vor. Man könnte dies entweder als einen Bruch mit den sich gegenseitig beargwöhnenden eigenständigen Disziplinen Dialektologie und Linguistik interpretieren oder als den Versuch eines Brückenschlags verbuchen. Die Dialektologen interessierten sich zumindest oberflächlich für Variation, wurden aber für ihre angeblich unzureichende Methodik und beschreibungslastigen, erklärungsarmen Ausführungen kritisiert. Ihnen gegenüber standen die rigorosen und als zu wirklichkeitsfern erachteten Strukturalisten. Deren Forschungsgegenstand, welcher von William Labov als ‚ideological barriers to the study of language in everyday life‘ (Labov 1972a: xix) definiert wurde, stieß bei Forschern, die sich weniger für ein abstraktes Sprachsystem samt Sprecher-Empfänger-Idealtyp begeisterten als nach Gesetzen für reale Sprachverwendung suchten, auf Mißfallen und scharfe Gegenreaktionen. Was in jener Epoche als ‚Soziolinguistik‘ galt, war im Grunde genommen nichts weiter als ‚Sozialdialektologie‘. Das Hauptanliegen der Forschenden war die Einführung von stärker wissenschaftlich fundierten Ansätzen zum Studium von Dialekten, welche nun nicht mehr als rein regionale Phänomene behandelt, sondern vor allem hinsichtlich ihrer sozialen Bedeutung untersucht wurden. Heute wird diese Perspektive als ‚Soziolinguistik im engeren Sinne‘ oder ‚eigentliche Soziolinguistik‘ bezeichnet, denn Soziolinguistik im weiteren Sinne umfaßt neben vielen anderen Schwerpunkten auch Themen aus der Ethnographie des Sprechens, der Anthropologischen Linguistik und der Sozialpsychologie.

Die deutschsprachigen Länder blieben von Beiträgen dieser Art bis in die siebziger Jahre weitgehend unberührt. Vor allem in der Bundesrepublik

konzentrierte sich die soziolinguistische Forschung zunächst auf andere
Fragen und war viel stärker sozial und politisch als sprachwissenschaftlich
motiviert. Im Schatten der Krise des Bildungssystems und der in den späten
sechziger Jahren kulminierenden Studentenbewegung beschäftigte man sich
besonders intensiv mit Arbeiten aus der Feder Basil Bernsteins, eines britischen Soziologen, der die soziale Benachteiligung von Kindern aus der Arbeiterklasse u. a. auf sprachliche Deprivation zurückführte. Argumente wie
dieses erwiesen sich als ein fruchtbarer Boden für neue Theorien zum Ursprung von Klassenkonflikten in der Bundesrepublik und standen praktisch
über verschiedene Jahre hinweg für germanistische Soziolinguistik schlechthin (allem Anschein nach ist letzteres in vieler Leute Augen noch heute der
Fall). Zunächst beschränkte sich die Theorie auf die Identifikation **restringierter** und **elaborierter Codes** (*restricted* und *elaborated codes*): Kinder der
Mittelschicht verfügten angeblich über beide Formen, Arbeiterkinder hingegen nur über erstere. Die Codes entsprachen nicht der Gegenüberstellung
von Dialekt und Standardform, sondern wurden u. a. bezüglich ihrer relativen syntaktischen Komplexität und ihrer lexikalischen Breite definiert. Später wandte man sich der Rolle von Dialekten als potentiellen Sprachbarrieren
zu.

In der DDR diente das Studium von Sprache wie alle anderen wissenschaftlichen Aktivitäten letztlich der Befriedigung der Bedürfnisse der so-
zialistischen Gesellschaft (vgl. Uesseler 1982: 119, Schönfeld 1983: 213):
Linguisten der marxistisch-leninistischen Schule unterstrichen das dialekti-
sche Verhältnis zwischen Sprache und Gesellschaft und sahen ihre Haupt-
aufgabe in der Identifizierung und Beseitigung sprachlich bedingter sozialer
Probleme (Ising 1974 und Große/Neubert 1974 enthalten zwei von zahlreichen klassischen Formulierungen dieser Position). Obwohl es in der DDR
zu keinen den Ereignissen in der Bundesrepublik vergleichbaren Unruhen
kam, wandte man sich auch hier seit dem Ende der sechziger Jahre verstärkt
und viel konkreter soziolinguistischen Fragen zu. Sowohl Arbeiten amerikanischer Forscher, wie die von Labov und seinen Schülern, als auch die Bern-
stein/Sprachbarrieren-Kontroverse in der Bundesrepublik wurden von
DDR-Linguisten wahrgenommen, doch man befand derartige Beiträge für
größtenteils irrelevant, da sie sich mit sozialen Problemen auseinander-
setzten, die angeblich nur im Kapitalismus auftraten. Einige der frühsten
soziolinguistischen Schriften enthielten sogar explizite Kritiken westlicher
Ansätze, darunter die gerechtfertigte Beanstandung, daß sich letztere nicht
explizit auf ein bestimmtes Gesellschaftsmodell beriefen (z. B. Große/Neu-
bert 1974: 9).

Jenseits der offensichtlichen Differenzen in Fragen des gesellschaftlichen
Kontexts, der ideologischen Motivation und der generellen wissenschaftlichen Ziele gibt es aber eine Vielzahl von Anknüpfungspunkten, und zwar
vor allem auf konzeptioneller Ebene und hinsichtlich des Wesens sprachli-

cher Variation. Britische und amerikanische Soziolinguisten würden sich z.B. ohne weiteres mit dem Kern der Diskussion sprachlicher und kommunikativer Kompetenz von Große und Neubert (1974: 9) identifizieren und ebenso problemlos Zugang zu Rosenkranz' und Spangenbergs bahnbrechenden Beiträgen auf dem Gebiet der Sozialdialektologie (1963) finden.

Eine so sehr auf kommunikative Praxis und Prozesse ausgerichte Soziolinguististik wie die der DDR enthält im Grunde genommen *per definitionem* eine starke pragmatische Komponente. Zu dahingehenden, parallelen Entwicklungen in der Bundesrepublik regten in den späten siebziger Jahren zwei westdeutsche Kollegen, Brigitte Schlieben-Lange und Harald Weydt, an. Mit ihrem Rahmenprogramm ‚Für eine Pragmatisierung der Dialektologie' (1978) übten sie Kritik an traditionellen Orientierungen, welche im Laufe der Jahre viele Antworten, aber keine neuen Fragestellungen hervorgebracht hatte. Man verfügte zwar über reiche Kenntnisse zu regionalen Unterschieden auf phonetischer, phonologischer, morphologischer, syntaktischer und lexikalischer Ebene, wußte aber wenig über ortsspezifische Sprechweisen. Bei letzteren handelt es sich um genau jene Gruppe von (intuitiv realisierten) Merkmalen regionaler Varietäten, die von Außenstehenden als besonders problematisch empfunden wird. Schlieben-Lange und Weydt hatten sich zum Ziel gesetzt, grundlegende Fragen der Interpretation von Äußerungen im Kontext spezifischer Interaktionen zwischen Sprechern unterschiedlicher regionaler Herkunft zu beantworten. Den Kern ihres Projekts bilden die folgenden zwei Überlegungen:

* Wie werden Äußerung X und ihresgleichen von (z.B.) bayrischen Sprechern gedeutet?
* Welche Äußerungen setze ich (z.B.) in Bayern ein, um bei meinem Adressaten die von mir jeweils beabsichtigten Deutungen zu erreichen?

Sie illustrieren ihre Forschungsstrategie mit einer Diskussion von acht verschiedenen Sprechereignissen, darunter Reaktionen auf Komplimente, das Äußern (scheinbarer) Versprechen und Formen der Begrüßung.

Wie wurde nun aber diese Chance zur Umorientierung aufgenommen und genutzt? Im Bereich der Dialektologie lagen bereits Projekte vor, die den Ansprüchen ‚echter' Sozialdialektologie durchaus genügten. Sie waren in den zurückliegenden zwei Jahrzehnten entworfen und mehr oder weniger komplett realisiert worden. Klaus Mattheiers *Pragmatik und Soziologie der Dialekte* (1980) bietet eine kohärente z.T. geschichtlich angelegte Programmatik, von der recht starke Impulse für künftige Untersuchungen dieses Typs ausgingen (vgl. Kap. 4). Als eine eindeutig positive Reaktion auf die Forderung, der dialektologischen Forschung eine pragmatische Dimension (einschließlich sozialpsychologischer Elemente) zu verleihen, sind Projekte zur Sprachsituation in großen Städten (z.B. in Berlin: Dittmar et al. 1986 und Dittmar/Schlobinski 1988; in Mannheim: Kallmeyer 1994) und in kleinen, im Zuge der nachkriegszeitlichen Urbanisierungsprozesse umstrukturierten Gemeinden (besonders Besch et al. 1981 und Hufschmidt et al. 1983 zum ‚Erp-Projekt‘) anzusehen. Empirische Studien des besonders im Nordamerika und im Großbritannien der sechziger und siebziger Jahre florierenden Typs hielten sich hier dagegen in Grenzen.

Die Beiträge von William Labov und anderen Stadtdialektologen wurden keineswegs ignoriert, spielten aber – häufig erwähnt, doch selten imitiert – eine eher bescheidene Rolle. Dafür gibt es mehrere Erklärungen. Einen gewissen Anteil hatten zweifellos formale bzw. technische Aspekte (detaillierte Ausführungen bei Dittmar 1983), doch ebenso wichtig waren der Kontext, in dem sich die Soziolinguistik der Bundesrepublik entwickelt hatte, und die Frage, was im einzelnen als Gegenstand soziolinguistischer Untersuchungen ausgewählt wurde. Einerseits fiel die Rezeption der Arbeiten Labovs mit dem Hoch der Sprachbarrierenforschung zusammen, so daß dessen kritische Äußerungen zur Defizit-Theorie recht viel Beachtung fanden (wenn auch auf Kosten seiner breiter angelegten Beiträge zu sprachlicher Variation). Als jene Diskussionen abgeklungen waren, hatten sich andere Themen in den Vordergrund gedrängt, allen voran die von Hinnenkamp (1990) so genannte *Gastarbeiterlinguistik* (siehe Kap. 7). Andererseits löste der Ansatz von Labov einige Bedenken aus. Beanstandet wurde in erster Linie sein Begriff von ‚style‘ (Labov 1972), ein angeblich statisches und vorgefertigtes, für Ungewißheiten und spontane Kreativität individueller Interaktionen unempfängliches Konzept. Dies habe zur Folge, daß stilistischer Wandel mechanistisch und deterministisch als eine direkte Reaktion auf kontextuelle Veränderungen ausgelegt werde. Worauf die post-achtundsechziger Generation von Linguisten in Deutschland hinauswollte, war eine Konzeption von Stil, mit Hilfe derer sich die Konstituierung bzw. Konstruktion von Kontext integrieren ließ. Nach Auer (1989: 29) gibt es „linguistische Variation als solche, aber Stil immer nur in Beziehung zu einem interpretierenden Teilnehmer der Kultur in Beziehung zu einem Anderen", wobei unter Stil „dynamische und in der Situation selbst immer wieder erneut hergestellte und gegebenenfalls modifizierte und auf den Rezipienten zugeschnittene … Mittel der Signalisierung und Herstellung gemeinsam geteilter, relevanter sozialer und interaktiver Bedeutungen" (Selting/Hinnenkamp 1989: 6) verstanden werden.

Ein in den achtziger Jahren vielbeachteter und geschätzter amerikanischer Linguist ist John Gumperz, der Interaktion und Kontextualisierung in den Vordergrund rückte (vgl. 7.6). Der durch seine Beiträge exemplarisierte, alle bisherigen Ansätze stark relativierende Trend ist den meisten von uns vermutlich als ‚interaktionale‘ oder auch ‚interpretive Soziolinguistik‘ bekannt (siehe z. B. Auer/di Luzio 1992, Hinnenkamp 1989 sowie Hinnenkamp/Selting 1989). Als eine Disziplin, in der man detaillierte Analysen von *face-to face*-Gesprächen in konkreten gesellschaftlichen Realitäten bevorzugt und prinzipiell auf die interaktiv realisierte Produktion und Reproduktion sozialer Wirklichkeiten und Beziehungen ausgerichtet ist, kann die interpretative Soziolinguistik durchaus als eine direkte Reaktion auf die von Brigitte Schlieben-Lange ausgedrückte Forderung nach einer schlüssigen Verflechtung von Pragmatik und Soziolinguistik (Schlieben-Lange 1979: 112–20) gewertet werden (eine ausführliche Abhandlung von Schritten zum Studium der ‚wirklichen Sprache' findet sich in Stevenson 1995b).

1.4 Kapitel 2 bis 9 im Überblick

Bislang konnten wir uns nur ansatzweise mit einigen die verschiedenen Schulen zur sprachlichen Variation verbindenden bzw. trennenden Aspekten befassen. Wichtig war zunächst einmal die Erkenntnis, daß es sich bei der Soziolinguistik um ein potentiell enormes Forschungsfeld handelt und eine angemessene Abhandlung sämtlicher Aspekte ohne Zweifel die uns hier gesetzten Grenzen sprengen würde. Das generelle Thema dieses Buches ist die Variation des Deutschen, und wir werden in unseren Ausführungen zwei der einflußreichsten ‚Typen' soziolinguistischer Forschung berücksichtigen: die Mikrosoziolinguistik, bei der sich traditionelle Dialektologie und Sozialdialektologie gegenüberstehen, und die Sprachsoziologie, bei der es primär um status-, funktions- und gebrauchsbedingte Sprachvariation und damit um Phänomene wie Spracheinstellungen, Multilingualismus und Sprachkontakt geht.

Mit dieser Einführung sollten der Rahmen und der Hintergrund der folgenden Ausführungen ausgeleuchtet werden. Es wurde dargelegt, daß sich so scheinbar einfache Begriffe wie ‚das Deutsche' bei näherem Hinsehen als sehr vieldeutig und vielschichtig erweisen und daß die Komplexität von sprachlicher Variation als solcher nicht chaotisch oder vom Zufall bestimmt, sondern durchaus analysierbar, klassifizierbar und erklärbar ist. Wir sind nun angehalten, in größerer Ausführlichkeit Variationen der Erscheinung und des Gebrauchs der deutschen Sprache zu beschreiben und zu deuten.

Im folgenden Kapitel nähern wir uns dem Thema historisch. Es wird die Evolution des Deutschen im Verhältnis zu anderen indoeuropäischen – insbesondere zu den germanischen – Sprachen behandelt und die Herausbildung der modernen Standardformen beschrieben. Kapitel 3 faßt die wichtigsten Ansätze und Erkenntnisse der traditionellen Dialektologie zusammen. Kapitel 4 gilt der Frage, welcherart Veränderungen sich in der Form und in der gesellschaftlichen Bedeutung der Variation des Deutschen infolge der ganz Europa transformierenden Urbanisierungsprozesse ergeben haben, und geht auf die bislang entwickelten Ansätze zum Studium von Sprache im sozialen Kontext ein. Im fünften Kapitel wird aufgezeigt, daß

die aus der traditionellen germanistischen Dialektologie hervorgegangene
Dialekt-Standard-Dichotomie die reale Sprachsituation entstellt: Wir plä-
dieren für ein Varietäten-Kontinuum-Modell, in dem Dialekt und (**formeller**) **Standard** als Extremfälle gelten.

Kapitel 6 ist zum einen den wissenschaftlich und anderweitig fundierten
Einstellungen zu (nichtstandardgerechter) mundartlicher Sprache und zum
anderen den aus der Beständigkeit der Dialekte erwachsenden bildungspolitischen Konflikten gewidmet. Um verschiedene Aspekte der Kontakte
zwischen dem Deutschen und anderen Sprachen geht es in den Kapiteln 7
und 8. Besonders gründlich behandelt werden dabei der traditionelle
Sprachpluralismus der Schweiz und der noch recht junge Multilingualismus
in der Bundesrepublik sowie die sozialen und sprachlichen Konsequenzen
von Sprachkontakt an den Grenzen der sog. deutschsprachigen Länder. Ab-
geschlossen wird Kapitel 8 mit Ausführungen zum Einfluß des Englischen
auf das heutige Deutsch. Kapitel 9 führt die verschiedenen Diskussionsfä-
den zusammen und beendet das Buch mit Schlußfolgerungen zum gegenwärtigen Stand und zu den Perspektiven des Studiums der Variation des
Deutschen.

Weiterführende Literatur

Zu der Frage, was die deutsche Sprache sei, ist viel geschrieben worden. Als
jüngere, sich durch neue Sichtweisen abhebende Veröffentlichungen seien
Ammon (1991), Glück/ Sauer (1990) und die *Zeitschrift für Literaturwissenschaft und Linguistik* 94 (1994) empfohlen. Auch allgemeine Einführungen in
die Soziolinguistik gibt es in reicher Auswahl. In Deutsch verfaßte Lehrwerke
sind relativ eng angelegt (z. B. Schlieben-Lange 1991, Hartig 1985 und Hess-
Lüttich 1987), während englischsprachige Äquivalente wie Holmes (1992)
und Wardhaugh (1992) mit thematischer Weitläufigkeit und (dank zahlreicher Beispiele) dennoch guter Rezipierbarkeit aufwarten. Chambers (1994)
ist die verbindlichste und aktuellste Abhandlung zur Entwicklung der amerikanischen und britischen Soziolinguistik-Schulen, wobei Variation und
Wandel im Vordergrund stehen. Clyne (1995) bietet einen hervorragenden
Überblick über linguistisch-soziale Fragestellungen im deutschsprachigen
Raum, und in Stevenson (1995b) werden Forschungsergebnisse deutscher
und österreichischer Germanisten zu verschiedensten soziolinguistischen
Themen vorgestellt.

2 Der sprachgeschichtliche Hintergrund

2.1 Das Deutsche als Teil des Indoeuropäischen und des Germanischen

Rein **synchronisch** angelegte Untersuchungen des Deutschen setzen der Beantwortbarkeit von Fragen wie den im Kapitel 1 aufgeworfenen definitive Grenzen: Auf den ersten Blick hat die uns umgebende Sprachsituation geradezu labyrinthische Züge. Überzeugt, daß jene Fragen für das Verständnis der gegenwärtigen soziolinguistischen Verhältnisse von großer Relevanz sind und uns ein historischer Ansatz zu so manchem neuen Lichtblick verhelfen kann, wollen wir deshalb unsere Perspektive in diesem Kapitel entsprechend erweitern.

Diachronische Betrachtungen des Deutschen führen i. d. R. zu dem Schluß, daß die Gesamtheit aller als ‚deutsch' klassifizierten Dialekte eine einzige Sprache, das Deutsche, konstituiert, daß wir es dabei mit einer germanischen Sprache zu tun haben und daß diese gemeinsam mit allen anderen germanischen Sprachen einen Zweig der indoeuropäischen (auch: indogermanischen) Sprachfamilie bildet. In den folgenden Abschnitten werden wir uns mit historischen Belegen für diese Thesen auseinandersetzen und auf deren Eignung zur Erklärung des soziolinguistischen Status quo eingehen.

2.1.1 Das Deutsche als Teil des Indoeuropäischen (Indogermanischen)

Was verbirgt sich hinter der Behauptung, daß die germanischen Sprachen (und damit auch das Deutsche, der indoeuropäischen (ide.) Sprachfamilie angehören? Es wird ausgesagt, daß es sich bei den unter dieser Bezeichnung klassifizierten Sprachen um Nachfahren einer Gruppe engverwandter Dialekte, des sog. **Proto-Indoeuropäisch**en, handelt. Das Alter dieser (angenommenen) Gemeinsprache wird auf etwa 5000–6000 Jahre geschätzt. Unser Stammbaumdiagramm (Abb. 2.1) gibt stark vereinfacht die genealogischen Verwandtschaftsverhältnisse zwischen den wichtigsten indoeuropäischen Sprachen wieder (vgl. 2.1.2) und vermittelt gewisse Eindrücke von deren geographischer Reichweite.

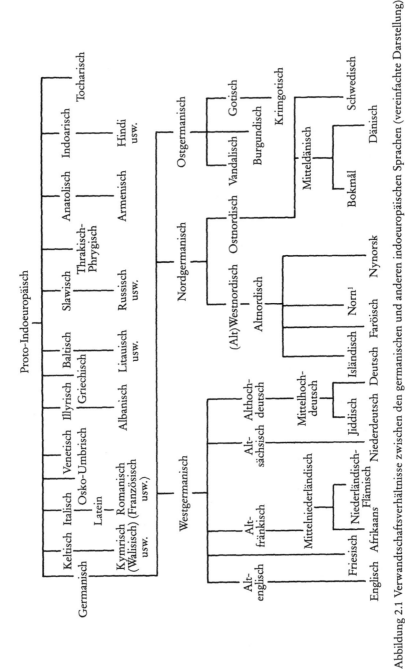

Abbildung 2.1 Verwandtschaftsverhältnisse zwischen den germanischen und anderen indoeuropäischen Sprachen (vereinfachte Darstellung).

[1] Eine auf den Orkney- und Shetland-Inseln beheimatete Form des Nordischen.

Indizien für einen gemeinsamen Ursprung gibt es reichlich; selbst in ihrer heutigen Form liefern die genannten Sprachen beeindruckende Anhaltspunkte. Wendet man sich dann, sofern dies möglich, früheren und frühesten Zeugnissen zu, bleibt kaum noch Raum für Zweifel: Es finden sich nicht nur starke Parallelen in den morphologischen Systemen verschiedenener Sprachen, sondern vor allem auch regelmäßige phonetische Entsprechungen im Grundwortschatz (vgl. Lehmann 1973, Kap. 5).

Die folgenden Beispiele entstammen dem Englischen, einer germanischen, und dem Lateinischen, einer anderen indoeuropäischen Sprache (im Englischen offenbaren sich die erwähnten Parallelen stärker als im Deutschen): /f/, /θ/ (schriftl. *th*) und /h/ im Englischen entsprechen i. d. R. /p/, /t/ und /k/ (schriftlich *c*) im Lateinischen, und /t/ und /k/ (schriftlich *c*, *ck* oder *k*) im Englischen entsprechen i. d. R. /d/ und /g/ im Lateinischen.

Beispiele:

Engl. *for* (dt. für), *fish* (dt. Fisch); Lat. *pro, piscis*

Engl. *three* (dt. drei), *thin* (dt. dünn); Lat. *tres, tenuis*

Engl. *hundred* (dt. hundert), *head* (dt. Haupt, Kopf); Lat. *centum, caput*

Engl. *two* (dt. zwei), *ten* (dt. zehn); Lat. *duo, decem*

Engl. *kin* (dt. Verwandtschaft, Geschlecht; vgl. dt. *Kind*), *acre* (Acre, ≈ Morgen; vgl. dt. *Acker*); Lat. *genus* (Stamm), *ager* (Feld)

Das Deutsche ist zum Teil von indoeuropäischen Sprachen anderer Unterfamilien umgeben. Seine historische Verbindung mit diesen ist Experten geläufig, aber für Laien nicht so ohne weiteres ersichtlich. Die verschiedenen Unterfamilien deuten darauf hin, daß sich das Proto-Indoeuropäische räumlich differenziert entwickelt hat und das Germanische zeitweise durch natürliche Barrieren oder intervenierende Sprachen von anderen Unterfamilien isoliert war. Die Ausgliederung des Germanischen aus dem Indoeuropäischen setzt man vor mindestens 3000 Jahren an. In der Gegenwart berührt sich das Deutsche mit indoeuropäischen Sprachen der romanischen Unterfamilie (Französisch, Italienisch und Rätoromanisch) und der slawischen Unterfamilie (Kaschubisch, Polnisch, Sorbisch, Tschechisch, Slowakisch, Serbisch, Kroatisch, Slowenisch) sowie mit anderen germanischen Sprachen (skandinavische Sprachen, Friesisch, Niederländisch und Englisch).[1]

Eine weitere das Deutsche berührende Unterfamilie ist die griechische. Sie wird im Unterschied zu den meisten anderen durch eine einzige Sprache konstituiert. Das moderne, durch Arbeitsmigranten nach Deutschland gelangte Neugriechische mag sich wenig auf das Deutsche auswirken, doch der Einfluß des Altgriechischen ist angesichts der zahlreichen **Lehnbildungen** um so bemerkenswerter.

---

[1] Ausführlichere Angaben in Lockwood 1969, 1972; Haarmann 1975.

2.1.2 Das Deutsche als Teil des Germanischen

Was meinen wir mit der Behauptung, daß das Deutsche, das Englische und bestimmte andere Sprachen die germanische Unterfamilie der indoeuropäischen Sprachen bilden? Worin bestehen die Charakteristika der germanischen Unterfamilie und welcher Natur sind die Merkmale, durch die sich ihre Mitglieder von den übrigen indoeuropäischen Sprachen absetzen? Wiederum ließe sich eine ganze Reihe von Belegen anführen, doch wir wollen uns hier auf nur zwei konzentrieren: auf die Anfangsbetonung (Initialakzent) und die **1. Lautverschiebung.**

Die Anfangsbetonung ist das Ergebnis der in einem frühen Stadium des Germanischen einsetzenden konsequenten Vorverlagerung des Haupttons auf die erste Stammsilbe. Sie erwirkte einen Kontrast jener Dialekte zu den für das Russische und Griechische charakteristischen und für das ursprüngliche Indoeuropäische angenommenen variablen Betonungsmustern.

Die Abkehr von den indoeuropäischen Akzentverhältnissen hat soziolinguistische Konsequenzen für das moderne Deutsch, und zwar insofern, als die meisten der ursprünglich deutschen Wörter den germanischen Initialakzent bewahrt haben, während Wörter fremden Ursprungs in bestimmtem Maße das Betonungsmuster ihrer Herkunftssprachen imitieren oder anderweitig ‚exotisch' betont werden, was manche Sprecher als „undeutsch" empfinden. Es gibt also einerseits Wörter wie *Atem, Heimat* und *edel* (germanischen Ursprungs und anfangsbetont) und andererseits Lexeme wie *Atom* (aus dem Griechischen), *Ornat* (aus dem Lateinischen) und *fidel* (aus dem Romanischen) (Hauptton auf der zweiten Silbe). Viele Wörter fremden Ursprungs klingen einfach anders als die ursprünglich deutschen und sind entsprechend leicht abgrenzbar. Erkenntnisse wie diese kommen nationalistisch gefärbten Versuchen, die Sprache von Fremdwörtern zu ‚reinigen', entgegen, doch es wird dabei nur allzu gern ignoriert, daß solche Wörter aus heutiger Sicht gar nicht mehr als im umgangssprachlichen Sinne ‚fremd' empfunden werden.

Als ein zweites wichtiges Merkmal des Germanischen sei die **1.** oder **germanische Lautverschiebung** genannt. Sie besteht in einem radikalen Lautwandel im Konsonantensystem, der gemeinsam mit der **2.** oder **(alt)hochdeutschen Lautverschiebung** (vgl. 2.1.3) erstmals im Jahre 1822 durch Jakob Grimm dargestellt wurde und daher auch als **Grimmsches Gesetz** bekannt ist. Das Grimmsche Gesetz beschreibt, wie die in anderen indoeuropäischen Sprachen allgemein bewahrt gebliebenen proto-indoeuropäische **stimmlos**en **Verschlußlaut**e (Tenues) im Germanischen zu **stimmlos**en **Reibelaut**en (**Frikativ**en) und die ebenfalls in anderen Sprachen erhalten gebliebenen stimmhaften Verschlußlaute (Medien) im Germanischen zu stimmlosen Verschlußlauten verschoben wurden und wie sich die **aspiriert**en (behauchten) stimmhaften Verschlußlaute (*Media aspiratae*) zunächst in stimmhafte Reibelaute und dann i. d. R. in stimmhafte Verschlußlaute verwandelten. Diese behauchten stimmhaften Verschlußlaute haben sich auch in anderen indoeuropäischen Sprachen Veränderungen unterzogen. Tabelle 2.1. zeigt die wichtigsten Aspekte der 1. Lautverschiebung. Die proto-indoeuropäischen Konsonanten werden durch das Lateinische, wo sie gut erhalten geblieben sind, illustriert, während als Quelle germanischer Konsonanten das Englische dient, wo sie sich besser erhalten haben als im Deutschen. Detailliertere Ausführungen bietet Lehmann 1973 (Kap. 5).

a) proto-indoeuropäische stimmlose Verschlußlaute

proto-ide.	p	t	k
germ.	f	θ	h/x

Beispiele:

lat.	*pater*	*tres*	*canis*
engl.	*father* (dt. Vater)	*three* (dt. drei)	*hound* (dt. Hund)

b) proto-ide. stimmhafte Verschlußlaute

proto-ide.	b	d	g
germ.	p	t	k

Beispiele:

lat.	–	*duo*	*genus*
engl.	–	*two* (dt. zwei)	*kin* (dt. Geschlecht, Verwandtschaft)

Für b → p können keine klaren Beispiele ermittelt werden; /b/ ist im Proto-Ide. vermutlich sehr selten aufgetreten, und es gibt keine klaren Belege für mit /p/ beginnende Worte ide. Ursprungs im Deutschen.

c) proto-ide. behauchte stimmhafte Verschlußlaute (wurden im Lateinischen zu Reibelauten)

proto-ide.	b̄h	dh	gh
lat.	f	f (Zwischenstufe θ)	h
germ.	b/v	d/ð	g/γ

Beispiele:

lat.	*ferre* (Verb)	*fecit*	*hostis* (Feind, Fremde/r)
engl.	*bear* (dt. tragen)	*did* (dt. tat)	*guest* (dt. Gast; urspr. Fremde/r)

Es sei hinzugefügt, daß das proto-ide. /gh/ im Niederländischen als /γ/ bzw. /x/ und in manchen deutschen Mundarten als /γ/ bzw. /x/ oder als **palataler** Frikativ /j/ auftritt.

Tabelle 2.1 Die 1. (germanische) Lautverschiebung

Aus Sicht des Deutschen resultierte die 1. Lautverschiebung daraus, daß die Beziehungen zwischen dem germanischen Wortgut und Wörtern anderer indoeuropäischer Sprachen im allgemeinen recht undurchsichtig wurden und sich damit die Fremdheit der benachbarten nichtgermanischen indoeuropäischen Sprachen verstärkte. Auf der anderen Seite offenbaren sich beeindruckende Ähnlichkeiten zwischen dem Grundwortschatz des Deutschen und dem Vokabular seiner germanischen Nachbarsprachen. Man vergleiche beispielsweise *Hund* im Deutschen, *hond* im Niederländischen und *hund* im Dänischen mit ihren Entsprechungen in den romanischen Sprachen, d.h. mit *chien* im Französischen, *cane* im Italienischen usw.

Ein weiterer Umstand, der die Wortbestände der germanischen Sprachen von denen anderer indoeuropäischer Sprachen divergieren ließ, besteht darin, daß das Germanische bereits in seinen frühen Stadien eine relativ größere Anzahl von Wörtern nicht-indoeuropäischen Ursprungs enthielt. Es gibt in anderen indoeuropäischen Sprachen z.B. keine Entsprechungen für so alltägliche germanische Wörter wie *Brot* (engl. *bread*) und *(die) See* (engl. *sea*).

In diesem Zusammenhang liegt es nahe, die oben erwähnten Unzulänglichkeiten des Stammbaum-Diagramms zu erläutern. Unsere Darstellung ist in mindestens dreierlei Hinsicht irreführend. Zum einen schafft sie den Eindruck, daß die älteren Sprachen ausstarben und durch jüngere ersetzt wurden. Außerdem sieht es so aus, als ob sich die Spaltung der ‚Elternsprachen‘ in zwei oder mehrere ‚Tochtersprachen‘ plötzlich vollzogen hätte. Real betrachtet stellen die ‚Tochtersprachen‘ aber spätere Entwicklungsstufen der ‚Elternsprachen‘ dar, und bei ihrer Ausgliederung handelte es sich in Wirklichkeit um ein allmähliches Auseinanderdriften. Eine dritte Unzulänglichkeit liegt in der Andeutung, daß die durch Aufspaltung entstandenen Sprachen letztlich isoliert weiterexistierten und -existieren, was keineswegs der Fall ist. Zahlreiche miteinander verwandte und nichtverwandte Sprachen haben sich im Laufe der Zeit gegenseitig beeinflußt.

Ein Beispiel für die Beeinflussung des Germanischen durch nichtgermanische Sprachen sind die offensichtlichen Vokabularübernahmen aus dem Romanischen, und zwar vor allem aus dem Französischen. Sie lassen sich aus der fast 1500 Jahre lang andauernden politischen und wirtschaftlichen Stärke und aus der angeblichen kulturellen Überlegenheit der romanischen Sprachträger erklären. Einen wichtigen Einfluß übte auch das Lateinische aus, und zwar sowohl auf das Romanische als auch auf das Germanische (die historische Verwurzelung des Romanischen im Lateinischen ist ein Thema für sich). Der Hauptgrund lag in seiner Rolle im Bildungsbereich. Das Lateinische war weit über die Zeit hinaus, da es als gesprochene Alltagssprache fungierte, innerhalb und außerhalb der romanisch- und germanischsprachigen Gebiete die dominante, wenn nicht ausschließliche Bildungssprache. Eine weitere traditionelle Quelle für Entlehnungen ist das Altgriechische. So stark das Germanische auch in seinem Grundwortschatz vom Romanischen abweichen mag, es steht ihm aufgrund der o. g. Faktoren in anderer Hinsicht um so näher. Übereinstimmungen finden sich zum einen in Bereichen, in denen sich kulturelle und wirtschaftliche Kontakte mit romanischen Sprachträgern niedergeschlagen haben, und zum anderen in den Bereichen Wissenschaft und Technik, wo sich der germanische Sprachschatz wie der des Romanischen durch Entlehnungen aus dem Lateinischen und dem Griechischen erweitert hat (vgl. Keller 1978, Abschn. 5.8.2, 6.9.2, 7.9.5). Zu jenen Parallelen zählen nicht nur **Lehnwörter** (echte Fremdwörter und assimilierte Lehnwörter), sondern auch zahlreiche Lehnbildungen (oder **Lehnprägung**en), wie *Eindruck* und *Ausdruck*, bei denen es sich konkret um **Lehnübersetzungen** (Glied-für-Glied-Übersetzungen) von lat. *impressio* und *expressio* handelt. Der Einfluß des Romanischen, Lateinischen und Griechischen auf das Germanische macht sich am stärksten im Englischen bemerkbar, welches im Ergebnis der Normannen-Invasion etwa 250 Jahre lang vom Französischen überlagert wurde. Er zeigt sich aber auch in beachtlichem Maße in den übrigen Sprachen; man denke nur an so alltägliche und sich kaum von ihren französischen Äquivalenten unterscheidende deutsche Ausdrücke wie *Hotel, Restaurant, Café, interessant, Chemie und Biologie* (eine Ausnahme stellt das mit relativ wenigen direkten Übernahmen, dafür aber einer ganzen Reihe von Lehnübersetzungen aufwartende Isländische dar, was wohl vor allem geographisch bedingt ist).

Oberflächlich betrachtet scheinen sich die slawischen und germanischen Sprachen sehr früh voneinander getrennt und separat entwickelt zu haben. Genauere Untersuchungen offenbaren jedoch beachtliche Kontakte, die vor allem zu einer Beeinflussung des Slawischen durch das Germanische führten. Die Anzahl direkter Übernahmen recht gering (wenn auch durchaus erwähnenswert) sein, doch die Menge der Lehnprägungen ist um so beeindruckender. Letztere sind vor allem für jene Sprachen charakteristisch, die sich aufgrund ihrer Geographie über weite Strecken mit dem Deutschen berühren (z.B. das Tschechische) (vgl. Lockwood 1972: 160f). Andere zum östlichen christlich-orthodoxen Kulturkreis gehörende slawische Sprachen (z.B. Russisch, Bulgarisch, Serbisch) gewannen traditionell Vokabular aus dem **Altkirchenslawischen** oder aus dem Griechischen, gingen aber in der Neuzeit nach westlichem Vorbild dazu über, sowohl das Griechische als auch das Lateinische für Lehnbildungen heranzuziehen, wodurch auch sie sich mehr oder weniger stark dem Deutschen angenähert haben.

Zu den wichtigsten mit dem Deutschen in Kontakt stehenden nicht-indoeuropäischen Sprachen gehören das angrenzende Ungarische und das Türkische (eine sog. Gastarbeitersprache). Sie ähneln dem Deutschen noch viel weniger als die bisher erwähnten Gruppen: Es fehlt an Lautentsprechungen im Grundwortschatz, und ihre syntaktischen und morphologischen Strukturen weichen weiter von denen des Deutschen ab als die der anderen indoeuropäischen Sprachen. Das Deutsche hat einen gewissen Einfluß auf das Ungarische ausgeübt, was sich in Wortübernahmen, Lehnübersetzungen und idiomatischen Übereinstimmungen widerspiegelt, und umgekehrt gibt es im Deutschen Lehnwörter aus dem Ungarischen und auch aus dem Türkischen. Letztere stammen aus einer Epoche, in der sich weite Teile Südosteuropas unter türkischer Herrschaft befanden.

2.1.3 Das Verhältnis des Deutschen zu anderen germanischen Sprachen

In den vorangehenden Abschnitten haben wir uns mit der Lösung des Germanischen von den anderen indoeuropäischen Sprachen befaßt und zumindest teilweise erklären können, warum manche dem Deutschen benachbarte Sprachen dem Deutschen stärker ähneln als andere. Wir beschäftigen uns nun mit der Frage, warum die übrigen germanischen Sprachen unterschiedlich enge Bande mit dem Deutschen haben. Einige von ihnen (z. B. das Letzeburgische) werden nämlich mit einigem Recht als dialektale Varietäten des Deutschen und andere (z. B. das Englische) aus naheliegenden Gründen als eigenständige Sprachen gedeutet, während das Niederländische sowohl über beeindruckende Ähnlichkeiten mit einigen als Erscheinungsformen des Deutschen klassifizierten Dialekten (Formen des Niederdeutschen) als auch über völlige sprachliche Eigenständigkeit verfügt. Unser Stammbaumdiagramm (Abb. 2.1) spiegelt die konventionelle Bündelung der germanischen Sprachen in einen **nordgermanische**n, einen ostgermanischen und einen **westgermanische**n Zweig wider. Wir berufen uns dabei auf in frühesten Zeugnissen nachgewiesene signifikante, systematische Kontraste, betrachten unsere Auslegung aber nicht als unumstößlich. Archäologische Funde aus der Zeit, für die uns relativ eindeutige von römische Zeitzeugen verfaßte Aufzeichnungen über die Existenz verschiedener germanischer Stämme vorliegen, deuten darauf hin, daß diese in fünf Stammesgruppen zerfielen, und es ist nicht auszuschließen, daß dieser Umstand die Wiege von fünf frühen germanischen Sprachen war:

(1) Nordgermanen (Skandinavier),

(2) Nordseegermanen (Friesen, Sachsen und Angeln),

(3) Weser-Rhein-Germanen (Hessen, Franken),

(4) Elbgermanen (Langobarden, Alemannen, Bayern),

(5) Oder-Weichsel-Germanen (Goten, Wandalen, Burgunder).

(Ausführungen hierzu in Moser et al. 1981: 24–27)

Obwohl diese Stammesverbände nicht exakt mit archäologisch belegten Sprachgemeinschaften übereinstimmten, gehen wir davon aus, daß die nordgermanischen Stämme mit den nordgermanischen bzw. skandinavischen Sprachen, die Nordseegermanen mit den Vorläufern des Englischen, Friesischen und Niederdeutsch-Niederländischen und die Oder-Weichsel-Germanen mit dem Gotischen und den ihm zugeordneten bzw. verwandten Sprachen (dem sog. Ostgermanischen) in Verbindung zu bringen sind, während die Sprachen der übrigen zwei Gruppen als frühe Vorläufer des modernen (**Hoch**)**Deutsch**s gelten.

Für unsere folgenden Betrachtungen können das Gotische und die anderen inzwischen ausgestorbenen ostgermanischen Sprachen vernachlässigt werden. Bezüglich der verbleibenden Gruppen fällt vor allem auf, daß nennenswerte Unterschiede zwischen dem Skandinavischen und allen anderen Sprachen (dem sog. Westgermanischen) bestehen. Diese Merkmale bildeten sich verhältnismäßig früh heraus, weshalb die skandinavischen Sprachen ungeachtet ihrer Ähnlichkeiten mit dem Westgermanischen als eine separate Gruppe behandelt werden. Wir vermuten, daß die Differenzen zwischen den germanischen Sprachformen Skandinaviens und denen des nördlichen Deutschlands auf räumliche Trennung zurückzuführen sind. Zu ihnen zählen Abweichungen im Lautsystem, im Grundwortschatz und in einigen Bereichen der Grammatik, vor allem aber die relativ ungewöhnliche Position bestimmter Artikel (wenngleich sich letztere auch erst lange nach der Scheidung der skandinavischen Sprachen vom Westgermanischen durchgesetzt hat). Im Deutschen und im Englischen werden bestimmte Artikel bekanntlich dem Nomen vorangestellt, während sie im Skandinavischen als Suffixe erscheinen. Betrachten wir die folgende Gegenüberstellung von dänischem, deutschem und englischem Vokabular:

dän.	*vandet*	*manden*	*skægget*	*barnet*
	(*-en* und *-et* fungieren als Artikel)			
dt.	das Wasser	der Mann	der Bart	das Kind
engl.	*the water*	*the man*	*the beard*	*the child*

Die oben beschriebene nachhaltige Aufspaltung der germanischen Sprachen ist zunehmend von jüngeren Entwicklungen überlagert worden. Zunächst kam es im Zuge der Wikingerinvasionen und -niederlassungen zu einer breiten Beeinflussung des Englischen durch das Skandinavische, was sich bis heute an Wortverwandtschaften wie der zwischen engl. landsch./ mundartl. *bairn* und dän. *barn* erkennen läßt. Vom 14. Jahrhundert bis zum Zweiten Weltkrieg wirkte sich aufgrund der politischen, kulturellen und wirtschaftlichen Dominanz deutschsprachiger Gebiete das Deutsche auf die skandinavischen Sprachen aus. Besonders vom 14. bis zum 16. Jahrhundert, als die Wirtschaft des Nordens von der niederdeutschsprachigen Hanse dominiert wurde, kam es zu vielen bis in den Grundwortschatz hineinreichenden Vokabularübernahmen und zu ersten Lehnübersetzungen. Wie die folgenden Beispiele zeigen, hat man sich letzterer Technik bis ins 20. Jahrhundert bedient:

dän.	*slagord*	*fjernsyn*	*jernbane*
dt. Original	*Schlagwort*	*Fernsehen*	*Eisenbahn*

Bei den westgermanischen Sprachen fällt am stärksten die separate Entwicklung des Englischen ins Auge. Es lassen sich jedoch noch andere, der Abspaltung des Englischen vorausgegangene Abweichungen ermitteln. So stehen den südlicheren Varietäten des Westgermanischen mehrere nördliche Typen gegenüber, die sich durch die folgenden Merkmale auszeichnen:

(1) die sog. **ingwäonische Palatalisierung**,

(2) der Ausfall von **Nasalen** vor Frikativen,

(3) andere Pronomen in der 3. Pers. Sg.
      (insbesondere *he* anstelle des südlicheren *er* für Nom. mask.),

(4) das Fehlen der 2. (hochdeutschen) Lautverschiebung.

Die durch diese Abweichungen konstituierten Trennlinien zwischen den nördlichen und den südlichen Typen der westgermanischen Dialekte (vgl. 3.9.1) sind aber nicht geographisch identisch.

(1)   Ingwäonische Palatalisierung

Die ingwäonische Palatalisierung ist eine Erscheinung, die das Englische und Friesische von allen anderen westgermanischen Sprachen trennt. Es gilt als umstritten, ob alle vier Merkmale die Sprache der Ingwäonen (bzw. Nordseegermanen) vom übrigen Westgermanischen absetzten oder nur die ersten drei oder zwei ausschließlich im Ingwäonischen und das dritte und das vierte Merkmal auch in anderen westgermanischen Sprachformen auftraten.

Im englischen und friesischen Grundwortschatz haben sich in Nachbarschaft von **vorderen** Vokalen (Palatalvokalen) befindliche **velare** Verschlußlaute (**Plosive**) in palatale **Enge-** oder **Reibelaute** (Frikative) und **Affrikaten** umgewandelt (vgl. u. a. Århammer 1967: 7). So entsprechen dem englischen mit dem Affrikat [tʃ] beginnenden *church* und dem mit dem Halbvokal oder Frikativ [j] eingeleiteten *yesterday* das im Sylter Nordfriesischen vorliegende *Serk* (worin sich das **anlaut**ende [k] sogar bis zum [s] gewandelt hat) und *jüster*, im Niederländischen *kerk* und *gesteren* (letzteres beginnt mit dem velaren Reibelaut [x]) und im Deutschen *Kirche* und *gestern*. Die Palatalisierung stimmhafter velarer Reibe- bzw. Verschlußlaute ist ein allgemeines, die Abspaltung erhärtendes Charakteristikum des Englischen und des Friesischen, tritt aber in beachtlichem Ausmaß auch in einigen nord- und **mitteldeutschen Dialekten** auf und ist bis in die Gegenwart in der Umgangssprache nachweisbar (vgl. 5.4.2). Hier finden wir sie sogar vor **hinteren** Vokalen (Velarvokalen), z. B. im Kölner [juːt] für hochd. *gut*. Umgekehrt steht in manchen Erscheinungsformen des Englischen /k/, wo standardsprachlich /tʃ/ erscheint, vgl. schott. *kirk* mit engl. *church* (dt. Kirche). Viele solche Beispiele gelten als Entlehnungen aus dem Skandinavischen (s. o.).

(2)   Ausfall von Nasalen vor Reibelauten

Auch dieses Merkmal gilt als ein Indiz für die Lösung des Friesischen und
Englischen von den übrigen **westgermanisch**en Sprachen. Man vergleiche
beispielsweise *goose* und *us* im Englischen sowie *Guus* und *üüs* im Sylter
Nordfriesischen, wo der ursprüngliche Nasal [n] vor dem Spriranten [s] aus-
gefallen ist, mit *gans* und *ons* im Niederländischen sowie mit *Gans* und *uns*
im Deutschen (vgl. Århammer 1967: 7). Auch hier liegt keine glatte Trennlinie vor: Viele niederdeutsche Dialekte weisen *us* auf, und es finden sich sogar im Nordgermanischen Belege für den Verlust von [n] vor Reibelauten,
beispielsweise in dän. *gås* und *oss*. Auch in einigen süddeutschen Dialekten
tritt ein Ausfall bestimmter Nasale auf, doch hierbei handelt es sich um ein
jüngeres Phänomen.

(3)   Andere Pronomen der 3. Person Singular

Divergenzen bei den Pronomen der 3. Pers. Sg. äußern sich am anschaulich-
sten in der Konfrontation des typisch hochdeutschen *er* mit den nördlicheren das /r/ entbehrenden und zumindest in betonter Position ein /h/ voran-
stellenden Formen wie *hij* im Niederländischen und *he* im Englischen. Wir
haben es hierbei mit einer Scheidung englischer, friesischer, niederländi-
scher und niederdeutscher /h-/-Formen von hochdeutschen /-r/-Formen
(vgl. standardspr. *er*) zu tun.
    Es zeigt sich (vgl. Abb. 3.6), daß die diesem Kriterium entsprechende
Nord-Süd-Grenze viel weiter südlich verläuft als die Linien für die ingwäonische Palatalisierung und für den Nasalausfall. Sie liegt sogar südlich der
allgemein anerkannten Grenze zwischen den niederdeutschen und den
hochdeutschen Mundarten (vgl. Abb. 3.4), da auch einige mitteldeutsche
mundartliche Varietäten Pronomen des /h-/-Typs aufweisen.

(4)   Fehlen der 2. Lautverschiebung

Die 2. (hochdeutsche) Lautverschiebung ist gemeinsam mit der 1. (germanischen) Lautverschiebung von Jacob Grimm beschrieben worden (*Grimmsches Gesetz*; vgl. 2.1.2). Sie war für das **Hochdeutsche**, nicht aber für die
übrigen westgermanischen Sprachen von Bedeutung. Die ihr zugeschriebe-
nen, ins 5. bis 8. Jahrhundert fallenden Veränderungen sind in Tabelle 2.2
dargestellt.
    Der in unter (d) erwähnte Wandel (/θ/→/d/) ist streng genommen nicht
Teil der 2. Lautverschiebung, vollzog sich aber in etwa parallel zu ihr. Immerhin erreichte er auch das Niederdeutsche und das Niederländische. Im

Friesischen (und übrigens auch auf dem skandinavischen Festland, d. h. im Dänischen, Norwegischen und Schwedischen) wandelte sich /θ/ zum /t/ und teilweise auch zum /d/. Nur im Englischen (und im Isländischen) blieb der ursprüngliche **dentale** Reibelaut /θ/ erhalten.

Auf Karten deutscher Mundartenlandschaften findet man häufig eine das Westgermanische kreuzende Linie, die dieses in nördliche – die 2. Lautverschiebung vermissen lassende – Formen (Niederdeutsch, Niederländisch) und südliche – durch genau diesen Wandel gekennzeichnete – Formen (Hochdeutsch) teilt. Derartige Auslegungen sind irreführend. Der wirklichen Situation adäquater ist die Aussage, daß nördlich dieser Linie (der sog. **Benrather Linie**, benannt nach dem Düsseldorfer Vorort Benrath, wo sie den Rhein kreuzt) lediglich der /θ/→/d/-Wandel eintrat, und daß weiter westlich im Rheinland der bis zur nördlicher gelegenen Uerdinger Linie der /k/→/ç/-Wandel in *ich* und Einzelfälle gewandelter Konsonanten in niederdeutschen Mundarten zu finden sind. Je weiter wir uns von der Benrather Linie aus nach Süden begeben, desto größer wird die Dichte der genannten Charakteristika, und wenn wir schließlich eine weitere, von südlich Saarbrücken südlich an Heidelberg und Kassel vorbeilaufende und bis zur tschechischen Grenze nahe Plzen (Pilsen) geschwungene Linie erreichen, stoßen wir auf Mundarten, in denen sich praktisch alle Merkmale weitgehend durchgesetzt haben. Diese zweite Linie wird die **Germersheimer Linie** genannt, was wiederum auf den Ort hinweist, an dem sie den Rhein kreuzt. Erst im äußersten Süden erfolgt die Wandlung von /k/ zu /kx/ (siehe Tabelle). Die Germersheimer Linie scheidet die mitteldeutschen Mundarten im Norden von den **oberdeutschen Mundarten** im Süden (genauer Ausführungen zur 2. Lautverschiebung in Keller 1978, Abschn. 4.4.3).

a) stimmlose Verschlußlaute im Anlaut

west-germ.	p	t	k
hochdt.	pf	ts	kx, k

Beispiele:

engl.	*pound*	*ten*	*cow*
dt	*Pfund*	*zehn* (/ts-/)	*Kuh* (schweiz. *Chuh* /kx-/)

Der k → kh-Wandel tritt nur im äußersten Süden des deutschsprachigen Territoriums, d. h. in deutschsprachigen Teilen der Schweiz, in Südösterreich und sehr begrenzt in Teilen Süddeutschlands auf.

b) stimmlose Verschlußlaute im **Inlaut** und im **Auslaut**

west-germ.	p	t	k
hochdt.	pf, f	ts, s	x, ç

Beispiele:

engl.	*hop* , *hope* (Verben)	*heat, hot*	*book, oak*
dt.	hüpfen, hoffen	Hitze, heiß	Buch, Eiche

Ob sich /p/ und /t/ in die Affrikaten /pf/ und /ts/ oder in die Reibelaute /f/ und /s/ verwandelten, wurde von ihrer ursprünglichen **phonetischen** Umgebung bestimmt. Die Ent-

wicklung von /k/ zu /x/ erfolgte nach Velarvokalen, und die von /k/ zu /ç/ nach Palatalvokalen, wobei in manchen Regionen eine generelle Tendenz zu /x/ bestand.

c) stimmhafte Verschluß- bzw. Reibelaute

| west-germ. | b/v | d | g/γ |
| hochdt. | b, p | t | g, k |

Beispiele:

engl.	borrow, rib, seven	day	go, marrow
			(altengl. marg /marγ)
dt.	borgen, Rippe, sieben	Tag	gehen, Mark

Die Konsequenzen dieser Veränderungen in hochdeutschen Dialekten der Gegenwart sind
komplizierter Natur; oft handelt es sich um **lenisierte** Tenues [b̥], [d̥], [g̊](vgl.3.11.3, 5.4.2
und 5.4.3). Auf der frühsten Stufe des Westgermanischen haben wir es bei den Plosiven (b,
g) und bei den Frikativen (v, γ) wahrscheinlich mit **Allophonen** (Varianten eines **Phonems**) zu tun.

d) stimmlose dentale Reibelaute

| westgerm. | θ |
| dt. | d |

Beispiele:

| engl. | thing |
| dt. | Ding |

Tabelle 2.2 Die 2. (hochdeutsche) Lautverschiebung

Die 2. Lautverschiebung vollzog sich vor etwa 1200 bis 1500 Jahren. Sie beschränkte sich auf das in den damaligen Dialekten vorhandene Wortgut,
hatte also für später eingegliedertes Vokabular keinerlei Bedeutung. Zur
Zeit des Römischen Reiches ins Germanische gelangte Vokabeln wie ndl.
und niederdt. *peper* bzw. *pepper* kontrastieren mit *Pfeffer* im Oberdeutschen,
während die Entsprechungen für hochdt. *Papier*, das erst im späten Mittelalter im Germanischen auftauchte, in allen westgermanischen Sprachformen sowohl im Anlaut als auch im Inlaut Explosiva wie [p] oder [b̥] aufweisen.

Die Scheidung des Westgermanischen in nördlichere und südlichere Erscheinungsformen anhand der o. g. vier Charakteristika erweist sich also als
sehr kompliziert, zumal eigentlich nur im Englischen und im Friesischen
alle ,nördlichen' und nur in einigen süddeutschen Dialekten alle ,südlichen'
Merkmale repräsentiert sind. Wie im folgenden gezeigt wird, dürfen die
oben beschriebenen Linien keinesfalls mit den heutigen Grenzen zwischen
den verschiedenen westgermanischen Sprachen verwechselt werden. Sie befinden sich mehrheitlich im Gebiet von nur einer dieser Sprachen, dem
Deutschen, und repräsentieren bestenfalls Zonen dialektaler Übergänge.
Die Herausbildung komplizierter westgermanischer Mundartenlandschaften, die nur geringfügig den heutigen Sprachgrenzen entsprechen, ging der
Entstehung unserer heutigen, genormten Sprachen um Jahrhunderte voraus. Wir verfügen zwar über keinerlei direkte Beweise, erachten es aber als

wahrscheinlich, daß noch vor der Errichtung des Frankenreichs gegen Ende
des 5. Jahrhunderts eine Aufgliederung des Westgermanischen in nördliche
und südliche Varietäten einsetzte. Diese Differenzen sind möglicherweise
mit einer althergebrachten Opposition von Ingwäonen im Norden und anderen westgermanischen Stämmen im Süden in Verbindung zu bringen.
Das Auseinanderdriften hat aber offenbar nicht die wechselseitige Verständlichkeit untergraben und zu einer vollständigen genealogischen Ausgliederung und Differenzierung zweier Sprachen geführt. Die Grenze zwischen
den zwei Typen lag vermutlich zwischen der Benrather Linie und der Germersheimer Linie.

Der nördlichere Typ wies wie gesagt die ingwäonische Palatalisierung,
den Ausfall vor Frikativen und Pronomen der 3. Pers. Sg. des *he*- Typs
auf. Die 2. Lautverschiebung stand in jenem Stadium, d.h. gegen Ende des
5. Jahrhunderts, möglicherweise noch aus oder hatte sich nur in südlicheren
Dialekten realisiert. In jedem Falle läßt sich aus der Tatsache, daß sie sich
nicht in allen modernen **hochdeutschen Dialekten** komplett vollzogen hat,
die Schlußfolgerung ziehen, daß wir es bei ihr mit einem späteren, den Süden betreffenden Wandel, nicht aber mit einem Kriterium der früheren
Nord-Süd-Trennung des Westgermanischen zu tun haben.

Seit jener Zeit haben sich langsam, aber unaufhaltsam, die südlicheren
Sprachtypen durchgesetzt (vgl. 2.2.2) und auf die nördlicheren ausgewirkt.
Im Englischen finden wir alle ‚nördlichen‘ Merkmale in voller Ausprägung,
was dadurch zu erklären ist, daß die nach England gezogenen angelsächsischen Stämme ihre in Norddeutschland und in Jutland gelegenen Siedlungsgebiete bereits im späten 5. Jahrhundert verließen (also noch vor deren Beeinflussung durch die südlichen Dialekte). Ihre sich von nun an eigenständig
entwickelnde Sprachform, eine Frühstufe des Englischen, wurde zunehmend der keltischen Bevölkerung aufgezwungen (angesichts des noch immer lebendigen Kymrischen, schottischen Gälischen und Irischen ein bis
heute nicht abgeschlossenes Projekt), geriet unter skandinavischen und später unter französischen Einfluß und unterscheidet sich heute ganz erheblich
vom übrigen Westgermanischen. Seine Isolierung war jedoch nie vollkommen: Das Englische übernahm eine Reihe von Wörtern aus dem Deutschen
und Niederländischen (aus letzterem vor allem Termin der Seefahrt und
Malerei, z.B. *skipper* und *easel*), und gewann im 20. Jahrhundert so erheblich an Einfluß, daß es, vor allem in seiner amerikanischen Erscheinungsform, in vielen Bereichen auf das Deutsche zurückwirkt.

Analysen der weiter oben besprochenen, ursprünglichen Dialekte des
Westgermanischen deuten darauf hin, daß die ‚nördlichen Charakteristika‘
einmal bis zu einer die Mitte Deutschlands durchquerenden Linie präsent
waren. Ein Merkmal, der Gebrauch von Pronomen des *he*-Typs, erstreckt
sich bis heute entsprechend weit nach Süden, während die anderen immer
weiter nach Norden abgedrängt worden sind. Die ingwäonische Palatalisie-

rung kann gegenwärtig am besten am Friesischen illustriert werden, obgleich auch manche nord- und mitteldeutsche Mundarten mit Beispielen für die Wandlung von /ɣ/ bzw. /g/ zu /j/ aufwarten (s. o.). Nur im Friesischen ist ein konsequenter Ausfall von Nasalen vor Frikativen nachweisbar; in nord- und mitteldeutschen Formen zeigt er sich eher sporadisch. Das vierte für die Nord-Süd-Scheidung des Westgermanischen relevante Element der 2. Lautverschiebung trat wie gesagt vom 5. bis zum 8. Jahrhundert in Erscheinung und stammt vermutlich aus der Heimat der oberdeutschen Dialekte (vgl. alternative Theorien bei Keller 1978, S. 176f). Es hat sich vollständig in den oberdeutschen und in recht unterschiedlichem Maße in den mitteldeutschen Mundarten ausgeprägt, fehlt aber völlig in den niederdeutschen.

Nachdem wir uns nun einen Überblick über die dialektale Vielfalt des auf dem europäischen Festland gesprochenen Westgermanischen verschafft haben, stehen wir vor der Frage, wie eine so nachhaltige Ausbreitung südlicher Formen möglich war. Unseres Erachtens können Fragen nach den Ursachen sprachlichen Wandels so gut wie nie befriedigend beantwortet werden. Unser einziges Argument in diesem Falle wäre die fast ohne Unterbrechung 1500 Jahre lang anhaltende wirtschaftliche und kulturelle Überlegenheit des mittleren und südlichen Deutschlands gegenüber dem Norden. Dieser Umstand war der Ausbreitung südlicher Sprachformen dienlich, reichte aber nicht aus, über alle politische Zersplitterung hinweg die nördlichen Formen zu eliminieren. Außerdem gab es bemerkenswerte Ausnahmen, wie die seit dem 17. Jahrhundert relativ wohlhabenden und einflußreichen Niederlande. Deren Vitalität spiegelt sich in der Emanzipation und im Ausbau des Niederländischen zu einer vom Deutschen unabhängigen Sprache wider.

2.2 Die Entwicklung des Deutschen zu einer eigenständigen Sprache

Angesichts des für das Westgermanische charakteristischen Varietätenreichtums stellt sich die Frage, wie es zur Determinierung einer für alle in deutschen Landen gesprochenen Mundarten verbindlichen Sprache kommen konnte. Der Begriff der Einzelsprache wird in der heutigen Zeit mit der Existenz einer Standard-Varietät assoziiert, und genau darauf wollen wir hinaus: Wie hat sich in einem Gebiet von solch enormer sprachlicher und politischer Mannigfaltigkeit eine einzige Norm etablieren können?

Für die Beantwortung dieser Frage erweist es sich als zweckmäßig, Diversität und politische und kulturelle Desintegration bedingende Faktoren

einerseits und Einheit und damit die Herausbildung einer einzigen Sprache
begünstigende Faktoren andererseits zu identifizieren.

Die Hauptursache für die durch politische, kulturelle und damit auch
sprachliche Divergenz bedingte Vielfalt lag zunächst einfach in der Größe
der deutschsprachigen Gebiete und ihrer Bevölkerung. Zur Zeit der Reformation (16. Jh.) trugen politische und kulturelle Kontraste der Region in
protestantische und katholische Gebiete bei. Konfessionelle Differenzen sorgten wiederum für die Erhärtung politischer und sprachlicher Fragmentie-
rungen. In Anbetracht der soziolinguistischen Entwicklung anderer Teile
Europas würde man in so ausgedehnten Gebieten wie dem deutschsprachigen
Raum mit der Ausprägung mehrerer Sprachen rechnen. Die Iberische Halbinsel weist z. B. vier romanische Standardsprachen auf (kastilisches Spanisch,
Portugiesisch, Katalanisch, Galizisch), und die eng miteinander verwandten
westslawischen Sprachen untergliedern sich in Polnisch, Tschechisch und
Slowakisch.[2] In beiden Regionen finden wir Mundarten in geringerer Vielfalt vor als in den vom modernen Deutsch überdachten Gebieten. Die Besonderheit letzterer liegt also darin, daß sie trotz ihrer politischen und auf
Mundartenebene sprachlichen Zersplitterung nur eine einzige Hochsprache
hervorgebracht haben.

Es ist generell schwierig, Erklärungen für die sprachliche Einheit im
deutschsprachigen Raum zu finden, und eine echte Herausforderung, wenn
wir unsere Untersuchungen auf die letzten fünfhundert Jahre beschränken,
in denen die Territorien anderer wichtiger Sprachen Europas (Englisch,
Französisch, Spanisch und auch Russisch) politisch vereinigt waren und nur
Italien bis 1870 eine dem deutschsprachigen Gebiet vergleichbare Zerrissenheit aufwies. Im Mittelalter hielt sich die Zersplitterung Deutschlands noch
in Grenzen: Von 800 bis 1815 gab es in Gestalt des Heiligen Römischen Reiches eine den verschiedenen deutschen Ländern aufgezwungene und damit
allgemein verbindliche Monarchie. Wenn sie auch über die letzten dreihun-
dert Jahre nicht besonders wirksam war, so kann ihr doch zumindest für bestimmte Abschnitte des Mittelalters reale Macht bestätigt werden. Im Mittelalter war das deutschsprachige Gebiet über weite Strecken sogar politisch
geschlossener als das unter den Mauren und diversen christlichen Fürsten
aufgeteilte Spanien oder auch Frankreich, welches sich in den Händen französischer, burgundischer und angevinisch-englischer Monarchen befand.
Auch England war bis zum 11. Jahrhundert, d. h. noch zweihundert Jahre nach der Errichtung des Heiligen Römischen Reiches, keine vereinigte
Monarchie und erlangte erst mehrere hundert Jahre später Kontrolle über
den Rest der britischen Inseln. Dem gegenüber steht freilich die Tatsache,

---

[2] Ferner seien das Ober- und das Niedersorbische genannt, die lange Zeit eine im Osten
Deutschlands liegende Enklave des Westslawischen bildeten, sich seit dem Zweiten
Weltkrieg jedoch entlang der neuen Staatsgrenze mit dem Polnischen berühren.

daß das Heilige Römische Reich nie ausschließlich germanisch war. Seine Herrschaft in Norditalien war zwar mehr theoretischer als praktischer Natur, aber es fehlte nicht an (die Aufmerksamkeit verschiedener Kaiser von ihren deutschen Besitztümer ablenkenden) Anstrengungen, Italien unter Kontrolle zu halten. Im Osten erstreckte sich das Reich bis nach Böhmen, das politisch und wirtschaftlich bedeutsam und über die gesamte Zeit hinweg überwiegend tschechischsprachig war. So gewichtig diese Vorbehalte auch anmuten, die relativ frühe Errichtung einer für alle deutschsprachigen Gebiete verbindlichen Monarchie war ein für Einheit jeglicher Art letztlich förderlicher Faktor, zumal es sich um eine für ihre Zeit recht stabile und geschlossene Monarchie handelte. Im Schoße des Heiligen Römischen Reiches entwickelte sich eine Art deutsches Nationalgefühl, das späteren politische Zersplitterungen durchaus gewachsen war.

Ein weiterer für die sprachliche Einheit positiver Einfluß ging von der im 12. Jahrhundert einsetzenden enormen Ausdehnung des deutschsprachigen Gebietes nach Osten aus. Auf die eher hintergründige Relevanz der damit verbundenen Ereignisse für die Beantwortung unserer Frage gehen wir im folgenden Abschnitt ein.

2.2.1 Die Zersplitterung des Westgermanischen auf dem Festland

Wie wirkten sich die verschiedenen einheitsfeindlichen Faktoren auf die sprachlichen Verhältnisse aus? Da vor 1500 Jahren äußerst dürftige Kommunikationsbedingungen herrschten, verwundert es nicht, daß sich zwischen den nördlicheren und den südlicheren Sprachformen Unterschiede ergaben und festigen konnten. Allein die enorme Ausdehnung des festländischen Teils des westgermanischen Sprachraums begünstigte fortwährende dialektale Ausdifferenzierungen verschiedenster Art. Geographische und kulturelle Kontraste standen auch der Herausbildung eines modernen einheitlichen Nationalstaates nach französischem, britischem oder spanischem Vorbild im Wege. Die bis zum Ende des 19. Jahrhunderts anhaltende Zersplitterung erwies sich als ein fruchtbarer Boden für die bereits erwähnte erhebliche dialektale Mannigfaltigkeit (vgl. Kap. 3).

Politisch wie sprachlich relevante Konsequenzen hatte die Umwandlung der deutschsprachigen Schweiz und der Niederlande (heute Territorium der Niederlande und Belgiens) in eigenständige politische Gebilde.

Die Herauslösung der Schweiz aus dem Heiligen Römischen Reich läßt sich bis ins späte 13. Jahrhundert zurückverfolgen – eine Zeit, in der sich in weiten Teilen Europas mit dem in Städten ansässigen erstarkenden Handelsbürgertum und den Land besitzenden Bauern eine die moderne Mittelschicht begründende Klasse gegen die wirtschaftliche und politische Vorherrschaft des Feudaladels auflehnte. In vielen Teilen des Reiches errangen

Städte Unabhängigkeit von der feudalen Oberschicht und schlossen sich
zu teilweise auch die angrenzenden ländlichen Gemeinden umfassendenden
Städtebünden zusammen, welche der Verteidigung ihrer gemeinsamen Interessen dienten.

Es herrscht keine völlige Klarheit darüber, warum dem Schweizer Bund
schließlich staatliche Eigenständigkeit gewährt wurde, doch zu den nahelie-
gensten Gründen gehören wohl seine periphere Position im Reich, der Umstand, daß seine mächtigsten Feudalherren, die Habsburger, erbrechtlich bedingt ins Kaiseramt aufstiegen und Unabhängigkeit von ihnen automatisch
Unabhängigkeit vom gesamten Reich bedeutete und daß das alpine Terrain
den Widerstand gegen Fremdherrschaft erleichterte (vgl. Grundmann 1973:
Kap. 6; Fuchs 1973: Kap. 4). Trotz ihrer 1648 offiziell anerkannten, aber
schon lange vorher effektiven politischen Unabhängigkeit hat die Schweiz
nie eine eigene Standardsprache entwickelt. Aus rein linguistischer Sicht ist
dies ziemlich erstaunlich, denn außerhalb der Schweiz lebende Deutschsprachige, die nicht mit den grenznahen Mundarten vertraut sind, finden
die Schweizer Dialekte weitgehend unverständlich. Recht einleuchtende Erklärungen wären die geringe Bevölkerungsgröße, die zur Zeit der Herausbildung der deutschen Standardform bescheidene wirtschaftliche Lage der
Schweiz und die Tatsache, daß sich das kleinräumige Schweizerdeutsch in
einem Land, das ausgedehnte französisch, italienisch bzw. rätoromanisch
geprägte Regionen einschließt, nicht zu einem gesamtnationalen Symbol
entwickeln konnte. Die Verwendung von (leicht modifiziertem) Schriftdeutsch in der Schweiz vermochte jedoch nie die Abweichung der Schweizerdeutschen Varietäten von dem in Deutschland gesprochenen Deutsch
rückgängig zu machen (näheres dazu in Kap. 7). In den Niederlanden entwickelte sich im späten Mittelalter eine regionale Standardsprache, die
hauptsächlich auf dem Brüsseler Dialekt beruhte: das Mittelniederländische. Brüssel selbst war zu jener Zeit von germanischen Sprachformen erfüllt, und wohlhabende, expandierende niederländische Handelsstädte, die
sich durchaus mit ihren Nachbarn messen konnten, rangen den Feudalherren immer mehr Autonomie ab.

Im 16. Jahrhundert fielen die Niederlande unter die spanische Krone. Obwohl sie nominal Teil des Heiligen Römischen Reiches blieben, bedeutete
dies eine entscheidende Wende: Die Kluft zwischen ihrer Bevölkerung und
der herrschenden Schicht erhielt eine sprachliche Dimension, und es kam
auch in verstärkten Maße zu religiösen Diskrepanzen, welche ihren Ursprung in der durch die Reformation ausgelösten Bekehrung weiter Teile des
Nordens (in etwa das Gebiet der heutigen Niederlande) zum Protestantismus hatten. Die damit geradezu vorprogrammierten sozialen Konflikte ent-
luden sich im Unabhängigkeitskrieg der Niederlande (1568–1609), der die
Loslösung der nördlichen Provinzen, der heutigen Niederlande, herbei-
führte. Der daraus hervorgegangene unabhängige Staat entwickelte sich rasch

zu einem der reichsten und mächtigsten in Europa und war keineswegs geneigt, die sich gerade formierende Standardsprache seines geteilten und relativ armen, wenn auch weitaus größeren, östlichen Nachbarn zu übernehmen. Es kam zur Herausbildung einer niederländischen Standardsprache, die sich seitdem eigenständig weiterentwickelt hat.

Das heutige Belgien blieb zunächst noch im Besitz der Spanier, ging dann an Österreich über und gewann erst 1830 seine Unabhängigkeit. Bereits vor 1830 diente in Belgien das Französische als Verwaltungs- und Bildungssprache und war in Brüssel weitgehend an die Stelle des ursprünglichen germanischen Dialekts getreten. Als im 20. Jahrhundert der inzwischen wieder von mehr als der Hälfte der Einwohner Belgiens gepflegten germanischen Sprachform, dem sog. Flämischen, der offizielle Status zugestanden wurde, einigte man sich auf das Niederländische als Standard- und Amtssprache. Eine Erhebung des inzwischen zu einer Fremdsprache gewordenen Deutschen in diesen Rang stand völlig außer Frage. Das Niederländische und das in Belgien verbreitete Flämische sind im Grunde genommen identisch, und Abweichungen auf der Ebene regionaler Dialekte gleichen mundartlichen Kontrasten innerhalb eines Landes. Die Bezeichnung ‚Flämisch‘ ist übrigens irreführend, denn der offizielle Name der Sprache sowohl in den Niederlanden als auch in Belgien lautet *Nederlands*.

2.2.2 Die Einheit des Deutschen begünstigende Faktoren

Wir wollen nun zu Deutschland selbst zurückkehren und uns einer eingehenderen Untersuchung jener Faktoren widmen, die die sprachliche Einheit begünstigt haben. Das Heilige Römische Reich, die so gut wie alle deutschsprachigen und viele angrenzende Regionen verknüpfende bedeutendste europäische Verwaltungseinheit des Mittelalters, erlangte im 11. Jahrhundert jene Form, in der es weitere fünf Jahrunderte lang überdauern sollte. Es verkörperte die etwas eingeschränkte Fortführung des Frankenreiches, das kurz nach seinem Zenit, der Krönung von Karl dem Großen zum römischen Kaiser, in einen ungefähr dem heutigen Frankreich entsprechenden westlichen und in einen in etwa von Deutschland und Italien repräsentierten östlichen Teil zerfiel (Löwe 1973).

Die Franken konstituierten allem Anschein nach nicht einen einzelnen Stamm, sondern eine Konförderation von am mittleren Rhein konzentrierten Volksgruppen. Ihre dem Westgermanischen zugeordnete Sprache war vermutlich von großer Vielfalt; sie schloß sowohl nördliche als auch südliche Varietäten ein. Entsprechend divers sind die heute im Stammgebiet der Franken gepflegten Dialekte. Sie reichen vom Niederfränkischen, aus dem u. a. das Niederländische hervorgetreten ist, bis zu den oberdeutschen Formen der Gegenden um Würzburg und Nürnberg, dem sog. Oberfränkischen.

Die Franken drangen vom mittleren Rhein in den Norden jenes Landes vor, das noch heute nach ihnen benannt wird. Auch in der Bezeichnung von dessen Sprache schlug sich ihr Name nieder. Andererseits waren sie schon rein zahlenmäßig zu schwach, als daß sich ihre Dialekte hätten durchsetzen und ihre einige Jahrhunderte später erreichte Assimilation hätte vermeiden lassen können. Beim Französischen handelt es sich um eine von der Bevölkerungsmehrheit gesprochene romanische Weiterentwicklung des Lateinischen. Jene mitteldeutsch-nordfranzösische Region bildete den Kern des später mit Karl dem Großen assoziierten, große Teile des heutigen Frankreichs, der Niederlande, Deutschlands und Norditaliens umfassenden Frankenreiches.

Ein ansehnlicher Abschnitt des Westgermanischen, das Gebiet der Sachsen, war erst gegen Ende des 8. Jahrhunderts, d.h. unter Karl dem Großen selbst, erobert worden (Löwe 1973: Kap. 18). Seine Ausmaße entsprachen in etwa denen des erst im späteren Mittelalter nach Osten expandierenden niederdeutschen Dialektraums (s.u.). Von manchen Sprachhistorikern wird die späte Kolonisation des sächsischen Gebietes für die Kontraste zwischen den nördlichen und den südlichen Formen des Westgermanischen verantwortlich gemacht. Dieser Logik steht allerdings entgegen, daß die südlichen Grenzen des sächsischen Raums nur östlich des Rheins ungefähr mit der Benrather Linie (der nördlichen Grenze der 2. Lautverschiebung) zusammenfallen. Die südlichen Niederlande und das nördliche Rheinland – Gebiete, die nie von der 2. Lautverschiebung erreicht wurden – befanden sich längst unter fränkischer Herrschaft, weshalb die dort gesprochenen Mundarten traditionell als das Niederfränkische zusammengefaßt werden. Ein weiteres Problem liegt darin, daß die für die Nord-Süd-Teilung stehende Benrather Linie nur auf einem ganz bestimmten Merkmalbündel beruht, während andere von Norden nach Süden variierende Merkmale zu separaten Linien führen. Man denke z.B. an die sich über die Benrather Linie hinaus nach Süden erstreckenden /h-/-Formen der Pronomen der 3. Pers. Sg. (vgl. 3.9.1) oder an die sich auf dem europäischen Festland nur in den friesischen Dialekten durchgehend niederschlagende ingwäonische Palatalisierung und Aufgabe von Nasalen vor Reibelauten. Es darf allerdings vermutet werden, daß die südliche Grenze des Sächsischen mit der Entmachtung der Sachsen durch die Franken an Bedeutung verlor, zumal die bis zu jenem Einschnitt gesprochenen sächsischen Mundarten mehr nördliche Charakteristika aufzuweisen scheinen als ihre modernen Nachfahren sowie die uns vorliegenden Schriftzeugnisse. Unter anderem spricht für diese These die Tatsache, daß die durch die Angelsachsen nach England (Eastseaxe, Middelseaxe, Suþeaxe und Westseaxe, die Länder der Ost-, Mittel-, Süd- und Westsachsen; heute *Essex*, *Middlesex*, *Sussex* und *Wessex*) eingeführten Dialekte sämtliche nördlichen Merkmale aufweisen. Neben den Namen deutet aber auch das Brauchtum der nach England vorgedrungenen und der im heutigen Norddeutschland verbliebenen Sachsen darauf hin, daß sie einst demselben Stamm angehörten. Weitere Zeichen für das Abklingen nördlicher Merkmale finden sich in den sächsischen Ortsnamen. So läßt sich z. B. an der Ortsbezeichnung *Celle* [tsɛlə] die den heutigen sächsischen Dialekten fehlende ingwäonische Palatalisierung von /k/ illustrieren (Sanders 1982: 42–46). Erinnert sei in diesem Zusammenhang auch an die in norddeutschen Mundarten und umgangssprachlichen Varietäten verbreitete Ersetzung von hochdt. [g] durch den Palatal [j] (vgl. 5.4.2).

Alles in allem spricht also recht viel dafür, daß mit der Eroberung der nördlichen Teile Deutschlands durch die Franken bestimmte Merkmale der südlichen Sprechweisen an Beliebtheit gewannen und immer weiter nach Norden ausbreiteten. Wir können sogar davon ausgehen, daß sich auf dem Territorium des Festland-Westgermanischen zum Ende des 8. Jahrhunderts eine politische und ökonomische und damit auch kulturelle und sprachliche Hegemonie des Südens ergeben hatte. Südliche Sprachformen genossen im allgemeinen ein höheres **Prestige** als die des Nordens, was in einer dauerhaften Beeinflussung nördlicher Formen durch ihre hochdeutschen Entsprechungen resultierte. Die niederdeutschen Mundarten erinnern zwar in ihrem Grundvokabular an das Englische, haben aber einen typisch deutschen Satzbau und (sofern Bedarf besteht) Fachwortschatz. Sie sind insgesamt erheblich zurückgegangen und in größeren Städten unter Angehörigen der Mittelschicht durch Standarddeutsch bzw. durch nur geringfügig dialektal gefärbte, **standardnahe Umgangssprache** ersetzt worden.

Zu einem entscheidenden Bruch mit dem südlichen Trend kam es bekanntlich im 17. Jahrhundert in den Niederlanden (s. o.). Die von den im Norden und Süden Hollands verbreiteten niederfränkischen Dialekten abstammende, im Grunde genommen aber bis ins mittelalterliche Brüssel zurückverfolgbare niederländische Standardsprache wirkte sich umgekehrt auf andere westgermanische Dialekte in den Niederlanden aus. Betroffen war auch das im Osten des Landes beheimatete und dem Niederdeutschen nahestehende, Niedersächsische. Auf der Ebene der ursprünglichsten ländlichen Mundarten läßt sich zwar auch heute noch ein **Dialektkontinuum** zwischen dem Niederländischen und dem Deutschen nachweisen, doch es liegt auf der Hand, daß dieses Kontinuum aufgrund des Einflusses der es überdachenden Standards zunehmend aufgebrochen wird: Auf beiden Seiten findet eine Ersetzung traditioneller Varietäten durch die jeweilige Standardform und Formen **dialektnaher Umgangssprache** statt.

Von den südlichen Formen relativ verschont blieben im Mittelalter die in abgelegenen Küstenabschnitten und auf Inseln weitgehend isolierten Sprecher des Friesischen. Mit Ausnahme der westlich des Ijsselmeers gelegenen und heute in der Provinz Nordholland aufgegangenen Stammterritorien konnten sich die friesischsprachigen Gebiete ihre Abhängigkeit als den Schweizer Kantonen des 13. und 14. Jahrhunderts ähnelnde Bauernrepubliken bewahren (Sjölin 1969: 2f). Im frühen Mittelalter konnte das Friesische sogar expandieren und erreichte das heutige Nordfriesland (die Westküste Schleswig-Holsteins und einige ihr vorgelagerte Inseln). Da sich seine Entwicklung in relativer Unabhängigkeit von südlichen Formen vollzog, haben sich in ihm nahezu alle nördlichen Charakteristika des Westgermanischen erhalten, so daß es über scharfe äußere Grenzen verfügt.

Die friesischen Dialekte stehen außerhalb des kontinentalen westgermanischen Sprachkontinuums und werden von ihren Sprechern als eine separate Sprache angesehen (Heeroma 1962). Der Abstand zwischen dem Nordfriesischen und dem Deutschen ist nicht zuletzt deshalb bemerkenswert groß, weil sich das friesischsparachige Schleswig-Holstein zeitweise unter dänischer Herrschaft befand und entsprechend lange vom Dänischen beeinflußt worden ist. Heute befindet sich das Friesische unter enormem Druck von seiten des Deutschen (Nordfriesland) und des Niederländischen (Westfriesland) und wird durch deren Standardformen modifiziert (z. B. Århammar 1967: 8, Walker 1990). Wie viele andere Minoritätensprachen hat das Friesische keine bindend wirkende Standardform. Es existiert in extremer dialektaler Mannigfaltigkeit, die u. a. zu niedriger wechselseitiger Verständlichkeit des (in der niederländischen Provinz Friesland verbreiteten) Westfriesischen einerseits und des Nordfriesischen andererseits geführt hat. Zwischen diesen Dialektzweigen liegen das niederländischsprachige Gebiet um Groningen und das ehemals friesischsprachige, aber heute nur noch Standarddeutsch und Niederdeutsch aufweisende Ostfriesland. Das Ostfriesische hat lediglich als eine kleine Enklave im etwas abgelegenen Saterland (bei Oldenburg) überlebt. Das Nordfriesische ist wiederum recht stark zersplittert. Es spaltet sich primär in die Inseldialekte von Sylt und Amrum und in Dialekte des Festlandes auf, was von entsprechenden Verständigungsproblemen begleitet wird. Die Ursachen für die Divergenz sind wahrscheinlich darin zu suchen, daß die Inseln und der Küstenstreifen zu ganz unterschiedlichen Zeiten besiedelt wurden.

Mit Ausnahme der Friesen und, vom frühen 17. Jahrhundert an, der Niederländer haben sich also die Sprecher der kontinentalen westgermanischen Dialekte seit der Zeit des Frankenreiches als eine im einen oder anderen Sinne integrale Sprachgemeinschaft betrachtet, und es kam über dialektale Grenzen hinweg zu wechselseitiger überregionaler Beeinflussung. Wie wir oben erwähnten, erfolgte letztere vor allem von Süden nach Norden.

Die politische Zerrissenheit des mittelalterlichen Deutschlands war, wie wir ebenfalls oben gesehen haben, gar nichts so Außergewöhnliches; erst nach der Reformation und dem Dreißigjährigen Krieg unterlag das deutschsprachige Europa einem Zerfall, den es in keinem anderen Sprachraum in vergleichbarem Maße gab. Zu jener Zeit war bereits eine sprachgeschichtlich extrem bedeutsame Schwelle überschritten worden: die Erschaffung eines schriftsprachlichen Standards. Die territoriale Zersplitterung hatte aller-

dings zur Folge, daß sich der nächste Schritt, die Etablierung der schriftsprachlichen Norm als ein die standardfernen Dialekte verdrängendes münd-
liches Kommunikationsmedium, hier erheblich langsamer vollzog als in,
sagen wir, Frankreich oder England.

Ein weiterer das Deutsche einigender Faktor war die vom 10. bis zum
13. Jahrhundert vollzogene Erweiterung seiner Einflußsphäre gen Osten. In
den heutigen Baltenrepubliken Litauen, Lettland und Estland erfolgte die
Einführung des Deutschen zum Teil durch deren kommerzielle Ausbeutung
durch die Hanse und zum Teil infolge der militärischen Unterwerfung der
Region durch den Deutschen Orden. Die Kreuzzüge des Deutschen Ordens
dienten der Christianisierung der heidnischen Einheimischen, hatten aber
auch eine siedlerische Inbesitznahme jener Gebiete zur Folge, die sich vor
allem in Form von Städtegründungen ausdrückte. Bis zum 9. Jahrhundert
gab es im Baltikum zahlreiche deutschsprachige Städte, und die autochthonen Sprachen der Region waren zu jenem Zeitpunkt fast nur noch auf dem
Lande lebendig.

In Polen und in der Ukraine waren es zu einem großen Teil Juden, die
vom Westen her einreisten und sich niederließen. Ihre Sprache, das Jiddische, war eine Art mittelalterliches Deutsch, das mit einem vornehmlich
religiöse Konzepte bezeichnenden Vokabular aus dem Hebräischen angerei-
chert worden war. Vom Slawischen umgeben entwickelte sich das Jiddische
hier zu einer vom Deutschen unabhängigen Sprache weiter, die bis zu der
grausamen Verfolgung der Juden durch die Nationalsozialisten in manchen polnischen Städten von über 80 % der Bevölkerung verwendet wurde.
Heute ist das Jiddische fast nur noch in Israel und in den USA lebendig und
auch dort sehr stark im Rückgang begriffen.

Zwischen der Elbe, die im 9. Jahrhundert in etwa den östlichen Rand des
deutschen Sprachraums bildete, und der vor 1937 bestehenden deutsch-
polnisch-litauischen Grenze kam es im Gefolge der militärischen Macht-
ergreifung zu einer starken Immigrationswelle. Die deutschsprachigen Sied-
ler faßten sowohl in Städten als auch auf dem Lande Fuß und erwirkten die
allmähliche Assimilation der slawischsprachigen Bevölkerung (einschließlich der in Ostpreußen beheimateten Sprecher des zur baltischen Unterfamilie gehörigen Altpreußischen). Im heutigen Deutschland gibt es nur noch
eine Enklave des Slawischen: das Sorbische (vgl. 8.4.2).

Neben der weitreichenden Expansion nach Osten kam es im Mittelalter
und in der frühen Moderne auch zur Entstehung von deutschen Sprach-
inseln. Die an der Wolga und damit am weitesten östlich gelegene Enklave
geht auf die Kolonisierung jenes Gebietes im 18. Jahrhundert zurück. Viele
solcher Inseln entstanden in den nichtdeutschsprachigen Teilen von Österreich-Ungarn (ehemals Österreich), dessen staatliche Einheit vom 15. Jahrhundert bis zum Jahre 1918 andauerte und in seinem Zenit große Teile der
heutigen Tschechischen Republik, der Slowakei, Sloweniens, Kroatiens,

Serbiens, Rumäniens und der Ukraine und Polens einschloß. Die dominante Sprachgemeinschaft Österreich-Ungarns waren die Deutschsprachigen.

Sprachgeschichtlich besonders bedeutsam war die Besetzung von Gebieten zwischen der Elbe und der Ostgrenze Deutschlands von 1937, denn die
dorthin vordringenden Übersiedler stammten aus allen Teilen des festländischen westgermanischen Sprachgebiets einschließlich der Niederlande.
Dies hatte zur Folge, daß die im Osten gesprochenen Dialekte gewisse
Kompromisse darstellten. Sie trugen zwar im Norden (etwa in Brandenburg, Mecklenburg, Pommern, Ost- und Westpreußen) Züge des Niederdeutschen, und weiter südlich (etwa in Sachsen, Schlesien und einem kleinen Teil Ostpreußens) eindeutige Merkmale des für Mitteldeutschland
typischen Hochdeutschen, wichen aber weniger stark voneinander ab und
waren für Außenstehende leichter verständlich als man es von Mundarten
im Westen sagen könnte. Der ins 16. Jahrhundert fallende politische Aufschwung Sachsens (vor allem seiner Kerngebiete Meißen, Dresden und
Leipzig) hatte zur Folge, daß sich in allen deutschsprachigen Regionen (nun
ausschließlich der Niederlande) eine Form von Deutsch zunehmender Akzeptanz erfreute und zum Standard entwickelte, deren Wurzeln zumindest
teilweise in den sächsischen Dialekten zu suchen sind.

Es sei daran erinnert, daß das heutige Land Sachsen keine spezielle
sprachliche Verbindung mit dem historisch viel weiter zurückliegenden
Stamm der Sachsen hat, deren Heimat allenfalls dem heutigen Niedersachsen entspricht. Zu der Bezeichnung des südlicheren Gebietes als Sachsen
kam es im Zusammenhang mit seiner Übernahme durch Adelshäuser, die
mit dem ursprünglichen Sachsen (d.h. Niedersachsen) assoziiert wurden.
Die typischen Mundarten des heutigen Sachsens sind dem Mitteldeutschen
der Kolonisierungsphase zuzuordnen, während die niedersächsischen Dialekte zum Niederdeutschen gehören.

2.3 Die Herausbildung der deutschen Standardform

Eine besonders wichtige Voraussetzung für das Verständnis der außerordentlich komplexen Variation des Deutschen in der Gegenwart sind Einsichten in die Entwicklung der deutschen Standardform. Man kann diesen
Prozeß in vier Stadien untergliedern:

(1) das Aufkommen mehrerer teilweise standardisierter Schriftsprachen, die sich von den
    lokalen Dialekten unterschieden;

(2) die Akzeptanz von einer dieser Formen als schriftsprachlicher Standard für den ge-
    samten deutschsprachigen Raum;

(3) die Entwicklung eines mündlichen Standards zum normalen Kommunikationsmedium eines Teils der Bevölkerung;

(4) die Akzeptanz des Standards oder standardnaher Sprachformen als das normale Kommunikationsmedium der Bevölkerungsmehrheit und das daraus resultierende Aufkommen von regionalen und schichtenspezifischen Varietäten des Standards und der ihm nahestehenden Formen.

2.3.1 Das Aufkommen mehrerer schriftsprachlicher Standards

Die Entstehung von schriftsprachlichen Standardformen kleinräumiger Dialekte läßt sich bis ins Mittelalter (12. -15. Jh.) zurückverfolgen. Bis zu jener Phase spiegelten Texte in hohem Maße die Eigentümlichkeiten ihres Entstehungsortes wider (was in keinem Widerspruch zur Zusammenfassung des mittleren und südlichen Typs als **Althochdeutsch** und des nördlichen Typs als **Altsächsisch** bzw. **Altniederdeutsch** steht), zeugten aber auch von gewissen Normierungstrends. Damit ist nicht gemeint, daß die Schreibenden versuchten, ihre örtlichen Dialekte zu transkribieren – in Wirklichkeit bestand wahrscheinlich eher eine erhebliche Kluft zwischen Gesprochenem und Geschriebenem – doch die Buchstabierung könnte durchaus als eine (möglicherweise sehr komplexe) Kodierung der örtlichen Lautung angesehen werden. Die Mehrheit der Bevölkerung war noch nicht des Schreibens und Lesens mächtig, und fast alles Schriftliche, vor allem aber religiöse Texte und administrative Dokumente, wurde in Latein abgefaßt.

Im hohen Mittelalter (12. und 13. Jh.) bildete sich eine Schicht von Adligen und niederen Edelleuten heraus, die Interesse an Kultur und reichlich freie Zeit für entsprechende Aktivitäten hatten, aber nicht unbedingt des Lateinischen kundig waren. Ihren literarischen Bedürfnissen kamen Dichter wie Walther von der Vogelweide und Hartmann von Aue entgegen, die weltliche Literatur in ihrer Muttersprache schufen. Einige dieser Werke waren allerdings keine echten Neuschöpfungen, sondern, wie z.B. das Nibelungenlied, dem Geschmack der Zeit angepaßte erste Aufzeichnungen von erheblich älterer mündlich überlieferter Dichtkunst. Die ästhetischen Vorzüge und sozialen Kontakte der Adligen waren vornehmlich überregionaler Natur, und es ist interessant, daß sich mit dem sog. **Mittelhochdeutschen** ein relativ einheitlicher literarischer Standard einbürgerte, der den südwestlichen Dialekten am nächsten stand. Die meisten Schreibenden, die sich dieses literarischen Standards bedienten, stammten aus der hochdeutschen Dialektregion, aber es gibt auch Nachweise für Dichter aus dem niederdeutschen Sprachraum (Sanders 1982: 122-25).

Es muß betont werden, daß in jener Phase praktisch alle mündlichen Äußerungen im Dialekt erfolgten. Das Mittelhochdeutsche war lediglich im Rahmen von Literaturrezitationen und eventuell in bestimmten Anspra-

chen zu hören und damit in seinem mündlichen Gebrauch außerordentlich
eingeschränkt. Es stellte für niemanden die Muttersprache dar. Außerdem
sollte man berücksichtigen, daß noch immer der weitaus größte Teil der
Handschriften auf Lateinisch verfaßt waren.

Im späteren Mittelalter war der eben entstandene mittelhochdeutsche
Standard gemeinsam mit der sozialen Schicht, die ihn in Gestalt der oben
erwähnten Literatur wertschätzte, einem gewissen Verfall preisgegeben,
doch von der Mitte des 13. Jahrhunderts an wurde das Deutsche vermehrt in
der Verwaltung eingesetzt. Letzteres traf besonders auf die neu gegründeten
oder zu neuer Bedeutung gelangten Städte zu, wo es vermutlich weniger
lateingeschulte Amtsinhaber gab als an den Adelshöfen. Selbst die Fürsten-
höfe öffneten sich dem Deutschen, da mit den komplexeren politischen
Verhältnissen der Verwaltungaufwand zugenommen hatte. Alle wichtigen
Städte und alle Höfe ließen in ihren Kanzleien schriftsprachliche Standards –
die sog. **Kanzleisprachen** – entwickeln. Wo man sich spontan auf bestimmte Normen einigen konnte, gab es zwischen benachbarten Versionen nur
geringe Unterschiede. Besonders beeindruckend ist diesbezüglich die Geschichte des **Mittelniederdeutschen**. Es fand in relativ einheitlicher Form
an allen städtischen Kanzleien der Hanse Verwendung und war insofern
von jeher ein Kandidat für eine künftige **Einheitssprache**. Der so bedeutende Städte wie Hamburg, Bremen und Lübeck einschließende Hansebund
verfügte über Handelsverbindungen, die von England bis nach Rußland und
darüber hinaus reichten. Außerdem dominierte die Hanse die wirtschaftlichen und politischen Verhältnisse in Skandinavien, was beträchtliche Spuren in dessen Sprachen hinterließ. Das dem Dialekt von Lübeck am nächsten stehende Mittelhochdeutsche war wie alle anderen Kanzleisprachen
eine fast ausschließlich schriftlich verwendete Form. Trotz seiner weiten
Verbreitung und seines starken Einflusses wurde es im 16. und 17. Jahrhundert durch das Hochdeutsche verdrängt. Der Hansebund löste sich auf und
die Rolle der stärksten Handelsmacht Nordeuropas fiel Holland zu, während Schweden und Rußland politische und wirtschaftliche Unabhängigkeit
errangen.

Im 17. Jahrhundert setzte sich bekanntlich das schon etwas vereinheitlichte Mittelniederländische endgültig von der Einflußsphäre des Deutschen
ab. Es begann sich zunächst in den Niederlanden und dann in dem ihm zugewandten Teil Belgiens zum modernen Standardniederländischen zu entwickeln (vgl. 2.2.1)

2.3.2 Die Anerkennung eines einheitlichen schriftsprachlichen Standards

Im 16. und 17. Jahrhundert begann sich eine Erscheinungsform des Deutschen zur einer universell anerkannten und verbindlichen schriftsprachlichen Norm zu entwickeln. Daß das Verlangen nach einer einheitlichen und weithin verständlichen Schriftsprache erst und gerade jetzt so stark war, hatte viele verschiedene und z. T. recht komplexe Gründe. Ein förderlicher Faktor war die im späten 15. Jahrhundert vollzogene Einführung des Buchdrucks. Zum einen machte die Anerkennung einer genormten Sprache die Buchproduktion effektiver, zum anderen wirkte sich ihr weitläufiger Gebrauch positiv auf die Absetzbarkeit der Bücher und die davon abhängigen Profite aus. Die Anfänge des Buchdrucks ergaben sich nicht nur parallel zum Aufstieg einer lese-, aber nicht durchgängig lateinkundigen Mittelschicht, sie beförderten ihn. Der Anteil der in Latein veröffentlichten Bücher war nach wie vor beträchtlich, doch das Angebot an deutschsprachiger Literatur wurde spürbar reichhaltiger.

Von großer Bedeutung war auch die Reformation. Von ihr gingen zahlreiche in Deutsch gedruckte Texte aus, dessen wohl bekanntestes Beispiel Martin Luthers Bibelübersetzung ist (das Neue Testament erschien 1522). Die Reformation gilt konventionell als eine religiöse Bewegung, verkörpert aber darüber hinaus einen gesamtgesellschaftlichen Umbruch, in dessen Zuge deutschsprachige Laien von der lateinsprachigen Kirche Mitspracherechte bei der Klärung religiöser Angelegenheiten einforderten. Sie kann also gleichsam als ein deutsch-nationalistisches Aufbegehren gegen die von Italien dominierte Kirche verstanden werden (vgl. Fuchs 1973: 79–86).

Bis vor kurzem ging man im allgemeinen davon aus, daß bei der Einführung eines Standards auf eine der Kanzleisprachen zurückgegriffen wurde, doch in der Gegenwart wird diese Auslegung hinterfragt. Es bleibt allerdings unbestreitbar, daß die These der Erhebung der sächsischen Kanzleinorm zum allgemein verbindlichen Standard erst einmal recht einleuchtend klingt. Die im Zuge der Ostexpansion von Deutschsprachigen besiedelten Gebiete (das Kurfürstentum Sachsen setzte sich überwiegend aus kolonisierten Territorien zusammen) waren weniger stark zergliedert und generell einflußreicher als die westlichen Regionen, weshalb sie bald eine gewisse Vorherrschaft im Heiligen Römischen Reich erlangten. Sachsen selbst wurde aber letzlich in den Hintergrund gedrängt, und zwar vor allem durch Brandenburg-Preußen und Österreich.

Ein letzter Faktor war die Entscheidung Martin Luthers, die Sprache der sächsischen Kanzlei als Richtlinie für seine Schriften zu nutzen. Ostmitteldeutschland war seine Heimat, und Sachsens Kurfürst, Friedrich der Weise, war sein Beschützer und Gönner.

Die Einbürgerung der genormten Schriftsprache vollzog sich ungleichmäßig. Sie gelang paradoxerweise rascher im Norden als im Süden und im
Lichte der Reformation insgesamt eher in den protestantischen als in den katholischen Gebieten. Mit der sächsischen Norm konkurrierte das am (österreichischen) kaiserlichen Hof favorisierte ‚gemeine Deutsch' der Südregion.
Nach einer Phase, in der die beiden Formen einander stark beeinflußten, gewann – insofern diese Theorie überhaupt noch haltbar ist – erstere allmählich die Oberhand (von Polenz 1978: 78). In jüngeren Veröffentlichungen
wird dem gemeinen Deutsch eine viel größere Bedeutung zugestanden als in
der hier dargestellten Sichtweise. Es wird als eine die südlichen Kanzleisprachen des 15. Jahrhunderts allmählich vereinheitlichender angehender südlicher Standard dargestellt. Die sächsische Kanzleisprache wäre demzufolge
nur eine bestimmte sächsische Erscheinungsform des gemeinen Deutschs
(Mattheier 1990).

Zum Ende des 17. Jahrhunderts war die Annahme einer ziemlich einheitlichen Schriftsprache im heutigen deutschsprachigen Gebiet so gut wie ab-
geschlossen. Davon nicht betroffen waren natürlich die Niederlande, wohl
aber die inzwischen vom Kaiserreich unabhängige Schweiz sowie der niederdeutsch sprechende Norden, wo sich bereits eine eigenständige Norm
(s. o. 2.3.1) etabliert hatte und lokale Dialekte teilweise als eine separate
Sprache (Niederdeutsch) anerkannt wurden.

Die Anerkennung des Standards in Norddeutschland ist nicht allzu verwunderlich, denn die Sprecher niederdeutscher Dialekte haben sich nie generell als eine separate Volksgruppe betrachtet. Außerdem ist die Scheidung
des Festland-Westgermanischen in nördliche und südliche Dialekttypen in
Wirklichkeit viel komplizierter, als es die herkömmliche Abgrenzung des
Niederdeutschen vom Hochdeutschen entlang der Benrather Linie vorgibt
(vgl. 2.1.3). Die Abkehr vom mittelniederdeutschen Standard wurde durch
den Niedergang der (die alte Norm repräsentierenden) Hanse und den nahezu geschlossenen Übergang des Nordens zum Protestantismus beschleu-
nigt, wenn nicht sogar verursacht. Der Norden war den südlichen Regionen
in der Annahme des Standards vielerorts voraus, und es ist bekannt, daß
sich hier eine dem Standard relativ nahestehende Sprachform binnen kurzer
Zeit zum gesprochenen Medium der Mittelschicht entwickelte (vgl. 2.3.3).

Was wirklich überrascht, ist die Übernahme der ostmitteldeutschen Standardform in der Schweiz. Die Tatsache, daß die Schweizer Dialekte ebenso
wie der Standard als „Hochdeutsch" klassifiziert werden, ändert nichts an
der gewaltigen Kluft, die sich zwischen den südwestlichen oberdeutschen
Dialekten der Schweiz und dem Standard auftut. Zu den die Entscheidung
begünstigenden Faktoren gehören ohne Zweifel die geringe Bevölkerung
des Landes und deren weitgehende Bekehrung zum Protestantismus (in diesem Falle zum Calvinismus).

2.3.3 Die Herausbildung eines Standards in der gesprochenen Sprache

Das nächste Stadium in der Entwicklung der Standardsprache war ihre Anwendung im Bereich der mündlichen Kommunikation durch zumindest einen Teil der Bevölkerung. An diesem Punkt stoßen wir auf Definitionsdefizite, denn wo immer sich eine bestimmte Varietät als das allgemeine mündliche Kommunikationsmedium eines Bevölkerungsteils etabliert, kommt es mit großer Wahrscheinlichkeit zu einer regionalen und sozialen Diversifizierung dieser Form. Im Kontext bestimmter anderer Sprachen, wie z.B. dem Englischen, versteht man unter ‚Standardsprache‘ das routinemäßig angewendete und akzeptierte Grammatik- und Wortschatzrepertoire der Mittelschicht. Im Kontext des Deutschen wird ‚Standardsprache‘ traditionell wesentlich enger definiert. Dies erklärt sich aus stärkerem Purismus und ausgeprägteren Schutzinstinkten sowie aus der (historisch bedingten) schwächeren Position des Standards und dem um so stärkeren Interesse an seiner Erhaltung als dem primären Symbol nationaler Identität. Als ‚Standardsprache‘ (auch Einheitssprache, Hochsprache, Literatursprache, vgl. Glossareintrag ‚formelle Standardsprache‘) bezeichnet man eine grammatikalisch weitgehend vereinheitlichte und phonetisch den Regeln der prestigeträchtigen **deutschen Hochlautung** (DH) genügende Varietät des Deutschen (siehe Kap. 5 für eine eingehendere Behandlung von Definitionsproblemen). Halten wir uns aber an den (in dieser Abhandlung bevorzugten) englischen, d.h. phonetische Variation gestattenden, Standard-Begriff, so können wir feststellen, daß sich gegen Ende des 19. Jahrhunderts Standarddeutsch zum normalen, alltäglichen Kommunikationsmedium der Mittelschicht des Nordens und Mitteldeutschlands entwickelt hatte. Dieser Prozeß läßt sich um so weiter zurückverfolgen, je südlicher man sich begibt, doch auch in Süddeutschland und in Österreich (in der Schweiz dagegen kaum) scheint sich zumindest die jüngere gebildete städtische Mittelschicht des Standarddeutschen bzw. standardnaher Formen angenommen zu haben. Gründe für die wachsende Verbreitung der Standardsprache gibt es viele. Zu ihnen gehören die sich seit der Industriellen Revolution (19. Jh.) ständig verbessernden Kommunikationsbedingungen und die dadurch häufiger gewordenen Begegnungen zwischen Menschen unterschiedlicher geographischer Herkunft, ein immer höheres Bildungsniveau für immer größere Bevölkerungsteile (wobei die Standardsprache sowohl als Lehrmedium als auch als Lehrobjekt fungiert), die Verwendung des Standards zum Ausdruck eines wachsenden Verlangens nach deutscher Einheit sowie, und dies ist möglicherweise der entscheidende Faktor, der Aufstieg einer Mittelschicht, die (regional verschieden stark) bemüht war, sich von der dialektsprechenden Bauernschaft und Arbeiterschicht abzusetzen.

Abgesehen vom Bildungsbereich vollzogen sich die oben erwähnten sozialen und politischen Veränderungen im deutschsprachigen Europa langsa-

mer als in einigen anderen Regionen. Ihre relative Verzögerung und die ihr
teilweise zugrunde liegende politische Zersplitterung hatten zur Folge, daß
sich die Standardform hier schwerfälliger ausbreitete als z.B. in Frankreich
oder Großbritannien. Man sollte sich aber auch vor Augen halten, daß die
im deutschen Sprachraum zu überwindende dialektale Vielfalt erheblich
größer war als die des französisch- und englischsprachigen Raums.

Aufgrund der relativ zügigen Ausbreitung der Standardform im Norden wird die deutsche Hochsprache teilweise mit der **Phonetik** jener Region identifiziert, und es ist tatsächlich die Aussprache von Angehörigen
der städtischen Mittelschicht des Nordens, die der deutschen Hochlautung
(DH) am nächsten kommt. Standarddeutsch ist also eine interessante Kombination aus hochdeutscher Lexik, Grammatik und Lautsystematik einerseits und stark den norddeutschen Dialekten angelehnter Phonetik andererseits. Die Aussprache ist bekanntlich sowohl auf der individuellen als auch
auf der kollektiven Ebene die langlebigste Dimension muttersprachlicher
Prägung: phonetische Eigentümlichkeiten ursprünglich erworbener Sprachformen werden kontinuierlich reproduziert und unwillkürlich auf Zweitsprachen oder Zweitdialekte übertragen. Ein Beleg für den dahingehenden
Beitrag der Sprecher des Niederdeutschen zur Standardform ist die Behauchung stimmloser Verschlußlaute (/p/, /t/, /k/) im Anlaut: Sie tritt nur ganz
geringfügig in den mittel- und oberdeutschen Mundarten auf, ist aber ein typisches Merkmal des Nordens und ein Element der DH.

Die Assoziation des Standards mit dem Norden Deutschlands und mit
dem erstarkenden protestantischen Preußen vermag zumindest teilweise zu
erklären, warum sich seine Übernahme im katholisch dominierten Süden so
sehr verzögert hat.

2.3.4 Die Entstehung des modernen Kontinuums

Im Zuge der Einbürgerung von Standardsprachen kommt es häufig zu Di-
glossie-Phasen, und zwar vor allem in den Fällen, wo starke Kontraste zwischen der Standardform und den jeweiligen Ausgangsdialekten vorliegen. In
Diglossiesituationen gehen Sprecher in Abhängigkeit vom Kontext komplett und ohne Zwischenstufen von einer Sprachform in die andere, bzw.
von einer Sprache in die andere, über (vgl. 1.2.2). In zwanglosen Situationen wird die **L-Varietät** (oft die traditionelle Mundart) bevorzugt, in formelleren Kontexten dagegen die **H-Varietät** (eine Form der prestigeträchtigen Standardsprache) eingesetzt. Diglossie hat es zweifelsohne auch bei der
Einführung der deutschen Standardvarietät gegeben, und in weiten Teilen
des deutschsprachigen Gebietes ist Diglossie noch heute nachweisbar. Viele
Menschen, die sich im Rahmen offizieller Ereignisse standarddeutsch ausdrücken, benutzen normalerweise Mundarten und sind in der Lage, je nach

Bedarf mehr oder weniger spontan von einer Form in die andere zu ‚switchen'.

In der einschlägigen Literatur (siehe z.B. *Dialekt-Hochsprache kontrastiv*) finden sich verschiedene Beiträge, denen zufolge sich die Deutschsprachigen noch heute eindeutig in Standardsprecher und Dialektsprecher unterteilen lassen. Letzteren wird nachgesagt, daß sie i.d.R. alle typischen Merkmale individueller Diglossie aufweisen. Unseres Erachtens ist dieses Urteil nicht generell, sondern nur in bezug auf bestimmte Teile der Bevölkerung haltbar. Wir denken dabei zum einen an vorwiegend ältere Bürger in ländlichen Gemeinden und Kleinstädten der oberdeutschen Dialektregion und zum anderen an ältere Bewohner abgelegener ländlicher Gebiete des niederdeutschen und vorwiegend ländlicher Teile des mitteldeutschen Dialektraums. Interessanterweise besteht aber vielerorts ein Kontrast zwischen den wissenschaftlich ermittelten Variationsmustern und den subjektiven Eindrücken und Aussagen von Betroffenen. In vielen Gegenden bzw. Sprechergemeinschaften schließen die Forschenden anhand ihrer Daten auf ein Kontinuum (ein relativ übergangsloses Varietätenspektrum), während die Sprecher diskrete Varietäten zu identifizieren meinen, denen sie i.d.R. die Bezeichnungen ‚Hochdeutsch' und ‚Dialekt' zuordnen.

Wir vertreten die Ansicht, daß heute praktisch alle erwachsenen Einwohner der offiziell deutschsprachigen Gebiete zumindest passiv über die Standardform verfügen, und daß der überwiegende Teil von ihnen auch aktiven Gebrauch von ihr machen kann und sie in gewissem Umfang in formellen Situationen tatsächlich anwendet. Dem sei hinzugefügt, daß man den Begriff der sprachlichen Kompetenz als die Beherrschung eines Abschnitts des sich zwischen traditioneller Mundart und formellem Standard erstreckenden Kontinuums veranschaulichen kann. In Abhängigkeit vom jeweiligen Formalitätsgrad bewegen sich die Sprecher entlang dieses Spektrums in kleinen, unter Umständen kaum wahrnehmbaren Schüben in Richtung des jeweiligen Standards (eingehende Diskussion in Kap 5). Es sei daran erinnert, daß wir uns durchgängig auf ein Konzept von Standardsprache stützen, nach dem das Lexikon und die Grammatik genormt, aber im Unterschied zu den deutschen Konventionen regionale **Akzent**differenzen möglich sind. Einen beträchtlichen Teil des deutschen Dialekt-Standard-Kontinuums besetzen Varietäten der Kategorie ‚Umgangssprache' (siehe Kap. 5), innerhalb derer wir wiederum einen Bereich dialektnaher und einen Abschnitt standardnaher umgangssprachlicher Formen identifizieren.

Wie kam es zu dieser Situation? Allgemeine (wenn auch für viele Menschen begrenzte) standardsprachliche Kompetenz läßt sich zunächst einmal auf Bildung, und im 20. Jahrhundert auf die Präsenz von Massenkommunikationsmitteln zurückführen: Eine Landarbeiterfamilie, die Standarddeutsch früher so gut wie nie zu hören bekam, rezipiert es heute tagtäglich durch Rundfunk und Fernsehen. Der zunehmende Gebrauch von Umgangssprachen hat seine Wurzeln in der Erlernung von standardgerechten Sprachformen durch Dialektsprecher. Dialektsprecher wie die angenommene Landarbeiterfamilie strebten allerdings nicht den in der gebildeten Mittelschicht gebräuchlichen Standard an, denn sie hatten in Anbetracht ihrer Klassenzugehörigkeit vermutlich das Bedürfnis, besonders in der zwanglosen Unterhaltung mit ihresgleichen ihrer Sprache identitätsstiftende gruppenspezifische oder auch regionale Merkmale vorzubehalten. Das Ergebnis war die Einfärbung der Standardsprache mit grammatischen und lexikalischen Strukturen traditioneller Dialekte und Gruppensprachen. Das Bedürfnis, sich sprachlich mit der eigenen sozialen Gruppe zu identifizieren, existierte auch in der DDR, wo man zumindest offiziell die traditionellen Klassengegensätze weitgehend überwunden zu haben meinte (vgl. Schönfeld 1977: 195f).

Viele der im 19. Jahrhundert vom Land in die Industriezentren ziehenden Bauernfamilien hatten keine Gelegenheit, Standarddeutsch zu lernen, und andererseits kaum eine Chance, sich den sie hier umgebenden Menschen in ihrer heimischen Mundart verständlich zu machen. Unter solchen Umständen kam es zur Herausbildung von Kompromiß-Dialekten bzw. dialektnaher Umgangssprache, die sich entlang des Kontinuums unmerklich mit den weniger formellen Varietäten der Standardsprache bzw. standardnaher Umgangssprache begegneten und vermischten. Einen zweiten und absoluten Höhepunkt erreichte die durch die massenhaften Umsiedlungen im Vorfeld der Industriellen Revolution eingeleitete Einebnung verschiedener Dialekte zum Ende des Zweiten Weltkrieges, als sich Flüchtlinge und andere entwurzelte Bevölkerungsgruppen in ihnen unvertrauten Landesteilen niederließen.

Umgangssprache ist die Alltagssprache der meisten Deutschsprachigen im 20. Jahrhundert. Sie variiert sowohl regional als auch schichtenspezifisch und umfaßt sowohl standardnahe als auch standardferne Varietäten (von Polenz 1978: 131f). Man möchte annehmen, daß es aufgrund der weiten Verbreitung der moderner Kommunikationsmittel zur völligen Durchsetzung des Standards kommt, doch tatsächlich wird diese Erscheinungsform des Deutschen nur von einer Minderheit vollständig erlernt und von noch weniger Menschen als ein Medium für die zwanglose Unterhaltung gutgeheißen.

2.4 Tendenzen des Wandels im heutigen Deutsch

Die in diesem Kapitel beschriebenen Prozesse mögen ihre Wurzeln in der Vergangenheit haben, sind aber keineswegs abgeklungen. Nicht durchgängig auf äußere Einflüsse zurückführbare langsame kontinuierliche Veränderungen des Lautsystems und der grammatikalischen Strukturen gelten als ein Merkmal aller lebenden Sprachen.

Zu den Typen von Veränderungen, die eindeutig außersprachlich (d. h. sozial und/oder politisch) bedingt sind, gehören

(1) der Einfluß des Deutschen auf andere Sprachen,
(2) die Beeinflussung des Deutschen durch andere Sprachen,
(3) der Einfluß des Standards auf Nichtstandard-Varietäten.

2.4.1 Der Einfluß des Deutschen auf andere Sprachen

Seit den deutschsprachigen Staaten Mitteleuropas als Folge der beiden Weltkriege ihre führende Rolle abhanden gekommen ist, haben sich die Intensität und Art der Beeinflussung von benachbarten Standardsprachen durch das Deutsche gewandelt. Infolge der enormen wirtschaftlichen Stärke der Bundesrepublik kommt es nach wie vor zu Entlehnungen deutschen Vokabulars in andere Sprachen, und zwar insbesondere zur Übernahme von Termini, die bestimmte wirtschaftliche und politische Realitäten in Deutschland bezeichnen (z. B. *Wirtschaftswunder* und *Ostpolitik* im Englischen).

Wo das Deutsche die Sprache einer Minderheit ist, übt es i. d. R. weiterhin einen Einfluß auf die jeweiligen Regionalformen der Nachbarsprachen aus (z. B. auf eine Varietät des Italienischen in Südtirol und auf eine Varietät des Französischen im Elsaß).

In Ländern, wo das Deutsche oder auch das ihm engverwandte Jiddische die Sprachen großer Einwanderergruppen darstellten (z. B. in den USA), schlugen sie sich in den Hauptsprachen nieder. Im amerikanischen Englisch finden sich Ausdrücke wie *guidelines*, eine Lehnübersetzung von dt. *Richtlinien*, und *hopefully*, von dt. *hoffentlich*. Konstruktionen des Typs ,*Hopefully he'll be here soon* ʻ haben sich daraufhin auch im britischen Englisch eingebürgert, wo man bis vor etwa 30 Jahren lediglich Formulierungen des Typs *It is to be hoped that …* oder *I/We hope that …* hören konnte.

Natürlich übt das Deutsche nach wie vor einen starken Einfluß auf die Sprachen von autochthonen Minderheiten in dem von ihm dominierten Teil Europas aus. Alle diese Sprachen werden heute als bedroht eingestuft. Abgesehen vom fast erloschenen Ostfriesischen gilt das Nordfriesische als am stärksten gefährdet, und zwar sowohl aufgrund seiner extremen Heterogenität als auch in Ermangelung einer mit ihm assoziierbaren eindeutig nichtdeutschen Nationalität. Das Sorbische ist die am wenigsten bedrohte Sprache. Es steht in einem klaren Kontrast zum Deutschen und genoß zu DDR-Zeiten ein gewisses Maß an offizieller Unterstützung.

2.4.2 Die Beeinflussung des Deutschen durch andere Sprachen

Nach 1945 war der westliche Teil Deutschlands politisch, kulturell und wirtschaftlich in den Wirkungskreis der USA eingebettet. Auch für Österreich
und die Schweiz spielten die Vereinigten Staaten wirtschaftlich wie auch
kulturell eine gewichtige Rolle. Im westlichen Teil des deutschsprachigen
Raums konnte daher das Englische, vor allem das Amerikanische, das
Französische aus seiner Position als die am stärksten mit Macht und Prestige
assoziierte Fremdsprache verdrängen. Dieser Trend schlug sich indirekt –
über Rundfunk und persönliche Kontakte – auch im Deutsch der DDR nieder, wo wie im übrigen östlichen Europa dem Englischen bereits ein fester
Platz im Bildungsbereich gewährt worden war. Seit dem Zusammenbruch
des sog. Ostblocks und der Vereinigung der beiden deutschen Staaten gibt
es für das Englische keine auch nur annähernd gleichwertige Konkurrenz
mehr, was seine Position als erste Fremdsprache der Deutschsprachigen fe-
stigt. Es werden auch jetzt noch bestimmte Wörter aus dem Französischen
übernommen und Neuprägungen mit lateinischen und griechischen Wurzeln geschaffen, doch die Hauptquelle neuen Vokabulars ist die englische
Sprache (von Polenz 1978: 139–48). Detaillierter äußern wir uns zum Einfluß des Englischen auf das Deutsche im Abschnitt 8.6.

Erwartungsgemäß hat auch das Russische gewisse Spuren im DDR-
Deutsch hinterlassen, doch sein Einfluß war deutlich schwächer als der des
Englischen in der Bundesrepublik. Es spielte eine wichtige Rolle im wirtschaftlichen, wissenschaftlichen, technischen und politischen Leben, war
aber im Unterhaltungsbereich bei weitem nicht so dominant wie das Amerikanische im Westen. Ein Bruchteil seines Einflusses erreichte auch die damalige Bundesrepublik. Unterschiede zwischen dem Deutsch des Ostens
und dem des Westens lassen sich aber nicht nur auf fremdsprachliche Einflüsse zurückführen. Eine ausführliche Diskussion dieses Themas bietet der
Abschnitt 5.7.

2.4.3 Der Einfluß des Standards auf andere Varietäten des Deutschen

Die anhaltende Beeinflussung anderer Sprachformen durch Standarddeutsch
spiegelt sich im Variationsspektrum des modernen Deutschen wider. Da wir
uns ihm ausgiebig im Kapitel 5 zuwenden, mögen sich die Leser zunächst mit
einer allgemeinen Bemerkung begnügen. Die breite Präsenz der Standardsprache führt nicht zu einer Vereinheitlichung der gesprochenen Sprache bzw.
zur Herausbildung einer einzigen Varietät. Es wird sowohl individuell als
auch gemeinschaftlich versucht, örtliche und soziale Eigentümlichkeiten in
die generell konvergierenden Varitäten-Sets hinüberzuretten und auf diese
Weise persönliche bzw. kollektive Identitäten zu unterstreichen.

Weiterführende Literatur

Als ausführliche Abhandlungen zur deutschen Sprachgeschichte in Englisch empfehlen sich Wells (1985) und Keller (1978), und es gibt natürlich eine ganze Reihe von Werken zur Geschichte der deutschen Sprache in Deutsch. Als eine recht knappe und gut lesbare deutschsprachige Abhandlung mit Verweisen auf soziale und politische Faktoren sei von Polenz (1978) genannt, während von Polenz (1991, 1994) und Sonderegger (1979) detailliertere Informationen bieten.

3 Dialektologie im deutschsprachigen Raum

3.1 Begriffs- und Gegenstandsbestimmung

Wie sich bereits in Kapitel 1 gezeigt hat, besteht eine der elementarsten Schwierigkeiten beim Studium beliebiger Sprachen in der Determinierung des Forschungsgegenstands. Wir wissen zum Beispiel, daß uns die deutsche Sprache interessiert, aber wie entscheiden wir, welche Daten bzw. Formen relevant sind? Die einzig vernünftige Reaktion auf dieses Problem wäre vielleicht der Schluß, daß es auf solche Fragen grundsätzlich keine richtige Antwort geben kann und es deshalb jedem und jeder Forschenden selbst überlassen werden sollte, sein bzw. ihr Studienobjekt zu definieren und explizit mitzuteilen. In der Praxis hält man das, was erforscht wird, nur allzu häufig für gegeben, und unvermutet divergierende Vorstellungen davon erweisen sich mitunter als eine Hauptursache wissenschaftlichen Disputs.

Das unerfüllte Bedürfnis nach Eindeutigkeit läßt sich besonders gut am Begriff des Dialekts veranschaulichen, der nicht nur im Laufe der Zeit erheblichem Wandel unterlag, sondern bis in die Gegenwart von Land zu Land, Sprache zu Sprache und sogar von Sprecher/in zu Sprecher/in variiert (Mattheier 1983b). Dies mag damit zu tun haben, daß der sich in etwa vom 16. Jahrhundert an im restlichen Europa ausbreitende griechische Terminus auf einheimische Bezeichnungen für ‚regionale Sprachformen‘ (*lantsprache* im Deutschen, *patte* im Französischen usw.) traf, die er viel schneller formal ersetzen als konzeptionell vereinheitlichen konnte.

Der deutsche Terminus ‚**Mundart**‘ bezeichnet in bestimmten Kontexten die typische Sprachform eines kleinen Gebietes (i. d. R eines Dorfes und seiner Umgebung), während mit ‚Dialekt‘ eine Gruppe von Mundarten gemeint sein kann, die einander in gewissen Aspekten gleichen und über ein weiteres Areal verteilt sind. Im Alltag wird diese Unterscheidung aber sehr frei gehandhabt, und es kommt oft zum **synonym**en Gebrauch der beiden Termini. *Mundart* und *Dialekt* beziehen sich i.d.R auf mündliche Sprechweisen[1], was sie eindeutig von der französischen Gegenüber-

---

[1] Laut Knoop (1982) ist es nicht immer klar, was für Unterscheidungen ursprünglich vorgenommen wurden, zumal die einschlägige Literatur explizite Verweise auf *Schreibdialekte* enthält.

stellung von halbstandardisierten schriftsprachlich etablierten *dialectes* einerseits und ausschließlich gesprochenen *patois* andererseits abhebt. Im Englischen hat der Terminus *dialect* heute nicht nur eine regionale, sondern auch eine soziale Komponente: Er dient als eine pauschale Benennung nichtstandardgerechter Sprechweisen. Manche Linguisten verwenden ihn bereits als ein Synonym für *variety* (Varietät) und sprechen von *standard* und *non-standard dialects*. Im Deutschen verweist ‚Dialekt' nach Ansicht der meisten Sprachwissenschaftler auf rein räumlich definierte Sprachformen (vgl. Kap. 5).

Auf welche Termini und Definitionen man sich in wissenschaftlichen Kreisen auch immer verständigt, die Betroffenen vor Ort haben mitunter ganz andere Vorstellungen. Dialektologen mögen beispielsweise feststellen, daß in Schleswig-Holstein, in der Schweiz, im Elsaß und in Bayern normalerweise ‚Dialekt' gesprochen wird, und damit bei vielen Sprachträgern auf Zustimmung stoßen. Einige der Betroffenen werden aber im Alltag weiterhin den einheimischen Ausdruck für ihre Sprachform vorziehen (z. B. **Platt** für bestimmte nieder- und mitteldeutsche Formen), und eine dritte Gruppe wird die linguistische Klassifizierung ihrer Sprachform als entwürdigend zurückweisen (*Schwyzertütsch* z. B. konstituiert nach Ansicht vieler Schweizer eine eigenständige Sprache; vgl. Kap. 7).

Zumindest für den wissenschaftlichen Diskurs erscheint es aber durchaus erstrebenswert, derartigen Ambivalenzen und entsprechenden Mißverständnissen durch die Erarbeitung einer für alle verbindlichen Definition des Begriffes ‚Dialekt' zuvorzukommen. Leider stellt uns aber dieses Bestreben nicht nur vor nahezu unüberwindbare Hindernisse (vgl. Hudson 1980: 21–72), sondern führt uns auch zu der Erkenntnis, daß unser Ziel, eine für alle Erscheinungsformen einer Sprache gültige Definition, in ungreifbarer Ferne liegt. Löffler (1980) beginnt beispielsweise mit der Feststellung, daß sich *Dialekt* nicht aus sich selbst, sondern nur in Beziehung zu einer Standardform definieren läßt. Er untersucht eine Reihe von Kriterien, die potentiell die Abgrenzung aller deutschen Dialekte vom Standarddeutschen gestatten, und stellt fest, daß kein einziges von ihnen komplikationsfrei gehandhabt werden kann.

Ein möglicher Ansatz wäre vielleicht die Ausklammerung aller außersprachlichen Aspekte und die Definition von Dialekt als eine ‚defektive Varietät der Standardsprache'. Dagegen ist einzuwenden, daß das grammatische und lexikalische Potential aller Erscheinungsformen einer Sprache gleich ist, wenn auch an Dialekte insgesamt geringere Ansprüche gestellt werden. Ein weiteres Kriterium zur Varietätenunterscheidung ist die Domänenverteilung. Dabei geht es um die Verwendungsbereiche der jeweiligen Varietäten oder auch um die soziale Rolle bzw. den Status der Sprechenden. Nun gibt es aber in Deutschland nur wenige Domänen, in denen Dialekt ausgesprochen selten angewendet wird (Parlamentsdebatten, Gerichtsverhand-

lungen u. dgl.), und andererseits sehr viele Situationen, in denen sowohl
Dialekte als auch Standardvarietäten sowie die eine oder andere umgangssprachliche Form (siehe Kap. 5) akzeptabel sind. In manchen südlichen
Teilen des deutschsprachigen Europa wird Dialekt nicht einmal unbedingt
mit bestimmten sozialen Schichten oder Gruppen assoziiert. Weitere Kriterien wären sprachhistorische Aspekte, geographische Gegebenheiten und
kommunikative Reichweiten, doch so vielversprechend all diese Gesichtspunkte auch auf den ersten Blick anmuten mögen, keiner bringt uns dem
Ideal einer handfesten Definition auch nur ein kleines Stück näher.

Die Suche nach einer (quasi) universell gültigen Definition kann eigentlich nicht anders als fruchtlos ausgehen, und zwar nicht nur in Ermangelung
geeigneter Kriterien, sondern auch deshalb, weil man dabei unwillkürlich
außer acht läßt, daß sowohl Sprache als auch unsere Rezeption von Sprache
wandelbar und konstitutiv in komplexen sozialhistorischen Prozessen verankert sind (Mattheier 1983b: 138; siehe auch Alinei 1980). Es ist unmöglich, aus diesem Ganzen ein Konzept wie das des Dialekts zu abstrahieren,
da sich solcherart Begriffe nur im Kontext bestimmter historischer Verhältnisse und gesellschaftlich-politischer Konfigurationen determinieren lassen.
Es ist also alles in allem sinnvoller, konkrete Forschungsobjekte zu definieren als mit universellen Kategorien zu operieren und sich ganz pragmatisch
damit abzufinden, daß es letztlich ganz im Ermessen der Forschenden liegt,
was als Dialekt zählt, und was nicht. In den meisten Beiträgen zur germanistischen Mundartenforschung versteht man unter Dialekt die hier als ‚traditionelle Dialekte‘ bzw. ‚Mundarten‘ bezeichneten, am stärksten örtlich
gebundenen und am weitesten vom Standard divergierenden Varietäten des
Deutschen (vgl. Kap. 5).

Forschungsprojekte lassen sich bis auf wenige Ausnahmen anhand der ihnen zugrundeliegenden Prämissen bestimmten wissenschaftlichen Traditionen zuordnen. In diesem Buch soll vor allem untersucht werden, welchen
Beitrag die moderne Soziolinguistik zur Erforschung der Struktur und des
Gebrauchs der deutschen Gegenwartssprache leisten kann. Eine realistische
Einschätzung dieses Beitrags setzt voraus, daß wir uns der z.T. sehr weit
zurückreichenden Vorläufer der modernen Tradition bewußt sind, weshalb
dieses Kapitel dem Werdegang und den Ergebnissen der früheren, aber
durchaus nicht völlig überholten Tradition der Mundartenforschung gewidmet ist.

3.2 Interessenschwerpunkte in der Dialektologie

3.2.1 Einstellungen zu dialektaler Variation

Interesse an Dialekten zeigte sich in Deutschland bereits im Mittelalter, doch bis zu den ersten ernsthaften Dialektstudien sollten noch Jahrhunderte vergehen. Ein Beleg für die frühe Wahrnehmung und Gegenüberstellung von Dialekten ist Hugo von Trimbergs Versdichtung „Der Renner" (ca. 1300), welche die nachfolgend zitierte schlagwortartige Charakterisierung verschiedener regionaler Sprechweisen enthält:

	ungefähre Entsprechungen in der Gegenwartssprache (nach einer Interpretation von Ehrismann, zit. in Wells 1985)
Swâben ir wörter spaltent	Die Schwaben sprechen (ihre Wörter) abgehackt
Die Franken ein teil si valtent	Die Franken binden sie oder falten sie teilweise ineinander
Die Baier si zezerrent	Die Bayern trennen (zerreiße') sie
Die Düringe si ûf sperrent	Die Thüringer dehnen sie (durch Aufsperren des Mundes?)
Die Sahsen si bezückent	Die Sachsen kürzen oder ‚verschlucken' Silben
Die Rînliute si verdrückent	Die Rheinländer unterdrücken Silben
Die Wetereiber si würgent	Die Wetterauer sprechen sie aus enger Kehle
Die Mîsener si vol schürgent	Die Meißener sprechen emphatisch und aspiriert (?) (schürgen ≈ stoßen)
Egerlant si swenkent	Die Egerländer singen sie (swenken ≈ vibrieren)
Oesterrîche si schrenkent	Die Österreicher ‚verschränken' sie/ sprechen melodisch
Stîrlant si baz lenkent	Die Steyerländer sprechen sie mit steigendem Ton
Kernde ein teil si senkent	Die Kärntener sprechen sie z. T. mit fallendem Ton

Auch diverse Denker und Dichter, unter ihnen Luther, Leibniz und Goethe, haben sich im Laufe der Jahrhunderte zu Fragen dialektaler Variation geäußert. Damals wie heute schieden sich die Geister, und schon lange vor der Herausbildung einer überregionalen Standardform hing sprachlicher Variation ein Element sozialer Wertung an: Dialekte galten als ein bäuerlicher Zug und wurden von anderen Teilen der Bevölkerung entsprechend geringgeschätzt. Verstärkt wurde das negative Image im späten 17. und 18. Jahrhundert, als man sowohl aus intellektuellen als auch aus statusbedingten Erwägungen mit immer größerem Aufwand nach einer Einheitsvarietät zu suchen begann. Andererseits erkannten Geistesschaffende wie Leibniz und Herder in der großen Vielfalt der Dialekte etwas Positives und Wertvolles, und Goethe, der dank seiner Übersiedlung von Frankfurt nach Weimar ganz persönliche Eindrücke von der Verschiedenheit der Erscheinungsformen der deutschen Sprache von Ort zu Ort sammeln konnte, erachtete Dialekt im zersplitterten Deutschland als ein wichtiges Element regionaler Identität.

Mit solchen Bemerkungen sei nur angedeutet, wie mannigfaltig das Interesse an Dialekten schon immer gewesen ist. Bevor wir uns (im Ab-

schnitt 3.3) mit jenem Interessenstrang befassen, aus dem später eine ganze
wissenschaftliche Disziplin – die Dialektologie – wurde, wollen wir uns einen Überblick über die übrigen Formen der Auseinandersetzung mit Dialekten verschaffen.

3.2.2 Interessentypen

Wie bereits durch Mattheier (1983b: 147f) festgestellt worden ist, kann Interesse an Dialekten sowohl wissenschaftlich als auch anderer Natur sein
und damit in zwei Grundkategorien zusammengefaßt werden. Mit der sog.
Dialektrenaissance der vergangenen dreißig Jahre hat sich aber ein gewisser
Überschneidungsbereich ergeben. Die formale Erforschung von Dialekten
hatte ihren Ursprung in einer ganzen Reihe von Forschungtraditionen, von
denen jedoch nur einige in der heutigen Dialektologie aufgehoben sind. Ein
früher, durch und durch negativer Interessentyp fand bereits weiter oben
Erwähnung: die von den sog. Sprachgesellschaften des 17. Jahrunderts ausgehende Forderung nach einer uniformen Schreib- und Sprechform zu Lasten regionaler Dialekte, welche zwar zu ihrer Abgrenzung vom aufkom-
menden Standard analysiert, darüber hinaus jedoch keinerlei Studien wert
erachtet wurden. Diesem ‚normativen' Interesse (Löffler 1980: 12) wurde
im 18. und 19. Jahrhundert mit engagierten Untersuchungen sympathische-
rer Natur entgegnet, die zunächst als ein Ausdruck von Angst vor einem
Verlust regionaler Identität gewertet werden können, und später (vor allem
zur Zeit der Romantik) eine positive Bewertung ländlicher Lebensformen
und erneutes Interesse an folkloristischen Traditionen reflektierten. Derartige Spannungen zwischen ‚Norm(alis)ierung' und Diversifikation haben
sich periodisch wiederauflebend bis in die Gegenwart fortgepflanzt und bilden den Kern der im Kapitel 6 besprochenen Debatte im Bildungswesen.
    Wie wir bereits erwähnten (2.3.2), wurde die im 16. Jahrhundert aufkom-
mende genormte Gemeinsprache aufgrund politischer und kommerzieller
Interessen vor allem in Norddeutschland begrüßt; man übernahm es dort sowohl im Schriftverkehr als auch im mündlichen Bereich. Fast unvermeidlich
begannen seine Varietäten die entsprechenden Formen des Niederdeutschen
zu verdrängen, woraufhin man Versuche unternahm, das Niederdeutsche
zumindest als eine manifeste museale Verbindung zu den imposanteren Zeiten des Hansebundes vor seinem endgültigen Verfall zu retten (Knoop 1982:
6). Wie sich an der Herausgabe und Wiederauflage von Mundart-Wörterbü-
chern und Mundart-Grammatiken erkennen läßt, hat sich auch dieses ‚an-
tiquarische' Interesse (Löffler 1980: 15) bis in die Gegenwart erhalten. Ein
im engeren Sinne linguistisches Interesse an Dialekten um ihrer selbst willen
entwickelte sich erst im 19. Jahrhundert, der Zeit ihrer teilweisen ‚Rehabili-
tation'. In jene Zeit fallen die ersten ernsthaften Versuche, Mundarten in

Form von Proben zu sammeln und zu dokumentieren. Als eine zweite Hauptquelle wissenschaftlichen Ehrgeizes erwies sich das Projekt der wissenschaftlichen Rekonstruktion der kulturellen und ethnischen Entwicklung sowie der Siedlungsgeschichte des ‚deutschen Volkes‘, während die Sozialgeographie einen erheblichen methodologischen Beitrag zum Studium der Dialekte lieferte (s. u.).

Außerhalb des akademischen Bereichs ist das Interesse an Dialekten noch weitläufiger. Viele Dialekte verfügen über eine Schriftform, wenn auch nicht über eine genormte Orthographie, und die immer häufigere Verwendung von mundartlichen Formen in Bereichen populärer Kultur, von der Poesie bis zur Rockmusik, ist ein klares Anzeichen dafür, daß der Trend zum Regionalen im Laufe der letzten dreißig Jahre im privaten wie auch im öffentlichen Leben allgemein zugenommen hat. Wir erwähnten bereits den so einflußreichen Bereich der Bildung und Erziehung, wo man eher auf sprachpolitische Entscheidungen hinarbeitet als sich mit der wissenschaftlichen Frage nach der Relation zwischen Dialekten und Standardvarietäten auseinandersetzt. Weitere sozialpolitische Brennpunkte sind die Verwendung von Dialekten in der Werbung, die soziale Bewertung einzelner Personen anhand ihrer Sprachgebaren und der Sprachgebrauch in institutionalisierten Situationen wie Gerichtsprozessen und Arztkonsultationen. In all diesen Kontexten finden sich diverse, zu einem Großteil bereits aufgegriffene Ansätze für wissenschaftliche Untersuchungen, doch man muß davon ausgehen, daß linguistische Einsichten stets den durch sie mitkonstituierten politischen Fragen untergeordnet bleiben.

3.3 Die vorsoziolinguistische Phase der deutschen Dialektologie

Man ist sich weitgehend darüber einig, daß die Entwicklung des geographischen Zweiges der Dialektologie, der sog. Dialektgeographie, maßgeblich durch die im letzten Viertel des 19. Jahrhunderts geleistete Pionierarbeit Georg Wenkers und seiner Marburger Forscherkollegen geprägt worden ist. Über die sog. Marburger Schule wird ausführlich im nächsten Abschnitt berichtet. Ernsthaftes Interesse am Studium von Mundarten läßt sich jedoch schon bedeutend früher nachweisen, und es ist anzunehmen, daß sich Wenker ohne eine Reihe zu Anfang des 19. Jahrhunderts erschienener Abhandlungen zur Dialektproblematik nie zu seinen eigenen Studien entschlossen hätte. Erste Grammatiken deutscher Dialekte lagen bereits im 16. Jahrhundert vor, doch das ernsthafte wissenschaftliche Interesse an Mundarten erwachte erst mit der allgemeinen Aufwertung von Dialekten als Elementen des mit ihnen assoziierten ländlichen Lebens im Lichte zunehmender Mobi-

lität und eines erweiterten Kommunikationsnetzes (18. und frühes 19. Jh).
Trotz der allmählichen Herausbildung und Akzeptanz der Standardvarietät
kann hier keinesfalls von einer Unterdrückung der Mundarten die Rede
sein, zumal sich zahlreiche Autoren sogar dafür aussprachen, Dialekte um
ihrer selbst willen und als einen noch immer wichtigen Beitrag zur inneren
Vielfalt des Deutschen wertzuschätzen.

Die ersten dem wiederauflebenden Interesse an Dialekten geschuldeten
Veröffentlichungen waren die sog. *Idiotika*, Verzeichnisse spezifischer Wörter und idiomatischer Wendungen kleiner Städte und Dörfer. Als eigentlicher Auftakt der wissenschaftlichen Dialektologie wird jedoch die Herausgabe einer von Johann Andreas Schmeller verfaßten bairischen Grammatik
angesehen. Das im Jahre 1821 erschienene Werk war in mehrfacher Hinsicht
bahnbrechend. Erstens wurden nicht nur lexikalische, sondern auch phonologische und morphologische Faktoren berücksichtigt, zweitens wird in
ihm auf die Relevanz historischer und auch sozialer Aspekte sowie auf Indizien interner Variation hingewiesen, und drittens stützte sich der Autor
weniger auf vorhandene Literatur und fremde Daten als auf eigene Erfahrungen.

Ein weiteres wesentliches Verdienst Schmellers besteht in seiner mit großer Konsequenz realisierten Darstellung individueller Dialekte in ihrer Beziehung zur Gemein- bzw. Standardsprache (,Gesammtsprache') (Knoop
1982: 14). Theoretisch verankert ist ein solcher Ansatz im Konzept der Einzelsprache, wie es auch von den wohl bekanntesten deutschen Philologen
jener Zeit, Wilhelm von Humboldt und Jacob Grimm, vertreten wurde. Sie
betrachteten Sprache als einen einheitlichen geschlossenen Organismus und
verwahrten sich gegen die in ihren Augen theoretisch unhaltbaren Versuche,
Dialekte und Standardformen hinsichtlich ihrer Bedeutung oder typolo-
gisch voneinander abzugrenzen. Es handelte sich um eine Perspektive, in
der Variation als ein wesentliches Element sprachlicher Systeme gilt, wenn
man dabei auch mehr an diachrone als an synchrone Variation dachte:
Grimms berühmte *Deutsche Grammatik*, die zwischen 1819 und 1837 erschien
und selbst einen Meilenstein früher germanistischer Studien verkörpert, enthielt keine Bestandsaufnahme der Gegenwartssprache, sondern eine historische Analyse, für die sich Mundarten als eine wichtige Datenquelle erwiesen hatten.

Schmeller bereitete mit seinem Werk vielen anderen systematischen
Mundart-Abhandlungen den Weg. Diese ,Proto-Dialektologie' wurde in
den folgenden Jahrzehnten weitergepflegt und erreichte 1876 mit der Her-
ausgabe einer von Jost Winteler verfaßten Ortsgrammatik ihren absoluten
Höhepunkt. Wintelers Arbeit zur Kerenzer Mundart im Kanton Glarus
(Schweiz) gilt bis heute als der Grundstein deutscher Dialektologie. Ein
weiteres denkwürdiges Ereignis des Jahres 1876 sind Georg Wenkers erste
Vorarbeiten zum *Deutschen Sprachatlas* (DSA), einem Versuch, über das

Studium einzelner mundartlicher Sprachformen hinauszugehen und die theoretischen Grundlagen der Mundartkunde kritisch zu überdenken. Da das monumentale Werk von Wenker und seinen Schülern wie kein anderes die deutsche Dialektologie geprägt hat und die Sprachgeographie den für unsere Zwecke wohl relevantesten Zweig dieser Disziplin darstellt, ist der folgende Abschnitt speziell dem Werdegang der Marburger Schule gewidmet.

3.4 Dialektgeographie: Die Marburger Schule

Dialektgeographie ist jener Teilbereich der Dialektologie, in dem primär das Verhältnis zwischen Sprache und Ort untersucht wird. Es überrascht daher wenig, daß viele ihrer Techniken aus der Sozialgeographie übernommen worden sind (man vgl. z. B. die Darstellung von Forschungsergebnissen in Form von Landkarten). Ergänzt werden sie durch andere Präsentationsformen (Ortsgrammatiken, Mundartwörterbücher, Textproben usw.) sowie ein breites Spektrum von Sammel-, Bewertungs- und Analysetechniken. Was die eine ‚Schule‘ von der anderen bzw. einen Ansatz vom anderen unterscheidet, läßt sich im Prinzip auf methodologische Präferenzen zurückführen, und die von der Marburger Schule praktizierten Methoden haben innerhalb der germanistischen Dialektologie eine Art klassischen Status erlangt.

Wer eine Datenerhebung für dialektologische Studien durchführen will, muß eine Reihe von Entscheidungen treffen. Was für Daten (phonologische, morphologische, lexikalische usw.) sollen erfaßt werden? Wie läßt sich bestimmen, ob das an einem beliebigen Ort gesammelte Material repräsentativ ist? Nach welchen Gesichtspunkten sind die Testpersonen auszuwählen? Wie bringt man Probanden dazu, genau die Daten zu liefern, die für das jeweilige Projekt von Interesse sind? Wie kann man die Daten am besten aufzeichnen? Die meisten solcher Probleme sind empirischer Natur, betreffen also allgemeine, praktische Aspekte und Feldforschungstechniken, nicht aber theoretische Fragen wie etwa die der ursächlichen Erklärung des jeweils vorgefundenen sprachlichen Mosaiks. Dies im Auge zu behalten ist wichtig, denn obwohl die Anhänger der Marburger Tradition durchaus versucht haben, sprachliche Konstellationen zu erklären (vgl. 3.5), liegt der Hauptbeitrag der Schule im vortheoretischen Bereich der Datenerhebung und Datenpräsentation. Ihre Leistung sollte aber trotz ihres traditionellen Charakters keineswegs unterschätzt oder gar als ‚reine Taxonomie‘ abgetan werden, zumal wir ihr u. a. eine enorme Datenbasis für weitere theoretische Forschungen verdanken.

Genau darin lag übrigens Wenkers Hauptmotiv für seine so ehrgeizige
Aktion. Es wird oft behauptet, daß es ihm um empirische Belege für die
sog. **Junggrammatiker-These** ging, nach welcher sich Lautwandel ‚ausnahmslos' und nach absolut wirkenden Gesetzen vollzieht (vgl. z. B. Löffler 1980: 27 und Chambers/Trudgill 1980: 37). Entsprechendes Beweismaterial liegt allerdings nicht vor, und es ist, im Gegenteil, sogar vorstellbar,
daß sich Wenker bereits vor Beginn seiner Forschungen der Unhaltbarkeit
dieser These bewußt war. Sein eigentliches Anliegen war die Zusammen-
stellung einer akkuraten Sprachlandschaftskarte für Deutschland, ein Projekt, dem die bis dahin vorliegenden Daten seines Erachtens einfach nicht
angemessen waren (Knoop et al. 1982: 46f, 51). Um dieses Ziel zu erreichen, widmete sich Wenker einem angesichts der ihm zur Verfügung
stehenden Mittel schwindelerregenden Forschungsprogramm: Zwischen
1876 und 1895 sandte er Fragebögen in alle Teile Deutschlands, von denen
48 500 Exemplare ausgefüllt an ihn zurückkehrten. Die darin enthaltenen
Daten wurden in mühsamer Kleinarbeit in Karten eingetragen und schließlich als *Deutscher Sprachatlas* veröffentlicht, wobei die erste Karte der Serie erst 1926 herauskam und bis zum Jahre 1956 insgesamt 129 Karten erschienen waren.

Wenker hat sich nicht mit der These der Junggrammatiker befaßt, aber
durchaus ein primäres Interesse an phonologischen (und in geringem Maße
morphologischen) Mustern gezeigt. Die bei seiner Erhebung anfallenden
Daten zu lexikalischen Unterschieden verkörperten zunächst nur ein Ne-
benprodukt; die Arbeit an einem Deutschen Wortatlas wurde erst 1939 aufgenommen. Wenkers Untersuchung wurde im Rheinland begonnen und
über Nord- und Mitteldeutschland schließlich nach Süden gelenkt. Der ihr
zugrunde liegende Fragebogen wurde im Laufe der Jahre mehrmals modifiziert, blieb jedoch im Prinzip gleich: Die Testpersonen erhielten eine Aufli-
stung von vierzig Sätzen (Abb. 3.1) und wurden gebeten, eine äquivalente
Fassung dieser Beispiele in ihrem Heimatdialekt anzufertigen. Spätere Versionen des Fragebogens enthielten neben den Sätzen eine Reihe einzelner
Wörter.

Die Tatsache, daß anstelle von persönlichen Gesprächen eine indirekte
Methode der Datenerhebung gewählt wurde, erklärt sich schon allein aus
dem Umfang des Projekts. Ein solche Vorgehensweise birgt allerdings beachtliche Risiken.

Zunächst einmal ist die Erhebung zwar flächendeckend, stützt sich aber
auf nur eine einzige Auskunft pro Ortschaft, was bedeutet, daß die Wertigkeit der aus ihnen abgeleiteten Daten allein und unüberprüfbar von deren
Repräsentativität für den jeweiligen Ort abhängig ist. Um möglichst verläßliche Auskünfte zu gewinnen, richteten sich Wenker und seine Mitarbeiter
mit ihren Fragebögen an Lehrer örtlicher Schulen, doch selbst in Fällen, wo
die Gemeinde recht homogen war, erlegten sie diesen als Informanten und

1. Im Winter fliegen die trockenen Blätter in der Luft herum. – 2. Es hört gleich auf zu schneien, dann wird das Wetter wieder besser. – 3. Tu Kohlen in den Ofen, daß die Milch bald an zu kochen fängt. – 4. Der gute alte Mann ist mit dem Pferde durchs Eis gebrochen und in das kalte Wasser gefallen. – 5. Er ist vor vier oder sechs Wochen gestorben. – 6. Das Feuer war zu stark, die Kuchen sind ja unten ganz schwarz gebrannt. – 7. Er ißt die Eier immer ohne Salz und Pfeffer. – 8. Die Füße tun mir weh, ich glaube, ich habe sie durchgelaufen. – 9. Ich bin bei der Frau gewesen und habe es ihr gesagt, und sie sagte, sie wolle es auch ihrer Tochter sagen. – 10. Ich will es auch nicht mehr wieder tun! – 11. Ich schlage dich gleich mit dem Kochlöffel um die Ohren, du Affe! – 12. Wo gehst du hin, sollen wir mit dir gehen? – 13. Es sind schlechte Zeiten! – 14. Mein liebes Kind, bleibe hier unten stehen, die bösen Gänse beißen dich tot. – 15. Du hast heute am meisten gelernt und bist artig gewesen, du darfst früher nach Hause gehen als die anderen. – 16. Du bist noch nicht groß genug, um eine Flasche Wein auszutrinken, du mußt erst noch etwas wachsen und größer werden. – 17. Geh, sei so gut und sag deiner Schwester, sie sollte die Kleider für eure Mutter fertig nähen und mit der Bürste rein machen. – 18. Hättest du ihn gekannt! dann wäre es anders gekommen, und es täte besser um ihn stehen. – 19. Wer hat mir meinen Korb mit Fleisch gestohlen? – 20. Er tat so, als hätten sie ihn zum Dreschen bestellt; sie haben es aber selbst getan. – 21. Wem hat er die neue Geschichte erzählt? – 22. Man muß laut schreien, sonst versteht er uns nicht. – 23. Wir sind müde und haben Durst. – 24. Als wir gestern Abend zurück kamen, da lagen die anderen schon zu Bett und waren fest am Schlafen. – 25. Der Schnee ist diese Nacht bei uns liegen geblieben, aber heute Morgen ist er geschmolzen. – 26. Hinter unserem Hause stehen drei schöne Apfelbäumchen mit roten Äpfelchen. – 27. Könnt ihr nicht noch ein Augenblickchen auf uns warten, dann gehen wir mit euch. – 28. Ihr dürft nicht solche Kindereien treiben. – 29. Unsere Berge sind nicht sehr hoch, die euren sind viel höher. – 30. Wieviel Pfund Wurst und wieviel Brot wollt ihr haben? – 31. Ich verstehe euch nicht, ihr müßt ein bißchen lauter sprechen. – 32. Habt ihr kein Stückchen weiße Seife für mich auf meinem Tische gefunden? – 33. Sein Bruder will sich zwei schöne neue Häuser in eurem Garten bauen. – 34. Das Wort kam ihm vom Herzen! – 35. Das war recht von ihnen! – 36. Was sitzen da für Vögelchen oben auf dem Mäuerchen? – 37. Die Bauern hatten fünf Ochsen und neun Kühe und zwölf Schäfchen vor das Dorf gebracht, die wollten sie verkaufen. – 38. Die Leute sind heute alle draußen auf dem Felde und mähen. – 39. Geh nur, der braune Hund tut dir nichts. – 40. Ich bin mit den Leuten da hinten über die Wiese ins Korn gefahren.

Abbildung 3.1 Wenkers vierzig Sätze

gleichzeitigen Vermittlern damit eine schwere Last auf. Dabei waren Lehrer, die am selben Ort geboren und aufgewachsen waren, der Aufgabe vermutlich besser gewachsen als Zuwanderer. Ein anderes, noch grundlegenderes Problem ergab sich aus dem Fehlen moderner Technik. Man erwartete von den völlig ungeschulten und nur dürftig in phonetische Transkription eingeführten Feldforschern, daß sie ihre Informationen schriftlich festhielten. In bezug auf Vokabular wurde die Gültigkeit der Untersuchung dadurch wohl kaum beeinträchtigt, doch im Bereich der Lautung mußte man von vorn herein mit erheblichen Diskrepanzen rechnen.

Auch zur Frage sprachlicher Uniformität müssen zumindest zwei verschiedene Einwände berücksichtigt und die Ergebnisse in ein entsprechendes Licht gerückt werden. Erstens ist es selbst für eine Zeit, in der die
Bevölkerung überwiegend auf kleine traditionelle ländliche Gemeinden verteilt war, wahrscheinlich, daß zumindest geringfügige status- und identitäts-
bedingte sprachliche Variationen bestanden, und zweitens verfügen selbst
die Angehörigen ausgesprochen homogener Kreise über ein stilistisches Repertoire (vgl. 1.1.2), das ihnen erlaubt, ihre Ausdrucksweise kontextbedingt
(d. h. in Abhängigkeit von ihrer Beurteilung der Beziehung zwischen ihnen
selbst und ihrem Gesprächspartner, vom Gegenstand der Unterhaltung,
vom jeweiligen Ort usw.) zu variieren. Nach seinen Anweisungen an potentielle Informanten zu urteilen war sich Wenker durchaus darüber im klaren,
daß soziale Unterschiede im Sprachstil reflektiert werden, und er regte dazu
an, in größeren Städten mehrere, d. h. nach Möglichkeit die verschiedenen
sozialen Gruppen widerspiegelnde, Versionen einzuholen (Knoop et al. 1982:
67). Da sein eigentliches Interesse jedoch den traditionellen Mundarten galt,
fand dieser Aspekt in der Erhebung keine Berücksichtigung. Andererseits
war die von Wenker zur Aufdeckung stärkster Dialektalität gewählte Methode alles andere als optimal, denn die Idee, daß man mit der expliziten
Gegenüberstellung verschiedener bedeutungsgleicher Formulierungen gerade der natürlichsten Sprachform auf die Spur kommen könne, ist para-
dox. Entsprechende Zweifel an der Akkuratheit der Daten lassen sich auch
nicht mit dem Argument ausräumen, daß nicht die Sprecher selbst, sondern
Beobachter in ihrer Mitte befragt wurden.

Wenkers Methode der Datenerhebung mag viele Vorbehalte auf sich ziehen, doch sie war nicht der zu seiner Zeit am heftigsten kritisierte Aspekt
seiner Forschungen. Stärker bemängelt wurde die Art und Weise, in der er
die Daten auswertete und präsentierte. Dem in Gestalt der oben erwähnten Fragebögen erworbenen Rohmaterial wurden Angaben zu einer ganzen
Reihe phonologischer und morphologischer Merkmale entnommen und
Schritt für Schritt in geographische Karten eingetragen. Eine Karte gibt beispielsweise die Verteilung von /pf/ bzw. /p/ im Inlaut (z. B. *Apfel* vs *Appel*)
wieder. An den Verteilungskarten wurde vor allem beanstandet, daß sie
übermäßig ins Detail gingen und nicht die relative Bedeutung der einzelnen
Charakteristika widerspiegelten (Knoop et al. 1982: 63; ferner Chambers/
Trudgill 1980: 28–33).

In einem gewissen Sinne war das Projekt ein Opfer seines eigenen Er-
folgs. Zum einen ließ sich die ungeheure Masse an Daten kaum unter Kontrolle bringen, und zum anderen begann allein der Umstand, daß es sich um
ein Forschungsprojekt handelte, das sowohl in seiner Gründlichkeit als auch
in seiner buchstäblich landesweiten Dimension alles bisher Gewagte übertraf, den Wert des Unternehmens zu untergraben. In der Tat setzten sich
Wenker und seine Mitarbeiter über die Jahre zunehmend bescheidenere

Ziele. Waren sie zunächst noch guter Hoffnung, einst mit einer verbindlichen Karte der Dialekte Deutschlands aufwarten zu können, so wurde jenes Ziel allmählich von der engeren und realistischeren Absicht verdrängt, anstelle eines abgeschlossenen Forschungsproduktes Material zur Verfügung zu stellen, das als eine Basis für spätere wissenschaftliche Untersuchungen dienen könne. Die in den Kreisen moderner Dialektologen verbreitete Tendenz, diese Pionierarbeit als eine bloße ‚Schmetterlingssammlung' abzutun, ist also völlig unangebracht, zumal ein Forschungsunternehmen generell nach den durch den Autor/die Autorin definierten Zielen beurteilt werden sollte (vgl. Chambers/Trudgill 1980: 17).

Es war Wenkers Schüler und Nachfolger, Ferdinand Wrede, der schließlich mit Blick auf das Marburger Team den Terminus ‚soziallinguistisch' prägte (Niebaum 1983: 32). Er verstand darunter einen Forschungsansatz, bei dem empirisch-deskriptive Beiträge als Ausgangspunkt interpretativer und explanativer Forschungsarbeit genutzt werden. In dieser Hinsicht kann die Dialektologie einen Beitrag zum Verständnis von Sprachvariation und Sprachwandel und möglicherweise vom Verhältnis zwischen Sprache und Gesellschaft leisten. Im folgenden Abschnitt beschäftigen wir uns mit der Geschichte der deutschen Dialektologie als einer explanativen Disziplin und beschließen unsere vorbereitenden Ausführungen mit einer Antwort auf die Frage, warum Erklärungsansätze der traditionellen Dialektologie nicht in unserem Sinne ‚soziolinguistisch' sind.

3.5 Erklärungsansätze der traditionellen Dialektologie

3.5.1 Zur Interpretation von Daten

Im vorangegangenen Abschnitt erwähnten wir das Problem der übermäßigen Detailliertheit von Dialektkarten. So wichtig es auch sein mag, daß der gesamte Materialbestand konsultierbar ist, es besteht keinerlei Notwendigkeit, jede einzelne Angabe auf der Karte zu vermerken, zumal die für Detailkarten typische Anhäufung von Daten die wirklich relevante Botschaft eher verschleiert als hervorhebt. Bei den Arbeiten zum *Deutschen Wortatlas* stieß man beispielsweise auf drei Wörter (bzw. Varianten dreier Wörter) zur Bezeichnung des ersten Wochenendtages: *Samstag*, *Sonnabend* und *Saterstag*. Würde man nun jede einzelne Angabe explizit oder als Symbol in eine Karte eintragen, erhielte man ein diffuses Bild, denn für keines dieser Wörter lassen sich exakte geographische Grenzen nachweisen. Beschränkt man sich dagegen auf die ungefähren Umrisse und einmalige Kennzeichnung der Gebiete, in denen das jeweilige Wort besonders

häufig verwendet wird, ergibt sich, wie Karte 3.1 illustriert, ein sehr klares
Bild.

Dies bedeutet allerdings, daß die Daten interpretiert, d.h. selektiv und
damit subjektiv ausgewertet werden müssen, und daß dieselbe detaillierte
Karte in mehrere, u. U. recht stark voneinander abweichende Übersichten
übersetzt werden kann. Solange wir aber weiterhin auch über die undiffe-
renzierten Originalangaben verfügen, sollte uns dieses Risiko nicht schrek-
ken. Interpretation ist ein erster, unabdingbarer Schritt vom Spezifischen
zum Generellen und von der Beschreibung zur Erklärung. Daten sind nur
dann interessant, wenn sie sich verallgemeinern lassen. Die einfache Anhäufung roher, unsortierter Daten ergäbe ein so chaotisches Bild des Sprachgebrauchs, daß uns keinerlei Anhaltspunkte zur Verfügung stünden, Fragen
nach den Voraussetzungen erfolgreicher Kommunikation und nach der Evolution von Sprache zu beantworten.

Bei der kartographischen Darstellung solcher Generalisierungen hat sich
eine Art Norm herausgebildet, nach der Gebiete, in denen eine bestimmte

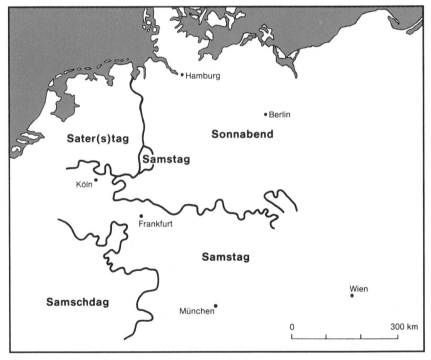

Karte 3.1 Bezeichnungen für *Samstag/Sonnabend* in Mundarten des
deutschen Sprachgebiets
Quelle: Werner König: dtv-Atlas zur deutschen Sprache. Karten von Hans-Joachim Paul
© 1978 Deutscher Taschenbuch Verlag, München: 186

Variante besonders häufig gebraucht wird und folglich als typisch gilt, mit sog. **Isoglossen** umrissen werden. Man vergleicht diese häufig mit den Isobaren von Wetterkarten, und sie haben funktionell tatsächlich viel mit diesen gemein, doch man könnte sie auch in etwa mit den Konturlinien einer physischen Karte vergleichen: Isoglossen stehen in keinem gesetzmäßigen Verhältnis zu den geographischen Merkmalen des durch sie umschlossenen Territoriums (von gewissen, weiter unten behandelten Ausnahmefällen abgesehen), doch wie eine physische Karte verleihen sie dem Land Strukturen, und es ist in diesem Sinne durchaus angebracht, von Sprachlandschaften zu sprechen. Hinzu kommen Parallelen in der Typologisierbarkeit von Merkmalen. Obwohl z. B. kein Tal einem anderen vollkommen gleicht, kann man von verschiedenen Talarten sprechen; ebenso ist es möglich, in Sprachlandschaften bestimmte wiederkehrende Formen oder sonstige Regelmäßigkeiten aufzuspüren und zu klassifizieren.

Dies sind die Phänomene, die Dialektgeographen zu erklären suchen. Warum treten Grenzen gerade dort und nicht an anderer Stelle auf? Repräsentiert das vorliegende Sprachlandschaftsbild nur das Muster synchroner Unterschiede zwischen verschiedenen Gegenden, oder zeigen sie darüber hinaus einen Prozeß steten sprachlichen Wandels an? In welche Richtung bewegen sich welche Merkmale und worin liegen die Gründe dafür? (Vgl. Löffler 1980: 150–54.) Dialektologen haben sich diesen Fragen aus zwei verschiedenen Richtungen genähert: Sie versuchten, die Konstellation zum einen mit außersprachlichen Faktoren und zum anderen mit sprachstrukturell bedingten Prozessen zu erklären. In den folgenden zwei Abschnitten werden diese Ansätze kurz erläutert.

3.5.2 Der extralinguistische Ansatz

Der extralinguistische (außersprachliche) Ansatz zur Erklärung von Sprachlandschaften ist keinesfalls in Vergessenheit geraten, doch die von ihm geprägte Phase der Dialektgeographie erreicht in der Mitte des 20. Jahrhunderts ihren Abschluß. Ein Hauptgrund dafür, daß diese Perspektive im ausgehenden 19. und frühen 20. Jahrhundert so beliebt war, hat mit ihrer Eignung für und ihrem Beitrag zu einer sehr um die Begriffe Raum und Territorium bemühten kulturhistorischen Strömung zu tun. Während z. B. die Bezeichnungen traditioneller britisch-englischer Dialekte von den Namen ihrer Ursprungsregionen abgeleitet wurden (*Yorkshire dialect, Devon dialect, Tyneside dialect* usw.), tragen viele deutsche Dialekte die Namen von Stämmen bzw. Volksgruppen, die sich in den entsprechenden Gebieten angesiedelt hatten (Alemannisch, Fränkisch, Sächsisch usw.). Dies ist insofern für unsere Untersuchungen relevant, als es Sprache als einen von vielen Faktoren hervorhebt, die die Herausbildung eines ‚Kulturraums' beeinflussen;

Sprache dient als ein Wappen oder ein Emblem, in dem sich geographische Gegebenheiten und kulturelle bzw. ethnische Identität begegnen. Wenn, so hieß es, gezeigt werden könne, daß Dialektgrenzen mit den Zügen historischer Siedlungsmuster übereinstimmten, hätte man starkes Beweismaterial zugunsten der oben erwähnten Kulturtheorie.

Derartige Argumente bringen allerdings das Risiko eines logischen Kreisschlusses mit sich, denn wie ließe sich ggf. nachweisen, ob sprachliche Grenzen durch gesellschaftliche und politische Grenzen determiniert wurden oder eine entgegengesetzte Tendenz bestand? Auch ergibt sich die Frage, wie wir überhaupt je bestimmen können, wo genau die Grenzen zu ziehen sind. Vertreter der traditionellen Mundartenforschung halten es für sinnvoll, das Ende eines Dialekts und den Beginn eines anderen einfach dort anzusetzen, wo sich ausreichend viele Isoglossen überlagern. Das berühmteste Beispiel eines solchen **Isoglossenbündels** ist die Benrather Linie, welcher man nachsagt, die als Gruppe konzipierten niederdeutschen Dialekte von den hochdeutschen Mundarten zu trennen, aber selbst diesem klassischen Konstrukt wird heute nicht mehr die Bedeutung beigemessen, die es einmal hatte (siehe 2.1.3 und 3.6). Tatsächlich haben wir es mit einem Verfahren zur Bestimmung von Dialektgrenzen zu tun, das zu willkürlichen und unpräzisen Ergebnissen führt, weshalb Karte 3.4 kaum mehr als eine willkommene Illusion verkörpert. Alles in allem hängt die Entscheidung, was als ein ausreichend starkes Isoglossenbündel gilt, viel zu sehr von individuellem Ermessen ab, als daß man die Linien einer Dialektgrenze gleichsetzen könnte, und die Möglichkeit einer wirklich scharfen Trennlinie zwischen zwei oder mehr Dialekten kann von Anfang an ausgeschlossen werden kann.

Das hier besprochene interpretative Verfahren hat noch weitere Nachteile, doch es steht außer Zweifel, daß viele einzelne Isoglossen sowohl mit anthropogenen Grenzen (denen von Verwaltungsbezirken, Fürstentümern, Diözesen usw.) als auch mit natürlichen Barrieren (Flüssen, Gebirgsmassiven usw.) zusammenfallen, und daß dies aufgrund seiner Häufigkeit nicht als Zufall gedeutet werden kann. Eine noch stärkere Bestätigung des extralinguistischen Ansatzes ergibt sich aus dem wiederholten Auftreten bestimmter sprachlandschaftlicher Formen, worauf bereits im vergangenen Abschnitt hingewiesen wurde. Die am häufigsten anzutreffenden Muster sind in Abbildung 3.2 skizziert. Was sie vereinigt, ist ihre Kapazität, vor unserem geistigen Auge ein scheinbar statisches Bild als einen Moment eines Prozesses, also wie eine einzelne Aufnahme aus einem Film, erscheinen zu lassen. Jede Form stellt einen Schritt oder ein Stadium im Prozess einer sprachlicher Innovation dar.[2]

---

[2] Potentiell könnte jedes Stadium das letzte sein: die Innovation fände an jenem Punkt ihre Vollendung.

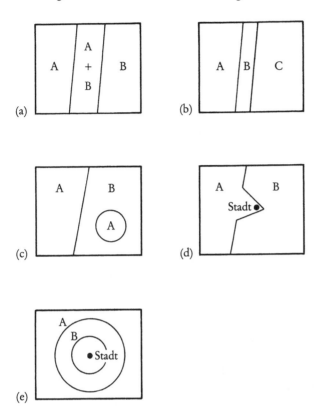

Abbildung 3.2 Dialektgeographie: Muster sprachlichen Wandels
Quelle: nach Goossens 1977

Die Abbildungen können daraufhin wie folgt ausgelegt werden:

(a) Form A ersetzt allmählich Form B, doch anstelle eines abrupten Übergangs liegt zwischen den beiden Gebieten, wo lediglich A und lediglich B Verwendung finden, eine Zone, in der die beiden Formen koexistieren. Es ist wahrscheinlich, daß A, die Mischzone A+B vor sich herschiebend, immer weiter vordringt und Zone von B allmählich abnimmt.

(b) Variante I: Die Formen A und C dringen gleichzeitig in das Territorium der Form B vor.
Variante II: Form B dehnt sich in ein Gebiet aus, in dem keine ihr entsprechende Form existiert (C=null).

(c) Variante I: A ist die ältere, in einem bestimmten Areal als Relikt überlebende Form, während B um A herum nach vorn gedrängt wurde.
Variante II: A ist die neue Form, welche, dem generellen Trend vorauseilend, bereits in einem Teil des B-Territoriums Fuß gefaßt hat.

(d) Hierbei handelt es sich wahrscheinlich um eine Variante von (c), wobei A an einem Punkt schneller vorankommt oder aber B stärkeren Widerstand entgegensetzt als in allen übrigen Abschnitten.

(e) A und B sind neue Formen, die sich von ihrem punktförmigen Ursprung wie Wellen ausbreiten, wobei B die jüngere Innovation repräsentiert.

Einer der interessantesten Beiträge dieser interpretativen Richtung liegt u. E. in der Identifizierung der zentralen Rolle von Städten. Trends der Typen (c), (d) und (e) lassen sich im Kontext der deutschen Dialekte größtenteils mit urbanen Kernzonen in Verbindung bringen, und traditionelle Dialektologen haben deren Wirkung längst durchschaut: Bach (1969) z. B. legt dar, daß Köln schon seit Jahrhunderten südliche Formen ,anzieht' und daß umgekehrt einige im ländlichen Umland noch unbekannte nördliche Formen bereits in der gesprochenen Sprache bestimmter sozialer Gruppen in Stuttgart nachweisbar waren.

Eine Untersuchung zur Ausbreitung der Zäpfchen-R- bzw. Reibe-R-Variante zu Lasten des älteren Zungenspitzen-R, ergibt, daß die neuere Form von Frankreich ausgehend in nördlicher und östlicher Richtung über die Schweiz, die Niederlande und Deutschland bis nach Skandinavien vorgedrungen ist (vgl. Karte 3.2). Die Ausdehnung der Zäpfchen-R-Variante war jedoch kein kontinuierlicher, geradliniger Verdrängungsprozeß, sondern eine Verschränkung der in Abbildung 3.2 illustrierten Tendenzen (c) und (e). Damit ist gemeint, daß sich die Neuerung im Prinzip der generellen Bewegung vorauseilend sprunghaft von Stadt zu Stadt fortpflanzte und von dort auf kleinere Städte und ins jeweilige Umland ausbreitete. Wie die Karte zeigt, fiel dabei Stuttgart, Köln und Berlin jeweils eine Vorreiterrolle zu. Insbesondere Berlin wird gern als ein Beleg für den herausragenden Beitrag von größeren und kleineren Städten zur Verbreitung von neuen Formen angeführt.

Karte 3.3 stellt das Vordringen der südlichen Form *hinten* zu Lasten des nördlichen *hingen*. In einer Kombination der Typen (c) und (d) konnte sich die neue Form rasch spreeabwärts ausbreiten; ihren größten Durchbruch verdankt sie dem Umstand, daß sie bereits in Berlin Fuß gefaßt hatte. Das Ergebnis ist eine Art Druck-und-Zug-Effekt, der offenbar den grundlegenden Trend unterstützte und übersteigerte. Eindeutig belegbare Beobachtungen wie diese sind ein gewichtiges Argument für den extralinguistischen Ansatz und verdeutlichen, warum man sich von ihm noch immer einige Aufschlüsse verspricht. Andererseits weiß man um seine Grenzen. Erstens wäre eine Zurückführung all dieser Erscheinungen auf ausschließlich soziale Faktoren unhaltbar. Selbst in Fällen, wo diese Methode gestattet, Gründe und Arten der Ausbreitung sprachlicher Neuerungen zu erhellen, verhilft sie uns nicht unbedingt zu Einsichten in deren eigentlichen Ursprung. Zweitens kann dieses Modell nur extralinguistische Faktoren berücksichtigen, die einen geographischen Bezug aufweisen, bietet insofern keinerlei Raum

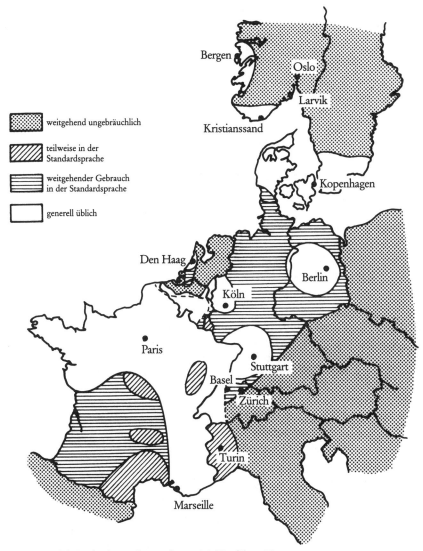

Karte 3.2 Die Verbreitung des uvularen /r/ (Zäpfchen-R)
Quelle: Chambers/Trudgill 1980

für stilistische und soziale Aspekte. Drittens sollte man sich bewußt machen, daß Städte zwar hinsichtlich ihrer so wichtigen Rolle als Ausgangspunkte sprachlichen Wandels adäquat erfaßt wurden, die Betonung ihrer eher vage konzipierten Mittlerfunktion jedoch den Blick auf die Relevanz

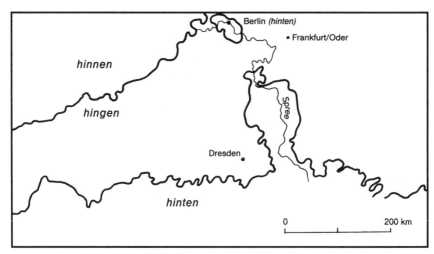

Karte 3.3 Varianten von standarddt. *hinten* in ostmitteldeutschen Mundarten
Quelle: nach Frings 1956

und die interessante Spezifik von urbanen Sprechformen als solchen versperrt. Der letztgenannte Punkt wird in späteren Kapiteln (insbesondere in Kap. 4) thematisiert, und auf den zweiten Einwand kommen wir in Abschnitt 3.5.4 zurück. Zunächst soll jedoch der linguistische Erklärungsansatz der traditionellen Dialektologie erläutert werden.

3.5.3 Der linguistische Ansatz

Anders als beim extralinguistischen (außersprachlichen) Ansatz wird beim linguistischen Ansatz in der Sprache selbst nach Aufschlüssen gesucht. Linguistische Untersuchungen fußen auf der These, daß jede Sprachform dazu tendiert, so effektiv wie möglich zu fungieren, wobei man unter Effektivität in diesem Zusammenhang das Maß versteht, in dem sich die gegebene Varietät dem Prinzip des geringsten Aufwands unterwirft. Es geht also um die Leistungsfähigkeit von Sprachen. Enthielte das Vokabular einer Varietät z. B. nur ein einziges Wort für sämtliche Arten von Haustieren, so wäre sie zumindest in dieser Hinsicht äußerst unwirtschaftlich. Ihre Sprecher könnten Hunde und Katzen nicht durch die Verwendung zweier Einzelwörter, sondern lediglich durch die Ergänzung des Sammelbegriffs für ‚Haustier' durch eine Reihe spezifischer Merkmale voneinander abgrenzen. Das gleiche ließe sich von einem Lautsystem sagen, in dem es z. B. acht vordere und zwei hintere Vokale gibt. Die phonetische ‚Distanz' zwischen den vorderen

Vokalen wäre ausgesprochen gering, so daß man Wörter, die sich bis auf einen dieser Vokale völlig gleichen, nur schwer auseinanderhalten könnte. Ein effektives Lautsystem verfügt über eine relativ kleine Anzahl praktisch unverwechselbarer Laute.

Wenn ein solches Modell prinzipiell der Realität entspricht, können wir davon ausgehen, daß durch Anomalien verursachte Schwächungen der Struktur oder Beeinträchtigungen der Effektivität einer Varietät (oder einer ihrer Komponenten) mit internem Druck zur Wiederherstellung der Balance begegnet wird. Man bezeichnet solche Systeme daher auch als homöopathisch: Veränderungen werden nicht durch äußere Faktoren, sondern innerhalb des Systems erwirkt und sind durch das System selbst zu erklären. Als Illustration dieses Prinzips mögen zwei Beispiele aus dem Bereich der Lexik dienen.

Zwischen zwei benachbarten Gebieten (A und B) mit zum Teil unterschiedlichem Vokabular liegt eine Berührungs- oder Pufferzone. Es könnte zu zwei typischen Situationen kommen:

(1) In A wird zur Bezeichnung der Bedeutung ‚Flasche‘ das Wort {a} und in B das Wort {b} verwendet. In der Berührungszone könnten {a} und {b} mit gleicher Bedeutung benutzt werden.
(2) In A wird das Wort {x} zur Bezeichnung der Bedeutung ‚Flasche‘ gebraucht, in B hat es jedoch die Bedeutung ‚Krug‘. In der Berührungszone könnte {x} folglich mit beiden Bedeutungen assoziiert werden.

Im Beispiel (1) liegt **Synonymie** (zwei Wörter, eine Bedeutung) vor, während Situation (2) das Phänomen der **Polysemie** (ein Wort, zwei Bedeutungen) veranschaulicht. In beiden Fällen würde man damit rechnen, daß sich das System gegen eine solche Ineffizienz zur Wehr setzt, und es lassen sich in der Tat viele Beispiele dafür finden. Um, wie in (1), Synonymie zu vermeiden, könnte in der Kontaktzone eine Unterscheidung eingeführt werden, derzufolge {a} alle farbigen Flaschen und {b} alle farblosen Flaschen bezeichnen würde. Um, wie in (2), Polysemie zu überwinden, könnte man auf die Unterscheidung zwischen ‚Flaschen‘ und ‚Krügen‘ verzichten und das Wort {x} fortan auf die übergreifende Bedeutung ‚Behälter oder Speicher für Flüssigkeiten‘ festlegen.

Wie wir bereits feststellten, verdankte der extralinguistische Ansatz seine Beliebtheit seiner Eignung für eine bestimmte kulturgeschichtliche Betrachtungsweise. Die ihm eigene Interpretationsmethode läuft darauf hinaus, daß Daten bestimmter sprachlicher Charakteristika mit extralinguistischen Gegebenheiten kombiniert werden, und Sprachwandel wird anhand von Vergleichen realer Sprachlandschaften mit einem kleinen Set abstrakter ‚Schablonen‘ erklärt. Der linguistische Ansatz beruht auf bestimmten holistischen Vermutungen zur Logik sprachlicher Systeme: Einzelne Veränderungen werden als Anpassungen an die Gesamtstruktur ausgelegt. Wir haben es also im wesentlichen mit einem Aspekt strukturalistischer Dialektologie zu tun,

was weniger ein Zeichen für die Überlebtheit älterer Ansätze ist, als eine Reaktion auf einen zur Mitte des 20. Jahrhunderts bereits in vielen anderen
wissenschaftlichen Bereichen etablierten generellen Trend.[3] Da sowohl der
extralinguistische als auch der linguistische Ansatz ermöglicht, viele der
beim Studium von Dialekten zutage tretenden Phänomene zufriedenstel-
lend zu erklären, führten Bestrebungen, eine Orientierung als die absolut
‚bessere' zu identifizieren, in eine Sackgasse. Beide Ansätze haben Vor- und
Nachteile, so daß man bestenfalls von einem komplementären Verhältnis
sprechen könnte.

3.5.4 Dialektologische und soziolinguistische Erklärungsmuster im Vergleich

Im nächsten Kapitel wird deutlich, daß sich jüngere Arbeiten der Sozialdialektologie bzw. Soziolinguistik auf jeder Stufe von denen der traditionellen
Mundartenforschung absetzen, sei es bei der Sammlung von Daten, bei ihrer Präsentation oder bei ihrer Auswertung. Es sei jedoch schon jetzt auf die
gravierenden Unterschiede zwischen traditionellen und späteren Schulen
auf der Ebene der Interpretation hingewiesen, denn die hier ins Spiel kommenden unterschiedlichen Ansichten zu der Frage, was als eine ‚Erklärung'
gelte, wurzeln in fundamental verschiedenen Interessenlagen.

Sozialdialektologen bzw. Soziolinguisten konzentrieren sich nicht ausschließlich, aber schwerpunktmäßig auf Variation in und zwischen Sprechformen und verweisen bei der Erklärung dieser Variation sowohl auf sprach-
interne als auch auf außersprachliche Faktoren. Welche extralinguistischen
Faktoren konkret berücksichtigt werden, hängt vom Zweck der jeweiligen
Studie und von der zu untersuchenden Sprechergruppe ab. In Frage kommen Charakteristika der Sprecher (Alter, Geschlecht, soziale Schicht, Ethnizität usw.), das Verhältnis zwischen Sprechern und ihren Adressaten (Pro-
band/in-Explorator/in, Freund/in-Freund/in, Unternehmer/in-Angestellte/r,
Arzt/Ärztin-Patient/in usw.) sowie Aspekte der Sprechsituation (Formalitätsgrad, Domäne, Gesprächsinhalt usw.). Unabhängig davon, ob wir es
mit einer Person oder mit einer Sprechergruppe zu tun haben, können wir
diese Faktoren in dem Begriff ‚sozialer Kontext' zusammenfassen, denn sie
alle beziehen sich auf das Selbstverständnis der Sprechenden als gesellschaft-

---

[3] Eine gute, prägnante Darstellung strukturalistischer und generativer Ansätze in der
Dialektologie findet sich in Chambers/Trudgill (1980: Kap. 3). Detailliertere Abhandlungen zu diesem Gegenstand bieten die Einträge von Jongen und Veith in dem von
Besch et al. (1982) herausgegebenen Handbuch zur Dialektologie; Scheutz und Haudum geben an gleicher Stelle eine kurze Einführung in die relativ jüngere ‚kommunikative Dialektologie'.

liche Wesen. Soziolinguistische Erklärungen sprachlicher Variation sollten also Aufschlüsse über Sprechweisen und Kommunikationsgemeinschaften bieten: Sie haben sowohl die Eigenart und die soziale Funktion als auch die soziale Bedeutung sprachlicher Variation zu berücksichtigen.

Die Dialektologen der alten Schule erheben lediglich den Anspruch, Unterschiede zwischen Sprachformen herauszuarbeiten, und befassen sich nur mit Variation in den Randgebieten sprachlich definierter Territorien (vgl. Goossens 1981: 304). Aus ihrer Perspektive ist Variation keine den (von ihnen ausgewählten) Sprachformen immanente Erscheinung, sondern ein peripheres und vergängliches Symptom fortschreitender Wandlungsprozesse. Auch gleicht Sprache ihrer Meinung nach einem autarken Organismus mit eigenem Innenleben, so daß die Träger ihrer Erscheinungsformen nur als Lieferanten ortsspezifischer linguistischer Daten, d. h. als ‚wandelnde Nachschlagewerke‘, nicht aber als Mitglieder komplexer gesellschaftlicher Gruppen und **Netzwerke** von Interesse sind (vgl. Löffler 1985: 143ff, 161). Menschliche Verhaltensmuster und die potentielle soziale Bedeutung sprachlicher Variation bleiben in ihren Erklärungen folglich unbeachtet; es werden lediglich Fragen zur geographischen Differenzierung engverwandter Varietäten und zur Gestalt von Sprachlandschaften beantwortet.

Nach den Methoden der traditionellen Dialektologie sollen uns nun einige ihrer Ergebnisse beschäftigen, denn es besteht trotz der o. g. Vorbehalte kein Zweifel daran, daß sie uns einen wahren Schatz an linguistischen Erkenntnissen hinterlassen hat, der Maßstäbe für entsprechende Forschungen in der Gegenwart setzt.

3.6 Die Relevanz der Ergebnisse traditioneller Dialektforschung in der Gegenwart

Bevor wir uns mit Variation in der deutschen Umgangssprache (der heute meistbenutzten mündlichen Sprachform bzw. Sprachformengruppe des Deutschen) befassen können, müssen wir uns den traditionellen deutschen Mundarten zuwenden. Kenntnisse auf dem Gebiet der traditionellen Dialekte sind für das Verständnis umgangssprachlicher Eigenarten aus mehreren Gründen von Vorteil. Erstens umfaßt ihre Erforschung, wie schon gesagt, einen großen Teil der sprachwissenschaftlichen Forschung in den deutschsprachigen Ländern überhaupt. Zweitens handelt es sich bei der Umgangssprache in vielerlei Hinsicht um einen Kompromiß zwischen den traditionellen Mundarten und der Standardsprache. Drittens sind traditionelle Dialekte und umgangssprachliche Varietäten nicht immer klar voneinander zu trennen; insbesondere im mitteldeutschen Dialektraum (vgl. Karte

3.4) bilden sie gemeinsam mit der Standardvarietät ein Kontinuum, in dem sich die Sprecher in Abhängigkeit vom situativen Kontext relativ gemächlich auf und ab bewegen. In den von niederdeutschen und oberdeutschen Mundarten dominierten Gebieten finden wir eher Diglossiesituationen vor. Damit ist gemeint, daß Mundartsprecher für formelle Äußerungen sowie Gespräche mit Leuten aus anderen Regionen sprunghaft von der Mundart in eine umgangssprachliche Varietät übergehen. Der uns hier vorgegebene Rahmen setzt einer ernsthaften Besprechung traditioneller Mundarten enge Grenzen; an detaillierteren Darstellungen interessierte Leser seien auf die am Kapitelende angegebene weiterführende Literatur verwiesen.

Für eine Beschreibung der beeindruckenden Vielfalt der traditionellen Mundarten empfiehlt es es sich, den deutschsprachigen Raum in Dialektgebiete zu untergliedern. Auf den ersten Blick erscheint dies recht unproblematisch: Die hier reproduzierte Karte 3.4 veranschaulicht, daß zumindest einige dieser Gebiete mit Namen versehen sind, die Deutschsprachigen bereits bekannt vorkommen und mit konkreten Eigentümlichkeiten assoziiert werden dürften. Die Realität ist natürlich viel komplizierter. Zum einen braucht das, was heute landläufig als ‚Dialekt' bezeichnet wird, keineswegs mit der traditionellen Mundart des Gebietes identisch zu sein. Es könnte sich als eine Form von Umgangssprache oder um eine mit Regionalakzent versehene umgangssprachliche Varietät des Standards erweisen.

Ein anderes, noch gewichtigeres Problem besteht darin, daß die in Abbildungen wie Karte 3.4 umrissenen Dialektgebiete Produkte zahlreicher willkürlicher Entscheidungen sind. Traditionelle Mundarten können über kleinste Distanzen erheblich voneinander abweichen, doch sind wir deshalb, jedem Dorf einen eigenen Dialekt zu bescheinigen? Einerseits werden derartige Vorschläge im allgemeinen abgelehnt, andererseits hat man sich noch immer nicht darüber geeinigt, wieviele Unterschiede nötig sind, damit zwei Sprechweisen als zwei verschiedene Dialekte gelten können, und über ein wie großes Areal ein Dialekt verbreitet sein muß.

Nicht nur die Mindestausdehnung eines Dialektgebiets ist unklar, es ist ebenso umstritten, auf welche Art und Weise Dialektgrenzen ermittelt werden sollten. Der deutschsprachige Raum wird – wie jede andere Region, die seit Jahrhunderten eine Gruppe eng miteinander verwandter Dialekte birgt – in jeder denkbaren Richtung von Isoglossen (vgl. 3.5.1) durchschnitten. Welche dieser Isoglossen als Grenzen von Dialektgebieten gelten, wird weitgehend willkürlich festgelegt; fest steht praktisch nur, daß die Hauptdialektgrenzen dort liegen, wo innerhalb eines schmalen Streifens mehrere Isoglossen annähernd parallel verlaufen. Absolute Parallelität liegt in keinem Isoglossenbündel vor, und die je ein Merkmal repräsentierenden individuellen Linien fallen nur selten zusammen, so daß man sich für eine beliebige Diaglosse als Dialektgrenze entscheidet oder aber die Grenze nur grob defi-

Karte 3.4 Die deutschen und niederländischen Mundarten um 1940 nach der traditionellen Einteilung
Quelle: Werner König: dtv-Atlas zur deutschen Sprache. Karten von Hans-Joachim Paul
© 1978 Deutscher Taschenbuch Verlag, München: 230/231

niert und in einer durchschnittlichen Richtung verlaufen läßt. Karten wie 3.4
mögen sich also als Ausgangspunkte zur beschreibenden Erforschung traditioneller deutscher Mundarten eignen, sollen aber nicht darüber hinwegtäuschen, daß die abgebildeten Dialektgebiete alles andere als homogen und die
sie markierenden Grenzen nicht so präzise festlegbar sind, wie es den Anschein hat.

3.7 Dialektgrenzen in Deutschland

Sieht man sich Karte 3.4 einmal genauer an, so wird deutlich, daß die deutschen Dialekte auf mindestens drei Ebenen unterteilt werden können. Die
erste wesentliche Teilungsstufe scheidet (1) *niederdeutsche Dialekte* oder *niederdeutsche und niederländische Dialekte* von (2) *mitteldeutschen Dialekten*
und (3) *oberdeutschen Dialekten*, wobei (2) und (3) häufig als ‚hochdeutsche
Dialekte' zusammengefaßt werden. Was hier als ‚hochdeutsch' bezeichnet
wird, darf allerdings nicht mit Hochdeutsch im Sinne von ‚Standard' verwechselt werden.

In der traditionellen Dialektologie werden die niederländischen und
deutschen Mundarten oft im Zusammenhang untersucht. Für andere Bereiche der Sprachwissenschaft rechtfertigt sich eine solche Herangehensweise
nicht, denn die betreffenden Sprachformen lassen sich heute zwei autarken
Nationalsprachen zuordnen.

Die nordfriesischen Dialekte, eine entlang der Nordseeküste von Schleswig-Holstein und auf den ihm vorgelagerten Inseln beheimatete kleine
Gruppe von westgermanischen Sprachformen, gelten ebenso wie das als
winzige Enklave (bei Oldenburg) existierende saterländische Ostfriesisch
(Saterfriesisch) und die größere Gruppe der westfriesischen Dialekte der
niederländischen Provinz Friesland als eigenständige Minderheitssprachen
(vgl. 2.1.3 und 2.2.2).[4]

Auf der nächsten Ebene teilt man jedes der drei Areale in Hauptdialektgebiete ein. Das Oberdeutsche untergliedert sich in (1) das Oberfränkische,
(2) das Alemannische, was großzügig betrachtet das Schwäbische einschließt, und (3) das Bairische oder Bairisch-Österreichische. Im mitteldeutschen Raum finden wir das Westmitteldeutsche und das Ostmitteldeut-

---

[4] Die in Ostfriesland gepflegten Mundarten gehören hingegen zur niedersächsischen
Gruppe des Niederdeutschen, dürfen also nicht als friesische Dialekte ausgelegt werden. Friesisch waren die in diesem Gebiet ursprünglich beheimateten Sprachformen,
 ʾd sie haben gewisse Spuren in den modernen niedersächsischen Dialekten der Region
 ʾrlassen.

sche, und die niederdeutschen und niederländischen Dialekte umfassen (1) das Niederfränkische, (2) das Niedersächsische, wozu im weitesten Sinne auch das Westfälische gehört, sowie (3) das Ostniederdeutsche. Auf einer dritten Ebene werden diese Hauptdialektgebiete erneut unterteilt, so daß man beispielsweise innerhalb des Westmitteldeutschen das Mittelfränkische vom Rheinfränkischen trennt.

Solche Unterteilungen lassen sich natürlich beliebig fortgesetzen. Auf entsprechend detaillierten Karten findet man z.B. das Rheinfränkische in das Hessische und das Pfälzische unterteilt, das Hessische in das Niederhessisch-Osthessische, das Zentralhessische und das Südhessische usw. Auf der niedrigsten Ebene finden Unterschiede zwischen einzelnen Dörfern Berücksichtigung.

Während man sich über die erste, grobe Untergliederung der deutschen Dialekte in Nieder-, Mittel- und Oberdeutsch weitgehend einig ist, gelten viele der weiterführenden Teilungen als umstritten. Dies hat wiederum Konsequenzen für die gar nicht so selbstverständliche primäre Dreiteilung (Wolf 1983: 1116–18).

3.8 Die Nord-Mitte-Süd-Untergliederung auf der Grundlage der 2. Lautverschiebung

Die Zusammenfassung der deutschen Mundarten als niederdeutsche, mitteldeutsche und oberdeutsche Dialekte entspricht dem Ausmaß, in dem in den Vorläufern der modernen Dialekte die 2. Lautverschiebung stattgefunden hat (vgl. 2.1.3). Auf Karte 3.5 sind die wichtigsten den deutschen Raum von Ost nach West durchquerenden Isoglossen traditioneller Mundarten dargestellt, wie sie sich aus der unterschiedlich starken Durchsetzung der 2. Lautverschiebung in den Westgermanischen Dialekten ergeben haben. Belegt wird das Prinzip der streifenartigen Nord-Süd-Abstufung mit ortstypischen Formen von Wörtern aus dem alltäglichen Leben, die viele Generationen zurückreichen.

3.8.1 Niederdeutsche und niederländische Dialekte

Die Benrather Linie scheidet die niederdeutschen Mundarten von den mitteldeutschen. Nördlich dieser Linie werden in schon v. u. Z. zur Alltagssprache gehörenden Wörtern die (das moderne Deutsch begründenden) stimmlosen Verschlußlaute /p/, /t/, /k/ nach unserem Ermessen noch immer weitgehend so ausgesprochen wie vor 2000 Jahren. Sie behielten zu-

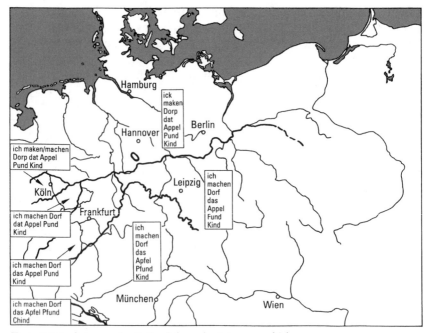

Karte 3.5 Realisierung der 2. (hochdeutschen) Lautverschiebung:
regionaltypische mundartliche Formen gebrauchter Wörter
(standarddt. *ich, machen, Dorf, das Apfel, Pfund, Kind*)

mindest unter bestimmten Umständen auch in anderen westgermanischen
Sprachen ihre ursprüngliche Lautung bei, weshalb engl. *pound, ten* und
make[5] sehr nahe Entsprechungen im Niederdeutschen haben (*Pund, tein,
maken*), während es in den hochdeutschen Dialekten und in der Standardform *Pfund, zehn* und *machen* heißt. In einem kleinen Gebiet um Düsseldorf, wo sich der traditionelle Dialekt eindeutig als Niederdeutsch einordnen läßt, hat sich allerdings in einer kleinen Anzahl oft gebrauchter
einsilbiger Wörter die Verschiebung des /k/ zum /ç/ eingestellt. Zu diesen
Wörtern gehört das Personalpronomen *ich* (niederdt. *ick*). Dieser spezifische Wandel setzt sich weiter nördlich jenseits einer die Benrather Linie öst-

---

[5] Bei der Wiedergabe mundartlicher Formen müssen wir auf typische Formen zurückgreifen; *per definitionem* fehlt es in traditionellen Dialekten an Standardformen. Wir folgen dabei den Regeln der konventionellen Orthographie (wo nicht anders angekündigt,
haben die Buchstaben also annähernd die in der Deutschen Hochlautung festgelegte
Wertigkeit). **Phonemische** oder phonetische Transkriptionen würden in den meisten
Fällen zu übermäßig exakten Darstellungen führen, denn die Gültigkeit einzelner For-
̃en ist stark begrenzt. Die nach Gefühl ermittelten, ungenormten orthographischen
̃en sind für größere Areale repräsentativ.

lich von Düsseldorf verlassenden und den Rhein bei Uerdingen überquerenden Linie (die sog. Uerdinger Linie) fort.

3.8.2 Oberdeutsche Dialekte

Wenden wir uns nun dem südlichen Teil des deutschsprachigen Raums zu, wo sich jenseits der südlich von Frankfurt, aber noch nördlich von Würzburg von Ost nach West verlaufenden Germersheimer bzw. Speyrer Linie[6] die 2. Lautverschiebung so gut wie vollständig in dem von westgermanischen Dialekten ererbten Wortschatz durchgesetzt hat. Eine Ausnahme stellt die nur für den äußersten Süden des deutschsprachigen Raums (Schweiz, Südösterreich und geringe Teile des Elsaß, Badens und Bayerns in der Bundesrepublik) charakteristische Verschiebung von anlautendem /k/ zu /kx/ bzw. /x/ dar. Die südlich der Germersheimer Linie beheimateten Dialekte (einschließlich aller Schweizer und österreichischen Mundarten) werden als oberdeutsche Dialekte bezeichnet. Mit Formen wie *Pfund, zehn* und *machen* reichen sie, zumindest was den Gebrauch von Konsonanten betrifft, relativ nah an die Standardvarietät heran.

3.8.3 Mitteldeutsche Dialekte

Zwischen der Benrather und der Germersheimer Linie finden wir Mundarten, die unter der Bezeichnung ‚Mitteldeutsch' zusammengefaßt werden. Was diese Formen vereint, ist die partielle Durchführung der 2. Lautverschiebung, doch welche Merkmale jeweils zur Ausprägung gekommen sind, variiert erheblich. In keinem Falle hat im In- oder Auslaut die Wandlung des westgermanischen /p/ zum /pf/ stattgefunden, so daß in allen Mundarten Formen wie *Appel* vgl. engl. *apple* , niederdt. *Appel*, aber hochdt. sowie oberdt. *Apfel*) vorliegen. Die Verschiebung des /p/ zum /f/ hat sich hingegen weitestgehend durchgesetzt, so daß wir im Mitteldeutschen für engl. *hope* und niederdt. *hopen* die Form *hoffen* finden (vgl. hochspr. *hoffen* und oberdt. *hoffen*).

Im Westmitteldeutschen hat sich /p/ am Wortbeginn nicht zu /pf/ gewandelt, weshalb wir hier noch auf Formen wie *Pund* (vgl. engl. *pound*, niederdt. *Pund*) für standardspr. und oberdt. *Pfund* stoßen. Im Ostmitteldeutschen hat sich diese Verschiebung nicht nur vollständig durch-, sondern fast überall bis zum /f/ fortgesetzt, so daß man im ostmitteldeutschen Raum der Form *Fund* begegnet. Die komplexe Wirkungsweise der 2. Lautverschie-

---

6 Zwischen den beiden Linien gibt es geringfügige Unterschiede, von denen wir uns aber hier nicht aufhalten lassen wollen.

bung in den mitteldeutschen Dialekten wird unten (3.10.2) noch ausführlich referiert, aber an dieser Stelle können sich unsere Leser anhand der in Karte 3.5 vermerkten Beispiel-Formen häufig gebrauchter Lexeme schon einmal einen ersten Eindruck verschaffen.

3.8.4 Zur Bedeutung der Nord-Mitte-Süd-Unterteilung

Warum herrscht weitgehend Einigkeit darüber, daß die o. g. Isoglossen so eine herausragende Rolle bei der Untergliederung des deutschsprachigen Raums spielen? Zunächst einmal sind die durch sie markierten Kontraste deutlich wahrnehmbar: Die Unterschiede zwischen den stimmlosen Verschlußlauten und Reibelauten sind leicht herauszuhören und stellen ein typisches phonemunterscheidendes Merkmal europäischer Sprachen dar. Zweitens hören die Kontraste zwischen dem Norden und dem Süden des deutschsprachigen Raums nicht bei der Sprache auf: Es gibt bekanntlich auch unverkennbare Differenzen sozialer und politischer Natur, und man kommt gern auf sprachliche Nord-Süd-Kontraste zurück, wenn es darum geht, solche Differenzen zu festigen. Am deutlichsten drücken sich letztere in der traditionellen religiösen Teilung des deutschen Sprachraums aus: Die oberdeutsche Dialektregion ist mit Ausnahme wichtiger protestantischer Enklaven generell katholischen Glaubens, und die niederdeutsche Region ist abgesehen von einigen katholischen Gebieten überwiegend protestantisch, wohingegen wir im Raum der mitteldeutschen Dialekte ein kompliziertes Mosaik aus protestantischen und katholischen Gemeinden finden. Es wurden auch deutliche Abweichungen im sozialen Stellenwert der Nichtstandard-Varietäten festgestellt. In der oberdeutschen Dialektregion genießt mundartliches Sprechen eine recht hohe Wertschätzung, und die Sprechweisen von Angehörigen der Mittelschicht sind in vielen Fällen dialektnah. Im niederdeutschen Dialektraum haben Mundarten einen relativ niedrigen Status, und die Sprechweise der Mittelschicht bewegt sich stark auf den Standard zu. Die mitteldeutsche Dialektregion nimmt auch in dieser Hinsicht eine Zwischenstellung ein.

3.9 Andere die Nord-Süd-Teilung begründende Isoglossen

Die Einteilung der Mundarten des deutschen Sprachraums in nördliche und ʾüdliche Typen reflektiert nicht nur die regional verschiedene Realisierung ˙2. Lautverschiebung, sie ergibt sich auch aus Isoglossen anderen Ur-
ˑs.

3.9.1 Ältere Nord-Süd-Unterteilungen

Einige dieser anderen Isoglossen bildeten sich lange vor der 2. Lautverschiebung heraus. Sie konstituieren eine Klasse von Differenzen, die den Südzweig des Westgermanischen (die süddeutschen Dialekte) von seinem nördlichen Zweig (den norddeutschen Dialekten, dem Niederländischen, Friesischen und Englischen) trennen (vgl. 2.1.3). Isoglossen dieser Art grenzen die Pronomen der 3. Pers. Sg. mask. des *he*-Typs von denen des *er*-Typs ab. Eine Isoglosse scheidet die Formen einer das Pronomen *uns* einschließenden Klasse von Wörtern in die Gruppe derer, die keinen Nasalkonsonanten vor dem Reibelaut aufweisen, und die Gruppe derer, in denen der Nasal erhalten wurde, und eine weitere Isoglosse markiert Formen, die eine Verschiebung von Velaren (wie /k/) zu Palatalen oder **Alveolaren** (wie /tʃ/ oder /s/) vollzogen haben (vgl. 2.1.3 zur ingwäonischen Palatalisierung). Die *he/er*-Isoglosse und die *uns/us*-Isoglosse sind in Karte 3.6 abgebildet. Es ist ersichtlich, daß in den oberdeutschen Dialekten die *er*-Form und in den meisten niederdeutschen Dialekten *he*-Formen üblich sind und in den mitteldeutschen Dialekten sowohle *he*- als auch *er*-Formen verwendet werden (Maak 1983: 1175).

Der Ausfall des Nasalkonsonanten /n/ vor dem Reibelaut /s/ in *uns* kann nicht mehr als ein die Nord-Süd-Unterteilung der deutschen Mundarten voll bestätigendes Merkmal eingeordnet werden, denn die als eine jüngere Entwicklung geltende Verwendung von Formen ohne /n/ beschränkt sich auf die südwestlichen niederdeutschen Mundarten. Die sie über weite Strecken umgebenden mittel- und ostniederdeutschen Dialekte zeichnen sich durch die *uns*-Variante aus (Haas 1983: 1114f).

Auch die Veränderungen velarer Konsonanten können nicht mehr als ein Maßstab für die Nord-Süd-Unterteilung dienen. Die Palatalisierung des westgermanischen /k/ (→ /tʃ/ oder /s/) ist auf dem europäischen Festland nur noch im Friesischen zu finden (wie auch im Englischen). Im Friesischen ist der Laut /s/ gebräuchlich, so daß z.B. in der nordfriesischen Mundart der Insel Sylt dem deutschen Wort *Kirche* die Form *Serk* gegenübersteht. Die in einigen, aber bei weitem nicht allen, niederdeutschen Dialekten vorliegende Palatalisierung der westgermanischen Laute /g/ und /ɣ/ zu /j/ hat ein ziemlich kompliziertes Verbreitungsmuster. Sie tritt auch in einigen mitteldeutschen Dialekten des Rheinlandes auf.

Es zeichnet sich ab, daß die hier behandelte althergebrachte Nord-Süd-Teilung des Westgermanischen durchaus von jener jüngeren abweicht, die auf der 2. Lautverschiebung basiert und konventionell als die gewichtigere betrachtet wird.

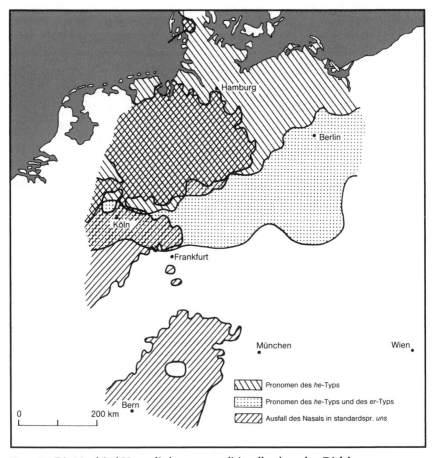

Karte 3.6 Die Nord-Süd-Untergliederungen traditioneller deutscher Dialekte
Quelle: Werner König: dtv-Atlas zur deutschen Sprache. Karten von Hans-Joachim Paul
© 1978 Deutscher Taschenbuch Verlag, München: 160, 164

3.9.2 Neuere Nord-Süd-Unterteilungen

Die bisher besprochenen Nord-Süd-Unterteilungen reichen sehr weit in die
Vergangenheit zurück, doch angesichts der anhaltenden sozialen, politischen und geographischen Kontraste zwischen dem nördlichen und dem
südlichen Teil des deutschsprachigen Raums überrascht es nicht, daß auch
Isoglossen jüngeren Ursprungs die Region von Ost nach West durchschnei-
den. So findet man zum Beispiel in manchen ober- und mitteldeutschen
ⁿialekten in Beschreibungen der Vergangenheit Verben normalerweise nie
ᴾräteritum, sondern nur im Perfekt bzw. Plusquamperfekt vor. Gele-
ʰ davon ausgenommen ist lediglich das Verb *sein*.

Die Isoglosse, die entsprechend dieser Eigenart die südlicheren Teile von den nördlicheren trennt, fällt mit keiner bisher besprochenen Linie zusammen. Auch handelt es sich um eine Markierung von abnehmender Bedeutung, da auf der Ebene der Umgangssprache die Präteritumformen von nahezu allen Vollverben im Rückgang begriffen sind (Hooge 1983: 1214f, 1217–19).

Der Rückgang des Präteritums stellt einen für den gesamten deutschen Sprachraum gültigen morphologischen und syntaktischen Wandel dar. Er tritt regelmäßiger in den Nichtstandard-Varietäten als im Standard und allgemein stärker im Süden als im Norden zutage (vgl. 5.5).

Eine weitere langfristige syntaktische und morphologische Veränderung des Deutschen ist der teilweise Verlust von Falldifferenzierungen. Der am stärksten gemiedene Kasus ist der Genitiv: Er wird durch den Dativ, durch *von* + Dativ und andere Konstruktionen ersetzt. Von einigen feststehenden Ausdrücken abgesehen gehört der Genitiv heute ausschließlich der Standardsprache und den höheren Stilebenen an. In den Dialekten überlebt er lediglich in ein paar idiomatischen Wendungen (Koß 1983) (vgl. 5.5.2).

In vielen deutschen Dialekten sind Kasusverluste nicht auf den Ersatz des Genitivs beschränkt, doch eine zusammenfassende Darzustellung der unter diese Überschrift fallenden Tendenzen mutet angesichts erheblicher Unregelmäßigkeiten als ein äußerst anspruchsvolles Projekt an. Äußerst selten stimmt eine Isoglosse mit einer anderen überein. Grob vereinfachend könnte man sagen, daß man im Norden zum Verlust der Dativ/Akkusativ-Unterscheidung und im Süden zur Aufgabe der Nominativ/Akkusativ-Unterscheidung tendiert und die generelle Neigung, Fälle nicht mehr wie einst zu differenzieren, insgesamt im Norden stärker ist als im Süden (Panzer 1983: 1171–73). Ein typisches Beispiel für die Schwächung der Dativ/Akkusativ-Unterscheidung im Norden findet man beim Pronomen der 2. Pers. Sg. *du*, wo nicht mehr zwischen *dich* und *dir* unterschieden wird. In den südlichen Mundarten wird diese Differenzierung beibehalten, und die dementsprechende Isoglosse fällt in etwa mit der (das Niederdeutsche vom Mitteldeutschen scheidenden) Benrather Linie zusammen.

Eine weitere bedeutende von West nach Ost verlaufende Isoglosse ist die Linie zwischen Dialekten, deren Verkleinerungssuffixe palatale oder velare Verschluß- bzw. Reibelaute enthalten (entweder /-kə/ oder /-çə/), und jenen Dialekten, die an deren Stelle **Laterale** aufweisen (/-lə/, /-li/, /-əl/ oder /-ərl/ aufweisen. Die räumliche Verbreitung der verschiedenen Formen ergibt ein recht kompliziertes Bild, doch man kann verallgemeinernd konstatieren, daß in niederdeutschen Dialekten die Verbindung /-kə/ und in westmitteldeutschen Dialekten die Verbindung /-çə/ auftritt, während in ostmitteldeutschen und oberdeutschen Dialekten Formen mit Lateralen vorliegen (Seebold 1983). Bei der entsprechenden Isoglosse handelt es sich wiederum um eine Linie, die nicht mit den grundlegenden Isoglossen der Lautverschiebung übereinstimmt, da das Ostmitteldeutsche in dieser Beziehung dem Oberdeutschen ähnlich ist.

3.10 Die Binnengliederung der drei Hauptdialektregionen

Von Fragen der Nord-Süd-Unterteilung des deutschsprachigen Raums gehen wir nun zu einer schrittweisen Diskussion der wichtigsten Untergliederungen der drei Hauptdialektregionen (d. h. des Niederdeutsch-Niederländischen, des Mitteldeutschen und des Oberdeutschen) über.

3.10.1 Zur niederdeutsch-niederländischen Mundartenlandschaft

Die niederdeutschen und niederländischen Mundarten präsentieren sich in großer Mannigfaltigkeit, doch es ist bis heute umstritten, welche Isoglossen zu ihrer für genaue Untersuchungen unentbehrlichen sekundären Teilung heranzuziehen sind. Nur eine einzige Trennlinie scheint durchgängig auf Zustimmung zu stoßen: Sie zieht sich von der Südküste des Ijsselmeers westlich von Amsterdam bis ins östliche Vorland von Köln, wo sie auf die Benrather Linie trifft, und scheidet das Niederfränkische vom Niedersächsischen (vgl. Karte 3.4). In den westlich dieser Linie angesiedelten Dialekten (im Niederfränkischen), haben die Verben im Präsens, Plural, **Indikativ** im Prinzip die gleichen Endungen wie in der Standardform (*wir mach+en, ihr mach+t, sie mach+en*); im Niedersächsischen erhalten sie hingegen in allen Personen dieselbe Endung, und zwar entweder -*et* (in den meisten niedersächsischen Mundarten) oder -*en* (in einigen nördlichen Mundarten), so daß wir auf Formenreihen wie *wi maakt, ji maakt, se maakt* (standardspr. *wir machen, ihr macht, sie machen*) stoßen (Schirmunski 1962: 32, Panzer 1983: 1170f).

Der Kontrast zwischen den niedersächsischen und den niederfränkischen Dialekten ist besonders aus soziolinguistischer Sicht ungemein interessant, denn er widerspricht der modernen politischen Grenze zwischen den Niederlanden und Belgien einerseits und der Bundesrepublik Deutschland andererseits. Niedersächsische und niederfränkische Dialekte werden beiderseits der deutsch-niederländischen Grenze gesprochen, wobei die Grenze zwischen den Geltungsbereichen der zwei Standardsprachen bekanntlich mit der Staatsgrenze identisch ist. Niedersächsische Dialekte werden vor allem in Deutschland, aber auch im Nordosten der Niederlande (Ausnahme ist die westfriesische Enklave) gepflegt, und hauptsächlich in den Niederlanden beheimatete niederfränkische Dialekte erstrecken sich auf deutscher Seite bis ins niedere Rheinland. Die niederländische Standardsprache hat ihren Ursprung in den niederfränkischen Mundarten des Küstenstreifens zwischen Rotterdam und Amsterdam. Darüber hinaus haben sich in ihr gewisse Züge der im Mittelalter um Brüssel aufgekommenen flämischen Standardsprache erhalten (vgl. 2.2.1).

Die Unterschiede zwischen den die niederländisch-deutsche Grenze überspannenden Dialekten sind so minimal, daß sich die dort lebenden niederländischen Dialektsprecher ohne besondere Anstrengungen in ihrer Mundart mit ihren deutschen Nachbarn unterhalten können. Dessen ungeachtet bezeichnen sie ihre Sprache als *nederlands* (niederländisch), während der auf deutschem Territorium gepflegte Teil des Kontinuums von seinen Sprechern als *Nederdüüts* (Niederdeutsch) ausgelegt wird. In Kontexten, die nach einer höheren Stillage verlangen, würden fast alle Mundartsprecher in eine Sprachform übergehen, die dem für sie verbindlichen Standard näherkommt, was eine drastische Abnahme der wechselseitigen Verständlichkeit mit sich brächte. Tatsächlich unterhält man sich allerdings vorwiegend auf deutsch oder englisch. Die grenzüberschreitende Kontinuität traditioneller Sprachformen wird beeinträchtigt, wenn die Dialekte – um modernen Entwicklungen gerecht zu werden – immer mehr Vokabular aus den jeweiligen Standardvarietäten entlehnen. So bezeichnen die entlang des nördlichen Grenzabschnitts lebenden niederländischen Sprecher niedersächsischer Dialekte eine Fahrerlaubnis in Übereinstimmung mit dem niederländischen Standard i. d. R. als *rijbewijs*, während ihre unmittelbaren deutschen Nachbarn in Anlehnung an den deutschen Standard allenfalls den Ausdruck *Föhrerschkien* gebrauchen (C. Moss, persönliche Mitteilung).

Man ist sich generell darüber einig, daß das Niedersächsische im Osten ungefähr entlang der ehemaligen innerdeutsche Grenze vom Ostniederdeutschen geschieden werden sollte, doch wo konkret die Linie anzusetzen ist und welcher Isoglosse dabei die größte Bedeutung zukommt, ist noch ungeklärt. Die ostniederdeutschen Dialekte gelangten relativ spät in ihr heutiges Stammgebiet. Sie erreichten es frühestens im 12. Jahrhundert, also lange nachdem sich Formen des Westgermanischen in Niedersachsen etabliert hatten. Ihr Ursprung liegt in den Sprechformen von Siedlern aus dem gesamten Nordteil des westgermanischen Sprachraums, die in jener Zeit in die von slawischsprachigen Volksgruppen bewohnten östlichen Territorien vordrangen (vgl. 2.2.2). Diese Menschen sprachen teilweise niedersächsische und teilweise niederfränkische Mundarten, so daß die ostniederdeutschen Dialekte eine durch jüngere Neuschöpfungen ergänzte Vermischung der Originalcharakteristika dieser beiden Sprachformengruppen darstellen.

Eine Isoglosse, die sich recht gut zur Trennung der niedersächsischen Formen vom Ostniederdeutschen eignet, bezieht sich auf die unterschiedlichen Verbindungen im Präsens Plural Indikativ. In den an das Ostnieder-

deutsche grenzenden Formen des Niedersächsischen stoßen wir in allen
Personen auf -*et*, während im Ostniederdeutschen durchgängig auf -*en* aus-
lautende bzw. mit dem Standard identische Formen vorliegen (Schirmunski
1962: 32).

Alle wichtigen Teilgruppen des Niederdeutschen und Niederländischen
können nach verschiedensten Kriterien weiter untergliedert werden. Im
Niedersächsischen lassen sich beispielsweise das Nordniedersächsische,
das Westfälische und das Ostfälische unterscheiden. Die niedersächsischen
Dialekte werden gelegentlich unter der Bezeichnung ‚Westniederdeutsch‘
zusammengefaßt, wobei Niedersächsisch für all jene Mundarten steht, die
wir als die ‚nördlichen Mundarten‘ des Niedersächsischen erwähnt haben.
Im Ostniederdeutschen können das Mecklenburgisch-Vorpommersche, das
Brandenburgische, das Ostpommersche und das Niederpreußische unterschieden werden. Abgesehen von älteren, in das Gebiet der heutigen
Bundesrepublik abgewanderten Sprechern werden ostpommersche und
niederpreußische Mundarten aber nur noch von deutschstämmigen Minderheiten im heutigen Polen und im östlichen Baltikum gepflegt, und es ist
in Anbetracht von deren geringer Größe (genaue Angaben liegen allerdings
nicht vor) wahrscheinlich, daß der Gebrauch sämtlicher Erscheinungsformen der deutschen Sprache, von der Mundart bis zur Hochsprache, in diesen Gebieten rapide zurückgeht.

3.10.2 Zur mitteldeutschen Mundartenlandschaft

Die mitteldeutsche Dialektregion zeichnet sich dadurch aus, daß sich in ihr
die 2. Lautverschiebung unterschiedlich stark realisiert hat. Bei der Einteilung der Mundarten kann man sich folglich also davon leiten lassen, welche
Merkmale des Hochdeutschen sich durchgesetzt haben und welche nicht. In
den meisten mitteldeutschen Dialekten hat im Inlaut die Verschiebung von
/p/ zu /f/ stattgefunden, was sich in Formen wie *hoffen* (vgl. niederdt. *hopen*) widerspiegelt, doch zu einer Verschiebung des /p/ zu /pf/ ist es im In-
und Auslaut nicht gekommen; man vergleiche mitteldt. *Appel* (wie niederdt.
Appel) mit standardspr. und oberdt. *Apfel*.

Lediglich im Anlaut hat sich ein Wandel von /p/ zu /pf/ ergeben, und zwar
nur im Ostmitteldeutschen, wo er bis zum /f/ fortgesetzt wurde. Westmit-
teldt. (und niederdt.) *Pund* kontrastiert also mit ostmitteldt. *Fund* und standardspr. sowie oberdt. *Pfund* (Schirmunski 1962: 28). Die sich östlich an
Kassel vorbeiziehende *Pund* /*Fund*-Isoglosse kann durchaus als Grenze zwischen dem Ost- und dem Westmitteldeutschen betrachtet werden, doch sie
deckt sich nicht unbedingt mit anderen die sekundäre Untergliederung be-
stätigenden Isoglossen. Eine dieser abweichenden Isoglossen ist die zwischen Diminutiven auf /ç/ im Westen und denen auf /-əl/ im Osten.

Im Ostmitteldeutschen haben vielfältige Merkmale zu einer Unterscheidung des Thüringischen, Obersächsischen, Schlesischen und Hochpreußischen geführt. Das Hochpreußische wird nur noch im heutigen Polen gesprochen (von Aussiedlern einmal abgesehen) und hat damit das gleiche Schicksal wie die ostpommersche und niederpreußische Gruppe des Niederdeutschen (vgl. 3.10.1).

Innerhalb des Westmitteldeutschen bildet ein von Merkmalen der 2. Lautverschiebung hergeleitetes Isoglossenbündel den sog. **Rheinischen Fächer**. In einem zwischen Wuppertal und Kassel gelegenen Abschnitt der Benrather Linie laufen einige Isoglossen fächerförmig auseinander und kreuzen auf ihrem Weg zur deutsch-französischen Grenze an verschiedenen Stellen den Rhein; einige von ihnen sind auf Karte 3.5 veranschaulicht (Schirmunski 1962: 28).

Als die wichtigste Isoglosse des Rheinischen Fächers wird jene Linie bezeichnet, die den südöstlichen Zweig des Westmitteldeutschen, in dem sich in den häufig gebrauchten einsilbigen Pronomen *wat*, *dat* und *dit* das Phonem /t/ zu /s/ verschoben hat (vgl. standardspr. *was*, *das*, *es*, *dies*), vom nordwestlichen Zweig trennt, wo dieser Wandel ausgeblieben ist. Die nordwestliche Mundartengruppe wird als das Mittelfränkische bezeichnet, und bei der südöstlichen Gruppe, deren Kerngebiet bei Frankfurt a. M. liegt, handelt es sich um das Rheinfränkische.

Es gibt noch eine weiter Isoglosse, die auf der unterschiedlich starken Durchführung der Verschiebung von /p/ zu /f/ beruht. Im Mitteldeutschen hat sich generell ein Wandel von /p/ zu /f/ vollzogen (nicht aber ein genereller Wandel von /p/ zu /pf/; s.o.), aber im nördlichen Zweig des Mittelfränkischen fiel dieser Wandel vor **Liquiden** (/l/, /r/) aus. Folglich gibt es in diesen Mundarten Formen wie *hoffen* (vgl. niederdt. *hopen*), aber auch Formen wie *Dorp* und *helpen* (vgl. niederdt. *Dorp*, *helpen*), denen in der Standardsprache und in den oberdeutschen Dialekten Formen wie *Dorf* und *helfen* entsprechen.

Die Isoglosse, die *Dorp*, *helpen* u. dgl. von *Dorf*, *helfen* u. dgl. trennt, durchläuft den Kern des mittelfränkischen Dialektgebiets und scheidet das nordwestlich verbreitete Ripuarische (Köln und Umgebung) vom südlichen Moselfränkischen (mit Koblenz als ungefährem Zentrum).

3.10.3 Zur oberdeutschen Mundartenlandschaft

Im Mittelhochdeutschen gab es aller Wahrscheinlichkeit nach **Diphthonge**, die inzwischen überwiegend zu **Monophthongen** geworden sind. Man gebrauchte beispielsweise die Phoneme /iə/, /yə/ und /uə/ (wie in *lieb*, *müede* und *guot*), wo in den modernen Standardvarietäten die Phoneme /iː/, /yː/ und /uː/ (wie in *lieb*, *müde*, *gut*) erwartet werden. In vielen oberdeutschen

Dialekten ist dieser Wandel ausgeblieben, so daß Diphthonge wie die oben erwähnten als ein adäquates Kriterium zur Unterteilung des Oberdeutschen gelten (Schirmunski 1962: 29). Die meisten oberfränkischen Dialekte des Oberdeutschen zeichnen sich durch Monophthonge, die übrigen Untergruppen hingegen durch Diphthonge aus. Zu letzteren gehören im Südwesten das Alemannische einschließlich des Schwäbischen und im Südosten das Bairische oder Bairisch-Österreichische. Im Alemannischen finden sich /iə/ in *lieb*, /iə/ oder /yə/ in *müde* (gebietsgebunden) und /uə/ in *gut*. In den meisten bairisch-österreichischen Mundarten liegen /iə/ in sowohl *lieb* als auch *müde* und /uə/ in *gut* vor, und das Nordbairische setzt sich klar mit /əi/ in *lieb* und *müde* und mit /uə/ in *gut* ab.

Eine weitere Untergliederung des Oberdeutschen läßt sich anhand der Entwicklung des althochdeutschen Reibelautes /x/ vornehmen, welcher in Wörtern wie *ich* und *Bach* vorkommt. In den mitteldeutschen Mundarten und im Standard werden dunkle Vokale, wie /a/ in *Bach*, von dem Hintergaumenlaut (Velar) /x/ gefolgt, während sich in allen übrigen Positionen der Vordergaumenlaut (Palatal) /ç/ eingestellt hat (wie in *ich*). Umgangssprachlich entwickelt sich letzterer häufig zum **Palato-Alveolar** /ʃ/ weiter. Nur im Oberfränkischen und in nördlichen Erscheinungsformen des Alemannischen ist es zu dieser standardtypischen Differenzierung gekommen; im Bairisch-Österreichischen und in der südlichen Spielart des Alemannischen wird ausschließlich /x/ verwendet.

Oberdeutsche Dialekte weichen auch hinsichtlich ihrer Verkleinerungssuffixe voneinander ab. Das Alemannische bildet **Diminutive** mit Hilfe von /-lə/ oder /-li/, das Oberfränkische mit /-lə/ und das Bairisch-Österreichische mit /-əl/ bzw. /-ərl/ (Schirmunski 1962: 29; Seebold 1983).

Eine Besonderheit des Bairisch-Österreichischen besteht in seiner Version des Pronomens der 2. Pers. Plural. Formen wie *es* entsprechen hier dem standardsprachlichen *ihr*, und Formen wie *enk* ersetzen das standardsprachliche *euch* (Schirmunski 1962: 29f; Maak 1983: 1175–77).

Die Untergliederung der oberdeutschen Region in den allemannischen, den oberfränkischen und den bairisch-österreicherische Dialektraum beruht also auf vier verschiedenen Kriterien: auf der Entwicklung der Diphthonge, auf dem Vorliegen oder Fehlen des velaren Reibelautes /ç/, auf den Diminutivsuffixen und auf den Pronomen der 2. Pers. Plural. Das Oberfränkische zerfällt wiederum in das Ostfränkische und das Südfränkische, zum Alemannischen gehören das Schwäbische, das Niederalemannische, das Hochalemannische und das Höchstalemannische, und das Bairisch-Österreichische umfaßt das Nordbairische, das Mittelbairisch-Österreichische und das Südbairisch-Österreichische.

Das Hochalemannische und das Höchstalemannische entsprechen zusammengenommen in etwa dem Schweizerdeutschen, obwohl das Hochalemannische sich bis ins südliche Elsaß erstreckt und einige ostschweizer

Mundarten zum Niederalemannischen zählen. Das Hoch- und Höchstalemannische unterscheiden sich vom übrigen Alemannischen (Niederaleman-
nisch und Schwäbisch) dadurch, daß in ihnen die 2. Lautverschiebung vollständig durchgeführt wurde. Damit ist gemeint, daß /k/ eine Verschiebung zu
/kx/ und sogar /x/ erfahren hat, weshalb man im Hochalemannischen z. B.
standardspr. *Kuh* /kuː/ durch *Chuh* /xuː/ ersetzt (Schirmunski 1962: 30).
    Die komplette Realisierung der 2. Lautverschiebung trennt auch das Süd-
bairisch-Österreichische vom übrigen Bairisch-Österreichischen: Die Verschiebung von /k/ zu /kx/ (standardspr. *Kuh* /kuː/ → *Chuh* /kxuː/) ist auf
die über Südösterreich und einige Teile Südbayerns verbreiteten Mundarten
beschränkt (mit Ausnahme von Vorarlberg, wo alemannische Dialekte gepflegt werden) (ibd.).
    Das Mittelbairisch-Österreichische unterscheidet sich (wie auch teilweise
die Umgangssprachen von München und Wien) von allen anderen bairisch-
österreichischen Dialekten durch die **Vokalisierung** von /l/ am Wortende
und vor den im Vorderteil des Mundes gebildeten Konsonanten. So wandelt
sich /l/ in Wörtern wie standardspr. *alt* (wo es vor einem Alveolar steht) zu
/iː/ Die typisch bairische Aussprache von standardspr. *alt* lautet [ɔːi̯d̥]
(Schirmunski 1962: 30; Haas 1983: 1112f).

3.11 Andere wichtige Isoglossen

Neben den traditionell zur Bestimmung der Hauptdialekträume und anderer wichtiger Demarkierungen herangezogenen Isoglossen durchlaufen die
deutsche Mundartenlandschaft noch andere nennenswerte Grenzlinien.
Drei dieser Isoglossen beziehen sich auf Merkmale, die in ungewöhnlich
hohem Maße das ‚Naturell‘ der einzelnen Dialekte bestimmen. Es handelt
sich um die **Diphthongierung** von Vokalen, die Rundung bzw. **Entrundung** von Vokalen und um bestimmte Kontraste zwischen Konsonanten.

3.11.1 Diphthongierung

Diphtongierung (die Bildung von Zwielauten) ist eine von mehreren Veränderungen im Vokalbestand, die das Neuhochdeutsche vom Mittelhochdeutschen und von der heutigen Standardsprache absetzen. Das frühe Mittelhochdeutsche scheint in den betonten Silben von Wörtern wie den Vorläufern von
Zeit, *Haus* und *heute* (*zît*, *hûs und hiute*) einfache **gespannte Vokale** (/iː/,
/uː/ und /yː/) aufzuweisen, die heute durch die Zwielaute /ai/, /au/ und
/ɔy/ ersetzt werden. In zahlreichen Mundarten haben sich Monophthonge

jedoch bis in die Gegenwart erhalten können (Schirmunski 1962: 28, 31, 33).
Karte 3.7 zeigt die dementsprechende Unterteilung der deutschen Mundarten in eine Gruppe mit Diphthongen und eine Gruppe mit Monophthongen. Es gibt auch Dialekte, die nur vor Konsonanten, d. h. in Wörtern des
oben zitierten Typs, die ursprünglichen Monophthonge bewahrt haben und
in anderen Positionen zu Diphthongen übergegangen sind (Wiesinger
1983a: 1079).

Die niederdeutschen Dialekte weisen mit Ausnahme einiger westfälischer
Mundarten Monophthonge auf. Mitteldeutsche Dialekte verwenden generell Diphthonge; ausgenommen sind lediglich die ripuarischen Mundarten des Mittelfränkischen und die niederhessischen Mundarten des Rheinfränkischen. Im oberdeutschen Sprachraum findet man Monophthonge im

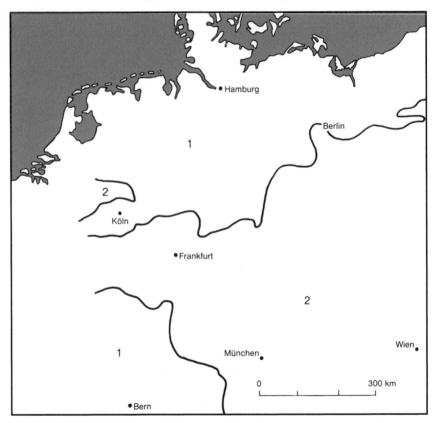

Karte 3.7 Monophthonge (1) und Diphthonge (2) in Wörtern wie *Zeit, Haus* und
heute in traditionellen deutschen Dialekten
Quelle: Werner König: dtv-Atlas zur deutschen Sprache. Karten von Hans-Joachim Paul
© 1978 Deutscher Taschenbuch Verlag, München: 146

Alemannischen (mit Ausnahmen des Schwäbischen) und Diphthonge im Oberfränkischen, im Bairisch-Österreichischen und im Schwäbischen. Diphthonge wie die in *Zeit*, *Haus*, *heute* usw. stellen ein Hauptkriterium zur Abgrenzung des Schwäbischen vom übrigen Alemannischen dar.

3.11.2 Entrundung

Wenn das moderne Deutsch gemeinsam mit einigen anderen europäischen Sprachen in irgendeiner Hinsicht eine Sonderstellung unter den Sprachen der Welt beansprucht, dann aufgrund seiner **gerundeten** vorderen **Vokale**. Wesentlich weiter verbreitet sind **ungerundete** vordere **Vokale**. Zu den gerundeten vorderen Vokalen der deutschen Standardsprache gehören /yː/, /ʏ/, /øː/ und /œ/; sie begegnen uns z.B. betont in *fühle*, *Fülle*, *Söhne* bzw. *Götter*.

In vielen deutschen Mundarten werden diese Vokale entrundet, d.h. durch Vokale ohne Lippenrundung ersetzt, wobei man i.d.R auf die artikulatorisch nächstliegenden Laute zurückgreift. Letzteres bedeutet, daß sich /yː/, /ʏ/, /øː/, /œ/ zu /iː/, /ɪ/, /eː/, /ɛ/ verschieben und Wortpaare wie die folgenden ggf. identische betonte Vokale enthalten: *fühle/viele*, *Mütze/ Sitze*, *Söhne/Szene*, *Götter/Wetter*. Dialekte, die sich durch solcherart Entrundungen auszeichnen, geben gewöhnlich auch den Diphthong /ɔy/ bzw. /ɔi/ (geschrieben *äu* und *eu*, wie in *Leute* und *Häuser*) auf. In seiner /y/-Variante hat dieser Diphthong als sein zweites Element einen gerundeten vorderen Vokal, welcher entweder als solcher überliefert wurde oder im Mittelhochdeutschen aus einem gerundeten vorderen Zwielaut entstanden war. Ersetzt wird der Diphthong gewöhnlich durch /ai/, so daß sich in vielen deutschen Mundarten *heute* und *(ich) reite* reimen (Schirmunski 1962: 28, 31, 205f).

Karte 3.8 zeigt die Trennung der deutschen Mundarten in solche mit gerundeten vorderen Vokalen und solche mit offenen. Gerundete vordere Vokale können in den meisten, nicht aber in den südöstlichen niederdeutschen Mundarten nachgewiesen werden. Innerhalb der mitteldeutschen Dialektgruppe begegnen sie uns nur im Ripuarischen. Für die oberdeutschen Mundarten ist das Fehlen gerundeter vorderer Vokale typisch; ihre Verbreitung beschränkt sich auf das Hoch- und Höchstalemannische sowie auf einige oberfränkische Dialekte. Die Untergliederung der letztgenannten Gruppe geht übrigens auf genau dieses Merkmal zurück: Das Ostfränkische hat gerundete vordere Vokale, dem Südfränkischen fehlen sie.

In manchen Mundarten des deutschen Sprachraums sind die mittelhochdeutschen gerundeten vorderen Vokale entrundet worden, doch ihre ungerundeten Entsprechungen wurden im Zuge späterer Lautverschiebungen wiederum durch gerundete vordere Vokale ersetzt. Man hat eine solche Ent-

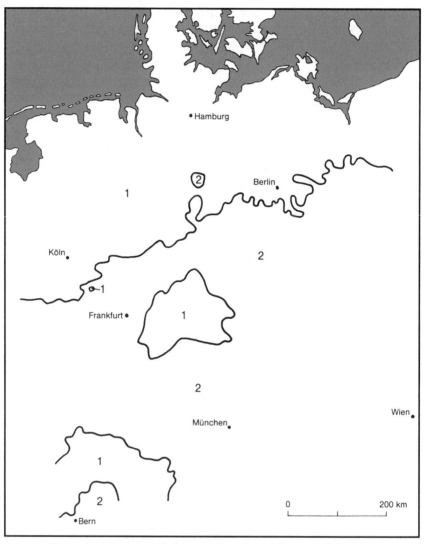

Karte 3.8 Entrundung vorderer Vokale (/y:/, /ʏ/ u. dgl. → /i:/, /ɪ/ u. dgl.)
in Wörtern wie *Hütte* und *Mütze* in traditionellen deutschen Dialekten
(1) – gerundete vordere Vokale (/y:/ und /ʏ/ u. dgl.)
(2) – entrundete vordere Vokale (/i:/, /ɪ/ u. dgl.)
Quelle: nach Wiesinger 1983b: 1103

wicklung z. B. in einigen elsässischen Dialekten nachgewiesen, wo an die
Stelle des mittelhochdeutschen /uː/ der Laut /yː/ getreten ist. So sagt man
im modernen Elsässischen *Fiess* /fiəs/ und *dü* /dyː/, wo es im Standarddeutschen *Füße* /fyːsə/ und *du* /duː/ heißt (weitere Details in Wiesinger 1983b:
1103f).

3.11.3 Lenisierung (Konsonantenschwächung)

Im Rahmen der deutschen Hochsprache werden stimmhafte und stimmlose
Konsonanten in den meisten Positionen klar voneinander abgesetzt; es gibt
Wortpaare, in denen allein die Sonorität eines **Obstruent**en (Verschluß-
bzw. Reibelautes) anzeigt, welches Lexem gemeint ist (*packen/backen, Tier/
dir, Garten/Karten, Leiter/leider* usw.). In finaler Position und vor anderen
Obstruenten wird diese Opposition, ohne daß es sich orthographisch bemerkbar machen muß, aufgehoben. Sowohl *Bund* als auch *bunt* endet auf einen stimmlosen Plosiv, was zu vollkommener klanglicher Identität führt.
Die deutsche Standardsprache zeichnet sich u. a. dadurch aus, daß sie solchen Plosiven und Frikativen **Fortis**charakter verleiht, infolge dessen sich
diese noch klarer von ihren stimmhaften Äquivalenten, den sog. ‚weichen
Konsonanten' (**Lenes**) abheben. Stehen stimmlose Obstruenten allein am
Silbenanfang, so kommt zu ihrer Stimmlosigkeit eine Behauchung (Aspira-
tion). Stimmhafte Verschlußlaute werden nie behaucht.
    In den niederdeutschen Dialekten finden wir eine an die Standardvarietät
erinnernde Kontrastierung von stimmhaften und stimmlosen Verschluß-
und Reibelauten vor, müssen aber gleichzeitig in Betracht ziehen, daß die
betreffenden Konsonanten hier deutlich anders verteilt sind. Ein Wort, das
in der Standardlautung einen Frikativ aufweist, kann ein niederdeutsches
Äquivalent haben, in dem an der entsprechenden Stelle ein Plosiv erscheint
(vgl. standardspr. *Wasser* – niederdt. *Water*).
    Bei den mittel- und oberdeutschen Dialekten ergibt sich ein erheblich an-
deres Bild. Zunächst ist festzustellen, daß die stimmhaften Verschluß- und
Reibelaute in vielen Mundarten keine Stimmhaftigkeit aufweisen und von
ihren stimmlosen Äquivalenten bestenfalls durch die **Lenis-Fortis-Kontra-
stierung** unterscheidbar sind. Andererseits werden auch die stimmlosen
Verschluß- und Reibelaute anders als im Standard ausgesprochen. Häufig
fehlt die im Standard übliche Behauchung betonter Anlautsilben, und in vielen Fällen entwickelten sich die ehemaligen Fortes zu Lenes. Damit wird ein
Punkt erreicht, wo stimmlose und stimmhafte Obstruenten u. U. nicht
mehr auseinandergehalten werden können. Hier noch einmal die genannten
Veränderungen im Überblick:

deutsche Hochsprache	*viele hochdeutsche Dialekte*
stl. Plosive und Frikative mit Fortischarakter (Behauchung im Anlaut)	stl. ‚weiche' Plosive und Frikative (ohne Behauchung)
KONTRASTIEREN MIT sth. ‚weichen' Plosiven und Frikativen (Lenis, ohne Behauchung)	KONTRASTIEREN NICHT MIT stl. ‚weichen' Plosiven und Frikativen (Lenis, ohne Behauchung)
Beispiele *Tier, Karten:* [tʰiːɡ̊], [kʰaːɡ̊tn̩]	[d̥iːr], [ɡ̊aːrd̥ə]
KONTRASTIEREN MIT *dir, Garten:* [diːɡ̊], [gaːɡ̊tn̩]	KONTRASTIEREN NICHT MIT [d̥iːr], [ɡ̊aːrd̥ə]

Die Zeichen [d̥] und [ɡ̊] beziehen sich auf Laute, die wie die stimmhaften Plosive und Frikative als Lenes erscheinen, dabei aber stimmlos sind.

Unter all diesen Veränderungen gilt ein Trend als besonders relevant. Es handelt sich um die Schwächung (Lenisierung) der stimmlosen Verschluß- und Reibelaute, nach welcher der gesamte Prozeß auch als die ‚binnen-hochdeutsche Konsonantenschwächung' bezeichnet wird (Schirmunski 1962: 332–36). Mit ‚binnenhochdeutsch' ist gemeint, daß das Zentrum dieses Trends in der Mitte Deutschlands liegt und weder das Niederdeutsche noch die südlicheren Formen des Oberdeutschen generell von ihm beein-flußt worden sind (Lenisierung kann gelegentlich auch im Niederdeutschen nachgewiesen werden, betrifft dort aber nur den Inlaut). Auch einige der östlichen und westlichen Mundarten des mitteldeutschen Raums (das Schle-sische bzw. das Ripuarische) liegen außerhalb seines Wirkungsbereichs (vgl. Karte 3.9).

In einigen anderen westmitteldeutschen Dialekten werden manche Opposi-tionen zwischen behauchtem /p/ und /k/ und unbehauchtem /b/ und /g/ im Anlaut aufrechterhalten. In bestimmten alemannischen und bairischen Mundarten (vgl. Karte 3.9) tritt Lenisierung ausschließlich im Anlaut auf (von bestimmten /g/-/k/-Kontrasten einmal abgesehen). Außerdem kann es, was für das moderne Deutsch recht außergewöhnlich ist, zu einer Le-nis-Fortis-Kontrastierung im Auslaut kommen. Es sei aber daran erinnert, daß sich die Verteilung von Fortes und Lenes im Bairischen recht stark von der im Standard unterscheidet. Für standardspr. *Gast* /gast/ und pl. *Gäste/* gɛstə/, die beide eine Fortis-Konsonantenhäufung aufweisen, findet man beispielsweise in nordösterreichischen Mundarten /ɡɔːz̥d̥/ mit Lenis-Kon-sonantenhäufung und [gɛst] mit Fortis-Konsonantenhäufung (sowie kom-plexen Abwandlungen der Vokallänge).

Lenisierung im In- und Auslaut scheint Deutschsprachigen, wo sie auftritt, kaum aufzufallen und ihrem Empfinden nach vermutlich eher ein akzentuales Element als ein dialektdifferenzierendes Merkmal zu verkörpern (vgl. Kap. 5). Sie wird vielerorts auf neu in die betreffenden Mundarten eingehende Wör-

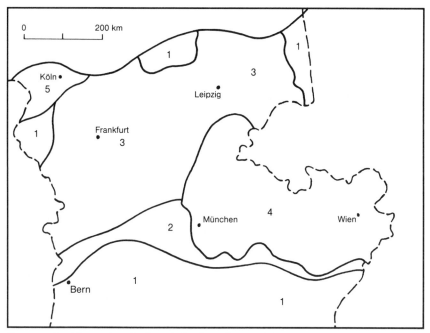

Karte 3.9 Lenisierung in mittel- und oberdeutschen Dialekten
(1) keine Lenisierung, (2) Lenisierung nur im Anlaut, (3) Lenisierung in allen
Positionen, (4) mittelbairischer Lenisierungstyp (siehe 3.11.3), (5) von Ort zu
Ort verschiedene Lenisierungstypen (keine Lenisierung, Lenisierung im Anlaut,
Lenisierung in allen Positionen)
Quelle: Werner König: dtv-Atlas zur deutschen Sprache. Karten von Hans-Joachim Paul
© 1978 Deutscher Taschenbuch Verlag, München: 148

ter ausgedehnt. Ihre weite Verbreitung ändert allerdings nichts an der Tatsache, daß sie sehr wohl als ein dialektunterscheidendes Element fungiert, zumal in bestimmten Landstrichen Wörter, die der Standardvarietät entsprin-
gen, von der mundartlichen Lenisierung ausgeschlossen bleiben. In Dialekten
mit Lenisierungstendenz stehen sich also häufig /p/, /t/ und /k/ in neuen
Wörtern (behaucht als [pʰ], [tʰ] und [kʰ] ausgesprochen) und /b/, /d/ und /g/
([b̥], [d̥] und [g̥]) in althergebrachten Wörtern in wie folgt gegenüber:

	Theater	*Tür*	*dir*
dt. Standard	[tʰ-]	[tʰ-]	[d-]
Dialekt mit Lenisierung	[tʰ-]	[d̥-]	[d̥-]

Die Konsonantenentsprechungen zwischen Standard- und Dialektformen
ergeben mitunter ein sehr verwirrendes Bild, das all jenen, die nur geringfügig mit den betreffenden Dialekten vertraut sind, ihr ganzheitliches Verständnis beträchtlich erschwert.

3.12 Dialektvokabular

Die bisher besprochenen Merkmale deutscher Dialekte waren vor allem phonologischer Natur, reichten aber in ihren Auswirkungen mitunter auch in die Bereiche Morphologie und Syntax hinein. Bei zwei der genannten Charakteristika, den Pronomen der 2. Pers. Pl. im Bairischen (*es*, *enk*; vgl. 3.10.3) und den Pronomen der 3. Pers. Sg. im Niederdeutschen (*he*; vgl. 3.9.1), handelte es sich hingegen um lexikalische Abweichungen. Lexikalische Eigentümlichkeiten gibt es in deutschen Dialekten in großer Vielfalt, doch wir wollen ihnen an dieser Stelle verhältnismäßig wenig Raum gewähren. Wir begründen dies mit der Tatsache, daß sie nicht zu den grundlegenden Merkmalen von Dialekten gehören. Das Erlernen neuer Ausdrücke gehört für die allermeisten Menschen zum Alltag, und im Ergebnis der zunehmenden Beeinflussung regionaler Kommunikationsgemeinschaften von außen sind große Teile von Dialektvokabular durch neue Formen (gewöhnlich Formen aus der Standardsprache) ersetzt worden und in Vergessenheit geraten. Man könnte vielleicht sogar sagen, daß der Verlust von spezifischem Vokabular den Übergang von traditionellen Mundarten zu dialektnahen umgangssprachlichen Varietäten ausmacht. Die phonologischen, syntaktischen und morphologischen Spezifika deutscher Dialekte sind erheblich dauerhafter als die lexikalischen, und sie treten auch regelmäßig in der umgangssprachlichen Rede zutage (vgl. Kap. 5: passim).

3.12.1 Kategorien lexikalischer Variation

Die lexikalischen Differenzen zwischen der deutschen Standardsprache und den deutschen Dialekten lassen sich in mindestens drei Gruppen unterteilen.

Zum einen gibt es Fälle, in denen die Standardvarietät und der betreffende Dialekt offensichtlich auf dasselbe Lexem zurückgreifen, es aber phonologisch verschieden realisieren. Ein Beispiel wäre der Kontrast zwischen südwestdt. *Samschdag* und standardspr. *Samstag* (vgl. Karte 3.1). Unserer Ansicht nach sollte man hier gar nicht von einem lexikalischen Unterschied sprechen, denn was die Standard- und Dialektvariante trennt, ist eine phonologische Akzent-Differenz. Im genannten Beispiel erklärt sie sich daraus, daß südwestdeutsche Dialekte sowie südwestliche Varietäten der deutschen Umgangs- und Hochsprache das /st/ der deutschen Hochlautung in allen Positionen durch /ʃt/ oder /ȝd̥/ ersetzen (siehe 5.4.1, wo wir uns außerdem mit phonetischen Akzent-Kontrasten und mit phonologischen Dialekt-Differenzen befassen).

Eine andere Gruppe lexikalischer Unterschiede liegt ebenfalls im phonologischen Bereich, äußert sich jedoch in Formen, die auf Träger der Standardvarietät wie eigenständige Wörter wirken. In diese Kategorie gehören Wörter niederdeutscher Mundarten, die im Unterschied zum Standard nur die 1. (germanische), aber nicht die 2. (hochdeutsche) Lautverschiebung ausgeführt haben: niederdt. *Perd, Tid* und *Beke* kontrastieren mit standardspr. *Pferd, Zeit* und *Bach*. Obwohl die Dialektformen wiederum auf dieselben Lexeme wie ihre standardsprachlichen Äquivalente zurückführbar sind, ergibt sich der Eindruck, daß sie dem mundartlichen Lexikon angehören, also nicht nur standardsprachliche Ausdrücke mit regionalem Akzent verkörpern. Dazu kommt, daß Formen wie *Perd, Tid* und *Beke* beim Übergang von der traditionellen Mundart in die Umgangssprache verlorengingen (mancherorts davon ausgenommen sind die Pronomen *dat, wat* und *et*, standardspr. *das, was* und *es*), während regionale Aussprachemuster wie *Samschdag* für *Samstag* aufrechterhalten wurden.

Der dritte Typ lexikalischer Unterschiede zwischen der Standardvarietät und den traditionellen Dialekten konstituiert sich aus all jenen Fällen, in denen eindeutig verschiedene Lexeme vorliegen. Man vergleiche beispielsweise die Dialektformen *kallen, praten, küren, schmatzen* und *brachten* (vgl. Karte 3.10) mit standardspr. *sprechen*.

3.12.2 Regionale lexikalische Variation in Dialekt und Standard

Bei der Erkundung von lexikalischen Kontrasten in der deutschen Mundartenlandschaft muß stets im Auge behalten werden, daß auch das gehobene und das umgangssprachliche Deutsch beachtliche lexikalische Variation aufweisen. So gelten zum Beispiel zwei der in Karte 3.1 vermerkten Synonyme (*Samstag* und *Sonnabend*) in ihren Stammgebieten als Standardform (wobei *Samstag* wie gesagt die südwestliche Akzent-Variante *Samschdag* überdacht). *Sater(s)dag* hat in keiner Region Standardstatus und wird daher in entsprechenden Stillagen durch *Sonnabend* oder *Samstag* ersetzt.

3.12.3 Dialektale Variation und stilistische Variation in der Standardform

Dialektvokabular kann regionalspezifischen Formen des Standardsprache entsprechen, es kann aber ebenso bestimmte stilistische Ebenen des Standards oder der standardnahen Umgangssprache besetzen. Von den in Karte 3.10. aufgeführten regionalen Varianten von standardsprachl. *sprechen* begegnen uns fünf auch in der Standardsprache selbst und werden dort als stilistisch signifikant empfunden. Bei *reden* handelt es sich um eine im Sü-

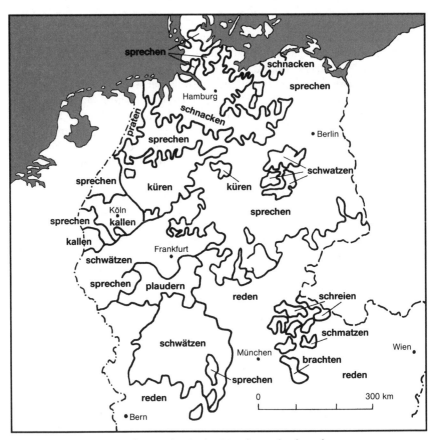

Karte 3.10 Bezeichnungen für *sprechen* in den Mundarten des deutschen
Sprachgebiets (stark vereinfachte Darstellung; detailliertere Angaben
befinden sich in der Quellenliteratur)
Quelle: Werner König: dtv-Atlas zur deutschen Sprache. Karten von Hans-Joachim Paul
© 1978 Deutscher Taschenbuch Verlag, München: 176

den ohnehin als Standard gebräuchliche (aber die Verwendung von *sprechen*
nicht ausschließende) und im Norden geringfügig niedriger als *sprechen* ran-
gierende Form. *Schnacken* (nördl.), *schwatzen* (nördl.) und *schwätzen* (südl.)
bezeichnen umgangssprachlich zwangloses, wortreiches und ggf. heimliches Sprechens, und *plaudern* gilt als ein etwas veraltetes Äquivalent. Drei
der übrigen Formen gehören ebenfalls zum Standard, dienen aber nicht als
Synonyme von *sprechen*. Es handelt sich um *schreien* (sich übermäßig laut
und ggf. erregt und unartikuliert äußern), *küren* (veraltet für ‚(aus)wählen')
und *schmatzen* (durch Öffnen des vollen Mundes beim Essen Laute hervor-
bringen).

3.13 Nachtrag

Darstellungen deutscher Dialekte schaffen manchmal den Eindruck, daß die Standardvarietät eine die Mundarten überdachende und in sich abgeschlossene Erscheinungsform der Sprache verkörpert. Wir hoffen in diesem Kapitel (insbesondere in 3.1) aufgezeigt zu haben, daß Variation zwischen Dialekten durchaus (und in häufig sehr komplizierter Weise) mit Variation in der Hoch- und Umgangssprache in Verbindung gebracht werden kann. Die Variation des Deutschen als ein einziges vielschichtig und kompliziert gewobenes Muster darzustellen ist unser Anliegen im Kapitel 5.

Weiterführende Literatur

Chambers/Trudgill (1980) ist eine gute allgemeine Abhandlung zur Methodologie der traditionellen Dialektologie in englischer Sprache, doch das bei weitem umfassendste Werk zur Dialektforschung insgesamt ist Besch et al. (1982/83). Zu den Klassikern der deutschen Dialektologie zählen Bach (1969) und Schirmunski (Zhirmunskij) (1962). Mehr oder weniger gut zugängliche Einführungstexte sind Goossens (1977), Löffler (1980) und Niebaum (1983). Mattheier/Wiesinger (1994) bietet eine Aufarbeitung der neusten Forschungsergebnisse. Einen knappen Überblick und zahlreiche detaillierte Karten finden sich in König (1978). Einen generellen Eindruck von den Dialekten bestimmter Regionen der Bundesrepublik kann man sich anhand der Reihe *Dialekt-Hochsprache kontrastiv* und durch die Lektüre von Russ (1990) verschaffen. Neuere Besprechungen traditioneller Mundarten sowie Diskussionen zu Aspekten der Umgangssprache und vielen soziolinguistischen Themen enthalten auch *Die Dialektbücher* (ebenfalls als Reihe erschienen). Als eine in Englisch verfaßte relativ ausführliche Abhandlung zu Dialekten des gesamten deutschen Sprachraums empfiehlt sich Russ (1989). Wer an präzisen Beschreibungen einzelner Mundarten interessiert ist, sei auf die in den genannten Publikationen aufgelisteten Quellen verwiesen.

4 Sprache und Gesellschaft: Urbanisierung, Stadtsprache und die ‚neue Dialektologie'

4.1 Vom Land in die Stadt

Die gesellschaftlichen und wissenschaftlich-technischen Verhältnisse in der zweiten Hälfte des 20. Jahrhunderts unterscheiden sich frappierend von den Bedingungen jener Epoche, in der die Grundlagen zum Studium von Mundarten entwickelt wurden. Mattheier (1980) spricht diesbezüglich zum einen von langfristigen, allmählichen Veränderungen, wie dem Anwachsen des Bürgertums, und zum anderen von Umschwüngen, die aus relativ plötzlichen einmaligen Ereignissen (wie der Erfindung der Buchdruckkunst oder, erheblich später, elektronischer Medien) resultierten. Zwei historische Ereignisse haben die Struktur der deutschen Gesellschaft besonders nachhaltig geprägt: die für sie relativ spät einsetzende Industrielle Revolution und der Zweite Weltkrieg. Die sichtbarste der sprachlich relevanten Auswirkungen des Krieges mag die physische Teilung Deutschlands gewesen sein, doch nicht weniger folgenreich war die durch den Krieg selbst ausgelöste Beschleunigung des technologischen Fortschritts. Sie resultierte u. a. in einer Intensivierung der im späten 19. Jahrhundert eingeleiteten demographischen Verschiebungen vom Land in die Stadt. Obschon sich in den letzten Jahren eine geringfügige Umkehrung dieses Trends abgezeichnet hat, können wir annehmen, daß eine große Mehrheit der Deutschen weiterhin in Städten und deren Vororten ansässig ist (1995 lebte ca. 35 % der Bevölkerung der Bundesrepublik in Städten mit mehr als 100 000 Einwohnern[1]).

All diese Veränderungen geben Grund zu der Annahme, daß sich das zunächst fast nur den ländlichen Sprechweisen geltende Interesse der Dialektologen in wachsendem Maße auf städtische Varietäten gerichtet habe. Dies ist durchaus der Fall, doch erstaunlicherweise liegt diese Umorientierung noch gar nicht so weit zurück, so daß unser Wissen über Stadtdialekte in den deutschsprachigen Ländern trotz einer ständig steigenden Anzahl einschlägiger Studien noch relativ bescheiden ist. In diesem Kapitel werden

---

[1] Vgl. die Angaben im *Jahrbuch des Statistischen Bundesamtes 1995/96* und in *Redaktionsarchiv: Zahlenbilder aus Politik, Wirtschaft und Kultur* (1996).

wir uns unter Einbeziehung solcher Arbeiten mit den Auswirkungen von Urbanisierungsprozessen auf die Sprache und auf deren Erforschung in Deutschland und Österreich beschäftigen. Im Mittelpunkt steht die allmähliche Herausbildung von einer Art Dialektologie, deren konzeptionellen Kern ein Verständnis von ‚Soziolinguistik‘ bildet, das mehr mit den Bedeutungen des Wortes im Englischen zu tun hat als mit dem, was man bis zur Mitte der siebziger Jahre im deutschsprachigen Raum damit verband.

4.2 Sozialer Wandel: allgemeine gesellschaftliche Modernisierung und ihre Konsequenzen für das Studium von Sprache

4.2.1 Neue theoretische Orientierungen

Urbanisierung ist ein Begriff, der mehr als die zunehmende Ansammlung großer Bevölkerungsgruppen in wenigen Zentren umfaßt. Diese elementarste Bedeutungskomponente darf allerdings nicht unterschätzt werden, wenn es darum geht, die Voraussetzungen bestimmter sozialer und damit gekoppelter sprachlicher Veränderungen zu identifizieren. Die von linguistischer Warte übergreifendste Entwicklung, die Deutschland (und in geringerem Maße auch Österreich) im Laufe der letzten 200 Jahre zuteil wurde, ist das Erstarken einer normierten Gemeinsprache zu Lasten der kleinräumig gültigen Mundarten bzw. Dialekte. Bereits im Mittelalter stellten Städte Konzentrationspunkte sozialer, wirtschaftlicher, juristischer und kultureller Macht dar, doch von Urbanisierung im eigentlichen Sinne kann erst im Kontext der Weiterentwicklung von Städten zu Kernpunkten industriellen Fortschritts gesprochen werden. Urbanisierung und Industrialisierung konstituieren gemeinsam mit einer Reihe anderer Trends einen Prozeß, der nahezu alle europäischen Gesellschaften mehr oder weniger transformiert hat: die allgemeine gesellschaftliche Modernisierung. Mattheier (1980: 146f) umreißt das Phänomen der Modernisierung unter Berufung auf H.-U. Wehler (1975) anhand ihrer Teilprozesse wie folgt:

(1) durchgängiges wirtschaftliches Wachstum aufgrund einer dauerhaften industriell-technischen Expansion;
(2) zunehmende soziostrukturelle Differenzierung in einem Prozeß der Arbeits-, Aufgaben- und Funktionenteilung;
(3) zunehmende räumliche und gesellschaftliche Mobilität;
(4) Ausgestaltung des allgemeinen Kommunikations- und auch des Bildungssystems, breiteres Grundwissen für mehr Menschen;
(5) wachsende Partizipation an ökonomischen und politischen Entscheidungsprozesen;
(6) Ausbildung von großräumig akzeptierten gesellschaftlichen Wert- und Normensystemen.

Der letzte dieser Punkte unterstreicht, daß wir zwischen *Verstädterung*, der Konzentration der Bevölkerung in Städten und Großstädten, einerseits und *Urbanisierung*, der Durchsetzung kosmopolitisch orientierter Lebensformen und der Akzeptanz eines neuen gesellschaftlichen Werte- und Normensystems, andererseits unterscheiden müssen (Mattheier 1980, 1982, 1985). Im Kontext einer dynamischen und weitgehend urbanisierten Gesellschaft wäre der starre Theorieansatz der traditionellen Dialektologie eindeutig fehl am Platz. Was aber folgt aus dieser Einsicht für das Studium von Sprache, und inwiefern wurde den neuen Ansprüchen an Theorie und Methodologie Genüge getan?

Die Auffassung, daß Mundarten homogene mündliche Ausdrucksformen darstellten, motivierte traditionelle Dialektologen, stets ‚den typischen Sprecher' bzw. den Hort ‚reiner Dialektalität' ausfindig zu machen, von Chambers und Trudgill (1980: 33) im Kürzel NORM (‚*non-mobile, older, rural male*') zusammengefaßt. Als sich schließlich amerikanische Dialektologen des komplexen Wesens von Stadtdialekten annahmen, wurden NORMs überflüssig. Die in den USA praktizierte ‚neue Dialektologie', welche der systematischen Erforschung von Stadtsprache in Europa den Weg ebnete, beruhte nämlich auf der Auffassung, daß nicht das Vorhandensein, sondern das Fehlen von Variation in einer Sprechweise ein Zeichen von ‚Dysfunktionalität' sei (Weinreich et al. 1968: 100). Heute gilt Variation, die damit endlich von ihrem ‚Mauerblümchen-Dasein' (Senft 1982: 4) erlöst war, als ein Charakteristikum aller natürlichen Sprachformen, und es wird von einigen Seiten behauptet, daß man Variation theoretisch erfassen und systematisieren könne (siehe z. B. Kleins Vorschlag für eine Varietätengrammatik; Klein 1974, 1988). Aus der Erkenntnis, daß Variation ein Indiz aktuellen sprachlichen Wandels darstellt, ist zu schließen, daß wir uns nun nicht mehr so sehr um ‚Gesetze' zur Rekonstruktion ‚älterer' Formen mit Hilfe ‚neuerer' bemühen, sondern auf die realen Teilprozesse und Mechanismen von Sprachwandel als Abschnitte einer kontinuierlichen und nach vorne offenen Entwicklung konzentrieren können.

Ein anderer wesentlicher Umschwung in der Wahrnehmung sprachlicher Vielfalt ist eine Konsequenz des heute unangefochtenen Stellenwertes der deutschen Standardvarietäten. Da letztere inzwischen weitgehend (wenn auch in unterschiedlichem Maße) als offizielle Norm akzeptiert werden, sind Dialekte von rein geographischen zu regional und sozial signifikanten Phänomenen geworden und haben entsprechende evaluative Konnotationen angezogen. Von Laien als relativ minderwertig und von Sprachwissenschaftlern wertneutral als Nichtstandard-Formen klassifiziert, haben Dialekte eine Phase erreicht, in der sie nicht nur horizontal von anderen regionalspezifischen Varietäten geschieden, sondern auch als ein Variationstyp von vielen in einem vertikalen sprachlichen Kontinuum lokalisiert werden können, und je stärker man sich der damit konstituierten Standard-Nichtstandard-

Dichotomie zuwendete, desto überflüssiger wurde die traditionelle Unterscheidung zwischen Stadt- und Landdialekten.

Es veränderte sich also sowohl der Gegenstand als auch die thematische Spannweite des Studiums von Dialekt, und es wurden zunehmend hohe Erwartungen an den Nutzen von Untersuchungen gestellt. Es genügt heute nicht mehr, Varietäten zu beschreiben, man erwartet von Dialektologen auch die Erarbeitung von Modellen, innerhalb derer Variation in Varietäten bzw. Kommunikationsgemeinschaften erklärt werden kann. Da Dialekte, wie gesagt, sowohl geographisch als auch sozial gekennzeichnet sind, müssen solche Modelle zumindest zweidimensional sein. Alle Arten von Variation lassen sich aber auch damit nicht erfassen, weshalb man sie dahingehend weiterentwickelt, daß pragmatische Aspekte (d.h. Aspekte der Sprechsituation) berücksichtigt werden können (Mattheier 1980; Schlieben-Lange/ Weydt 1978). Auch an diesem Punkt stoßen wir jedoch an Grenzen, denn es liegt zunehmend klarer auf der Hand, daß den objektiven sozialen, geographischen und pragmatischen Faktoren sekundäre subjektive **Variablen** wie Attitüden, Sozialprestige, persönliche Ambitionen und Ortsloyalität gegenüberstehen (näheres dazu in späteren Abschnitten dieses Kapitels; vgl. auch 8.2.1 und 8.2.4).

4.2.2 Neue Ansätze in der Methodologie

Ein ganzheitlicher, mehrdimensionaler Ansatz zum Studium sprachlicher Variation verlangt nach einer Ergänzung des traditionell in der Dialektologie verfügbaren Forschungsinstrumentariums, und es liegt nahe, gewisse Einsichten und Verfahren aus anderen empirischen Disziplinen, insbesondere aus der Soziologie und aus so hochspezialisierten Teilbereichen wie der Diskursanalyse und der Ethnographie des Sprechens zu übernehmen (vgl. u. a. Saville-Troike 1989 und die Einführung zu Trudgill 1978). Wenn man mit meßbaren und damit testbaren Daten arbeitet, sollte man sich darüber hinaus mit präzisen Analyseverfahren aus der Statistik und der Mathematik vertraut machen.

Will man als Dialektologe bzw. Dialektologin mit zufriedenstellenden Ergebnissen aufwarten, so ist methodologische Transparenz oberstes Gebot. In der Vergangenheit war den Rezipienten oft nicht klar gewesen, auf welcher Basis die Probanden ausgewählt und auf welche Art und Weise die Daten erhoben wurden. Die für jüngere Arbeiten charakteristische explizite Thematisierung solcher Details hat sich folglich zu einer Art Qualitätssiegel entwickelt. Einzelnen methodologischen Aspekten wenden wir uns im Zusammenhang mit Beispielen im folgenden Abschnitt zu, doch fünf stets zu berücksichtigende Gesichtspunkte verdienen schon jetzt erwähnt zu werden. Zwei Aspekte wurden bereits genannt: die Auswahl von Probanden und die Datenerhebung selbst. Mit der Aufnahme dialektologischer Studien in Städten ist *NORM* (nun eine Abkürzung für das, was möglichst nicht berücksichtigt wird) vom Konzept der sozialen Gruppe abgelöst worden. Eine Gruppe zu analysieren ist komplizierter als es von außen erscheinen mag (mehr zu diesem Problem unter 4.5). Die gezielte Definition von Sprache als einer Form sozialen Verhaltens legt den Forschenden nahe, sich mit potentiellen Korrelationen zwischen dem Sprachgebrauch und extralinguistischen Variablen wie Schicht, Alter, Geschlecht und Religion zu befassen. Soviele nützliche Aufschlüsse die Analyse von Gruppen auch geben mag, sie birgt eine Reihe erheblicher Risiken (vgl. Hudson 1980: 163–67). Vor allem ist zu befürchten, daß wie zu Zeiten der traditionellen Dialektologie falsche Eindrücke von Homogenität geschaffen werden, da viele Informationen über individuelle Variation unter den Tisch fallen. In zahlreichen Projekten wird folglich sowohl auf Variation zwischen Gruppen als auch auf Variation zwischen Individuen eingangen, doch es kommt noch immer häufig zu einem unkritischen Umgang mit der Gültigkeit des jeweils postulierten Gruppentyps. Zum Problem der Datenerhebung gibt es sehr viel zu sagen, doch entscheidend ist wohl, daß man am Ende mit, wie Labov (1972a: 209) es ausdrückt, *good data* ausgestattet ist:

No matter what other methods may be used to obtain samples of speech (group sessions, anonymous observation), the only way to obtain sufficient good data on the speech of any one person is through an individual, tape-recorded interview: that is through the most obvious kind of systematic observation.

[Welche anderen Methoden zur Sprech-Sample-Gewinnung auch immer darüber hinaus zur Anwendung kommen (Gruppengespräche, anonyme Beobachtung), der einzige Weg, eine ausreichende Menge guter Daten zur Sprechweise beliebiger Personen zu erheben, ist das individuelle auf Band aufgezeichnete Interview. Es stellt die naheliegendste Form systematischer Beobachtung dar. – D. Übers.]

Gegen diese Feststellung bleibt lediglich einzuwenden, daß bei der Erhebung guter lexikalischer Daten auch dem konventionellen Fragebogen eine wichtige Rolle zukommt.

Die drei übrigen methodologischen Schwerpunkte umfassen den Analysegegenstand, das Analyseinstrument und die Interpretation und Präsentation der Ergebnisse. Es ist nötig, die jeweils gewählte Varietät genau zu definieren und auch die Untersuchungsebene (**Phonologie**, Vokabular, Syntax usw.) zu spezifizieren. Der einschlägigen Literatur nach gilt in den Augen vieler noch immer die Phonologie als die am leichtesten umreißbare und erfaßbare Ebene sprachlicher Variation, doch während es sich frühere Arbeiten zum Anliegen machten, das angeblich homogene phonologische System der einen oder anderen Sprachform zu beschreiben, geht es in jüngeren und mehr oder weniger unter dem Einfluß amerikanischer Beiträge angefertigten Arbeiten um Variation in der Realisierung isolierter phonologischer Variablen. Auch in Sachen Präsentation sind traditionelle Verfahren

(Karten, Wörterbücher usw.) nur noch in solchen Fällen akzeptabel, wo Differenzen als absolut gelten. Sofern das gesichtete Material statistische Angaben enthält, müssen wir auf Darstellungstechniken wie Tabellen und Graphen zurückgreifen und neue Typen von Regeln entwickeln.

4.3 Neue Dialektologie

Sich weitgehend vom traditionellen Ansatz distanzierende Studien werden schon seit über 30 Jahren (besonders seit den frühen siebziger Jahren) in allen Teilen des deutschsprachigen Raums betrieben. Das Spektrum der Bezugsorte stadtdialektologischer Forschungen reicht von Kleinstädten in Niedersachsen, dem Rheinland, Bayern und Österreich bis zu Großstädten wie Berlin, Freiburg, Köln, Mannheim, Salzburg und Wien. In diesem Abschnitt wird aufgezeigt, wie (u. a.) an Variation städtischer Sprachformen herangegangen worden ist, während die Abschnitte 4.4 und 4.5 der detaillierteren Erörterung von zwei besonders maßgeblichen Projekten aus der jüngeren Vergangenheit gewidmet sind.

4.3.1 Abkehr von der Tradition: Nauborn

Als erste empirische Studie zum Verhältnis zwischen sozialem Wandel und Veränderungen im Sprachgebrauch in einer städtischen Umgebung wird weithin Else Hofmanns Untersuchung des Einflusses der städtischen Sprechweise von Wetzlar (etwa 50 km nördlich von Frankfurt a. M.) auf die Sprache der Pendler aus Nauborn, einem nahegelegenen Dorf (Hofmann 1963), zitiert. Die Autorin versucht zu ergründen, welchen Anteil extralinguistische Parameter wie Alter, Bildungsniveau, Berufsstatus, Geschlecht und soziale Mobilität an der nachweisbaren Veränderung der Sprachgebrauchsstrukturen einer kleinen Vorstadtgemeinde haben. Stabile und daher nicht signifikant einbezogene Variablen waren Schicht (es handelte sich auschließlich um Industriearbeiter), Herkunftsort (alle Probanden waren im Dorf geboren und aufgewachsen) und Situation (Thema, Interlokutor usw. waren für alle gleich).

Angesichts einer starken Tendenz in der jungen Generation, vom vertrauten Dorfdialekt zur Wetzlarer Stadtvarietät überzugehen, möchte man meinen, daß das Alter die entscheidende Rolle für den generellen Trend spiele. Tatsächlich hängt sprachlicher Wandel jedoch unmittelbar davon ab, inwieweit der bzw. die Einzelne einen (subjektiv) mit der Stadt assoziierten Lebensstil annehmen möchte. Solche Wünsche sind um so verständlicher,

wenn wir sie im Kontext der seit dem Zweiten Weltkrieg eingetretenen gesellschaftlichen Umschichtungen betrachten: Bis zur Mitte dieses Jahrhunderts arbeiteten fast alle Dorfbewohner in der Landwirtschaft, doch
schon 1963 waren 70 Prozent der arbeitenden männlichen Landbevöl-
kerung zu pendelnden Industriearbeitern geworden, wenn auch viele von
ihnen, die sog. Industriebauern, in ihrer Freizeit weiterhin am Ort etwas
Land bestellten (Hofmann 1963: 206f). Derartige beschäftigungsstruktu-
relle Umbrüche brachten die Erosion des gemeinschaftlichen Lebens und
eine schärfere Trennung von Arbeit und Freizeit mit sich. Viele Einwohner gehörten einem oder mehreren Vereinen an (vor allem Sportklubs und
Chören), an deren Mitgliederprofil sich die sozialen Kontraste im Dorf ablesen ließen.

Dorfbewohner, die besonders viel Zeit und Engagement für örtliche Aktivitäten übrig hatten (Industriebauern und aktive Vereinsmitglieder), erwiesen sich als die nach eigenen Angaben am stärksten im Traditionellen verwurzelte Gruppe. Sie drückten Verachtung für Leute mit ‚modernen‘
Ansichten aus und waren auch sprachlich am ‚konservativsten‘ (ihre
Sprechweise war weniger durch die Wetzlarer Varietät geprägt als die Sprache aller anderen). Auf die stärkste Ablehnung des Dorflebens stieß die Autorin bei jungen Frauen, von denen es viele als eine Beleidigung empfanden,
im Dialekt befragt zu werden. Auf den Punkt gebracht werden die Haltun-
gen der beiden Gruppen in Äußerungen wie den folgenden: „Wir gehen ja
mit der Zeit, vergessen aber unser Herkommen nicht und ‚schwätze‘, wie
wir es gewohnt sind" bzw. (zweite Gruppe) „Wir gehen ja nicht mehr auf
das Feld und in den Stall, wie unsere Mutter es noch tun mußte, wir haben
es wie die jungen Frauen in der Stadt und wollen uns auch so benehmen und
so sprechen wie die" (Hofmann 1963: 226f).

Der praktische Effekt der Lernwilligkeit dieser jungen Frauen wird durch
den Umstand beeinträchtigt, daß die Zeit, die sie arbeitsbedingt in der Stadt
verbringen, sehr begrenzt ist und daß sie in ihrer Familie um so länger und
relativ intensiv ihrem heimischen Dialekt ausgesetzt sind. Ihr Wunsch, den
Städtern sprachlich nicht länger nachzustehen, ist also nicht der einzige signifikante Faktor, scheint aber der einflußreichste zu sein, denn die der
Wetzlarer Kontrollgruppe sprachlich am nächsten kommenden Gruppen
waren die der jüngeren Arbeiter (18–28 und 29–44 J.). Letztere äußerten
entweder eine allgemein positivere Einstellung zum Stadtleben als ihre älteren Kollegen oder betonten, daß es für sozialen und beruflichen Aufstieg
nötig sei, ‚ordentlich‘ zu sprechen. Innerhalb eines kleinen Ortes in der
Mitte Deutschlands finden wir also beide Extreme der oben (4.2.1) beschriebenen, den Süden vom Norden unterscheidenden Ansichten zu traditionellen Dialekten vor: Für die einen ist die Mundart ein Mittel zur Iden-
titätsbewahrung, andere empfinden sie in erster Linie als eine Ursache
beschränkter sozialer Mobilität.

4.3.2 Variation und soziale Gruppen

Einer der problematischsten und dennoch häufig in Korrelationsstudien berücksichtigten extralinguistischen Parameter ist die Zugehörigkeit zu einer (sozio-ökonomischen) Klasse bzw. Schicht. Es handelt sich dabei um eine Variable, die offenbar zu bemerkenswerten und durchaus akzeptablen Ergebnissen verhilft, aber noch immer eines einheitlichen Katalogs von Kriterien zu ihrer Nutzbarmachung entbehrt (vgl. Hudson 1980: 173f, Milroy 1987a: 29–35, 97–101, u. a.). Sprachwissenschaftler des angelsächsischen Raums finden es möglicherweise erstaunlich, daß der Faktor ‚Schicht' in vielen Beiträgen aus dem deutschsprachigen Raum entweder konstant gehalten (z. B. bei Hofmann 1963, Senft 1982) oder völlig ignoriert wird (z. B. bei Keller 1976, von Schneidemesser 1984 [1979]). Diese Praxis hat viele Gründe, deren gewichtigster wohl darin besteht, daß das in den englischsprachigen Ländern vorherrschende Konzept von Klasse bzw. Schicht hier weniger fest im öffentlichen Bewußtsein verankert ist.

Braverman (1984: 62) spricht von einer ‚homogeneous populance' Salzburgs und führt aus, daß die gesamte Einwohnerschaft der Stadt zur Mittelschicht gehöre. Sie ließ es sich aber nicht nehmen, die Variable Schichtzugehörigkeit in ihre Analyse einzubringen, und gelangte zu dem Schluß, daß diese nicht signifikant mit Varietätenwechsel in Beziehung zu setzen sei. Wolfensberger (1979) zieht eine ähnliche Schlußfolgerung für Stäfa (Schweiz), doch Stellmacher (1977), der eine Untersuchung in einer niedersächsischen Kleinstadt vornahm, und Günther (1967), dessen Studie sich auf Freiburg bezog, stellen fest, daß Schichtzugehörigkeit eine wichtige Rolle spielt.

Günther legte für sein Projekt vier Schichten fest: Oberschicht (OS), obere Mittelschicht (OMS), untere Mittelschicht (UMS) und Unterschicht (US). Der größte sprachliche Abstand ergab sich zwischen der OS und den übrigen Schichten. Zum Beispiel wurde die stark dialektal gefärbte Variante [gvɪst] für standardspr. [gəvʊst] von nur 50% der OS, aber von 80% der übrigen Schichten verwendet, und es entsteht der Eindruck, daß dialektales Sprechen generell mit den unteren Schichten assoziiert wird. Im Detail ist das Bild jedoch etwas komplizierter, da sich die zwei MS-Gruppen recht unsystematisch verhielten. Die OMS wies das breiteste phonologische Variationsspektrum auf: Sie war in allen Abschnitten des Kontinuums, d. h. vom ausgeprägtesten Dialekt über umgangssprachliche Formen bis zum Standard, vertreten. Dies könnte u. U. als ein Symptom sprachlicher Unsicherheit gewertet werden, denn viele Angehörige der OMS empfinden angeblich Freude am Dialektsprechen, haben aber eingedenk ihrer sozialen Position gewisse Hemmungen (Günther 1967: 201).

Das Sprechverhalten von Angehörigen der UMS ist auf andere Weise uneinheitlich: phonologisch sind sie stärker mundartlich eingestellt als die US, syntaktisch erreichen sie eher den Standard als die OMS. Solcherart Variation in den mittleren Rängen der gesellschaftlichen Hierarchie kannte man bereits aus der angelsächsischen Stadtdialektforschung (vgl. Labov 1972a: Kap. 2, 4, 5; Chambers/Trudgill 1980: 167–71 u. a.); sie ist insbesondere aufgrund ihrer Rolle im sprachlichen Wandel interessant. Das scheinbar widersprüchliche Verhalten von UMS-Probanden in Freiburg hat z. B. viel mit dem von Wolfram (1969) geschilderten Verhalten junger schwarzer Mittelschicht-Angehöriger in Detroit gemeinsam. In seiner Besprechung der Detroit-Studie äußert Hudson (1980: 45) die Vermutung, daß wir durch bestimmte Aussprachemuster unsere (tatsächliche oder angebliche) soziale Herkunft verraten und morphologisch, syntaktisch sowie lexikalisch etwas über unsere gegenwärtige Stellung in der Gesellschaft mitteilen. Günther beschäftigte sich aber weder mit dieser Frage noch mit Aspekten sprachlichen Wandels; er begnügte sich im Prinzip mit der Beschreibung der (damals) aktuellen Situation.

Das sprachliche Verhalten von Gruppen (statt Individuen) steht in den meisten Studien jener Jahre im Mittelpunkt. In der Freiburger Studie war neben Alter und Schichtzugehörigkeit (den zwei wichtigsten Kategorien) der Effekt der sozialen Vierteilung der Stadt von großem Interesse. Freiburg untergliedert sich in vier recht unterschiedlich zusammengesetzte Teilgebiete, denen Günther (1967: 200) eine jeweils typische relative Mundartstärke zuordnete. Solcherart Orientierungen mögen für unsere Zwecke von peripherer Bedeutung sein, doch ihr genereller Stellenwert wurde später auch von Dittmar/Schlieben-Lange (1982: 64–8) hervorgehoben und bildet das Fundament der im nächsten Abschnitt vorgestellten Berlin-Studie. In Stäfa, einem Dorf in der Schweiz, stellten sich Faktoren wie Beschäftigung, Bildungsniveau und Schichtzugehörigkeit als irrelevant heraus, während Wolfsberger (1967) zu der Erkenntnis kam, daß die räumliche Herkunft der Sprecher die entscheidende Rolle spielte. Zuzügler benutzten wie erwartet die örtliche Mundart in geringerem Maß als die alteingesessene Bevölkerung, und man ermittelte sogar einen graduellen Unterschied zwischen Familien, die seit Generationen am Ort lebten, und Personen, die als Kinder von Zuzüglern dort aufgewachsen waren. Dieses Szenario erinnert an Hofmanns Eindrücke von der Situation in Nauborn, doch die verhältnismäßig große Bedeutung der Ortsgebundenheit für sprachliche Variation und Varietätenpräferenzen läßt sich diesmal vermutlich eher aus subjektiven Gegebenheiten (Attitüden und Ortsloyalität) als aus objektiven Aspekten wie dem Grad der Ausbildung, der Art des Berufstätigkeit und der Länge des Aufenthaltes am Ort erklären (Mattheier 1980: 72).

Keller (1976) ist es gelungen, wesentliche Zusammenhänge zwischen sprachlichem Wandel und Altersgruppenzugehörigkeit aufzudecken und zu verallgemeinern. Bei der Auswertung einer Studie des Sprachverhaltens verschiedener Altersgruppen in Regensburg identifizierte er drei Hauptphasen altersspezifischen Sprachwandels:

(1) Umstellung im Anfangsstadium – u. a. Ersetzung des im Konsonanten-Cluster *-rst-* (wie in *erst*) auftretenden dialektalen [ʃ] bzw. [ʒ] durch standardspr. [s];

(2) ziemlich fest etablierte Modifikationen – u. a. Ersetzung einer **periphrastischen** Genitivform durch eine andere: aus *der Anna ihr Zimmer* wird *das Zimmer von der Anna;*

(3) letztes Stadium der Umstellung – u. a. Verlust der Vokalnasalisierung: *Mann* wird /mɔ:/, und nicht mehr /m̃ɔ̃:/ ausgesprochen.

Jede dieser Phasen scheint einer bestimmten Altersgruppe zu entsprechen: Die anfänglichen Modifikationen zeichnen lediglich die jüngere Generation aus, das mittlere Stadium offenbart sich in der Sprache der jüngeren und mittleren Generation, und nur die so gut wie komplett vollzogenen Modifikationen erscheinen in der älteren Generation. Die meisten dieser Veränderungen sind der regionalen Umgangssprache bzw. dem Standard zugewandt. Was interessanterweise aus dem Rahmen fällt, ist die relativ größere Proportion von Dialektformen in der jüngeren Generation, was darauf hindeutet, daß der Dialekt in jener Bevölkerungsgruppe ein ‚heimliches‘ Prestige genießt (vgl. beispielsweise Chambers/Trudgill 1980: 98–100).

4.3.3 Variation und Individualität

Wie wir bereits feststellten, kann die Analyse gruppenspezifischer Sprechweisen durchaus das generelle Verständnis von Differenzen im Sprachgebrauch befördern, steht dabei aber wichtigen Einsichten in individuelle Variation im Wege. In einer Studie zu lexikalischer Stabilität und lexikalischem Wandel in Gießen (von Schneidemesser 1984 [1979]) wurde das Material so ausgewertet, daß sowohl individuelle, als auch gruppenspezifische Muster erkennbar waren. Die Probandenauswahl erfolgte nach den Parametern Alter und Ortsgebundenheit (*nativeness*), welche je drei Gruppen konstituierten:

Alter:
Ä = älter (50+)
M = mittlere Gruppe (31–50)
J = jünger (15–30)

Ortsgebundenheit (*nativeness*):
A = Informant/in und beide Eltern gebürtige Gießener
B = Informant/in und der Vater bzw. weder Vater noch Mutter gebürtige Gießener
C = weder Informant/in noch Eltern gebürtige Gießener

Wie Abbildung 4.1 belegt, ist lexikalischer Wandel ebenso von intermediären Variationsphasen gekennzeichnet wie phonologischer und syntaktischer Wandel, und am hier vorliegenden Beispiel läßt sich diese mittlere Phase besonders gut veranschaulichen. Der traditionelle Ausdruck für die erste Mahlzeit des Tages, *Kaffee*, wird noch von den meisten Vertretern der Gruppe Ä, also älteren Leuten, verwendet, während die neue Bezeichnung,

Frage: Wie nennen Sie die erste Mahlzeit des Tages?

	Ä 1	2	3	4	5	6	7		M 1	2	3	4	5	6	7		J 1	2	3	4	5	6	7
A	•X	•	•	•	•	•	•		•	•	•	•	X	X	X		•X	X	X	•	•	•	X
B	X	•	•	X	•	X	•		X	•	X	•	•	•	•		•X	X	X	X	X	X	X
C	X	X	•	•	•	•	•		•	X	X	•X	X	•	X		X	X	X	X	•	X	•

● = Kaffee (trinken)　　　X = Frühstück

Abbildung 4.1 Lexikalische Variation in Gießen (Erklärung von Ä, M, J, A, B, C im Text)
Quelle: nach von Schneidemesser 1984 [1978]

Frühstück, weitgehend die jüngere Gruppe markiert. In der mittleren Gruppe waren beide Ausdrücke etwa gleichermaßen gebräuchlich. Ferner ist ersichtlich, daß mehrere Sprecher beide Wörter angegeben haben, und daß die JA-Gruppe weniger zur Anwendung des neueren Wortes neigte als die JB-Gruppe oder auch die JC-Gruppe. Die Zahl der Probanden ist relativ niedrig angesetzt, doch gewisse provisorische Verallgemeinerungen scheinen durchaus vertretbar. Für uns wichtig ist vor allem die Einsicht, daß die letztgenannten Fakten ohne eine differenzierte, die Gruppen verschränkende Auswertung der Daten übersehen worden wären. Die anspruchsvollere Methode ermöglichte sowohl generalisierende Schlüsse (z. B. den, daß Gruppe Ä die sprachlich ‚konservativste' war, und daß sich die Gruppen J und, in geringerem Maße, C als die innovativeren gaben), als auch die explizite und präzise Demonstration von Teilaspekten.

Eine Studie von Senft (1982) hatte zum Anliegen, das Sprachverhalten von Metallarbeitern in Kaiserslautern und die Eignung eines bestimmten grammatischen Modells (vgl. Varietätengrammatik, Abschnitt 4.2.1) zur expliziten Beschreibung und Erklärung der Varianz einer bestimmten Varietät und zur Definition des Begriffs der Sprechergemeinschaft zu demonstrieren. Unmittelbar ist dieses Projekt für uns vor allem insofern interessant, als seine empirische Komponente in der Befragung einer niedrigen Anzahl von Testpersonen (sechs Frauen, zwölf Männer) bestand und die Daten so ausgewertet und präsentiert wurden, daß die individuelle Realisierung der Variablen erkennbar blieb.

Abbildung 4.2 zeigt Unterschiede in der Einhaltung zweier phonologischer Regeln. Es handelt sich um die Variable /s/ nach einem Vokal und vor den Lauten /t/ und /d/ als entweder standardspr. [s] oder nichtstandardspr. [ʃ] bzw. [ʒ]. Für die meisten Testpersonen scheint /ʃ/ bzw. [ʒ] in solchen Verbindungen (so gut wie) obligatorisch zu sein. In Gestalt des Sprechers KL-24 gehört aber auch eine krasse Ausnahme zum Bild, die bei einem Ansatz, in dem nur der Gruppendurchschnitt von Interesse ist, unter den Tisch gefallen wäre. Da sie uns vorliegt, müssen wir sie zu deuten versuchen.

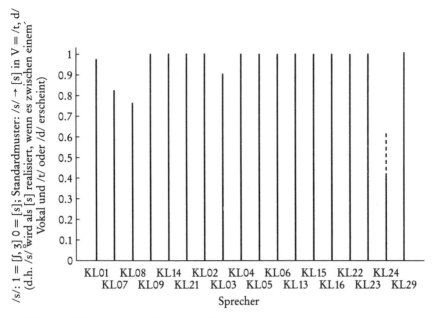

Abbildung 4.2 Phonologische Variation in Kaiserslautern
Quelle: Senft 1982

Gemeinsam mit entsprechenden Belegen an anderer Stelle vermittelt uns
diese Angabe den Eindruck, daß die hier besprochene Variable aus Sicht des
Sprechers soziolinguistisch markant ist: Der Betreffende schien zu wissen,
daß die Nichtstandard-Varietät ein typisches Merkmal der ‚Arbeitersprache'
darstellt, und war als ein sehr aufstiegsorientierter Informant darauf bedacht, sie in der eigenen Sprache so weit als möglich zu vermeiden (Senft
1982: 152–54).

Womit wir auf den Einfluß extralinguistischer Faktoren auf sprachliches
Verhalten zurückkommen. Am Beispiel von Nauborn wurde deutlich, daß
der Wunsch nach einer städtischen Lebensweise möglicherweise die entscheidende Determinante für das individuelle Sprachverhalten von Dorfbewohnern verkörpert. In Kaiserslautern ging es hingegen um die Bewertung
von Sprache durch Fabrikangestellte. Fünf Probanden des Originalsamples
(eine Frau und vier Männer) wurden gebeten, die Funktionsweise einer
beliebigen Maschine zu beschreiben. Auch ein Meister und ein Abteilungsleiter, die abgesehen von Ausbildung und Beruf unter allen extralinguistischen Kriterien den Arbeitern vergleichbar waren, wurden dazu herangezogen. Die Aufnahmen wurden zwölf (männlichen) Angestellten vorgespielt,
welche in ihrer Gesamtheit alle Stufen der Betriebshierarchie – vom Hilfs-
arbeiter bis zum Hauptgeschäftsführer – repräsentierten. Ihre Aufgabe war

es, in Beantwortung bestimmter Fragen jede einzelne Beschreibung zu bewerten.

Abbildung 4.3 zeigt die Reaktionen auf die Frage, ob die jeweilige Beschreibung ‚anschaulich‘ oder ‚nicht so anschaulich‘ sei. Es galt herauszufinden, ob sich die Arbeiter vom Meister (KL-28) und vom Abteilungsleiter (KL-25) unterscheiden ließen und an welchen Merkmale man ggf. ihre Identität ablesen könne. Die Antworten auf diese eine Frage sind mehr oder weniger für den gesamten Test repräsentativ: Die Leistung des Abteilungsleiters wurde durchgängig als die ‚beste‘ und der Beitrag der einzigen Frau (KL-21) wurde abgesehen von den Kriterien ‚sympathisch‘, ‚natürlich‘ und ‚anschaulich‘ als die ‚schlechteste‘ erachtet. Im hier reproduzierten Diagramm schneidet der oben erwähnte Proband KL-24 am schlechtesten ab.

Frage: Ist Beschreibung 1 = anschaulich / 2 = nicht so anschaulich?

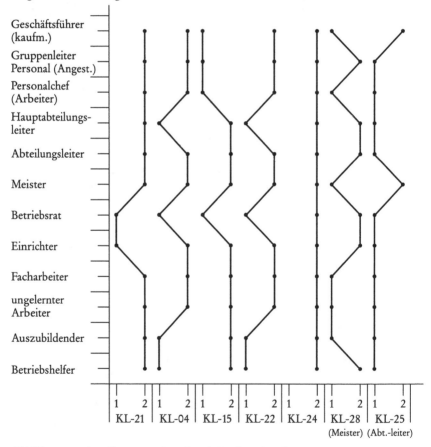

Abbildung 4.3 Einstellungen zu Sprachvariation in Kaiserslautern

Die negative Beurteilung des Beitrags der Arbeiterin hat wahrscheinlich mit Vorurteilen zu tun, die sich aus ihrem Mangel an fachlichen Qualifikationen ableiten. Da sie wie die meisten ihrer Kolleginnen ungelernt war, trauten ihre (männlichen) Bewerter ihr einfach nicht zu, die Arbeitsweise komplexer Maschinen zu durchschauen. Senft ist jedoch davon überzeugt, daß die Arbeiterin eine adäquatere Beschreibung geliefert hatte als einige der anderen Testpersonen. Der durchschlagende ‚Erfolg' des Abteilungsleiters ist hingegen z. T. auf seine Aussprache zurückzuführen. Sie kam dem Standard am nächsten, was, wie die Beantwortung bestimmter Fragen zeigt, den Bewertern durchaus bewußt war. Vor allen Dingen hob sich sein Beitrag aber inhaltlich und strukturell von denen der anderen ab. Was die Untersuchung schuldig bleibt, ist ein klares Bild von den Einstellungen der Beteiligten zu bestimmten Varietäten. Einer der ‚höhergestellten' Informanten brachte z. B. zum Ausdruck, daß die Beherrschung der lokalen Varietät für Arbeiter, Meister und auch Abteilungsleiter von Vorteil sei, da man sich damit besser in die Gemeinschaft einfüge, und alle waren der Meinung, daß zumindest von der Meisterebene an gewisse Fertigkeiten in der örtlichen Umgangssprache für die effektive Verständigung unabdinglich seien.

4.4 Berlin: Porträt einer geteilten Stadt

4.4.1 Die soziale Bedeutung des Berlinischen

Die infolge des Zweiten Weltkrieges eingetretene Spaltung Deutschlands war nicht wenigen Linguisten Anlaß zu der These, daß sich in den Grenzen der zwei neuen Staaten zwei eigenständige Sprachen herausbilden würden (vgl. Abschnitt 5.7 und Bauer 1993, Dieckmann 1989, Hellmann 1989, Hartung 1990). Man findet aber nur wenige stichhaltige Argumente, die diese Behauptung stützen, und es ist generell sehr schwierig, wenn nicht unmöglich, den ungewöhnlich großen Vergleichseinheiten (den alten Bundesländern einerseits und der ehemaligen DDR andererseits) Genüge zu tun. Berlin ist ein relativ überschaubares einzelnes Gebilde, das wie London und zahlreiche andere Großstädte aus der Expansion und organischen Verschmelzung mehrerer separater Siedlungsgebiete erwachsen ist. Jedes dieser Gebiete hatte seine eigene Geschichte und seinen eigenen Charakter. Mit der Errichtung der Berliner Mauer wurden einige der ältesten und am engsten miteinander verwobenen Stadtviertel voneinander abgeriegelt, und das geteilte Berlin bot eine einmalige Gelegenheit, die Konsequenzen der abrupten Spaltung einer Sprechergemeinschaft zu untersuchen.

Überlegungen wie diese waren der Ausgangspunkt eines in den frühen achtziger Jahren begonnenen Projektes zur ‚sozialen Bedeutung‘ des Berlinischen, einer dialektal gefärbten Umgangssprache (siehe Kap. 5). Die in der Studie berücksichtigten Daten wurden in drei verschiedenen Stadtbezirken erhoben: in Wedding und Prenzlauer Berg, zwei benachbarten, aber damals noch durch die Mauer getrennten traditionellen Arbeitervierteln, sowie in Zehlendorf, einem von überdurchschnittlichem Wohlstand und viel Grün geprägten Stadtteil (vgl. Karte 4.1). Aus praktischen Gründen ging man bestimmten Merkmalen des Berlinischen allerdings nur in den zwei westlichen Stadtbezirken nach.

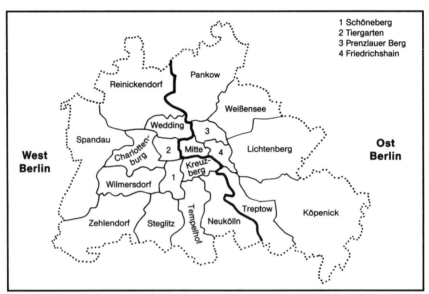

Karte 4.1 Berlin: Stadtbezirke
Quelle Schlobinski 1987

Folgende vier Aspekte standen im Mittelpunkt:

(1) Lexikon: Es gibt zahlreiche Sammlungen berlinischer Wörter und Redensarten, doch die meisten von ihnen beruhen auf ungewissen Quellen bzw. Erfahrungen und Intuitionen ihrer Autoren (Dittmar et al. 1986: 85f). Die im Projekt analysierten Daten wurden mit Hilfe einer flexibleren Version des in der traditionellen Dialektologie üblichen Fragebogens erhoben.

(2) Phonologie: Welchen inner- und außersprachlichen Einflußfaktoren unterliegen bestimmte zur Merkmalsmatrix des Berlinischen gehörende phonologische Variablen? Gibt es Korrelationen zwischen bestimmten Varianten und Stadtteilen?

(3) Pragmatik: ein in deutschen Untersuchungen zur Stadtsprache zunächst vernachlässigter Aspekt (vgl. entsprechende Studien zum Englischen, vor allem Labov 1972b: Kap. 8, 9 und Cheshire 1982). Frage: Gibt es neben regionalspezifischer Pho-

nologie, Lexik und Grammatik auch regionale Sprechweisen (Dittmar et al. 1986: 9–11)?

(4) Spracheinstellungen: Da Spachvarietäten häufig machtvolle soziale Markierungsinstanzen darstellen, kann man aus Spracheinstellungen potentiell sehr viel über das soziale Beziehungsgefüge einer Sprechergemeinschaft ableiten und sie ggf. als Schlüssel zu subjektiven Dimensionen sprachlicher Variation nutzen.

4.4.2 Wortschatz

Abgesehen vom Akzent ist der Wortschatz der offenkundigste Indikator für die geographische Herkunft von Sprechern, weshalb die Phonologie und die Lexikologie schon immer die am intensivsten analysierten Ebenen der Mundartkunde waren. Großräumige lexikalische Variation (Variation in Staaten, Provinzen, Ländern u. dgl.) wird gern in Wortkarten festgehalten, doch Wortkarten eignen sich kaum zur Wiedergabe von sprachlicher Variation in einzelnen Ortschaften, von Variation bei einzelnen Testpersonen ganz zu schweigen. Wie von Schneidemessers Studie zeigt (vgl. 4.3.3), kann innerhalb einzelner Sprechergemeinschaften ein hohes Maß an lexikalischer Variation auftreten; außerdem können Termini, die in Mundartwörterbüchern als ‚typisch' klassifiziert werden, in der Realität eine Phase durchlaufen, in der sie von anderen Ausdrücken überlagert und verdrängt werden.

Im Berliner Fragebogen trug man diesen zwei Aspekten Rechnung, indem man nicht den eigenen Sprachgebrauch, sondern die potentiell ‚ruhenden' Wortschatzkenntnisse erforschte: Probanden in Wedding und Zehlendorf erhielten eine Liste von fünfzehn Wörtern der Standardsprache und wurden gebeten, hinter jedem der Wörter den Ausdruck zu vermerken, der statt dessen von ‚typischen Berlinern' benutzt werde. Der Test ergab, daß keines dieser Wörter nur ein einziges, ausschließlich benutztes Äquivalent im Berlinischen besitzt, wenn auch in zehn Fällen ein bestimmter Ausdruck stark favorisiert wurde (z. B. nannten nur sechs von 291 Informanten einen anderen Ausdruck als *Schrippe* für *Brötchen*). Es gab aber auch (angeblich) typisch berlinische Ausdrücke, die nur selten Erwähnung fanden (z. B. wurde nur von zehn der 225 Antwortenden *knorke* für *chic* vorgeschlagen). Darüber hinausgehende Details mögen bei vielen Germanisten, insbesondere natürlich bei den auf Berlin spezialisierten Kollegen, auf Interesse stoßen, aber die für uns relevante, wesentliche Erkenntnis des Projektes besteht darin, daß das Berlinische trotz des langzeitigen Insel-Daseins von Westberlin (d. h. der Isolation Westberlins von sowohl den ‚alten' Bundesländern als auch der ehemaligen DDR und Ostberlin) nicht zu einem ‚Fossil' geworden, sondern eine sich weiterhin dynamisch verändernde Varietät geblieben war (Dittmar et al. 1986: 105).

4.4.3 Phonologie

Ebenso, wie wir einen bestimmten Kreis von traditionell mit Berlin assoziierten Wörtern kennen, gibt es eine Reihe phonologischer Eigentümlichkeiten, die sich zwar nicht auf die Stadt beschränken, aber als lautliche
Charakteristika des Berlinischen bekannt sind. Die für Analysezwecke herangezogenen Variablen sind in Tabelle 4.1 aufgelistet.

Variable	Realisierung im Standard	Realisierung im Berlinischen
(g) *gemacht*	[g]	[j]
(ai) *einmal*	[ai]	[eː]
(au) 1 *auch*	[au]	[oː]
(au) 2 *auf*	[au]	[ʊ]
(ç) *ich*	[ç]	[k]
(s) *das*	[s]	[t]

Tabelle 4.1 *Berlin: Phonologische Variablen*

Die Daten stammten aus über 500 Wegauskünften (teilnehmende Beobachtung) und aus Gesprächen mit 37 Informanten, wobei Alter und Geschlecht
jeweils gleich stark repräsentiert waren. Bei der Probandenauswahl hielt
man sich an eine von Lesley Milroy in Belfast angewandte Methode (Milroy
1987b). Man ging persönlich auf einige Leute zu und bat sie, einen Fragebogen auszufüllen und drei weitere Probanden, wenn möglich Freunde, zu no-
minieren. Dies wurde damit begründet, daß Interviewer, die als Freund oder
Freundin eines Freundes oder einer Freundin vorgestellt werden, offenbar
größere Chancen haben, natürliche Sprechweisen zu erleben (Schlobinski
1987: 51f).
Die Datenanalyse hatte zum Ziel, die für die verschiedenen phonologischen
Variablen geltenden sozialen und sprachlichen Einflußfaktoren zu bestimmen. Dabei kam man u. a. zu der wertvollen Erkenntnis, daß sich die unter
Berücksichtigung aller Variablen errechnete Variation ganz klar von Stadtteil zu Stadtteil unterschied. Wie Abbildung 4.4 belegt, hatte sich die Varietät Berlinisch am stärksten im Stadtteil Prenzlauer Berg behaupten können. Am eindeutig schwächsten repräsentiert war sie im wohlhabenderen
Zehlendorf. Damit lieferte Berlin einen noch überzeugenderen Beleg für die
Mannigfaltigkeit städtischer Sprachlandschaften als Freiburg (vgl. 4.3.2). Allem Anschein nach bestehen gewisse Zusammenhänge zwischen der histo-
risch-sozialen Entwicklung bestimmter Stadtteile und dem örtlichen Sprachgebrauch.
    Ferner wurde deutlich, daß einzelne Variablen von mehr als einem ex-
tralinguistischen Faktor gesteuert werden können. So erwiesen sich die
Variablen (g), (ai) und (au)1 als Geschlechtsindikatoren: In allen drei Fällen

Abbildung 4.4 Berlin: Gesamtverteilung der sechs phonologischen
Variablen nach Stadtbezirken
Quelle: Schlobinski 1987

wurde die sozial markierte (nichtstandardgerechte) Variante wesentlich häufiger bei Männern als bei Frauen registriert (Schlobinski 1987: 124–26, 132–34). Dieser Teil der Studie zog allerdings heftige Kritik auf sich. Johnson (1991, 1992) behauptet beispielsweise, daß ihm dubiöse Modelle von Schicht und Geschlecht zugrunde lagen und daß Geschlecht als eine völlig eigenständige soziale Variable behandelt werde, so daß deren Interaktion mit Faktoren wie Schicht und Alter im Dunkeln bleibe (vgl. Johnson 1991, 1992).

Solche sozialen Parameter sind sicherlich recht wichtig und aufschlußreich, doch noch interessanter sind die innersprachlichen Bedingungsfaktoren. Letztere erlauben ein subtileres und präziseres Profil einzelner Variablen als erstere und sind von beeindruckender Vielfalt. In manchen Fällen sollte man vielleicht schon nicht mehr von phonologischen Differenzen, sondern von lexikalischen Differenzen phonologischen Ursprungs sprechen. So findet sich z.B. die Nichtstandard-Variante von (au)1 nur in einer Handvoll Lexeme, und die Ersetzung von (ç) durch [k] erfolgt lediglich im Wort *ich*. Wir haben es dabei mit feststehenden und weithin bekannten Merkmalen des Berliner Dialekts zu tun, und Träger anderer Varietäten können ihrer Aussprache schon allein durch die Verwendung von Formen wie [oːx] für *auch* und [ik] bzw. [ikə] für *ich* einen Berliner Touch verleihen.

Auch die Realisierung von (ai) und (s) ist u.a. lexikalisch bedingt, wenn auch weniger streng. Die Realisierung von (g) als [j] statt [g] ist hingegen nicht auf bestimmte Wörter beschränkt, sondern von ihrem phonologischen Kontext abhängig. Generell scheint (g) viel regelmäßiger im Anlaut als im Inlaut als [j] realisiert zu werden, und es scheint teilweise auch vom vorangegangenen und/oder nachfolgenden Lautbild abzuhängen, ob die dialektale Variante gewählt wird oder nicht. Abbildung 4.5 zeigt zum Beispiel, daß (g) am seltensten vor /r/ und am häufigsten vor /ə/ als [j] erscheint; besonders üblich ist die Variante [j] in der zur Bildung des Partizips II gebrauchten Vorsilbe *ge-* , und zwar vor allem dann, wenn diese den Wortanfang bildet.

	folgender Kontext	signifikante Interaktionen
zunehmender Effekt	/r/	# x /ə/
	/Y/	# x /ɛ/
	/i/	+ x /Y/
	/u:/	
	/u/	
	/a/	
	/ɛ/	
	/a:/	
	/e:/	
	/ə/	

Abbildung 4.5 Berlin: Faktoren, die die Nichtstandard-Realisierung der Variablen (g) beeinflussen
(# – Wortgrenze; + – Morphemgrenze; x – Interaktion)
Quelle: Schlobinski 1987

Wie wir bereits erwähnten, geht jeder sprachlichen Veränderung eine Variationsphase voraus, weshalb man den Status quo der hier untersuchten phonologischen Merkmale auch als einen Punkt in der Variationsphase eines langfristigen Sprachwandels interpretieren kann. Für fundierte Vergleiche fehlt es an weit genug zurückreichenden akzeptablen Analysen, doch auf der Grundlage von (mehr oder weniger) informellen Einschätzungen läßt sich durchaus über einen generellen Trend spekulieren.[2] In einer früheren Studie (Lasch 1928: 256) wird u. a. behauptet, daß (g) konsequent als [j] im Anlaut erscheine, während Abbildung 4.5 besagt, daß dies heute eigentlich nur dann zutrifft, wenn der folgende Laut ein Vokal ist. Es wurden ein paar Fälle von [j] vor /r/ festgestellt, aber ehemals weit verbreitete Formen wie [jry:n] für *grün* und [jlo:bn] für *glauben*) sind heute praktisch völlig verschwunden. Dies deutet darauf hin, daß sich die Regel für die Realisierung

---

[2] In Ermangelung historischer Daten lassen sich Sprachwandel-Hypothesen mit Hilfe einer ,*apparent time analysis*', einem Vergleich von Sprechgewohnheiten verschiedener Altersgruppen, testen. Dabei hofft man, daß ältere Sprecher ,traditionelle' Formen und jüngere Sprecher die ,neueren' Varianten bevorzugen. Die Gültigkeit des Verfahrens ist umstritten (vgl. Chambers/Trudgill 1980: 165–67).

von (g) im Anlaut langfristig vereinfacht (ein für Sprachwandelprozesse allgemein typischer Trend) und [j] bald nur noch vor Vokalen erscheinen dürfte. Im Präfix *ge-* scheint sich die **Spirant**isierung hingegen so erfolgreich zu behaupten, daß sie dort vermutlich selbst dann noch eine Zeit lang anzutreffen sein wird, wenn sich der Standard schon einen Weg in andere praevokalische Positionen gebahnt hat (Schlobinski 1987: 157f).

Mit der These, daß Variation in der Realisierung dieser phonologischen Variablen von einem aktuellen Wandelprozeß zeugt, ist nicht gesagt, daß sich dieser Prozeß für alle Variablen gleichmäßig vollzieht. Es gibt weder einen magischen Punkt, an dem all diese Veränderungen einsetzten, noch eine für alle Tendenzen einheitliche Geschwindigkeit, doch obwohl es durchaus denkbar ist, daß sich jede Variable vollkommen selbständig wandelt, gewinnt man hier den Eindruck, daß das simultane Auftreten der Nichtstandard-Varianten kein Zufall ist und sogar ein Modell der Abhängigkeitsverhältnisse zwischen den einzelnen Variablen erstellt werden kann (Schlobinski 1987: 149f). Damit ist eine Hierarchie nach dem Prinzip ‚impliziert den Gebrauch von' gemeint, die hier wie folgt ausfällt:

$$[eː] \rightarrow [ʊ] \rightarrow [t] \rightarrow [j] \rightarrow [k] \rightarrow [oː]$$

Wer die Variante [eː] gebraucht, benutzt in der Regel auch die dialektalen Varianten aller anderen Variablen, während jemand, der die Variante [ʊ], verwendet, alle anderen dialektalen Varianten, aber nicht unbedingt [eː] gebraucht. Daraus würde folgen, daß bei einem generell dem Standard zugewandten Trend zuerst die Variante [eː] aufgegeben wird, während [oː] den standardsprachlichen Einflüssen am längsten widersteht. Implikationsskalenanalysen bieten die Möglichkeit, Sprecher nach dem Grad ihrer Dialektalität zu ordnen.

4.4.4 Pragmatik: Berliner Schnauze

Dialektologen haben sich schon immer mit phonologischen und lexikalischen sowie in geringerem Umfang mit syntaktischen und morphologischen Aspekten auseinandergesetzt. Vor nicht allzu langer Zeit ging von einigen Mundartenforschern der Ruf aus, weitere Faktoren in dialektologische Untersuchungen einzubeziehen: Faktoren, die schwerer zu beschreiben, aber für die Charakterisierung von Sprachvarietäten durchaus relevant sind (Mattheier 1980; Schlieben-Lange/Weydt 1978). Im Rahmen dieses Buches wollen wir diese Aspekte mit ‚Situation' und ‚Stil' umschreiben. Auf die Rolle situativer Größen kommen wir im Abschnitt 4.5 zurück; an dieser Stelle geht es uns erst einmal um stilistische Merkmale, die bei Dittmar et al. (1986: 8) unter ‚Sprechweise' zusammengefaßt werden. Mit ‚Berliner Schnauze' ist nicht das Berlinische schlechthin gemeint, sondern „eine ...

Mischung aus Witz und Humor, Schlagfertigkeit, verbaler Ausdruckskraft, selbstbehauptender Aggressivität und ‚Großschnauzigkeit‘" (Dittmar et al. 1986: 9). Der Berliner Dialekt ist lediglich das spezifische Medium der ‚Berliner Schnauze‘, so daß eine Beschreibung, die nur die oben diskutierten phonologischen und lexikalischen Merkmale berücksichtigt, entsprechend ergänzt werden muß. Es kommt darauf an, genau diejenigen Aspekte der örtlichen/regionalen Sprechweise bloßzulegen, die für Außenstehende nicht oder nur sehr langfristig erlernbar sind (d. h. all das, was das sekundär erworbene Berlinische eines Zuzüglers von dem eines ‚echten‘ Berliners unterscheiden würde). Die generelle Bedeutung solcher Einsichten liegt auf der Hand, wenn wir bedenken, daß eine Art zwischenmenschlicher Beziehungen, die sich auf dem Lande fast von selbst versteht, in einer Stadt, wo es zu viel mehr Interaktionen zwischen einander fremden Personen kommt, erst aufgebaut bzw. ausgehandelt werden muß. Der relative soziale Status der Betreffenden ist zunächst viel häufiger im Ungewissen, so daß durch verbale Interaktion nicht zuletzt die Frage geklärt werden soll, wer wo steht. Dies kann natürlich auf recht freundliche Weise geschehen, doch einem bestimmten Typ von Berlinern wird nachgesagt, daß sie auf recht aggressive Art und Weise mit verbalen Mitteln Dominanz über ihre jeweiligen Gesprächspartner zu erringen versuchen. Analysen solcher Auseinandersetzungen müßten folglich recht gut zur Erfassung dieses spezifischen Aspektes der ‚Berliner Schnauze‘ geeignet sein.

Das Aushandeln und die Schilderung von Konflikten haben etwas Alltägliches und Gewohnheitsmäßiges an sich, weshalb sie ebenso wie Witze, Geschichten, Erkundigungen und Anweisungen eine mehr oder minder eingeschliffene typische innere Struktur aufweisen könnten. Konflikte des hier beschriebenen Typs haben den Charakter von Ritualen und erinnern an das routinemäßige Austauschen von Beleidigungen, wie es z.B. von Labov unter jungen Schwarzen in New York beobachtet worden ist (Labov 1972b: Kap. 8; vgl. auch Saville-Troike 1989: 250–56). Was sie von gewöhnlichen Ritualen unterscheidet, ist die Tatsache, daß sie stets von aggressiven Absichten begleitet werden. Die der Datenerhebung zugrundeliegenden Konflikte sind entweder real oder hypothetisch (‚hypothetisch‘ heißt, daß die Sprecher sagen, was sie tun würden, wenn dieses oder jenes der Fall wäre). Ihrer narrativen Struktur nach sind die Konflikttypen jedoch einander gleichwertig, denn in beiden Konstellationen läßt sich ein bestimmtes Sequenzmuster ausmachen. Der hier illustrierte Fall ist also ein realer Konflikt und gehört damit zum ersten Typ. Konfliktgespräche (sowie deren Schilderung) durchlaufen i.d.R. drei Phasen (Auslösung, Aushandeln, Resultat), wovon die ersten zwei unter Anwendung von zehn ‚**Sprechhandlung**sregeln‘ (Dittmar et al. 1986: 21f), einer Art Diskursgrammatik, analysiert werden können. Im hier wiedergegebenen fünften Textbeispiel (Dittmar et al. 1986: 38f) sind die Äußerungen der Beteiligten mit eckigen Klammern und die je einer **Sprechakt-**

regel zugehörigen Gesprächsabschnitte mit runden Klammern gekennzeichnet. Eine Erläuterung der Regeln erscheint im Anschluß.

Beispiel (Quelle: Dittmar et al. 1986: 38f)

Zusammenfassung des Sprechereignisses

N, der Hausmeister, und O, ein Nachbar, befinden sich in einem permanent latenten Zustand der Spannung. Als O androht, er werde bei nächster Gelegenheit eines von N's Kindern verprügeln, kündigt der Sprecher an, daß in diesem Fall alle Schranken gebrochen
seien. Obwohl er vom Hauseigentümer angewiesen worden ist, tätliche Auseinandersetzungen im Dienst zu vermeiden, fühle er sich in diesem Fall zu nichts mehr verpflichtet. O
habe mit einem fürchterlichen Ausgleichsakt zu rechnen. Daraufhin zieht sich der Gegner
zurück.

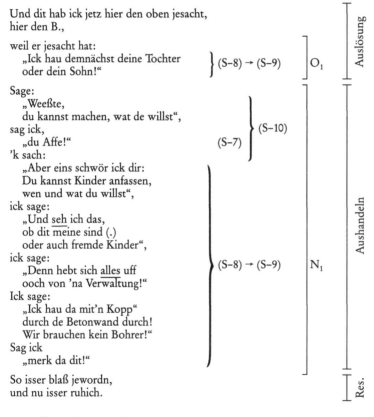

Und dit hab ick jetzt hier den oben jesacht,
hier den B.,

weil er jesacht hat:
  „Ick hau demnächst deine Tochter
  oder dein Sohn!"   } (S-8) → (S-9)   O₁

Sage:
  „Weeßte,
  du kannst machen, wat de willst",
sag ick,
  „du Affe!"   (S-7)   } (S-10)
'k sach:
  „Aber eins schwör ick dir:
  Du kannst Kinder anfassen,
  wen und wat du willst",
ick sage:
  „Und seh ich das,
  ob dit meine sind (.)
  oder auch fremde Kinder",
ick sage: } (S-8) → (S-9)   N₁
  „Denn hebt sich alles uff
  ooch von 'na Verwaltung!"
Ick sage:
  „Ick hau da mit'n Kopp"
  durch de Betonwand durch!
  Wir brauchen kein Bohrer!"
Sag ick
  „merk da dit!"

So isser blaß jewordn,
und nu isser ruhich.

Auslösung
Aushandeln
Res.

Sprechhandlungsregeln

Regel 1 [orig.: 7]: BESCHIMPFUNGEN

Wenn sich A und B in einer Konfliktinteraktion befinden und A gegenüber B eine
Äußerung macht in Form eines Frage- oder Aussagesatzes oder in Form einer Anrede
und wenn diese Äußerung

- den Geisteszustand von B zum Inhalt hat,
- B mit einer Tiermetapher vesieht,

dann gilt die Äußerung von A als eine Beschimpfung von B.

Regel 2 [orig.: 8]: DROHUNGEN

Wenn A gegenüber B eine Äußerung macht, die sich auf die Durchführung/Unterlassung einer Handlung x von B bezieht und eine Folgehandlung y ankündigt, und B glaubt, daß A glaubt, daß

- er in der Lage sei, y herbeizuführen,
- y für B einen unerwünschten Sachverhalt darstellt,

dann gilt die Äußerung von A als eine Drohung.

Regel 3 [orig.: 9]: STATUSANMASSUNG

Wenn sich zwei Sprecher A und B in einer Konfliktinteraktion befinden und A an B eine Äußerung richtet in Form

- einer Drohung,
- einer verstärkten Aufforderung [...]

und B glaubt, daß A aufgrund seines Status kein Recht zu dieser Äußerung hat, dann versteht B die Äußerung von A als den Versuch, eine Beziehung zwischen A und B zu definieren, in der A dominieren will.

Regel 4 [orig.: 10]: ZURÜCKWEISUNG DES DOMINANZANSPRUCHS

Wenn A eine statusanmaßende Äußerung (Regel 3 [orig. 9]) gegenüber B gemacht hat, und B mit einer Äußerung antwortet, die

- eine Zurückweisung [orig. Regel 3] darstellt,
- zum Ausdruck bringt, daß die Drohung von A nicht ihre **perlokutive Wirkung** erreicht hat,

dann weist B mit seiner Antwort die von A definierte Beziehungskonstellation zurück.

(Dittmar et al. 1986, S. 20ff)

Mit seiner konfliktauslösenden Drohung stellt O. den Anspruch, über N. zu dominieren. N. weist diesen Anspruch mit einer beleidigenden Äußerung zurück und dreht den Spieß um, indem er selbst eine erheblich drastischere Drohung formuliert. Die Tatsache, daß diese Drohung etwas unrealistisch erscheint, beeinträchtigt nicht ihre Wirkung. Es tritt eher das Gegenteil ein, denn die Effektivität von Drohungen wird in erster Linie von ihrem Einschüchterungspotential bestimmt (detailliertere Ausführungen zu diesem und weiteren Beispielen bei Dittmar et al. 1986: 14–45 und Dittmar et al. 1988: 49–87).

Die ‚Berliner Schnauze' soll damit freilich nicht auf ein Mittel reduziert werden, mit dem man sich an seinen Nachbarn abreagiert. Da sie noch andere stilistische Kapazitäten birgt, wäre ein solches Urteil ebenso leichtfertig wie ungerecht. Berliner sind generell für ihren Sprachwitz bekannt, weshalb man auf Streifzügen durch Kneipen, Läden, Büros und andere öffentliche Einrichtungen Kreationen wie den folgenden begegnet:

Neologismen

> *mohndoof* (extrem doof)
> *rinschmoken* (jdm. eine knallen)
> *Jedächtniswärmer* (Baskenmütze)

Bedeutungserweiterungen

(Gebrauch vorhandener Wörter mit neuer Bedeutung)

> *Biefies*: normalerweise kleine Salamis, hier Kontrolleure der Berliner
> Verkehrsbetriebe (BVG)
> *Molleküle*: hier Abwandlung von, *kühle Molle* , einem Berliner Aus-
> druck für wohltemperiertes Bier

Idiomatische Variation

(Abwandlung einer bekannten idiomatischen Wendung mit der Absicht, einen Überra-
schungseffekt zu erzielen)

> ‚Denn fress´ ik 'n Nuckel uff!' für ‚Dann fresse ich einen Besen!'

(Beispiele z. T. aus Dittmar et al. 1986: 59f)

Um ihrer Sprache mehr Würze zu verleihen, greifen Berliner auch zu rhe-
torischen Mitteln, die Einwohnern anderer bedeutender Städte (London,
New York usw.) mehr oder weniger bekannt vorkommen dürften. Eine in
diese Kategorie fallende Ingrendienz sind Hyperbeln (Übertreibungen). Sie
stellen ohne Zweifel ein Hauptmerkmal der ‚Berliner Schnauze' dar, sind
aber nicht immer (wie im oben aufgeführten Beispiel) aggressiv gemeint.
Vielleicht sollten sie einfach als ein Symptom der *larger than life quality*, des
überlebensgroßen Selbstverständnisses vieler Berliner, ausgelegt werden. In
einem Urlaubsbericht hieß es zum Beispiel, es habe ‚so jeregnet, wir dach-
ten wir krijn Schwimmhäute'. Besonders beim Beschreiben persönlicher
Leistungen und Merkmale kommt die lebendige Phantasie von Berlinern
auch in farbenfrohen Bildern zur Geltung. Ein Sprecher, der angeblich,
wenn er noch einmal jung wäre, Berlin verlassen würde, sagte: ‚Wat mein
Sie, wie ik abhaun würde! Dat die Socken qualm!'; und eine wohlbeleibte
Dame kommentierte ihr Erscheinungsbild beim Fensterputzen mit: ‚Wie
Ballarina auf der Leita!' (Dittmar et al. 1986: 58-67).

4.4.5 Einstellungen zu Variation

Das Analysieren und Beschreiben von stilistischen Eigenarten (im oben definierten Sinne) stellt eine wertvolle Ergänzung zum Studium phonologischer und vokabularischer Merkmale dar. Es befähigt Linguisten, über das
bloße Charakterisieren von Sprechweisen hinausgehend zu versuchen, das
verbale Verhalten einer Sprechergemeinschaft einzuschätzen. Bislang haben
wir nur objektive Daten berücksichtigt: Wir wissen etwas über das Vokabular und die Phonologie des Berlinischen und etwas über die Art und Weise,

in der Berliner sprachlich miteinander umgehen. Wie akkurat die soziale Bedeutung einer Sprachform erfaßt wird, hängt aber letztlich auch davon ab, wie vertraut man mit den Spracheinstellungen ihrer Produzenten ist. Was also halten die Berliner von ihrer Sprache?

Ein indirekter Weg, individuelle Einstellungen zu einer bestimmten Sprechweise zu testen, hat die Reaktionen von Sprechern auf verschiedene Varietätensamples zum Gegenstand. Man spielt den Probanden z. B. ein halbes Dutzend Sprachproben vor und fragt, für wie interessant, intelligent, vertrauenswürdig oder unterhaltsam sie die Sprechenden halten und welche der vorgegebenen beruflichen Tätigkeiten sie ihnen empfehlen würden. Eine solche Aufgabenstellung mag etwas realitätsfern, wenn nicht gar absurd, anmuten, aber es gibt erstaunlich viele Leute, die keinerlei Hemmungen haben, anhand einer Sprachprobe den Charakter, die Persönlichkeit oder die berufliche Eignung eines ihnen sonst völlig unbekannten Menschen einzuschätzen.

Eine besonders einträgliche Version dieser Technik ist der von Wallace Lambert, einem kanadischen Psychologen, entwickelte und seitdem in vielen Ländern genutzte **matched guise test** (siehe u. a. Lambert et al. 1960). Er ist ein Experiment, bei dem mindestens zwei (u. U. sogar alle) Sprachproben von ein und derselben Person stammen, so daß zumindest theoretisch alle Faktoren außer dem Akzent für sämtliche Proben konstant gehalten werden. Dies hat den Vorteil, daß Einstellungen zu bestimmten Varietäten und sogar Merkmalvarianten quantifizierbar sind. Außerdem erachtet man die Ergebnisse als verhältnismäßig objektiv, da die Daten auf indirektem Wege erhoben werden (Probanden werden gefragt, was sie von den Sprechern, nicht von den Stimmproben, denken). Die praktische Anordnung von Tests, bei denen die Probandenurteile auf einen einzigen Faktor zurückführbar sein sollen, bleibt aber ungemein schwierig.

Die Alternative, eine qualitative Untersuchung, verlangt die Interpretation expliziter Äußerungen zu Sprache und Sprachgebrauch. Auf diesem Wege gewonnene Wertungen sind nicht quantifizierbar, und ihre Deutung ist selektiv und subjektiv. Als eine Ergänzung objektiver Größen behandelt, können diese Daten aber zu einem um so interessanteren, differenzierteren Profil der Sprechergemeinschaft führen. Labov (1972a: 248) meint, daß subjektive Bewertungen von sozialen Dialekten innerhalb von Sprechergemeinschaften extrem einheitlich seien und es daher akzeptabel wäre, eine Sprechergemeinschaft als eine Gruppe von Sprechern mit gleichen Spracheinstellungen zu definieren. Bezüglich des Berlinischen scheint einiges für diese Sichtweise zu sprechen, tauchten doch in der Beschreibung des Stadtdialekts durch Westberliner immer wieder die gleichen Attribute auf: ordinär, vulgär, schnoddrig und ‚falsche Grammatik‘. Zumindest im Westen war man sich also weitgehend des geringen Sozialprestiges des Berlinischen bewußt.

Andererseits verkörpert Sprache, wie wir gesehen haben, einen wichtigen Aspekt von individuellem Selbstverständnis und kollektiver Identität. Viele der Befragten bestätigten zwar das Stigma der Varietät Berlinisch, setzten sich jedoch mit großer Entschlossenheit darüber hinweg, als es galt, ihre Identität zu verteidigen. In ästhetischen Urteilen offenbaren sich also mitunter Akzeptanz und gleichzeitige Ablehnung sozialer Normen.

Darüber hinausgehend wurden Nachforschungen zur sozial-funktionalen Beurteilung des Berlinischen angestellt, und was diesbezüglich geäußert wurde, entspricht dem, was wir bereits über seinen tatsächlichen Gebrauch wissen. Die Nichtstandard-Varietät wurde mit bestimmten (räumlich und sozial markierten) Stadtteilen assoziiert. Gleichzeitig brachte man zum Ausdruck, daß sich das Berlinische für manche Zwecke besser eigne als für andere. Die Tatsache, daß diverse Sprecher behaupteten, ihre Sprechweise situationsspezifisch in Richtung Standarddeutsch zu modifizieren oder aber ins Berlinische abzuleiten zu lassen (*upward convergence/ downward convergence*; vgl. Giles/Smith 1979), erhärtet den Eindruck, daß sich die Westberliner über die funktionsbedingte Verteilung von Dialekt und Standard sehr wohl im Klaren waren. (Schlobinski 1987: 196).

Ein recht anderes Bild bot sich in Ostberlin. Im Westteil der Stadt galt der Standard generell als die ‚legitime Sprache'. Er war die Varietät, die der Untersuchung zufolge das höchste Prestige genoß und für all jene, die ihren sozialen Status verbessern wollten, erstrebenswert schien, während das Berlinische eher negativ besetzt war. Auch in Ostberlin bestand eine Abhängigkeit zwischen beruflichem Ansehen und Sprachverhalten, doch die Rollen waren genau umgekehrt besetzt und speisten sich aus einer anderen Logik. Angestammte Berliner verweigerten der vom Sächsischen geprägten und im öffenlichen Bereich als Norm etablierten Hochsprache ihre Gunst, weil sie darüber verärgert waren, daß die am meisten begehrten Arbeitsplätze und viele einflußreiche Ämter in der Hauptstadt offenbar nicht an ihresgleichen, sondern an Bewerber aus Sachsen vergeben wurden. Daß die Alltagssprache der ‚echten' Berliner das höhere Prestige genoß, hatte also vor allem mit Verletzungen ihrer ‚territorialen Rechte' zu tun.

All dies trifft verstärkt auf den Stadtteil Prenzlauer Berg zu. Seit Kriegsende hatten sich hier weder die Architektur und Infrastruktur, noch die soziale Zusammensetzung signifikant verändert, und diese Kontinuität kam dem Status des Berlinischen, der Hauptsprachform seiner überwiegend zur Arbeiterklasse zählenden Bewohner, sehr zugute. Im benachbarten Wedding hatten sich im Laufe der vier Jahrzehnte tiefgreifende Veränderungen vollzogen. Jener Teil Berlins wurde im Zuge rigoroser Sanierungs- und Wiederaufbauprojekte nicht nur physisch umgestaltet, auch seine ursprünglich homogene Bevölkerung ist durch die Zuwanderung von Ausländern und Bürgern der westlichen Bundesländer aufgebrochen und transformiert worden. Traditionelle **soziale Netzwerke** gaben nach, und es setzte ein Trend zu stärkerer sprachlicher Variation ein. Wedding lag diesbezüglich zwischen den von Zehlendorf und Prenzlauer Berg repräsentierten Extremen: Lokale Identität und Arbeitertraditionen hatten zwar in gewissem Umfang überlebt, konnten nun aber nur noch mit Mühe dem zunehmenden Druck der mit ihnen konkurrierenden dominanten Prestigenormen West-Berlins widerstehen. Zusammenfassend ist mit Schlobinski festzustellen, daß eine Beschreibung des geteilten Berlins als eine einzige Sprechergemeinschaft nur dann sinnvoll ist, wenn wir prinzipiell die Existenz zweier Kommunikationsgemeinschaften – einer im Osten und einer im Westen – anerkennen (Schlobinski 1987: 234–36). Die Einwohnerschaft Berlins bildete Gemeinschaften, die in hohem Maße über einen gemeinsamen Zeichenvorrat verfügten, ihm aber aufgrund der divergierenden kulturellen und sozialen Verhältnisse und Wertesysteme signifikant differente Rollen zuwiesen. Es ist die Kombination von unterschiedlich gestaffeltem Dialekt- und Standardgebrauch einerseits und ungleichen Bewertungen des Berlinischen andererseits, die gemeinsam mit der ‚Berliner Schnauze‘ zumindest bis 1990 das eigentümliche Bild dieser städtischen Sprechergemeinschaft und die soziale Bedeutung des Berlinischen bestimmte.

4.4.6 Berlin seit der Vereinigung: noch immer eine gespaltene Sprechergemeinschaft?

Die 1990 vollzogene Vereinigung der DDR mit der Bundesrepublik brachte in ganz Deutschland Veränderungen des kommunikativen Milieus mit sich, doch nirgendwo war die Umstellung größer als in Berlin. Seine zwei ‚Kommunikationsgemeinschaften‘, die 40 Jahre zuvor konstituiert und knapp 30 Jahre zuvor abrupt voneinander isoliert worden waren, fanden sich plötzlich in einer aller physischen Grenzen entledigten globalen Berliner Sprechergemeinschaft wieder. Die sich daraus ergebenden, im gesamten Land spürbaren sprachlichen Veränderungen sind allerdings fast ausnahmslos in einer Richtung, nämlich von West nach Ost, verlaufen. Die Übertragung westdeutscher Modelle – von staatlichen Institutionen bis zu Eßgewohnheiten – auf die neuen Länder erfolgte neben und z.T. mit Hilfe der Einführung westdeutscher Wörter, Ausdrucksmuster und Sprechgewohnheiten (siehe auch 5.7). Erste Studien zur Rezeption dieser ‚neuen‘ Formen, haben ergeben, daß manche ohne weiteres angenommen und andere entschieden zurückgewiesen wurden (vgl. Schlobinski/Schönfeld 1993 sowie Schönfeld/Schlobinski 1995, worauf wir uns im folgenden beziehen).

Einerseits gibt es Fälle, wo das Designat, z.B. eine soziale Einrichtung der ehemaligen DDR, aus dem praktischen Leben verschwunden und sprachlicher Wandel unausweichlich ist. So können Ostberliner zwar auf absehbare Zeit noch auf vertraute Bezeichnungen wie *Kinderkrippe* und *Kindergarten* zurückgreifen und den neuen offiziellen Ausdruck *Kindertagesstätte* (kurz *Kita*) ignorieren, hatten aber, als die Polytechnische Oberschule (POS) abgeschafft wurde, keine andere Wahl, als sich an die Namen der neuen Schultypen zu gewöhnen. Manche Neuerungen wurden von vielen sogar mit Begeisterung aufgenommen, man denke nur an die Vielzahl von neuen Läden, die sich *Salon, Studio* oder *Shop* nennen, oder an Gaststätten und Kneipen, die sich stolz als *Pub* bezeichnen. Manche dieser positiven Reaktionen spiegeln das Bedürfnis einiger Berliner, sich ganz demonstrativ von der Vergangenheit zu distanzieren und einen sicheren Platz im kosmopolitischen Milieu der modernen westeuropäischen Mainstream-Kultur zu beanspruchen.

Aufgrund einer noch immer weitverbreiteten feindlichen Haltung von Ostberlinern gegenüber ihren westlichen Pendants und z. T. auch dank der größeren Wertschätzung des Berlinischen in Ostberlin hat andererseits die **dialektnahe Umgangssprache** ihre Stellung gegenüber der (im Westen) höher angesehenen Hochsprache sowie den standardnahen Varietäten behaupten können. Die in früheren Studien aufgedeckten ambivalenten Einstellungen zur Varietät Berlinisch (vgl. 4.4.5) dauern fort, sind heute aber anders motiviert. War die Bevorzugung des Berlinischen zuvor ein *act of identity* (vgl. Le Page/Tabouret-Keller 1985), mit dem sich die ‚echten‘ Berliner in ein Oppositionsverhältnis zu den ‚Eindringlingen‘ (Zuzüglern aus Sachsen) begaben, repräsentiert sie heute eine neue Form von Solidarität, ein Bekenntnis zu den Werten der ‚eigenen Mannschaft‘ gegenüber den als arrogant empfundenden Standarddeutsch sprechenden Westberlinern. Ostberliner sehen sich also in einem Dilemma: Entweder sie bleiben ihrer Herkunft treu und erhalten sich ihren historisch gewachsenen Gemeinschaftssinn, oder sie opfern ihn, um sich im turbulenteren Klima der westlichen Gesellschaft besser behaupten zu können.

Ob die zwei Teile der Stadt eines Tages zu einer einzigen Sprechergemeinschaft verschmelzen, läßt sich zu diesem Zeitpunkt noch nicht absehen. Es darf jedoch vermutet werden, daß dies weitgehend davon abhängt, in welchem Umfang sich die gesamte Stadt im Zuge ihrer Umgestaltung zur (gesamt)deutschen Hauptstadt als ein spezifisches Ganzes begreift. Gleichzeitig sei daran erinnert, daß beim Umgang mit so willkürlich festgelegten Konstrukten wie ‚Sprechergemeinschaft‘ ein gewisses Maß an Skepsis angebracht ist, denn derartige Modelle sind dafür berüchtigt, falsche Bilder von Homogenität zu vermitteln. In welchem Sinne kann ein komplexer soziogeographischer Organismus von der Größe Berlins, Londons oder New Yorks, ein Konglomerat mehrerer einander überschneidender Gebilde, schon als ein einzelnes Ganzes betrachtet werden? Autoren zukünftiger soziolinguistischer Forschungsprojekte zu Sprechweisen des Berliner Raums laufen weiterhin Gefahr, durch ein undifferenziertes Kontrastieren von

Sprachformen im Osten und im Westen das wahre Ausmaß interner Variation teilweise auszublenden. Sie können dieses Risiko minimieren, indem sie die aktuelle Gültigkeit derartiger Konstrukte hinterfragen.

4.5 Erp: Vorstadtdialektologie

Der Bericht über sprachliche Variation in Berlin belegt, daß sich mit einem theoretischen Ansatz, der sowohl eklektischer als auch rigoroser als seine traditionellen Vorgänger ist, durchaus ein Rahmen zur Untersuchung städtischer Sprachformen entwickeln läßt. (Andere Ansätze zum Studium von Variation in städtischen Sprechergemeinschaften sind im Zusammenhang mit Ergebnissen bedeutender Forschungsprojekte in Mannheim und Wien in Kallmeyer 1994 bzw. Moosmüller 1987 dargestellt). Die uns im folgenden interessierenden Beiträge machen deutlich, daß für die adäquate Erfassung der soziolinguistischen Konsequenzen von Urbanisierung in vorstädtischer Umgebung ein nicht minder differenzierter und subtiler Ansatz erforderlich ist. Im Mittelpunkt stehen die Sprachformen und das Sprachverhalten der Einwohner von Erp, einer ähnlich wie Nauborn (vgl. 4.3.1) zunehmend von einer angrenzenden Stadt beeinflußten ländlichen Gemeinde. Die Datenerhebung erfolgte im Rahmen eines in den siebziger Jahren angesetzten, langfristigen Forschungsprojekts, und Einzelheiten lassen sich im wesentlichen in Besch et al. (1981) und in Hufschmidt et al. (1983) nachlesen.

4.5.1 Die Sprechergemeinschaft

Im Laufe der letzten 30 Jahre hat sich die Kleinstadt Erp effektiv zu einer Satellitenstadt (wenn nicht schon Vorstadtsiedlung) von Köln entwickelt. Sie ist ein Paradebeispiel für all jene Gemeinden, in denen sich modernisierungsbedingt vor relativ kurzer Zeit eine neue soziale Struktur entwickelt hat. Sinkende Beschäftigungsquoten in der Landwirtschaft und ein entsprechend zunehmender Anteil von pendelnden ,Industriebauern' und Zuzüglern bedeuteten, daß die ehemals festgefügte ländliche Gemeinde eine rasche Transformation durchlief. Dies hatte wiederum weitreichende Auswirkungen auf den Sprachgebrauch, denn Sprache ist bekanntlich eine Form gesellschaftlichen Handelns und wird durch die jeweils vorherrschenden Werte und sozialen Normen sowie die kommunikativen Bedürfnisse der Gemeinschaft beeinflußt. Wenn also die soziale Zusammensetzung einer Gemeinschaft komplexer wird und sich Änderungen im Wertesystem vollziehen, entsteht ein Bedarf nach stärker differenzierten Sprachgebrauchsmustern. Die Autoren der Erp-Studie wählten folglich als analytische Ausgangsgröße nicht das Individuum, sondern die soziale Gruppe, der sie sowohl objektive als auch subjektive Aspekte zuschrieben. Eine soziale Gruppe konstituiere sich aus ‚Individuen, die unter vergleichbaren Bedingungen als potentielle Kommunikationspartner miteinander leben und diese Bedingungen ähnlich interpretieren und deshalb auch ähnliche Handlungsmuster für ihre Sozialhandlungen erlernt haben' (Hufschmidt/Mattheier 1981a: 63). Individuen werden also nicht mehr irgendwelchen im voraus festgelegten sozialen Kategorien zugeordnet, sondern identifizieren sich selbst, und zwar hinsichtlich der zwischen ihnen etablierten Beziehungen und bezüglich der Art und Weise, in der sie auf gegebene Situationen reagieren. Auch ‚Situation' ist so definiert, daß sich objektive Faktoren mit Aspekten individueller Sprachperzeption und Sprachinterpretation ergänzen. Auf der Grundlage derartiger Vorstellungen setzten sich die Forschenden die folgenden Schwerpunkte (Hufschmidt/Mattheier 1981a: 81):

(1) Sprachgebrauch – Beschreibung der Varietäten und ihrer Bedingtheit durch situative Faktoren;

(2) Sprachvariation – Beschreibung der von einzelnen sozialen Gruppen verwendeten Varietäten (‚Sozialgruppensprachen') und der Beziehung zwischen Varietäten und Gruppen;

(3) Sprachwandel – Erkundung aktueller Veränderungen in Varietäten, insofern diese durch situative Veränderungen und Veränderungen in den Beziehungen zwischen Varietäten herbeigeführt werden.

Die Verwirklichung dieser Ziele sollte der Erstellung eines Gemeindeprofils von Erp, dem Gesamtanliegen der Studie, dienlich sein. Genaueres bietet der folgende Abschnitt.

Ein sehr ehrgeiziger Aspekt des Projektes bestand in dem Versuch, anstelle eines zufälligen Bevölkerungsausschnitts sämtliche in Arbeitsverhältnissen stehenden Einwohner männlichen Geschlechts im Alter zwischen 21 und 65 Jahren als Probanden zu gewinnen. Frauen wurden ausgeschlossen, weil Berufstätigkeit als ein entscheidender Einflußfaktor betrachtet wurde und die Zahl der Frauen, die bezahlter Arbeit nachgingen, einfach nicht ausreiche, um sie als eine statistisch signifikante Gruppe zu klassifizieren (die Kategorie ‚Hausfrau' hielt man für zu heterogen). So plausibel dieser Rechtfertigungsversuch auch klingen mag, der Verzicht auf weibliche Informanten ist ein erhebliches Defizit, denn wir müssen uns bei der Betrachtung der Ergebnisse dieser Studie ständig daran erinnern, daß sich die Gültigkeit sämtlicher Schlußfolgerungen bestenfalls auf alle männlichen Mitglieder der Gemeinschaft erstreckt. Es erklärten sich 61 % der Befragten bereit, an der Datenerhebung teilzunehmen, von denen letztlich zwei Drittel (=144) ausgewählt wurden (Klein 1981).

Die Erarbeitung des Sprachprofils einer Gemeinschaft erfordert die Auswertung von großen Mengen gesprochener Sprache. Die Testpersonen wurden gebeten, von der Liste einen persönlichen Bekannten auszuwählen und sich mit ihm und zwei Forschern zu verabreden. Die Aufnahmesitzungen hatten drei Phasen:

A = Normalstil: Die Informanten unterhielten sich ungezwungen über Alltägliches, die Forscher waren persönlich zugegen, nahmen aber nicht aktiv am Gespräch teil.

B = Gepflegter Stil: Jeder Informant wurde über seine Arbeit befragt.

C = Sehr gepflegter Stil: Ein dritter Forscher wurde offiziell vorgestellt, hielt einen kurzen Vortrag über Sprachvariation und führte anschließend Tests zur Sprachbewertung durch (vgl. 4.5.3).

Von diesen Sitzungen versprach man sich sowohl objektive linguistische Daten als auch Angaben zu subjektiven Spracheinstellungen.

4.5.2 Erstellung eines Kommunikationsprofils

Wie in der Berlin-Studie konzentrierten sich alle Teiluntersuchungen auf die Frage, worin die soziale Bedeutung der sprachlichen Variation in Erp bestehe. Als erstes galt es aufzudecken, in welchem Umfang der örtliche Dialekt noch im Gebrauch war. Entsprechende Daten erhob man von allen ursprünglich für das Projekt gewonnenen Einwohnern per Fragebogen (Kall-Holland 1981). Leider wurden die Empfänger der Bögen gefragt, ob sie Dialekt sprechen können, aber nicht, ob sie ihn tatsächlich benutzten, und es war noch nicht einmal klar, ob sich alle unter ‚Dialekt‘ dasselbe vorstellten. Jedenfalls entstand der Eindruck, daß die Mundart alles andere als abgeschrieben war: Selbst in der Altersgruppe 20–30 gaben 62% aktive Kenntnisse an. Des weiteren schien es üblich, daß in angestammte Familien einheiratende Zuzügler unter beträchtlichen Druck gesetzt wurden, den Ortsdialekt zu erlernen. Die am engsten mit Dialektgebrauch gekoppelten Faktoren waren Herkunft und Beruf: Über die umfassendsten Dialektkenntnissen verfügten diejenigen, die am festesten in der Gemeinschaft integriert waren und die niedrigsten beruflichen Abschlüsse aufwiesen.

Die per Fragebogen erhobenen Daten konnten nur zur Beschreibung des Status quo dienen; zur Deutung der Situation und für Prognosen einer möglichen Weiterentwicklung benötigte man Informationen anderer Art. Besonderes Gewicht wurde Fragen zum Erleben und zur Bewertung sprachlicher Variation beigemessen. 64% der Informanten gaben an, primäre Dialektsprecher zu sein, 23% behaupteten, die noch in der Entstehung begriffene, standardferne lokale Umgangssprache zu verwenden, und 13% bekannten sich zur Standardvarietät. Wie aber spiegelte sich diese Verteilung im Bewußtsein der einzelnen Sprecher? Wie nahmen sie die zwischen der gesamtgesellschaftlichen Norm (Standard) und dem örtlichen Hauptkommunikationsmedium (Dialekt) bestehende Spannung wahr? Wie fühlten sich diesbezüglich die Nicht-Dialektsprecher, vor allem die zugewanderten? Fragen dieser Art, hier reichlich gestellt und bearbeitet (Hufschmidt 1983), verkörpern aus Sicht der deutschen Dialektologie eine bedeutende Innovation: Nahezu erstmalig wurden Informanten nicht mehr als bloße Lieferanten authentischer Sprache, sondern als denkende menschliche Wesen behandelt.

Wiederum in Übereinstimmung mit der Berlin-Studie besteht das Material, das man zum Thema ‚Spracheinstellungen' heranzog, aus persönlichen Anekdoten. Sie wurden für Analysezwecke in vier Kategorien zusammengefaßt:

(1) ‚MUNDART IST DAS HAUPTKOMMUNIKATIONSMITTEL AM ORT'
Die meisten Informanten fanden dies selbstverständlich, und manche fügten hinzu, daß Zuzügler die Mundart erlernen sollten und daß sie eine wichtige Rolle im sozialen Umgang spiele.

(2) ‚MIT MUNDART WERDEN POSITIVE ERFAHRUNGEN VERBUNDEN, MUNDART WIRD POSITIV BEWERTET'
In diese Kategorie fallen stärkere Bekenntnisse zum Wert des Dialektes als die unter (1) erwähnten.

(3) ‚DER EINFLUSS DES HOCHDEUTSCHEN WIRD IMMER GRÖSSER, DER EINFLUSS DER MUNDART GEHT ZURÜCK'
Als äußere Gründe wurden Zuwanderung nach Kriegsende und die Tatsache, daß Lehrer nicht mehr den örtlichen Dialekt sprechen, genannt; daneben hieß es, daß die Beherrschung der Mundart keine Bedingung für Integration sei und man sich bemühe, mit Kindern Standarddeutsch zu sprechen.

(4) ‚MIT MUNDART WERDEN NEGATIVE ERFAHRUNGEN VERBUNDEN, MUNDART WIRD NEGATIV BEWERTET'
Viele Mundartsprecher geben an, in der Schule aufgrund ihrer Sprache gelitten zu haben und außerhalb der Gemeinde (z.B. auf Urlaubsreisen) oder bei öffentlichen Veranstaltungen, z.B. Elternversammlungen (an Schulen), Angst zu haben, daß man sich über sie lustig macht.

Diese vier Typen von Reaktionen bilden eine Art Gerüst für differenziertere, die einflußreichsten sozialen Parameter (Beschäftigung, Erstsprachengebrauch, Herkunft) heraushebende Analysen. Daraus erhalten wir grobe ‚Einstellungsinventare' für z.B. den typischen Arbeiter (= Dialekt ist nicht mehr die Hauptvarietät; Dialekterleben gemischt, aber Bewertung positiv), den typischen Dialektsprecher (= Dialekt ist weiterhin Hauptvarietät, verliert aber gegenüber dem Standard an Einfluß; negatives Erleben, aber positive Bewertung) oder den typischen Zuwanderer (= rechnet nicht mit der Ersetzung des Dialektes durch den Standard; keine negativen Erfahrungen, positive Bewertung).

Diese Art von Analyse erbringt nur wenige quantitative Daten, vermittelt jedoch einem relativ subtilen Einblick in das spezifische Wechselspiel diverser Varietäten. Des weiteren bietet sie Anhaltspunkte für die wahrscheinliche sprachliche Weiterentwicklung der Gemeinschaft. Die Perspektiven einzelner Varietäten hängen natürlich vor allem davon ab, welche Varietäten durch die vorrangigen Bildungs- und Erziehungsinstanzen, Elternhaus und Schule, gebraucht werden (Mickartz 1983). Es herrschte weitgehendes Einverständnis darüber, daß Fertigkeiten in der Standardform sowohl erforderlich als auch wünschenswert sind; abweichende Meinungen gab es nur zur Bedeutung des Standards für den Einzelnen/die Einzelne und darüber, wie relativ wichtig die Aufrechterhaltung der Mundart ist. Wiederum scheint die berufliche Stellung der (potentiellen) Eltern ausschlaggebend zu sein, doch es wurden auch Unterschiede zwischen den Generationen festgestellt. Die sog. neue Mittelschicht (Gehaltsempfänger einschließlich Beamter) teilt sich in zwei Gruppen: Höhere Angestellte vertreten meist die Ansicht, daß sich die Aufrechterhaltung der Mundart nicht lohne, während die stärker ortsgebundenen und vielleicht weniger ambitionierten anderen Angestellten meinen, daß dem Dialekt ein Platz neben dem Standard gebühre. Ältere Angehörige der sog. alten Mittelschicht (Landwirte, Handwerker, Händler) hatten mit ihren Kindern noch Dialekt gesprochen, aber die nächstfolgende Generation schien eine bidialektale Erziehung ihrer Kinder vorzuziehen. Gemeinsam mit den manuell Arbeitenden hatte diese Gruppe die stärkste Ortsbindung und war für ihren außergewöhnlich hohen Anteil an der Erhaltung der Mundart bekannt.

Zusammengenommen ergeben diese Daten ein recht kompliziertes Bild. Ohne Zweifel verfügte die Standardform über eine stabile Basis in der Gemeinschaft, doch es liegen kaum Anzeichen für einen Rückgang der Mundart vor. Probandenauskünfte zur Sprachbewertung gelten als notorisch unverbindlich und stehen oft in einem Widerspruch zur Realität, doch es ist klar erkennbar, daß sich die Einwohner von Erp der praktischen wie auch symbolischen Bedeutung von Sprache in ihrem Leben bewußt sind. Noch immer ungeklärt ist das Verhältnis zwischen den bisher getroffenen Feststellungen zur sprachlichen Vielfalt und deren realem und subjektiv wahrgenommenem Ausmaß.

4.5.3 Identifikation von Varietäten der gesprochenen Sprache

Im letzten Abschnitt der Aufnahmesitzungen wurde jeder Informant gebeten, an zwei Tests teilzunehmen. Im Mittelpunkt des ersten Tests standen das Ausmaß und die Form des Kontinuums, in dem die Probanden ihre Sprache zu variieren glaubten. Es war bekannt, daß die Sprecher über ein recht feines Gespür für sprachliche Variation verfügten, und es galt nun herauszufinden, wieviele verschiedene Varietäten sie zu verwenden meinten und was ihre Wahl determinierte. Außerdem interessierte die Forschenden, ob eine Korrelation zwischen selbst eingeschätzter sprachlicher Bandbreite und sozialen Gegebenheiten existierte (Klein 1983).

Um Zirkularität zu vermeiden wurde auf eine einfache Testform zurückgegriffen. Man verwendete einen horizontalen Kontinuum-Pfeil, an dessen Beginn die Stillage ‚Hochdeutsch' vermerkt war, der aber sonst keinerlei Markierungen aufwies. Die Teilnehmer wurden veranlaßt, maximal dreizehn mit Nummern verbundene Punkte auf dem Spektrum festzulegen. Die Punkte sollten die Varietäten anzeigen, die sie normalerweise mit mindestens einem von dreizehn (Typen von) Gesprächspartnern benutzten. Es konnten also innerhalb der genannten Grenzen beliebig viele Varietäten vermerkt werden, und das Ergebnis sah entsprechend diffus aus. Da es ziemlich unwahrscheinlich ist, daß ein/e Sprecher/in tatsächlich mehr als vier oder fünf Sprachlagen benutzt, und die Auswertung nicht unnötig kompliziert werden sollte, zog man alle dicht beieinander liegenden Markierungen zu Clustern zusammen (Klein 1983: 133-36). Dadurch reduzierten sich die persönlichen Repertoires auf maximal sechs Varietäten (in 70% der Fälle auf nur drei), was das Bild erheblich glaubwürdiger machte.

Spekulativer sind die Schlüsse, die sich bezüglich eventueller Korrelationen zwischen den Selbsteinschätzungen und objektiven extralinguistischen Faktoren ziehen lassen. So tendierten z.B. jüngere Sprecher dazu, mit mehr als zwei über das gesamte Kontinuum verteilten Sprachlagen ein breites Spektrum sprachlicher Variation anzugeben, während ältere Probanden ihr Repertoire in ein bis zwei Clustern unterbrachten. Angehörige alteingesessener Familien produzierten fein differenzierte Schemen aus fünf oder mehr Clustern, doch Zuzügler aus anderen Teilen des Rheinlandes markierten im Durchschnitt nur zwei. Derartige Diskrepanzen lassen verschiedene Erklärungen zu, doch dies macht die Schlußfolgerungen nicht verläßlicher. Signifikanter ist das Gesamtbild: Abbildung 4.6 zeigt die Verteilung sprachlicher Varietäten in Abhängigkeit von den Dialogpartnern (die drei Varietäten wurden durch eine weitere Rationalisierung der Daten ermittelt: vgl. Klein 1983: 137, 172).

In der Kurve, die die Verwendung der Umgangssprache repräsentiert, gibt es nur wenig Bewegung: Umgangssprache kann offenbar mit allen Gesprächspartnern gleich gut verwendet werden. Die Linien, die den Standard und den Dialekt markieren, ergaben hingegen ein X, was darauf hindeutet, daß sie komplementäre Funktionen erfüllen. Anscheinend besteht breites Einvernehmen darüber, welche Varietät mit wem zu benutzen ist. Rang 7, das Kind, stellt den Drehpunkt der Hierarchie dar, liegt aber noch links vom Standard-Dialekt-Schnittpunkt. Daraus ist zu schließen, daß laut Selbsteinschätzung mit Kindern mehr Standard als Dialekt gesprochen wird. Die übrigen 12 Dialogpartner bilden zu beiden Seiten eindeutige Gruppen: 1-6 (Standard) sind Partner mit einem relativ hohen sozialen Status oder laut Definition dem Sprecher fremd, 8-13 (Dialekt) sind Personen mit einem relativ niedrigen Status bzw. solche, die dem Sprecher persönlich nahestehen. Es zeichnet sich ab, daß der Interaktionstyp den entscheidenden Faktor bei der Varietätenwahl darstellt. Die Standardform wird als angemessen empfunden, wenn relativ ernste, geschäftsmäßige Austausche mit starker Gegenstandsorientierung stattfinden, während die Mundart auf persönlicheren Ebenen den Vorzug genießt (Klein 1983: 180) Oft ist in diesem Zusammen-

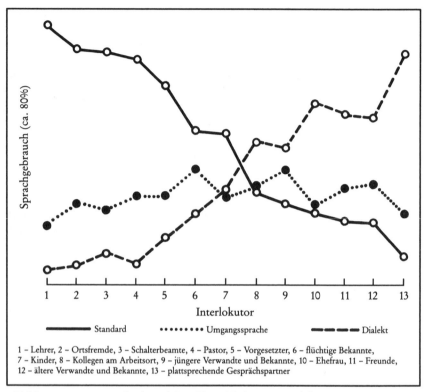

Abbildung 4.6 Erp: Sprachgebrauch in Abhängigkeit vom Interlokutor
Quelle: Klein 1983

hang auch von *transaktionalen* und *persönlichen* Interaktionen die Rede (Gumperz 1966).

Die Ergebnisse des Selbstbewertungstests waren recht aufschlußreich, aber wie verhalten sie sich zu den Fähigkeiten der Probanden, die verschiedenen Varietäten passiv auseinanderzuhalten? Die Entscheidung, welche Sprachform gewählt wird, hängt schließlich auch davon ab, welche Varietät man beim Initiator /bei der Initiatorin des Dialogs wiederzuerkennen glaubt. Mangelhafte Fähigkeiten, die durch entsprechende Sprachformwahl ausgedrückten Intentionen des Gesprächspartners wahrzunehmen, wären ein Indiz ‚kommunikativer Inkompetenz' (Hudson 1980). Im zweiten Test wurden die Informanten erneut gebeten, Varietäten als Punkte in einem Kontinuum einzutragen, doch diesmal ging es nicht um ihr eigenes, subjektiv beurteiltes Repertoire, sondern um die Bewertung von sechs kurzen, vom Standard über regionale Umgangssprache bis zum Dialekt von Nachbardörfern reichenden Tonaufzeichnungen (Mattheier 1983a).

Als Ergebnis ergab sich folgendes: Standard und Dialekt konnten ohne weiteres identifiziert werden, aber die Abgrenzung der dazwischenliegenden Formen verursachte einige Schwierigkeiten. Dies bedeutet entweder, daß die Abweichungen zwischen den letztgenannten Varietäten objektiv zu gering sind, als daß man sie als eigenständige Formen isolieren könnte, oder daß die Sprecher derartige Unterscheidungen unerheblich finden. Glaubhafter erscheint die zweite Deutung, denn die Sprachproben waren sorgfältig ermittelt und nach Dialektalitätsgraden (hier: phonologische Entfernung vom Standard) abgestuft worden. Hinzu kommt, daß diejenigen, die die meiste Berührung mit sowohl regionaler als auch standardnaher Umgangssprache hatten (junge Zuzügler aus dem Rheinland, die der neuen Mittelschicht oder der pendelnden Arbeiterschaft angehören), am schlechtesten bei der Unterscheidung dieser zwei Varietäten abschnitten, während die sog. alte Mittelschicht (AMS) insgesamt die besten Urteile abgab (Mattheier 1983a: 250, 258f).

Angesichts dieser zwei Punkte ist zu vermuten, daß die Fähigkeit, Varietäten zu unterscheiden, etwas mit unserem Bedürfnis nach Varietätendifferenzierung zu tun hat, wenn nicht sogar von ihm bestimmt wird: Unsere Chancen, relevante Divergenzen tatsächlich wahrzunehmen, erhöhen sich, wenn wir sie erkennen wollen. In unserem Fallbeispiel liegt der entscheidende Kontrast für die neue Mittelschicht (NMS) zwischen der mittleren und den extremen Formen, nicht aber zwischen den mittleren umgangssprachlichen Varietäten. Die alte Mittelschicht ist feinfühliger, da sie im Unterschied zu den meisten anderen Gruppen sowohl den Standard als auch den Dialekt positiv bewertet und daher eher geneigt ist, klare und akkurate Grenzen zwischen den dazwischen liegenden Varietäten wahrzunehmen, was eine Voraussetzung für die Aufrechterhaltung der funktionalen Distribution der verschiedenen Varietäten darstellt.

4.5.4 Variation aus neuer Sicht

Die Tatsache, daß man sich nicht generell darüber einig wurde, wieviele Varietäten in Erp unterschieden werden können, ist ein deutliches Zeichen dafür, daß die Variation des Deutschen (zumindest in diesem Gebiet) nicht so streng und klar gestaffelt ist wie traditionell behauptet wurde. Viele Sprecher mögen das Gefühl haben, je nach Kontext ganz abrupt von einer klar begrenzten Form (z.B. Dialekt) in eine andere, ebenso eindeutige Form zu ‚switchen‘ (z.B. in eine Varietät, die wir als Standard bezeichnen würden), doch Nachforschungen ergaben, daß es in Wirklichkeit immer üblicher wird, behutsam und unauffällig von einer Varietät in eine andere überzuleiten. Vom ‚Konvergieren‘ (*upward* and *downward convergence*) als Alternative zum ‚Switchen‘ war bereits im Abschnitt 4.4.5 die Rede, und wir sind der Meinung, daß auch die hier zitierten Ergebnisse implizieren, daß eine Beschreibung der Variation des Deutschen als ein relativ übergangsloses Kontinuum der Wirklichkeit näher kommt als eine Theorie eindeutig abgegrenzbarer Varietäten. Dennoch wird einer solchen Betrachtungsweise im allgemeinen recht wenig Aufmerksamkeit geschenkt, weshalb wir im nächsten Kapitel auf Aspekte ihrer praktischen Berücksichtigung und Nutzung eingehen wollen.

Weiterführende Literatur

Bausch (1982) enthält eine Reihe von Artikeln zu Stadtsprache, und Mattheier (1980) ist eine hervorragende programmatische Diskussion von z. T. noch immer aktuellen Herausforderungen für die deutsche Dialektologie und Soziolinguistik. Bei der Erkundung natürlicher Sprechweisen auftretende Probleme sind ein methodologischer Schwerpunkt in der soziolinguistischen Forschung: Hufschmidt und Mattheier (1981b) präsentieren sie im Überblick. Außer den im Text besprochenen stadtdialektologischen Studien seien Kallmeyer (1994), Moosmüller (1987), Arbeiten zu großangelegten Projekte in Mannheim bzw. Wien, empfohlen. Zu den wichtigsten (in Buchform erschienenen) Veröffentlichungen zum Berlin-Projekt zählen Dittmar et al. (1986), Dittmar/Schlobinski (1988), Schlobinski (1984, 1986, 1987) sowie Schlobinski/Blank (1985). Die Ergebnisse des Erp-Projektes sollten in vier Bänden erscheinen, von denen bislang allerdings nur zwei vorliegen: Besch et al. (1981) und Hufschmidt et al. (1983).

5 Soziolinguistische Variation und das umgangssprachliche Kontinuum

5.1 Verschiedene Sichten auf die Variation des Deutschen

Die Erforschung der deutschen Sprache in den deutschsprachigen Ländern hat sich in den meisten Fällen als ein Studium von zwei sich deutlich voneinander absetzenden **Sprachtypen** erwiesen. Die dabei gesichteten Kontraste waren teilweise sogar so erheblich, daß keine wechselseitige Verständlichkeit mehr bestand.

5.1.1 Standarddeutsch

Der erste dieser Sprachtypen wird im Deutschen unter mehreren Bezeichnungen geführt. Man nennt ihn z.B. *Hochsprache*, **Schriftsprache**, *Literatursprache*, *Einheitssprache* oder auch *Standardsprache*. Es ist jene Art von Deutsch, die man traditionell sowohl mündlich als auch schriftlich an Schulen erwartet und weiterentwickelt, die in den meisten Grammatiken und Wörterbüchern zu finden ist und so gut wie allen ausländischen Deutschlernenden beigebracht wird. Die Aussprache der Standardvarietät wird ebenso wie ihre Grammatik und Orthographie u. a. im *Duden*, und darüber hinaus in *Siebs Deutsche[r] Aussprache* beschrieben. Gemessen an seinem sozialen Prestige gilt Standarddeutsch vielfach, doch nicht grundsätzlich, als die akzeptabelste Sprachform.

Zwischen den Formen, die im Kontext individueller Sprachen als ‚Standard' angesehen werden, bestehen (potentiell erhebliche) funktionale Unterschiede. Wir sprechen gelegentlich von ‚formellem Standarddeutsch', um deutlich zu machen, daß es sich dabei um eine Varietät handelt, die nicht unbedingt mit Standardformen anderer Sprachen – wie beispielsweise der des Englischen – vergleichbar ist.

Standard English steht in der modernen Linguistik für jenen Sprachtyp, der von einem beträchtlichen Teil der Bevölkerung der englischsprachigen Länder in praktisch allen Situationen schriftlich oder auch mündlich verwendet wird; es ist im großen und ganzen die Sprache der Mittelschicht und eines Teils der Arbeiterschicht. So gut wie alle Muttersprachler des Engli-

schen verstehen es, und wenn es auch von vielen Sprechern nicht routinemäßig benutzt wird, so sind doch fast alle in der Lage, sich seiner zumindest
gelegentlich zu bedienen. Was wir hier so großzügig als ,Typ' bezeichnen,
ist in Wirklichkeit ein Zusammenschluß vielfältiger Formen. Das Englische
untergliedert sich bekanntlich in mehrere nationale Varietäten (amerikani-
sches Englisch, britisches Englisch, australisches Englisch usw.), die phonetisch, (weniger stark) lexikalisch und in geringem Umfang auch grammatisch voneinander abweichen. In jedem englischsprachigen Land kommt es
wiederum zu einer regionalen und sozialen Differenzierung der Standardvarietät, und zwar vornehmlich im Bereich der Aussprache (vgl. Trudgill/
Hannah 1982: 1).

Standard English variiert nicht nur erheblich von Ort zu Ort und von
Sprecher/in zu Sprecher/in, sondern umfaßt ein breites Spektrum von Registern. Damit ist gemeint, daß eine individuelle Sprechweise stets von vielfältigen äußeren Faktoren – Thema, Adressat, Situation usw. – beeinflußt
wird. Variation über mehrere Register ist eine sehr komplexe Angelegenheit. Für viele Zwecke unterscheidet man zunächst eine Klasse ,formeller'
Register von einer Klasse ,informeller' Register und dementsprechend zwischen ,formeller' und ,informeller' (umgangssprachlicher) Sprache. Häufig
erweist sich diese Untergliederung jedoch als zu grob. Formelle Register benutzt man normalerweise in Gesprächen mit wissenschaftlich-technischem
oder anderweitig speziellem Inhalt und für Äußerungen gegenüber Unbekannten, während informelle Register für die zwanglose Unterhaltung typisch sind. Formelle Register erscheinen häufiger schriftsprachlich als informelle Register.

Es sei betont, daß *standard English* eine sehr breite Kategorie darstellt, da
sie sich aus sämtlichen Registern eines enormen Bevölkerungsanteils zu-
sammensetzt. In modernen Grammatiken des Englischen findet man Versuche, zumindest einen Bruchteil der Variation der Standardform zu beschreiben (vgl. Quirk/Greenbaum 1973: 35–38 zu *verbal contraction*, d. i.
Zusammenziehungen wie *I've, we'll, don't* usw.), und moderne Lehrprogramme für Englisch als Fremdsprache führen die Lernenden z. T. schon
recht früh in Formen alternativer Register ein.

Anders verhielt es sich bis vor kurzem mit Grammatiken des Deutschen
und mit Studienmaterialien für Ausländer. Sie bezogen sich auf eine Art
Sprache, die so von keinem/keiner Muttersprachler/in im Alltag verwendet
wurde. Dank einer raschen Umorientierung gibt es inzwischen Grammatiken wie die von Eisenberg (1986) und neue Lehrprogramme wie *Deutsch aktiv* (Neuner et al. 1979) und *Themen* (Aufderstraße et al. 1983), doch es war
noch vor etwa 15 Jahren keine Seltenheit, daß Studenten, die das Deutsche
lediglich von der Schule her kannten, bei ihrem ersten Besuch eines
deutschsprachigen Landes mit Erstaunen feststellten, daß sie von den Einheimischen nicht die Art Sprache zu hören bekamen, auf die man sie vor-

bereitet hatte. Der Grund für diese Erfahrung lag in ihren Grammatiken
und Lehrbüchern: Deren Autoren hatten sich offenbar nicht an der verschiedene Stillagen umfassenden Sprech- und Schriftsprache gebildeter
Menschen (ein Äquivalent des *standard English*) orientiert, sondern an den
formellen Registern einer eher geschriebenen als gesprochenen Sprache der
Bildungsschicht. Während die von Quirk und Greenbaum verfaßte Grammatik des Englischen eine realistische Beschreibung der modernen Sprachform gebildeter Muttersprachler verkörpert, sucht man in deutschen Grammatiken bis heute vergebens nach Verweisen auf bestimmte, auch in der
Sprechweise gebildeter Leute anzutreffende Erscheinungen. Wir denken
z. B. an die so weit verbreitete Ersetzung von *er, sie, es* usw. durch *der, die,
das* usw. und insbesondere an die Verwendung von *die* statt *sie* im Plural (lediglich der emphatische Gebrauch von *der, die, das* usw. für *er, sie, es* usw.
scheint ein generell anerkanntes Merkmal der deutschen Standardsprache
zu sein). Eine Besprechung der recht üblichen Ersetzung der Demonstrativ-
pronomen *dieser* und *jener* durch *der hier* und *der da* fand sich (bei einer
schnellen Durchsicht) nur in Eisenberg (1986: 191). Die den Grammatiken
als Grundlage dienende *Schriftsprache* oder *Standardsprache* war, und ist z. T.
noch immer, eine Erscheinungsform des Deutschen, die sich nicht mit *standard English*, sondern bestenfalls mit *formal standard English* vergleichen
läßt, weshalb wir sie hier auch als ‚formelle deutsche Standardsprache' bezeichnen.

Eine zum umgangssprachlichen *standard English* analoge umgangssprachliche Standardform des Deutschen (die ‚standardnahe Umgangssprache') ist
so gut wie nie vollständig beschrieben worden, doch es gibt sie. Im Vergleich
zu ihrem englischen Äquivalent weist sie ein geringeres Maß an rein sozial
markierter phonetischer Variation auf, zeichnet sich dafür aber auf allen Ebenen (Aussprache, Grammatik, Wortschatz) durch stärkere regionale Differenziertheit aus. Des weiteren gibt es, ebenfalls abweichend vom englischsprachigen Raum, regionale Unterschiede im Ausmaß ihrer Verwendung. In
Gebieten, wo Englisch als Erstsprache auftritt, gibt es überall Individuen, die
die Standardvarietät als Muttersprache erworben haben; unter den Einheimischen der deutschsprachigen Schweiz z. B. gibt es hingegen niemanden, der
Standarddeutsch als seine bzw. ihre Erstsprache bezeichnen würde (wenngleich es auch von vielen bis zu einem gewissen Kompetenzgrad erlernt werden muß). Noch in Österreich und im Süden Deutschlands ist der Anteil jener, die den sie überdachenden Standard von klein auf lernen, geringer als der
Anteil von muttersprachlichen Sprechern der englischen Standardform in
sämtlichen Regionen Englands. In Norddeutschland hingegen ist der Pro-
zentsatz von Sprechern der für sie verbindlichen Standardform in etwa ge-
nauso hoch wie der in den meisten Teilen Englands.

Wenn, wie es scheint, alle Deutschsprachigen in zwanglosen Kontexten
des Alltags eine Art Sprache benutzen, die von der in konventionellen

Grammatiken beschriebenen abweicht, so könnten wir daraus schließen, daß es eine Standardform des Deutschen gibt, die sich auf die formelleren Register beschränkt, und daß sich hinter der informellen Sprechweise aller Sprecher Nichtstandard-Formen bzw. Dialekte verbergen. Dies hieße, daß die Situation in den deutschsprachigen Ländern der Situation von Minderheitssprachgemeinschaften gleicht. Die von allen Mitgliedern der Gemeinschaft mündliche gebrauchte Sprachform ist eine kleinräumige vom Standard divergierende Varietät, und der Standard selbst ist auf das Schriftliche und u. U. ein paar wenige, scharf abgegrenzte Register des Mündlichen beschränkt. Derartige Deutungen liegen vor (z. B. bei Bodmer 1944/1981: 289), sind aber letztlich nicht haltbar. Es wird im Gegenteil immer wieder bestätigt, daß in den deutschsprachigen Ländern eine nicht dem formellen Standard entsprechende Erscheinungsform des Deutschen zu hören ist, die über regionale Vielfalt hinweg beachtliche grammatische Uniformität und genügend Gemeinsamkeiten in der Aussprache und im Wortschatz aufweist, so daß Sprecher aus verschiedensten Gebieten i.d.R. ohne Mühe miteinander kommunizieren können. Sie hebt sich ganz klar von nichtstandardgerechtem Deutsch ab, da sie keine eindeutig gegen die Norm verstoßenden grammatischen Konstruktionen und nur in recht begrenztem Umfang lokalspezifisches Vokabular enthält.

5.1.2 Traditionelle deutsche Dialekte

Der zweite ausgiebig erforschte Typ des Deutschen sind seine traditionellen Dialekte oder Mundarten. Da diese vielfach von Dorf zu Dorf verschieden sind, haben wir es dabei mit einem ungeheuren Spektrum von Varietäten zu tun – einer Vielfalt, die das Deutsche zu einer sogar im Weltmaßstab recht ungewöhnlichen Sprache macht. Die deutschen Mundarten sind angesichts ihrer zahlreichen Gemeinsamkeiten zweifellos miteinander verwandt, aber vielfach nur begrenzt wechselseitig verständlich. In anderen Teilen Europas gelten Sprachformen, die den deutschen Mundarten vergleichbare Differenzen aufweisen, normalerweise als eigenständige Sprache; so z. B. auf der Iberischen Halbinsel, wo man auf vier verschiedene romanische Sprachen – (kastilisches) Spanisch, Katalanisch, Portugiesisch und Galizisch – verweist. Sehr viele deutsche Dialekte sind für jemanden, der nur mit der Standardform vertraut ist, nicht ohne weiteres verständlich. Aus britischer Sicht könnte man wohl vergleichend sagen, daß Verständnisprobleme, wie sie von deutschen Standardsprechern in den meisten traditionellen Dialektgebieten erfahren werden, englischen Standardsprechern nur in bestimmten Gegenden Nordirlands sowie bei der Begegnung mit südlichen und östlichen Scots-Dialekten (die ohnehin von einigen als eine separate Sprache empfunden werden) drohen.

Mit der Frage, worin sich die Mundarten voneinander und von der Standardform unterscheiden, haben wir uns bereits in Kapitel 3 auseinandergesetzt: Sie variieren ganz offensichtlich im phonologischen Bereich, aber auch in der Lexik und in der Grammatik. Für soziolinguistische Studien dialektaler Aussprache empfiehlt es sich, Merkmalvariationen grundsätzlich in zwei Kategorien zu ordnen. In die erste Kategorie gehören Differenzen, die so klein sind, daß sie keinerlei Einfluß auf die Verständlichkeit haben und mitunter nicht einmal bemerkt werden. Illustrieren können wir dies z. B. anhand der Gegenüberstellung von *gut* mit einem sehr weit hinten artikulierten, dunklen /uː/, wie man es von Standardsprechern aus dem Nordwesten Deutschlands, z. B. aus Hannover, kennt, und *gut* mit einem recht weit vorn gebildeten, zu /yː/ tendierenden, helleren /uː/, wie es für Standardsprechern aus vielen mittleren Teilen des Landes, z. B. aus Leipzig, typisch ist. Wir bezeichnen diese Art von Variation als ‚Akzentunterschied‘ oder ‚Phonologische Akzent-Differenz‘ (vgl. 5.4.1) und vertreten den Standpunkt, daß Sprachformen, die nur diesbezüglich voneinander abweichen, nicht als separate Dialekte betrachtet werden sollten. Phonologische Differenzen, an denen sich verschiedene Dialekte festmachen lassen, sind schwerwiegender und relativ unsystematisch. Sie können erhebliche Einschränkungen der Verständlichkeit bedeuten. Der Kontrast zwischen niederdt. *ick weet* /veːt/ und mittelbair. *i woaß* /vɔəs/ (für standardspr. *ich weiß*) ist ein Beispiel von vielen. Keine dieser Formen wird ohne weiteres von Sprechern des jeweils anderen Dialektes oder auch von Menschen, die nur die Standardform kennen, verstanden.

Dialekte bzw. Mundarten grenzen sich nach der einschlägigen Literatur in jeder Hinsicht scharf von der (formellen und umgangssprachlichen) Standardform ab, was u. U. zu eingeschränkter wechselseitiger Verständlichkeit führt. Es ist sogar festgestellt worden (vgl. Kap. 6), daß Dialektmuttersprachler bei der Aneignung der deutschen Standardform teilweise ebenso große Schwierigkeiten haben wie all jene, die Deutsch als eine Fremdsprache erlernen. Manche Mundartsprecher müssen beim Übergang in die Einheitssprache regelrecht ‚umschalten‘ (Goossens 1977: 20).

In vielen Teilen des deutschsprachigen Gebietes, insbesondere in den städtischen Ballungszentren Mittel- und Norddeutschlands, haben sich hingegen Kontinua herausgebildet. Damit ist gemeint, daß die dort anzutreffenden Sprachspektren keine klaren Übergänge zwischen etwaigen Formen aufweisen und es beispielsweise unmöglich sein könnte, einigermaßen exakt die so signifikante Trennlinie zwischen dem Standard und Nichtstandard-Varietäten auszumachen. ‚Kontinuum‘ kann auch bedeuten, daß die Sprechenden in Abhängigkeit von der Situation ohne spürbare Abstufungen in offiziellere oder ungezwungenere Ausdrucksweisen hinübergleiten. Dennoch besteht bei den meisten Sprechern ein unverkennbarer Abstand zwischen ihren der Hochsprache näherstehenden formellen und ihren informelleren Registern.

‚Formelles Standarddeutsch' spielt in den erwähnten Gebieten eine eher marginale Rolle, aber man bedient sich reichlich der umgangssprachlichen Standardsprache (bzw. standardnahen Umgangssprache; s. o.). Dazu kommen andere, vorwiegend von einfachen Arbeitern in zwanglosen Situationen eingesetzte, teilweise grammatisch ‚fehlerhafte' Sprechweisen, die gern als ‚Dialekte' präsentiert werden, aus rein linguistischer Sicht jedoch mehr mit der Standardsprache als mit historischen Dialekten gemein haben, weshalb deutsche Sprachwissenschaftler eine solche Zuordnung i.d.R. ablehnen. Was sie als ‚Mundart' oder ‚Dialekt' klassifizieren, ist in diesen Gebieten fast völlig verdrängt worden.

5.1.3 Das umgangssprachliche Kontinuum

Für große Teile des deutschsprachigen Raums hat sich herausgestellt, daß sich die mündliche Ausdrucksweise der meisten Menschen in einem Kontinuum bewegt, von dem bisher nur der ‚formelle' Pol, die offizielle Standardsprache, ausführlich erforscht worden ist. Die übrigen Abschnitte des Kontinuums werden von deutschen Germanisten anerkannt, doch man hat sie nur vereinzelt zu differenzieren versucht und insgesamt relativ wenig beschrieben. Sie werden als ‚Umgangssprache' bezeichnet.

Es ist u. E. sinnvoll, die Kategorie ‚Umgangssprache' primär in ‚standardnahe Umgangssprache' und ‚dialektnahe Umgangssprache' zu untergliedern. Dafür lassen sich mindestens zwei Gründe anführen. Erstens ist eine solche Abgrenzung den meisten Sprechern nichts Fremdes. Millionen von Deutschsprechern registrieren in ihrer alltäglichen, umgangssprachlichen Umgebung einen Unterschied zwischen ‚Hochdeutsch' und ‚Dialekt' und ordnen ihren eigenen umgangssprachlichen Stil der einen oder anderen Kategorie zu. Sie verstehen unter den Termini freilich nicht dasselbe wie Linguisten (s. o). Bestätigt wurde dies u. a. in der großangelegten Berlin-Studie von Dittmar, Schlobinski et al. (1986: besonders 116–20, vgl. 4.4), wo die Befragten standardferne Varietäten des Berlinischen als ‚Dialekt' bezeichneten.

Zweitens sind in deutschen Arbeiten, und zwar besonders in den Beiträgen zum Thema Stadtsprache, durchaus schon Untergliederungen von Umgangssprache vorgenommen worden. Veith (1983: 86–90) schlägt im Rahmen einer Studie zur Stadtsprache Frankfurts a. M. fünf Varietäten vor: Standardsprache und Dialekt sowie standardnahe, mittlere und dialektnahe Umgangssprache. Die als ‚Dialekt' bezeichnete Varietät, eine der traditionellen Mundart nahestehende Form, wurde übrigens nur am äußeren Stadtrand von Frankfurt a. M. nachgewiesen. Auch Schönfeld (1977: 170) unterscheidet in Auswertung seiner im Norden der damaligen DDR angesetzten Forschungsarbeit fünf Ebenen, doch sie stimmen nicht exakt mit denen von

Veith überein. Die Rede ist von *Literatursprache*, von *literatursprachenaher* und *mundartnaher Umgangssprache*, von *stärker umgangssprachlich beeinflußter niederdeutscher Mundart* und *niederdeutscher Mundart*. Man hat sich bislang noch nicht darüber einigen können, wieviele Hauptunterteilungen der Umgangssprache i.d.R. sinnvoll sind.

Tabelle 5.1 bietet einen Überblick über die gegenwärtig gebräuchliche deutsche Terminologie und die von uns verwendeten Äquivalente. Unsere Terminologie stützt sich zum Teil auf ein von Wells (1982: 2–8) für das Englische entwickeltes System. Mit Differenzen zwischen dem Umgangssprachlichen und der (formellen) Standardsprache und zwischen der standardnahen und der dialektnahen Umgangssprache werden wir uns in späteren Abschnitten dieses Kapitels befassen.

allgemein übliche Terminologie	hier verwendete Terminologie
Standardsprache/Einheitssprache/ Schriftsprache/Literatursprache	(formelle) Standardsprache
Umgangssprache	standardnahe ⎫ Umgangssprache dialektnahe ⎭
Dialekt/Mundart	(traditioneller) Dialekt

Tabelle 5.1 Terminologie für sozial determinierte Varietäten des Deutschen

5.2 Die spezifischen Merkmale der Variation des Deutschen und der Stand ihrer Erforschung

5.2.1 Das Verhältnis zwischen Umgangssprache, formellem Standarddeutsch und traditionellem Dialekt

Wie wir schon mehrfach angedeutet haben, zeichnet sich das aus Standarddeutsch, standardnaher Umgangssprache und dialektnaher Umgangangssprache erwachsende Kontinuum einerseits durch beachtliche Kontraste und andererseits durch ziemlich fließende Übergänge zwischen einzelnen Varietäten aus. Traditionelle Dialekte lassen sich um so einfacher von diesem Kontinuum scheiden, je weiter sie vom Standard entfernt sind. Die besten Beispiele für ausgesprochen standardferne Mundarten finden sich im oberdeutschen und niederdeutschen Sprachgebiet, wo Mundartsprecher, wenn sie sich formeller ausdrücken oder mit Menschen anderer Regionen unterhalten bzw. aus komplexeren Motiven ins Kontinuum übergehen wollen, bewußt in einen anderen Code ‚switchen' (vgl. Stellmacher 1977:

155–70). Vor allem in den städtischen Ballungszentren jener Regionen hat sich aber ein großer Bereich der gesprochen Sprache so entwickelt, daß Linguisten dazu neigen, auch dort die Herausbildung eines Kontinuums zu bestätigen (siehe z. B. die Beiträge von Dressler, Wiesinger und Moosmüller zur Situation in Österreich in Moosmüller 1987 und an anderer Stelle). Anders ist die Situation im mitteldeutschen Dialektraum. Mitteldeutsche Mundarten haben die deutsche Einheitssprache historisch stärker geprägt als alle anderen und stehen bis heute generell dem Standard am nächsten. Sie bilden vielerorts einen Teil des Kontinuums, was u. U. bedeutet, daß man sie nur relativ schwer von der dialektnahen Umgangssprache unterscheiden kann. Besonders davon betroffen ist das ostmitteldeutsche Dialektgebiet (vgl. insbesondere Schönfeld/Pape 1981: 159).

5.2.2 Die relative Vernachlässigung der Umgangssprache

Wenn umgangssprachliches Deutsch das normale mündliche Kommunikationsmedium der überwiegenden Mehrheit der Deutschsprachigen verkörpert, stellt sich die Frage, warum es bislang nur so wenig erforscht worden ist. Unserer Ansicht nach reichen die Ursachen für die Diskrepanz zwischen seiner Bedeutung und dem aktuellen Forschungsstand bis ins vergangene Jahrhundert zurück. Zwei historische Faktoren waren von entscheidender Bedeutung: die im europäischen Vergleich relativ spät vollzogene politische Vereinigung und die verzögerte Industrialisierung Deutschlands.

Über mehrere Jahrhunderte gab es in Deutschland eine relativ kleine gebildete Elite, die der Standardsprache bzw. ihrer Vorläufer mächtig war, doch die politische Zersplitterung hatte zur Folge, daß Unterhaltungen in diesen Kreisen in kleinräumigeren, dialektal gefärbten Sprachformen erfolgten. Diese konstituierten eine Art Mittelschichtdialekt, wie er uns noch heute in der Schweiz und unter älteren Leuten in anderen Gebieten begegnet (z. B. als sog. Honoratiorenschwäbisch im südwestlichen Deutschland). Zwangsläufig hat dieser Umstand die Herausbildung einer standardnahen Umgangssprache in vielen Gebieten hinausgeschoben. Eine gewisse Ausnahme bildeten die Städte Norddeutschlands, wo sich die Elite recht früh von den stark örtlich geprägten Sprachformen abwendete. Nach der Einigung Deutschlands von 1871 entwickelte sich die standardnahe Umgangssprache überall um so rascher. Besonders rasch breitete sie sich unmittelbar nach dem Zweiten Weltkrieges aus, als es zu einer großräumigen Bevölkerungsvermischung kam.

Im jahrhundertelang politisch zersplitterten Deutschland repräsentierte die nur äußerst selten mündlich eingesetzte formelle Standardsprache nationale Identität, und wurde – verständlicherweise auf Kosten anderer Formen – in weitgehend puristischem und normativem Geiste analysiert und gepflegt. Die dialektnahe Umgangssprache hat ihre typischen Träger in der städtischen Arbeiterschaft, und aufgrund der späten Industrialisierung haben sich ihre Herausbildung und Ausbreitung verzögert. Andererseits gibt es mehrere Jahrhunderte zurückreichende Belege für eine in den norddeutschen Städten als **Missingsch** bekannte Sprachform, welche eine stark von traditionellen Ortsdialekten beeinflußte Form des deutschen Standards darstellte (heute werden unter ‚Missingsch‘ in erster Linie gewisse in Hamburg verbreitete Varietäten zusammengefaßt). Zieht man die im Durchschnitt relativ späte Herausbildung dieses Sprachtyps und das niedrige Prestige seiner Träger in Betracht, so ist der große Nachholbedarf zum Thema ‚Umgangssprache‘ also gar nicht so verwunderlich.

5.2.3 Die Vernachlässigung des Kontinuums

Als nächstes soll geklärt werden, warum das Deutsche nur hin und wieder als Kontinuum dargestellt wurde. Ein Hindernis mag der beeindruckende Kontrast zwischen der Standardform und den traditionellen Dialekten, ein anderes die jahrelange Vernachlässigung des umgangssprachlichen Kontinuumabschnittes sein. Diese Umstände machten es möglich, daß die Standardform und die Mundarten mitunter als eigenständige, wenn auch offensichtlich sprachgeschichtlich verwandte Phänomene betrachtet und umgangssprachliche Sprechweisen (wenn überhaupt beachtet) als zufällige Vermischungen gedeutet wurden.

Ein anderer wichtiger Faktor war die Beliebtheit der traditionellen Mundartenkunde. Nach Meinung vieler traditioneller Dialektologen waren die Träger der dialektnahen Umgangssprachen ‚eigentlich‘ nur traditionelle Dialektsprecher, deren Mundart im Kontakt mit der Standardsprache ‚korrumpiert‘ worden war. Sie galten als Dialektsprecher, die sich vergeblich in der Standardsprache versuchten. Dieser Ansatz hatte viel mit der Ideologie jener Gelehrten gemein, die sich für die Kultivierung der formellen Standardsprache einsetzten: Dialektnahe Umgangssprache galt als ‚entgleistes‘ oder ‚verunreinigtes‘ Hochdeutsch, als eine Form voller Elemente, die eigentlich den traditionellen Dialekten oder vergleichbaren Sprachtypen angehörten.

5.2.4 Die Vernachlässigung der Binnengliederung des Kontinuums

Warum ist die (etwa der Differenzierung zwischen Mittelschicht und Arbeiterschicht entsprechende) Untergliederung des Umgangssprachlichen in standardnahe Umgangssprache und dialektnahe Umgangssprache relativ wenig diskutiert worden? Wiederum liegt ein Teil der Antwort im sozialen Kontext. Vor der Industrialisierung bildeten die numerisch verschwindend kleine Aristokratie und das Junkertum die einflußreichste soziale Klasse. Ihre Vertreter gebrauchten formelles Standarddeutsch, daran angrenzende standardnahe Varietäten der Umgangssprache und in bestimmten Gebieten auch den traditionellen Dialekt. Die bezüglich ihres Anteils an der Gesamtbevölkerung mächtigste Klasse war die mundartsprechende Bauernschaft. Die gesellschaftlichen Strukturen erinnerten in vieler Hinsicht noch an die Feudalzeit, denn die Angehörigen der Mittel- und Unterschicht hatten den politischen Status von Untertanen und genossen nur wenige bürgerliche Rechte. Zur Entwicklung einer breiten, sich durch neue politische und kulturelle Ansichten und (damit einhergehend) andere Sprechweisen auszeichnenden Mittelschicht und Arbeiterschicht kam es relativ spät und im Vergleich mit anderen Teilen Westeuropas, einschließlich Großbritanniens, in relativ begrenztem Umfang. Noch bevor dieser Trend seinen Abschluß finden konnte, setzten im Europa der Nachkriegszeit Prozesse ein, durch die sich die Abstände zwischen den verschiedenen gesellschaftlichen Schichten stärker denn je zuvor verringerten. Unverkennbare schichtenspezifische Untergliederungen des Umgangssprachlichen existieren aber weiterhin und werden von Linguisten als solche wahrgenommen, was dessen Zweiteilung rechtfertigt.

5.2.5 Die Träger der verschiedenen Typen des Deutschen

Wie wir gesehen haben, ist formelles Standarddeutsch keine muttersprachliche Sprechform, kann aber je nach Bedarf von potentiell allen Trägern des Deutschen verwendet werden. Die subjektive Fähigkeit der Sprecher, sich dieses Typs ihrer Sprache zu bedienen, hängt in erster Linie von ihrem Bildungsniveau, und dieses wiederum indirekt und in komplexer Weise von ihrer Herkunft bzw. aktuellen Schichtzugehörigkeit ab. Das Kontinuum der deutschen Umgangssprache ist das normale mündliche Medium der meisten Deutschsprachigen; nur in der Deutschschweiz und in Luxemburg benutzt man generell eine Art traditionellen Dialekt. Bei letzterem handelt es sich konkret um **Schweizerdeutsch** (*Schwyzertütsch*) und um das **Letzeburgische** (*Letzebuergésch*), zwei Idiome, für die mit einigem Recht der Status autonomer Sprachen eingefordert wird. Eine weitere Ausnahme bilden in Süddeutschland und Österreich beheimatete und vielleicht am besten als traditionelle Mundarten beschriebene Formen, deren Träger in (vorwiegend kleinen) Städten leben und abgesehen von einigen i.d.R. älteren Mittelschichtlern der Arbeiterschicht angehören. Als Ausnahmen sind auch zahlreiche in den ländlichen Teilen aller Regionen ansässige Kleinunternehmer zu betrachten, deren wirtschaftlicher Status sie zu Angehörigen der Mittelschicht macht, deren Sprache aber noch immer eine mundartliche Varietät ist (vgl. z.B. Mickartz 1983: 72–77).

Das von den meisten Menschen genutzte sprachliche Spektrum, zu dem auch formelles Hochdeutsch gehört, weist also mit seiner groben Unterteilung in standardnahe und dialektnahe Umgangssprache eine Gliederung auf, die annähernd dem sozialen Nebeneinander von manuell und nichtmanuell Beschäftigten entspricht. Es hat aber, wie gesagt, alle Merkmale eines Kontinuums, und die Sprecher orientieren sich um so stärker am Standard, je formeller der jeweilige situative Kontext ist. Ferner sei unterstrichen, daß die berufliche Stellung nur ein Faktor von vielen ist, die sich auf die Wahl der einen oder anderen Sprechweise auswirken. Ein weiterer Faktor ist das Geschlecht. Den relativ widersprüchlichen Forschungsergebnissen nach zu urteilen scheint der Einfluß dieser Variablen auf den Sprachgebrauch stark zu schwanken und insbesondere von Schicht und Region abzuhängen. Manche Studien ergaben, daß die Sprechweise von Frauen dem Standard ferner steht als die von Männern (siehe z. B. Ammon 1977: 37), in anderen schloß man auf das Gegenteil (siehe z. B. Schlobinski 1987: 156, 160, 170). Eine empfehlenswerte Zusammenfassung der Interaktion von Geschlechtszugehörigkeit einerseits und regionalen sowie sozialen Faktoren andererseits findet sich bei Mattheier (1980: 25–39).

Im Kontinuum der gesprochenen Sprache gibt es nach der Zweiteilung in standardnahe und dialektnahe Umgangssprache noch eine sekundäre Untergliederung: die standardnahe Umgangssprache wird entweder mit dem Prestigeakzent der deutschen Hochlautung (DH) oder mit einer Art regionalem Akzent realisiert. Die Verwendung der DH korreliert teilweise mit der Variablen Bildungsniveau und wird neben standardgerechter Wortwahl und Grammatik vielfach als die dritte Komponente hochsprachlich-korrekten Sprechens empfunden. Andererseits wächst die Akzeptanz von regional variabel artikulierter Standardsprache. Die tatsächliche Verwendung der DH ist generell stärker im Norden als im Süden verbreitet. Interessanterweise haben Prestigeakzente in anderen Sprachgemeinschaften mitunter ganz andere Konnotationen. Zum Beispiel ist die *Received Pronunciation* des britischen Englisch (Abk. *RP*) weniger regional zuzuordnen als die DH, wird aber in Schottland deutlich seltener verwendet als in England und Wales. Andererseits verkörpert *RP* in viel stärkerem Maße als die DH einen ‚Klassenakzent‘ (und zwar eindeutig den der oberen Mittelschicht und der Oberschicht), ist aber weniger bildungsabhängig als letztere.

Traditionelle Dialekte werden von der Arbeiterschicht angehörigen Landbewohnern und, wie oben angedeutet, in bestimmten Teilen des deutschsprachigen Gebiets auch von anderen Gruppen verwendet. Es steht außer Zweifel, daß die Mundarten im Rückgang begriffen sind, doch dies bedeutet ganz sicher nicht, daß die standardferne Sprache als solche verlorengeht. Es kann sogar sein, daß die umgangssprachliche Nichtstandard-Sprache die identitätsstiftende Funktion von Mundarten übernimmt, zumal sie, wie wir oben feststellten, ohnehin von Laien für ‚Dialekt‘ gehalten wird. Die

Vitalität der dialektnahen Umgangssprache läßt sich u. a. daran erkennen, daß sich einige ihrer Züge tatsächlich geographisch ausbreiten. So wurde in Niedersachsen nichtstandardspr. /j/ für standardspr. /g/ (Stellmacher 1977: 102) und in mittleren Teilen des deutschsprachigen Raums weitläufig umgangsspr. /ʃ/ für standardspr. /ç/ (Herrgen/ Schmidt 1985) selbst dort nachgewiesen, wo es in traditionellen Ortsdialekten an entsprechenden Formen fehlt.

In den siebziger Jahren kam es zu der sog. Dialektwelle, einer besonders von der gebildeten Mittelschicht unterstützten Bewegung zur stärkeren Beachtung und Wiederbelebung von Mundarten. Sie brachte keine neuen Mundartsprecher hervor, führte jedoch zu positiveren Einstellungen zu bestimmten Elementen dialektaler Sprache, insbesondere zu ortsspezifischem Vokabular, welches von seinen Trägern heute mehr oder weniger als ein positiver Ausdruck von Identität empfunden und gebraucht wird, während sich die standardnahe Umgangssprache weiterhin als ihre Hauptsprachform bewährt. Die Dialektwelle hat möglicherweise den Untergang alter Mundarten verzögert, doch was Enthusiasten als Dialekt auffaßten, war linguistisch gesehen in vielen Fällen bereits eine Form von dialektnaher Umgangssprache (Leippe 1977).

5.3 Umgangssprachliches Deutsch aus linguistischer Sicht

Aus den vorangehenden Abschnitten dürfte klar geworden sein, in was für einem Verhältnis das umgangssprachlichen Kontinuums zu den übrigen Varietäten des Deutschen steht. Im folgenden widmen wir uns einer linguistischen Beschreibung des Kontinuums selbst.

5.3.1 Varietätenlinguistik neu aufgelegt: Von geographischen zu sozialen Perspektiven

Kapitel 3 war den traditionellen deutschen Dialekten gewidmet, einer Gruppe von Varietäten, die ausgesprochen weit entfernt vom formellen Standarddeutsch angesiedelt sind. Beeindruckend war vor allem, daß die althergebrachten Mundarten auch untereinander, d. h. von Region zu Region und mitunter von Ort zu Ort, extrem voneinander abweichen. Wie sich schon an der Einbeziehung kartographischer Darstellungen erkennen ließ, konstituierten dieser Gesichtspunkt und die ihn einbettende geographische Sicht auf sprachliche Variation den thematischen Schwerpunkt jener Abschnitte.

Im folgenden geht es uns um Differenzen im Sprachgebrauch verschiedener sozialer Gruppen. Wir werden feststellen, daß geographische Variation auch in den hierbei relevanten Varietäten (vor allem natürlich in der dialektnahen Umgangssprache) nachweisbar und berücksichtigenswert, insgesamt gesehen aber weniger prägnant ist. Umgangssprachliche Formen werden gewöhnlich mit den sie umgebenden bzw. durch sie abgelösten regionalen Dialekten in Verbindung gebracht. Gemeinsamkeiten zwischen den betreffenden Varietäten sind in der Tat nicht von der Hand zu weisen, doch es hat sich auch herausgestellt, daß Umgangssprachen über Spezifika verfügen, deren Herkunft außerhalb der lokalen Mundart zu suchen ist (Stellmacher 1977: 102; Herrgen 1986: 102–11; Schönfeld/Pape 1981: 149). Es sind also gewisse Überschneidungen mit Kapitel 3 vorprogrammiert, doch die hier gesetzten Akzente folgen anderen Kriterien. Bisher lag der Schwerpunkt auf den spezifischen Merkmalen traditioneller Mundarten, d. h. auf räumlich eng umgrenzten Eigentümlichkeiten historisch überlieferter Nichtstandard-Varietäten. In diesem Kapitel interessieren uns die erheblich weiter verbreiteten und mehr oder weniger schichten- bzw. gruppenspezifischen Charakteristika verschiedenster Standard- und Nichtstandard-Varietäten des Deutschen.

Ohne also die Bedeutung geographischer Variation aus den Augen zu verlieren, wollen wir uns nun den so einflußreichen Klassen von Differenzen zuwenden, die sich in allen Teilen des deutschen Sprachraums nachweisen lassen. Die nicht-geographische Grundausrichtung dieses Kapitels unterscheidet es von der weitgehend regional orientierten Primärliteratur zur Umgangssprache, und was wir sekundär als allgemeine Merkmale umgangssprachlicher Formen präsentieren, beruht auf zahlreichen, häufig isoliert auftretenden Einzelangaben. Der Kerntext enthält insgesamt relativ wenige Quellenverweise, was sich daraus erklärt, daß die ihm zugrunde liegenden Informationen zu einem großen Teil Ergebnis informeller persönlicher Beobachtungen sowie der in Kapitel 4 vorgestellten Studien sind. Darüber hinausgehende Details der besprochenen Phänomene finden sich in den am Ende des Kapitels empfohlenen Werken.

5.3.2 Die Standardform als Bezugsgröße

Unsere linguistische Analyse der deutschen Umgangssprache ist so angelegt, daß sämtliche Merkmale in ihrer spezifischen Relation zu DH-gerecht ausgesprochenem formellem Standarddeutsch (Hochdeutsch) beschrieben werden. Hochdeutsch ist ein z. T. rein theoretisches Gebilde, denn es toleriert in Wirklichkeit eine Vielfalt regionaler Akzente. Vielen Sprechern, die sich um eine ‚saubere‘ hochdeutsche Artikulation bemühen, erscheint es einfach unmöglich, gewisse regional-akzentuale Elemente aus ihrer Rede zu eliminieren.

Das Umgangssprachliche weicht auf allen Ebenen, also sowohl phonetisch und phonologisch als auch morphologisch, syntaktisch und lexikalisch, vom formellen Standarddeutsch ab. Im großen und ganzen kann man sagen, daß einige dieser Abweichungen i.d.R. akzeptiert werden, was sie als Charakteristika der standardnahen Umgangssprache qualifiziert. Andere Abweichungen werden jedoch von Angehörigen der einflußreichsten sozialen Klasse, der gebildeten Mittelschicht, geringgeschätzt und und als Stigma-Signale weniger geschulter bzw. in der Arbeiterschicht verwurzelter Mitmenschen verstanden. Letztere Merkmale machen die standardferne bzw. dialektnahe Umgangssprache aus. Dazwischen gibt es Charakteristika mit unklarem Status – Merkmale, die nur von manchen gebildeten Sprechern für passabel befunden werden, was wiederum ein Beleg dafür ist, daß die unbestreitbar signifikante Grenze zwischen der standardnahen und der dialektnahen Umgangssprache über weite Strecken fließend und flexibel ist und sämtliche Generalisierungsversuche mit Vorsicht zu genießen sind.

5.4 Die phonetische und phonologische Variation des Deutschen

5.4.1 Kategorien phonetischer und phonologischer Variation

Wir gehen davon aus, daß die Umgangssprache phonetisch oder phonologisch von der formellen Hochsprache divergiert, sobald die Regeln der deutschen Hochlautung (DH) verletzt werden. Solche Abweichungen begegnen uns in großer Vielfalt und können entsprechend untergliedert werden. Ein Extrem bilden Unterschiede, die von Muttersprachlern zwar wahrgenommen, aber als relativ geringfügige ‚Verstöße‘ registriert werden. Sie treten völlig systematisch auf, und die jeweilige umgangssprachliche Form hat im Prinzip dieselben Laute wie die DH, wird aber etwas anders artikuliert. Vor allem im Süden erscheint z.B. in Wörtern wie *fast* ein vergleichsweise dunklerer [ɑ]-Vokal und im Auslaut von Wörtern wie *Bad* ein vergleichsweise weicheres, lenisartiges [t]. Wir bezeichnen solcherart Abweichungen als ‚phonetische Akzent-Differenzen‘.

Das andere Extrem konstituieren die in vielen Formen des Deutschen üblichen, von Muttersprachlern als beträchtlich und von Laien allemal als unsystematisch empfundenen Abweichungen. So warten z.B. einige norddeutsche Formen mit den Verschlußlauten /p/ und /t/ auf, wo der formelle Standard die Reibelaute /f/ und /s/ vorgibt. Diese Verschiebung deutet nicht nur erhebliche Kontraste an, sie tritt anscheinend auch völlig unsystematisch auf. Die Laute /p/ und /t/ erscheinen teilweise in Wörtern, wo auch der formelle Standard /p/ und /t/ gebietet, und dann wiederum in Positionen, die hochsprachlich von den Lautverbindungen /pf/ und /ts/ besetzt werden. Darüber hinaus, und das macht die Sache nur noch komplizierter, treten in den besagten Varietäten /f/ und /s/ für standardgemäß /f/ und /s/ auf, aber /f/ ersetzt auch manchmal ein hochsprachliches /b/. So entsprechen norddt. *hopen, het, Pilot, Kante, Peerd, twee, för, Kasse, bleef* im formellen Standard die Formen *hoffen, heiß, Pilot, Kante, Pferd, zwei, für, Kasse, bleibe.* Tabelle 5.2 zeigt die Entsprechungen im Überblick.

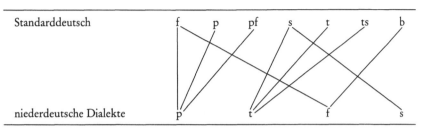

Tabelle 5.2 In bestimmten Lexemen vorliegende Lautentsprechungen zwischen einigen norddeutschen Sprachformen (niederdt. Dialekten) und Standarddeutsch mit DH

Abweichungen in einem Maßstab, wie er durch *hopen* und *twee* für standardspr. *hoffen* und *zwei* exemplarifiziert wird, können bereits als Dialekt-Differenzen klassifiziert werden. Formen mit so stark vom formellen Standard abweichenden Lautungen gelten nicht mehr als eine Version der Standardform, sondern als ein Eintrag im Lexikon des jeweiligen Dialektes; sie werden gemeinsam mit so unverkennbarem vokabularischen Abweichungen wie norddt. *lütt* (für standardspr. *klein*) als ‚lexikalische oder vokabularische Differenzen' eingeordnet. Für Außenstehende sind solche Formen mitunter ebenso schwer verständlich wie ausgesprochene Dialektvokabeln.

Zwischen diesen Extremen gibt es Abweichungen vom formellen Standard, die zumindest aus subjektiver Sicht weder besonders groß, noch besonders unsystematisch sind. Zu ihnen gehören der Ersatz bestimmter Laute durch andersartig anmutende Laute, die Einebnung bestimmter hochsprachlicher Lautkontraste sowie die Aufrechterhaltung von Kontrasten in Positionen, wo im Hochsprachlichen identische Lautung vorliegt. Solche Abweichungen treten mehr oder weniger systematisch auf und repräsentieren unterschiedlich große Hürden für das Verständnis der jeweiligen Varietät durch Außenstehende. Generell gilt, daß die Verständlichkeit um so stärker beeinträchtigt wird, je kleinräumiger und unsystematischer die Abweichungen sind oder je häufiger dabei im formellen Standard semantisch signifikante (mitunter wortdifferenzierende) Lautkontraste aufgehoben werden. Ein Beispiel für die hohe **semantische Signifikanz** bestimmter hochsprachlicher Anlautopposition /g/-/k/ ist das Wortpaar *Karte* –

Garten. Erscheinungsformen des Deutschen, in denen der Kontrast zwischen /g/ und /k/ fehlt (wie einige mittlere und südliche Formen), können Außenstehenden das Verständnis erheblich erschweren. In Karlsruhe beispielsweise wird das Wort *Stadtgarten* von Einheimischen so ausgesprochen, daß es in den Ohren von Fremden wie ‚Stadtkarte' klingt. Echte Mißverständnisse sind hier allerdings sehr unwahrscheinlich, da die allgemein üblichen Bezeichnung bekanntlich nicht ‚Stadtkarte', sondern ‚Stadtplan' lautet. Bei solchen keineswegs unproblematischen Abweichungen handelt es sich um mehr als einen Akzentunterschied, doch sie werden nicht wie die oben erwähnten norddeutschen Ausdrücke als spezifische Charakteristika von mundartlichem Vokabular verstanden. Die hier vorliegenden Abweichungen von der DH haben zumindest subjektiv ein geringeres Ausmaß als die der Beispiele aus dem Norddeutschen, aber sie sind systematischer und weniger verständnisbehindernd. Wir werden Abweichungen solchen Typs im folgenden als ‚phonologische Dialekt-Differenzen' bezeichen.

Weniger radikale Abweichungen von der DH sind Formen, bei denen keine der oben beschriebenen Effekte auftreten und Außenstehende schlimmstenfalls mit geringen oder nur anfänglichen Verständnisproblemen rechnen müssen. So hat beispielsweise die Opposition zwischen den stimmlosen Verschlußlauten /p t k/ und ihren stimmhaften Äquivalenten /b d g/ im Inlaut (d. h. zwischen Vokalen) ein relativ geringes oder keinerlei semantisches Potential, ist also nur selten oder nie bedeutungsdifferenzierend bzw. verständniserschwerend. Die Aussprache von *Rappen* mit dem lenisierten Plosiv /b/ anstelle der DH-gerechten Fortis /p/ wird niemandem Verständisprobleme bereiten, denn es gibt laut DH keine gleichlautenden Wörter, mit denen es leicht verwechselt werden könnte. Abweichungen dieses Typs sind extrem weit verbreitet und werden von uns als ‚phonologische Akzent-Differenzen' bezeichnet.

Insgesamt unterscheiden wir also vier Typen phonetischer und phonologischer Abweichungen von der DH: phonetische Akzent-Differenzen, phonologische Akzent-Differenzen, phonologische Dialekt-Differenzen und lexikalische Abweichungen. Es sei unterstrichen, daß zwischen diesen Typen keine scharfen Grenzen bestehen, so daß die Determinierung der Natur einer gegebenen Abweichung von der DH nach diesem Schema in vielen Fällen recht problematisch ist.

Auf lexikalische Differenzen kommen wir im Abschnitt 5.6 zu sprechen. Phonetische Akzent-Differenzen, so hilfreich sie auch bei der regionalen Einordnung von Sprechern sein mögen, spielen eine eher geringe Rolle und treten in zu großer Vielfalt zu Tage, als daß wir sie an dieser Stelle mit abhandeln könnten. Wenden wir uns deshalb zunächst den phonologischen Akzent-Differenzen und phonologischen Dialekt-Differenzen zu.

Es ist darauf hingewiesen worden, daß Sprecher wahrscheinlich nicht konsequent zwischen phonologischen Akzent-Differenzen und phonologischen Dialekt-Differenzen unterscheiden. Beide Typen von Abweichungen dienen dazu, die regionale Herkunft anderer Sprecher zu ermitteln, wobei bestimmte phonetische Differenzen subjektiv schwerer wiegen als einige phonologische (ausführliche Diskussion in Herrgen/Schmidt 1985). Wir können aber bestätigen, daß die Unterscheidung zwischen phonologischen Akzent-Differenzen und phonologischen Dialekt-Differenzen durchaus bemerkt und zur sozialen und regionalen Einordnung von Sprechern benutzt wird, und vertreten darüber hinausgehend die Auffassung, daß phonologische Dialekt-Abweichungen vom Standard für die Nichtstandard-Varietäten der Umgangssprache weitaus typischer sind als für standardnahe Umgangssprache.

5.4.2 Phonologische Akzent-Abweichungen

Unsere speziellen Ausführungen zu phonologischen Akzent-Abweichungen beschränken sich auf die Erläuterung einiger relativ markanter Differenzen zwischen der DH und der Lautung bestimmter umgangssprachlicher Formen des Deutschen.

Ersatz von hochsprachl. /k/ für schriftlich ‚g' im Auslaut und vor Konsonaten durch norddt. und mitteldt. /x/ bzw. /ç/

In Wörtern wie *Tag, Teig* und *sagte* repräsentiert der Buchstabe ‚g' in der DH einen /k/-Laut; in vielen nord- und mitteldeutschen Formen jedoch die mit der DH-Norm für geschriebenes ‚ch' übereinstimmenden Reibelaute /x/ oder /ç/. Das Süddeutsche weist in Übereinstimmung mit der DH entweder /k/ oder die Lenisvariante [g̊] auf (s. u.).

Für bestimmte im Süddeutschen den Laut /k/ bzw. [g̊] aufweisende Wörter übernimmt die DH die norddeutsche Lautung. Es handelt sich um Wörter, die auf *-ig* enden (z. B. *feurig, zwanzig*).

Die Verwendung von /x/ und /ç/ für DH-gerecht /k/ scheint keinerlei Verständnisschwierigkeiten zu verursachen. Sie stellt eine phonologische Akzent-Abweichung dar und tritt sowohl in der standardnahen als auch in der dialektnahen Umgangssprache auf. Sie ist mit nur geringfügigem oder keinerlei Stigma behaftet, wird aber dennoch von manchen Sprechern in den gehobeneren Registern zugunsten der DH soweit wie möglich vermieden.

Im Süden ist der Gebrauch von /x/ statt DH-gerechtem /ç/ für *-ig* so gut wie stigmafrei.

Ersatz von DH-gerechtem /ʃp-/ und /ʃt-/ durch norddt. /sp-/ und /st-/

In der DH repräsentieren die Buchstabenfolgen ‚sp' und ‚st' am Wortanfang und im Anlaut von Kompositaeinheiten die Lautverbindungen /ʃp-/ bzw. /ʃt-/ (der darin enthaltene palatoalveolare Reibelaut /ʃ/ wird in allen anderen Positionen als *sch* wiedergegeben). In norddeutschen umgangssprachlichen Formen werden diese durch /sp/ bzw. /st/ ersetzt, so z. B. in *Spiel* oder *Buchstabe*, was recht ambivalent aufgenommen wird. Manche würden diese Abweichung als ein Stigmasignal empfinden und in gehobeneren Registern vermeiden, für andere ist sie ein Zeichen von Loyalität zum Norden und damit prestigeverdächtig; Moss (persönliche Mitteilung) begegnete ihr auch in Gebieten, wo sie nicht in Ortsdialekten nachweisbar war. Ihren Platz unter den phonologischen Akzent-Differenzen verdankt diese Abweichung der Tatsache, daß sie weder hochsprachliche Unterscheidungen neutralisiert noch irgendwelche Versändnisschwierigkeiten verursacht und sowohl in dialektnahen als auch standardnahen Varietäten auftritt.

Ersatz von DH-gerechten gespannten Vokalen in bestimmten Wörtern durch ungespannte Vokale im Norddeutschen

In bestimmten häufig gebrauchten Wörtern treten in vielen norddeutschen Formen ungespannte (kurze) Vokale auf, wo die DH gespannte (lange) Vokale vorgibt. Der betreffende Vokal wird entweder von zwei Konsonanten gefolgt, oder er ist der letzte Vokal des Wortes und geht einem einzigen Konsonanten voraus. Eng miteinander verwandte Wörter, in denen der betreffende Vokal nicht der letzte Vokal ist oder von nur einem Konsonanten gefolgt wird, haben ebenso wie ihre DH-Entsprechungen einen gespannten Vokal. So werden *(ich) sage* und *(er) sagt* DH-gerecht als /zaːgə/ bzw. /zaːkt/ ausgesprochen, während in bestimmten Erscheinungsformen des Norddeutschen /zagə/ bzw. /zaxt/ verwendet werden; den Buchstabenfolgen *Bad* und *baden* entsprechen in der DH /baːt/ und /baːdn̩/, in den norddeutschen Varietäten hingegen /bat/ und /baːdn̩/. Wiederum handelt es sich um eine phonologische Akzent-Differenz, da keinerlei hochsprachliche Unterscheidungen neutralisiert werden.

Ersatz von DH-gerechten Affrikaten am Wortanfang durch Reibelaute im Nord- und Mitteldeutschen

Die in der DH in Wörtern wie *Pferd* und *zwei* auftretenden Lautverbindungen /pf/ und /ts/ (sog. Affrikaten), werden im Nord- und Mitteldeutschen häufig ohne die Verschlußlaute /p/ und /t/ artikuliert. Dabei gilt der Ersatz von /pf/ durch /f/ als besonders markant. Im Süden des deutschsprachigen Raums ist diese Abweichung unüblich.

Der Ersatz von /ts/ durch /s/ verursacht in der betreffenden Region keinerlei Verständnisprobleme, da sich in den meisten Erscheinungsformen des Deutschen keine anderen auf /s/ anlautenden Wörter finden („s' wird am Wortanfang, wie in *See*, lenis d.h. als /z/ ausgesprochen) und Verwechslungen mit Fremdwörtern wie *Science-fiction* sehr unwahrscheinlich sind. Der Ersatz von /pf/ durch /f/ führt hingegen zum Verlust bestimmter Kontraste. Viele Sprecher würden z.B. keinen Unterschied zwischen der Aussprache von *Pferd* und der von *fährt* erkennen (/feːɐ̯t/). Da es aber im Deutschen nur wenige mit „pf' beginnende Wörter gibt, sind diese Abweichungen eigentlich ziemlich unproblematisch. Auch in den Anlautverbindungen /ps/, /tʃ/ und (seltener) /pʃ/, die größtenteils in Lehnwörtern oder Namen auftreten, wie z.B. in *Psychologie*, *Tscheche*, und *Pschorr* (Familienname), und daher einen eng begrenzten Gebrauch haben, gehen die Verschlußlaute u.U. verloren. Der Ausfall von Plosiven vor Frikativen wird zwar nicht als ein Nichtstandard- oder Dialektmerkmal betrachtet, hat aber eindeutig informellen oder umgangssprachlichen Charakter und wird beim formellen Sprechen (mehr oder weniger erfolgreich) vermieden. Es sei daran erinnert, daß der Verlust von /p/ vor /f/ nur für das ostmitteldeutsche Dialektgebiet als ein Merkmal traditioneller Mundarten verzeichnet ist (vgl. 3.10.2). Die übrigen im Umgangssprachlichen so stark verbreiteten Verluste von Plosiven vor Frikativen wurden bei der Beschreibung von Mundarten als insignifikant erachtet.

Lenisierung im Inlaut (siehe auch 3.11.3)

Laut DH besteht zwischen den stimmlosen Verschluß- und Reibelauten /p t k f s ʃ ç x/ und ihren stimmhaften Äquivalenten /b d g v z ʒ j/ (/x/ hat keinen stimmhaften Partner) ein eindeutig wahrnehmbarer Kontrast. Die beiden Serien unterscheiden sich in dreierlei Hinsicht: Erstens vibrieren die Stimmbänder nur bei den stimmhaften Konsonanten, zweitens werden die stimmlosen Konsonanten mit mehr Energie, d.h. als Fortes, und die stimmhaften als Lenes, artikuliert, und drittens werden die stimmlosen Verschlußlaute, wenn sie eine betonte Silbe einleiten, behaucht.

In den meisten Erscheinungsformen des Deutschen wird in bestimmten Positionen die Differenz zwischen stimmlosen Konsonanten und ihren stimmhaften Entsprechungen aufgehoben. Die typischsten Positionen sind das Wortende und das Vorfeld eines anderen Konsonanten, insbesondere eines anderen Verschluß- oder Reibelautes. In der DH können in solchen Positionen nur stimmlose, unbehauchte Fortes erscheinen. In manchen anderen Formen des Deutschen sind Konsonanten in solchen Umgebungen stimmlos und unbehaucht, aber lenisiert, und stellen damit eine Art Kompromiß zwischen der stimmhaften und der stimmlosen Serie dar. Sie werden wie folgt symbolisiert: [b̥ d̥ g̊ v̥ z̥ ʒ̊ ɹ̥ ɣ̊].

In anderen Positionen kommt es im Rahmen der DH nicht zur generellen Aufhebung des Kontrastes zwischen stimmhaften und stimmlosen Konsonanten, doch in vielen akzentuierten Varietäten des Deutschen geht er im Inlaut, d.h. zwischen zwei Vokalen oder zwischen Vokalen und silbischen Konsonanten wie /l̩, m̩, ŋ̩/ (häufig im Inlaut von Wörtern wie *Flügel, Atem, Boden*), verloren. Wo diese Unterscheidung fehlt, erscheinen stimmlose Lenes, die sowohl den stimmlosen Fortes als auch den stimmhaften Lenes der DH entsprechen. Man spricht in diesem Sinne von einer Lenisierung von Fortes im Inlaut. Selbst stimmhafte Lenes können als Ersatz von Konsonanten beider Serien im Inlaut auftreten.

Lenisierung dieses Typs hat zur Folge, daß Wörter wie *Rippen, Ratten, hocken, Hafen, Straßen, naschen, sprechen* und *lachen* im Wortinneren entweder stimmlose Lenes ([b̥ d̥ g̊ v̥ z̥ ʒ̊ ɹ̥ ɣ̊]) oder stimmhafte Lenes ([b d g v z ʒ j ɣ]) aufweisen, wobei die ersten sieben Laute beider Serien mit der DH-Version der wortinneren Konsonanten in *Robben, baden, lagen, Löwen, Hasen, Pagen* und *Kojen* identisch sind.

Lenisierung ist außerhalb der extrem südlichen Region in allen Teilen des deutschsprachigen Raums zu finden, und obwohl sie in einigen Fällen Kontraste zwischen Wörtern neutralisiert, beinträchtigt sie (möglicherweise dank ihrer weiten Verbreitung) die Verständlichkeit nur unwesentlich und kann ebenfalls als eine phonologische Akzent-Differenz eingeordnet werden. Sie ist ein Merkmal aller Typen von Umgangssprache und wird eher im Norden als in den mittleren und südlichen Gebieten als ein Makel angesehen – möglicherweise aufgrund der Tatsache, daß Lenisierung in letzteren Regionen generell stärker verbreiteter ist als im Norden (siehe 5.4.3).

Ersatz von DH-gerechtem /-sp/ und /-st/ im In- und Auslaut durch süddt. /-ʃp/ und /-ʃt/

Wie wir bereits erwähnten, repräsentieren ‚sp-' und ‚st-' im Wortanlaut und am Anfang von Kompositaeinheiten in der DH die Lautverbindungen /ʃp/ bzw. /ʃt/. In allen anderen Fällen, z.B. in *kosten* und *lispeln*, entsprechen sie /sp/ bzw. /st/. In südwestlichen Formen des Deutschen repräsentieren sie jedoch universell die erstgenannten Lautverbindungen, so daß *kosten* und *lispeln* als /koʃtn̩/ bzw. /liʃpln̩/ realisiert werden. Es handelt sich wiederum um eine phonologische Akzent-Abweichung vom DH-Standard, da keine Kontraste neutralisiert und damit keine Verständisprobleme verursacht werden.

Ersatz von DH-gerechtem /ç/ durch süddt. /x/ (siehe auch 3.10.3)

In der DH entspricht der Buchstabenkombination ‚ch' nach dunklen Vokalen i.d.R. der velare Reibelaut /x/ (z.b. in *Bach*) und nach hellen Vokalen oder Konsonanten der palatale Reibelaut /ç/ (z.B. in *ich, durch*). In vielen süddeutschen Formen findet hingegen nur das velare /x/ Verwendung. In vielen südlichen Regionen findet sich umgangssprachlich ein Verwendungsmuster mit Übergangscharakter. Man benutzt nach dunklen Vokalen und auch nach Konsonanten (z.B. in *Bach* und *durch*) die Hintergaumenvariante /x/ und nur nach hellen Vokalen (z.B. in *ich*) die Vordergaumenvariante /ç/.

Der Kontrast von /ç/ und /x/ hat in der DH praktisch keinerlei wortdifferenzierendes Potential, so daß seine Aufhebung in keiner Weise die Verständigung beeinträchtigt.

Reduzierte Formen

Umgangssprachliches Deutsch unterscheidet sich vom Standard u.a. durch einen relativen Reichtum an reduzierten unbetonten Silben. Unter ‚Reduzierung' versteht man zum einen die Ersetzung einer Reihe von Vokalen durch den mittleren Laut /ə/ und zum anderen den Ausfall des Vokals /ə/ selbst.

Zur Ersetzung bestimmter Vokale durch /ə/ kommt es regelmäßig in Pronomen und Artikeln. Wo /ə/ auf [ɐ̯], /n/ oder /m/ (schriftlich *r, n, m*) trifft, werden diese Lautfolgen zu /ɐ/, /n̩/ bzw. /m̩/abgewandelt. In unbetonter Position erscheinen also folgende Aussprachemuster: *er* /ɐ/, *es* /əs/ oder sogar /s/, *der* /dɐ/, *den* /dn̩/, *des* /dəs/, *dem* /dm̩/, *das* /dəs/. Der Ausfall des **mittleren Vokals** /ə/ ist besonders für Verbformen der 1. Pers. Sing. sowie für **Imperativ**formen typisch, z.B. wird *(ich) laufe* zu *(ich) lauf'* und *laufe (doch mal)* zu *lauf (doch mal)*. Der Ausfall von /ə/ stellt nur in solcherart Positionen eine Norm der standardnahen Umgangssprache dar (die übrigens von **normativen Grammatik**ern beanstandet wird); in Pluralformen von Substantiven, Adjektivsuffixen und dgl. gilt er als ein Merkmal von Nichtstandard-Sprache.

5.4.3 Phonologische Dialekt-Abweichungen von der Standardvarietät (mit DH)

Im Unterschied zu den unter 5.4.2 behandelten Abweichungen kommt es bei der hier beschriebenen Kategorie zur Neutralisierung von DH-Kontrasten, zu Verständnisschwierigkeiten bei Rezipienten aus anderen Regionen und/oder zu mehr oder weniger negativen Bewertungen der Sprechweise. Es handelt sich um Charakteristika der dialektnahen Umgangssprache und dialektaler Sprachformen (im Gegensatz zur standardnahen Umgangssprache und zur Standardsprache selbst), die wir als ‚phonologische Dialekt-Differenzen' bezeichnen. Bevor wir uns Einzelheiten und Beispielen widmen, sei noch einmal daran erinnert, daß sich nichtstandardgerechte Umgangssprache und Mundarten auch phonetisch und phonologisch-akzentual von der DH abheben, und daß die Unterscheidung zwischen phonologischen Akzent-Differenzen und phonologischen Dialekt-Differenzen auf zahlreichen willkürlichen Festlegungen beruht und daher gewiß nicht unumstößlich ist.

Außerdem sei erneut darauf hingewiesen, daß sich phonologische Dialekt-Differenzen (mehr oder weniger) eindeutig von lexikalischen Dialekt-Differenzen trennen lassen (vgl. norddt. *Pepper* vs. standarddt. *Pfeffer*), obgleich sich letztere (wie in unserem Beispiel) auch aus anfänglich rein phonologischen Kontrasten ergeben können. Phonologische Dialektdifferenzen weisen (zumindest oberflächlich) mehr Systematik auf und verursachen bei Außenstehenden insgesamt gesehen weniger Verständnisschwierigkeiten. Im einzelnen können sie dennoch beträchtlich sein, was ihren Abstand zu den phonologischen Akzent-Differenzen unterstreicht.

Ersatz des standardsprachlichen Verschlußlautes /g/ im An- und Inlaut durch den nichtstandardsprachlichen Palatal /j/ bzw. den palatoalveolaren Reibelaut /ʒ/

Hierbei handelt es sich um eine eindeutige Abweichung vom Standard, die nur selten in der standardnahen Umgangssprache nachgewiesen wird. Sie ist im nördlichen und mittleren Deutschland verbreitet und vor allem als ein Charakteristikum der dialektnahen Sprache Kölns und Berlins bekannt. Das naheliegendste Beispiel ist die Entsprechung von nichtstandardspr. /juːt/ zu standardspr. /guːt/ für *gut* (vgl. 4.4.3).

Ein interessanter Aspekt dieser Abweichung ist ihr Auftreten in der dialektnahen Sprache von Teilen Norddeutschlands, wo sie nicht in lokalen Mundarten vorkommt (vgl. Stellmacher 1977: 102; Schönfeld/Pape 1981: 149).

Obwohl der Ersatz von /g/ durch /j/ bzw. /ʒ/ nur in wenigen Fällen kontrastaufhebend wirkt, macht die häufigere Verwendung von Lauten, die im Rahmen der DH am Anfang von Wörtern wie *ja* oder *Genie* auftauchen, für Außenstehende einen großen Unterschied aus. Es ist eine sehr auffällige Modifikation des Standards und wird hier deshalb als eine phonologische Dialekt-Differenz klassifiziert.

Ersatz von standardsprachlichem /ç/ durch dialektnah-umgangssprachliches /ʃ/ (und umgekehrt)

Die Verwendung von /ʃ/ (wie für ‚sch‘ im Auslaut von *Tisch*) anstelle von /ç/ in Wörtern wie *ich* ist eine häufige Erscheinung in Mittel- und Norddeutschland und stark negativ besetzt. Letzteres ist Grund genug, sie als ein Element der Nichtstandard-Sprache einzuordnen, doch sie tritt auch in Formen auf, die wir als ‚standardnahe Umgangssprache‘ bezeichnen. Sie führt zu einigen Kontrastaufhebungen. Ebenso niedriges Ansehen genießt umgekehrt die Ersetzung von standardsprachlichem /ʃ/ durch /ç/ (z. B. in *Englisch*), deren Motiv möglicherweise ein übertriebenes Bedürfnis ist, die erstgenannte Abweichung zu vermeiden. Oft werden /ç/ und auch /ʃ/ in einer Art Kompromiß durch den Laut /ɕ/, ersetzt (Herrgen/Schmidt 1985).

Stimmhaftigkeitsverlust und Lenisierung im Anlaut (vgl. Lenisierung im Inlaut unter 5.4.2; siehe auch 3.11.3)

In nahezu allen Erscheinungsformen des Deutschen erfahren im Anlaut stehende stimmhafte Verschluß- und Reibelaute einen mehr oder weniger großen Stimmhaftigkeitsverlust, womit gemeint ist, daß die Stimmbänder nur gegen Ende des Lautes vibrieren. In vielen mittel- und süddeutschen Varietäten geht die Stimmhaftigkeit dieser Konsonanten vollständig verloren, was sie allerdings nicht zu ihren stimmlosen Äquivalenten werden läßt. Bei Plosiven und Frikativen mit herabgesetzter Stimmhaftigkeit handelt es sich um stimmlose Lenes (weniger kraftvoll artikulierte ‚weiche‘ Konsonanten), bei stimmlosen Konsonanten hingegen um Laute, die u. U. behaucht werden und auch Fortischarakter haben können. Stimmhaftigkeitsverlust im Anlaut macht sich generell weniger in den vergleichsweise kurzen Verschlußlauten als in den Reibelauten bemerkbar. Nicht betroffen sind die stimmhaften **Engelaute** /v/ und /j/ (wie in *Wasser* und *ja*), die bei den hier berücksichtigten Akzenten ohnehin nicht generell als deutliche Frikative, sondern als sehr weich artikulierte Frikative erscheinen.

Das oben Gesagte trifft aber zweifellos auf die Reibelaute /z/ und /ʒ/ (wie in *See* und *Genie*) zu, die zu [z̥] bzw. [ʒ̊] werden und mitunter sehr stark den Lauten /s/ und /ʃ/ ähneln. Auch /s/ und /ʃ/ verwandeln sich im Falle ihrer Lenisierung in [z̥] und [ʒ̊], womit die durch sie konstituierten Kontraste potentiell neutralisiert werden. Es ergeben sich jedoch kaum Verständnisschwierigkeiten. Der Verlust der /s/-/z/-Kontrastierung tritt praktisch überhaupt nicht ein, weil /s/ nie im Anlaut einheimischer Wörter erscheint. Die Artikulation eines [z̥] im Anlaut wird von Außenstehenden höchstens als ein Element südlicher Akzentuierung, d. h. als eine phonologische oder bloße phonetische Akzent-Differenz, wahrgenommen. Auch die Einebnung der /ʃ/-/ʒ/-Kontrastierung ist im Prinzip unproblematisch, da es nur sehr wenige Wörter mit /ʒ/ im Deutschen gibt. (Bei den meisten handelt es sich um relativ junge Entlehnungen aus dem Französischen.) Auch im Fall des /ʃ/-/ʒ/-Verlustes können wir also von einer phonologischen Akzent-Differenz sprechen.

Damit wenden wir uns wieder den Verschlußlauten zu. Die Reduzierung der Stimmhaftigkeit von Plosiven ist eine an sich unauffällige Modifikation, aber sie kann durchaus zu Verständnisproblemen führen. Letzteres ist besonders wahrscheinlich, wenn /p/, /t/ bzw. /k/ (wie in *Peter, Tür, Karten*) im Anlaut auftauchen und unter Verlust ihrer Behauchung zu [b̥], [d̥], [g̊] werden, wie es in einer Reihe von Varietäten des Deutschen tatsächlich der Fall ist (vgl. 3.11.3). Im Detail sind die Verhältnisse jedoch sehr kompliziert. In den meisten süd- und mitteldeutschen Formen liegt Lenisierung im Inlaut vor (vgl. 5.4.2) und auch Lenisierung im Anlaut ist weithin nachweisbar, doch es kommt nicht unbedingt zum Verlust des Kontrastes zwischen stimmhaften und stimmlosen Konsonanten. Folgende Modifikationsmuster können für verschiedene Gebiete und für verschiedene soziale Gruppen angenommen werden:

(1) *Kontrast geht nicht verloren*
   stl. Explosiva erscheinen als Fortes und werden behaucht
      pʰ tʰ kʰ
   (z.B. in *Peter, Tür, Karte*)
   sth. Explosiva werden lenisiert und verlieren ihre Stimmhaftigkeit teilweise oder ganz
      b̥ d̥ g̊
   (z.B. in *beten, dir, Garten*)

(2) *Kontrast geht nicht verloren*
   stl. Explosiva erscheinen als unbehauchte Fortes
      p t k
   sth. Explosiva werden lenisiert und verlieren ihre Stimmhaftigkeit teilweise oder ganz
      b̥ d̥ g̊

(3) *Kontrast geht nicht verloren, wird aber verringert und ist damit für Außenstehende potentiell kaum noch wahrnehmbar*
   stl. Explosiva werden lenisiert
      b̥ d̥ g̊
   sth. Explosiva werden lenisiert und behalten volle Stimmhaftigkeit
      b d g

(4) *Kontrast geht verloren*
   beide Serien werden lenisiert und verlieren ihre Stimmhaftigkeit
      b̥ d̥ g̊

(1) und (2) sind für die standardnahe Umgangssprache der südlichen und einiger mittlerer Teile des deutschsprachigen Raums charakteristisch, während (3) und (4) eher auf Mundarten und Varietäten dialektnaher Umgangssprache zutreffen, wo sie zum Verlust wichtiger Kontraste und bei Au-

ßenstehenden zu entsprechenden Verständnisschwierigkeiten führen. Wir klassifizieren folglich die Lenisierung von Frikativen im Inlaut als phonologische Akzent-Abweichung und die Lenisierung von Explosiva im Anlaut als phonologische Dialekt-Abweichung. In bestimmten Gegenden könnte sich letztere sogar zu einer lexikalischen Abweichung weiterentwickeln, da die /t/-/d/-Unterscheidung in einigen Dialekten wiederhergestellt worden ist. Die genannten Laute wurden einfach umverteilt und erscheinen nun vielfach in vom Standard abweichenden und für Außenstehende unerwarteten und unlogischen Positionen. So heißt es im Alemannischen zwar *dir* [d̥iːr] und *Tier* [d̥iːr], aber andererseits *Theater* [tʰeˈaːd̥ər] für standarddt. [diːɐ̯], [tʰiːɐ̯] und [tʰeˈaːtɐ] (vgl. Besch/Löffler 1977: 45–48).

Ersatz von standardsprachlichen vorderen gerundeten Vokalen durch nicht-standardsprachliche ungerundete Vorderzungenvokale (vgl. 3.11.2)

In verschieden südlichen und mittleren Varietäten des Deutschen werden die standardsprachlich gerundeten Vorderzungenvokale /yː/ und /ʏ/, geschrieben *ü* oder *y*, sowie /øː/ und /œ/, geschrieben *ö*, durch deren ungerundete Entsprechungen /iː/, /ɪ/, /eː/ bzw. /ɛ/ersetzt. In der Regel gesellt sich zu diesen Merkmalen der Ersatz des Diphthongs /ɔy/, geschrieben *eu* oder *äu*, durch /ai/. Belege für diese in dialektnahen Umgangssprachen des südlichen und mittleren Teils des deutschen Sprachraums verbreitete Abweichung sind z.B. *Hüte* /hiːtə/, *Hütte* /hɪtə/, *schön* /ʃeːn/, *können* /kɛnən/, *Leute* /laitə/ für standardspr. /hyːtə/, /hʏtə/, /ʃøːn/, /kœnən/ und /lɔytə/. Folgende phonemische Kontraste des Standards werden damit aufgehoben: iː-yː, ɪ-ʏ, eː-øː, ɛ-œ, ai-ɔy, was zu Verständnisschwierigkeiten bei Außenstehenden führt. Es handelt sich eindeutig um eine phonologische Dialekt-Differenz, welche als ein Charakteristikum von dialektnaher Umgangssprache und traditionellen Mundarten betrachtet wird.

Der Verlust bestimmter hochsprachlicher Kontraste bereitet lediglich Außenstehenden gewisse Schwierigkeiten: Aus der Perspektive der Dialektsprecher und der Träger entsprechender dialektnaher Umgangssprachen machen die genannten Abweichungen das ihnen zugrundeliegende System keineswegs weniger effizient, und dialektnahe Umgangssprachen halten häufig Unterscheidungen aufrecht, die im Standard abhanden gekommen sind (z.B. iː-iə in vielen südlichen Formen; vgl. 3.10.3). Wenn Wörter durch den Verlust eines Kontrastes identische Lautungen erhalten und Mißverständnisse wahrscheinlich sind, wird das eine oder andere z.B. durch ein Synonym ersetzt oder geringfügig modifiziert. Um beispielsweise die Konsequenzen der völligen iː-yː-Angleichung in *Tier* und *Tür* zu umgehen, greifen die Sprecher der betreffenden Mundart oder dialektnahen Umgangssprache gern auf den Ausdruck *Vieh* bzw. auf *Türe* zurück.

Ersatz der hochsprachlichen Endsilbe /-ən/ und von silbigem /-n̩/ im Auslaut durch mittel- und süddt. /-ə/

Der Ausfall des /n/ im Auslaut ist im mittleren und südlichen Verbreitungsgebiet des Deutschen ein Merkmal von fast allen hier vorliegenden Nichtstandard-Formen. Er begegnet uns beispielsweise am Ende von Pluralverbformen wie [wir] *laufen* (→ [wir] *laufe*'). Formen dieser Art werden eindeutig negativ bewertet und sollten wahrscheinlich als Beispiele eines phonologischen Dialekt-Merkmals eingeordnet werden.

5.5 Grammatische Variation im Deutschen

5.5.1 Typologische Differenzen zwischen verschiedenen Varietäten

Die verschiedenen Erscheinungsformen der gesprochenen Sprache weichen auch auf der Ebene der Grammatik voneinander ab. Das Muster jener Abweichungen ist äußerst kompliziert, und verallgemeinernd läßt sich allenfalls sagen, daß in formelleren Varietäten stärker auf flektierende und in informelleren Registern stärker auf isolierende und analytische Konstruktionen zurückgegriffen wird. Ein Blick in synchronische Sprachtypologien ergibt, daß das Deutsche eine Position zwischen den stark flektierenden Sprachen (Latein, klassisches Griechisch, Sanskrit usw.) und den vorwiegend **isolierenden Sprachen** (Vietnamesisch, Chinesisch, in weit geringerem Maße Englisch usw.) einnimmt. Der flektierende Sprachbau zeichnet sich dadurch aus, daß grammatische Beziehungen zwischen Wörtern durch Abwandlung derselben ausgedrückt werden (z. B. durch Endungen), während beim isolierenden (amorphen, vereinzelnden) Typ die Reihenfolge der Wörter für syntaktische Beziehungsbedeutungen entscheidend ist. Die formelle deutsche Standardsprache kennt nach wie vor vier Kasus (Nominativ, Genitiv, Dativ, Akkusativ) und drei Genera (Maskulinum, Femininum, Neutrum), die bei Artikeln, Pronomen, Adjektiven und Substantiven vorkommen. Da die Beziehungen zwischen diesen Klassen und anderen syntaktischen Elementen durch deren aktuelle Form determiniert werden, verfügt das Deutsche über eine relativ variable Wortfolge. Die formelle Standardform weist außerdem vier einfache finite Verbformen auf: Präsens Indikativ, Präteritum Indikativ, **Konjunktiv** I (Präsens), Konjunktiv II (Präteritum).

Wenden wir uns aber vom formellen Standard ab und den informelleren Stilebenen zu, so stellen wir fest, daß bestimmte Flexionsklassen zunehmend durch alternative, häufig wortreichere Konstruktionen verdrängt werden. Bestimmte Kasusunterscheidungen gehen entweder verloren, oder es wird anstelle eines bestimmten Kasus eine präpositionale Konstruktion mit einem anderen Fall verwendet, und an die Stelle bestimmter einfacher Temporaformen treten Verbindungen von Hilfsverben (i.d.R. *haben, sein* und *werden*) und Infinitiven bzw. Partizipien (Koß 1983: 1247).

5.5.2 Die Nominalsysteme verschiedener Varietäten des Deutschen

Wenden wir uns nun einer stichprobenartigen Untersuchung der Nominalsysteme (Flexionssysteme der Artikel, Pronomen, Adjektive und Substantive) im formellen Standarddeutsch einerseits und in umgangssprachlichen Erscheinungsformen des Deutschen andererseits zu.

Alternativen zu den Pronomen der 3. Person

Formelles Standarddeutsch kennt in der 3. Person die folgenden Pronomen:

	mask.	*fem.*	*neutr.*	*pl.*
Nom.	er	sie	es	sie
Akk.	ihn	sie	es	sie
Dat.	ihm	ihr	ihm	ihnen

Werden die durch sie normalerweise eingenommenen Positionen stark betont, treten an ihre Stelle die folgenen Formen:

	mask.	*fem.*	*neutr.*	*pl.*
Nom.	der	die	das	die
Akk.	den	die	das	die
Dat	dem	der	dem	denen

In umgangssprachlichem Deutsch werden letztere Formen auch ohne die Absicht besonderer Hervorhebung verwendet, was bedeutet, daß *der, die, das* usw. allmählich die Pronomen der 3. Person verdrängen und Hervorhebungen einfach durch stärkere Betonung des jeweiligen Pronomens erzielt werden. Es ist eine Entwicklung, die in den Reihen normativer Grammatiker auf Ablehnung stößt, obgleich sie außerordentlich weit verbreitet ist. Sie betrifft vor allem *sie* und *ihnen*, die so leicht mit den Höflichkeitsformen *Sie* und *Ihnen* verwechselt werden können.

Der hier dargestellte Austausch tritt auch in nichtstandardgerechtem Deutsch auf, findet sich dort aber neben so radikalen Abweichungen wie dem Verlust von Kasusunterschieden wieder.

Der Genitiv und seine Umschreibungen

Die regelmäßige Verwendung des Genitivs beschränkt sich auf die Hochsprache. Ist er in einem einzelnen Satz präsent, so hebt er diesen quasi automatisch als eine standardsprachliche, formelle Äußerung hervor. Der Genitiv taucht im formellen Standarddeutsch in zwei Kontexten auf:

(1) Anzeige von Zu(sammen)gehörigkeit
(Besitz, Urheberschaft, Qualität usw.)
z.B. *der Kopf des Mannes, am Rand des Waldes*

(2) nach bestimmten Präpositionen
z.B. *wegen des Lärms, während des Krieges,
trotz des schlechten Wetters, diesseits des Flusses*

Genitivkonstruktionen des ersten Typs werden umgangssprachlich gewöhnlich durch *von* + Dativ ersetzt (es heißt also: *der Kopf von dem Mann, am Rand von dem Wald*). Diese Ersatzkonstruktionen werden im allgemeinen als ‚korrektes Deutsch‘ anerkannt; nur einige normative Grammatiker würden sich gegen bestimmte Formen verwahren. Auch die formelle Standardsprache ist nicht frei von diesen Konstruktionen, insbesondere dann, wenn das betreffende Substantiv ohne Adjektiv und Artikel verwendet wird oder das Substantiv selbst nicht in den Genitiv gesetzt werden kann. So ist die Genitivform des Plurals von *Mann* (= *Männer*) ebenso wie viele andere Substantive (insbesondere im Plural und Feminina im Singular) nicht als solche markiert und muß ggf. durch eine Konstruktion aus *von* + Dativ realisiert werden. Es hieße also *die Charakteristika von Männern* , aber keinesfalls * *die Charakteristika Männer (die Charakteristika der Männer* ist ebenfalls möglich, hat aber eine etwas andere Bedeutung).

Die Umschreibung des Genitivs durch Präpositionalkonstruktionen mit *von* ist im gesamten Spektrum der Umgangssprache üblich, und in dialektnahen Varietäten, denen die Dativ-Akkusativ-Unterscheidung fehlt, tritt an die Stelle des Dativs der **Akkudativ**. Eine andere Alternative zur Genitivkonstruktion dieses Typs stellt eindeutig ein Merkmal der Nichtstandard-Sprache dar. Es ist die auf vergleichsweise geringe Toleranz stoßende Verbindung von Dativ, Possessivpronomen und Substantiv (z.B. *der Frau ihr Hut*). In dialektnahen Varietäten ohne Dativ-Akkusativ-Unterscheidung hieße es folglich *de(n) Mann sein Kopf, de(r) Frau ihr Hut*. Formulierungen dieses Typs eignen sich nur für Fälle, in denen eine persönliche Beziehung (Genitivus possessivus) dargestellt wird (vgl. zur Gegenprobe: **Am Wald sein Rand*). Detailliertere Ausführungen zur Umschreibung des Genitivs finden sich bei Koß (1983).

Auch wo der Genitiv hochsprachlich nach einer Präposition auftaucht, stehen in der Umgangssprache mehrere Ausweichkonstruktionen zur Verfügung. Welcher Konstruktionstyp letztlich gewählt wird, hängt vor allem von der Präposition selbst ab. Am häufigsten bedient man sich des Dativs, ersetzt also *wegen des Lärms* durch *wegen dem Lärm, während des Krieges* durch *während dem Krieg, trotz des schlechten Wetters* durch *trotz dem schlechten Wetter* und *diesseits des Flusses* durch *diesseits vom Fluß*. Manchmal, so auch im letztgenannten Beispiel, kann man auch auf eine andere Variante ausweichen (*auf dieser Seite vom Fluß* usw.).

So normal sie sich auch im Umgangssprachlichen ausnehmen mögen, die Alternativen zu solchen Präpositionalgefügen gelten nach wie vor als inkorrekt, weshalb sie von bestimmten Sprechern prinzipiell vermieden werden. Es handelt sich um eine Erscheinung, an der sich sehr gut die Divergenz des alltäglichen Sprachgebrauchs von der Grammatiklehre demonstrieren läßt.

Das Fehlen der Dativ-Akkusativ-Unterscheidung im Norddeutschen (vgl. 3.9.2 und Panzer 1983: 1172f)

Der Verlust des Genitivs ist, wie wir oben erwähnten, ein Charakteristikum der Umgangssprache als solcher, aber die Aufgabe der Dativ-Akkusativ-Unterscheidung markiert lediglich den dialektnahen Abschnitt ihres Spektrums und gilt eindeutig als nichtstandardgerecht. Beheimatet ist sie im Norden, wo sie gleichzeitig einen Zug der traditionellen Mundarten verkörpert. In Sprachformen, wo der Kontrast zwischen dem Dativ und dem Akkusativ formal abhanden gekommen ist, vereinigen sich deren Funktionen in einem einzigen Fall, dem Akkudativ. In seiner Funktion als Fall indirekter Objekte wird der Dativ entweder durch den Akkudativ oder aber durch *zu* + Akkusativ ersetzt, wobei sich *zu* + Dativ nach bestimmten Verben bis in die standardnahe Umgangssprache durchgesetzt hat; vgl. standardspr. *ich sagte ihm* mit standardnah-umgangsspr. *ich habe ihm gesagt* oder *ich hab' zu ihm gesagt*.

In Artikeln und Possessivpronomen ähnelt der Akkudativ dem Standard-Akkusativ, während er in den Personalpronomen entweder an den Dativ oder den Akkusativ erinnert. Hier sind einige recht typische Formen von Pronomen:

Nominativ	ich/ick(e)	du	er/de/(r)	sie/die/de	es/er/dat
Akkudativ	mi(r)	di(r)	ihm/de(n)	ihr/die/de	es/et/dat
Nominativ	wi(r)	ih(r)	Sie	die/de	
Akkudativ	u(n)s	euch	Ihnen	die/de	

Die Formen *et, dat* und *ick(e)* entstammen übrigens den norddeutschen Dialekten, ein Phänomen, zu dem wir im Zusammenhang mit anderen ins Umgangssprachliche übernommenen mundartlichen Ausdrücken im Abschnitt 5.6.4 zurückkehren werden. Es sei außerdem darauf hingewiesen, daß sich das oben abgebildete Schema in zweierlei Hinsicht von der standardsprachlichen Norm abhebt. Zum einen fehlt die Dativ-Akkusativ-Unterscheidung, und zum anderen entdecken wir einen Kontrast, den der Standard nicht kennt: die Abgrenzung bestimmter Formen von *sie* (Sg.), *Sie* (höfl.) und *sie* (Pl.). In der Standardvarietät sind z. B. der Nominativ und der Akkusativ von *sie* (Sg.) und *Sie* (Pl. und höfl.) identisch, aber in den hier besprochenen norddeutschen Formen der Umgangssprache weichen die ihnen entsprechenden Nominativ- und Akkudativ-Formen z. T. voneinander ab; vgl. standarddspr. *sie ist da, ich hole sie* mit nichtstandardspr. norddt. *sie ist da, ich* (bzw. *ick*) *hole ihr.*

Das System der typischen Artikelfomen gestaltet sich wie folgt:

	mask.	*fem.*	*neutr.*	*pl.*
Nominativ	de	de	dat/det	de
Akkudativ	de(n)	de	dat/det	de

Eine sehr interessante Tendenz in dieser Reihe ist das auch in einigen niederdeutschen Mundarten vorfindbare Verschmelzen von maskulinen und femininen Formen. Manche Sprecher verfügen praktisch über ein zweiteiliges Genus-System, eine Kontrastierung von mask.-fem. (*utrum*) und *neutrum* , was an die Genusverhältnisse im sprechsprachlichen Standard des Niederländischen sowie im Dänischen und im Schwedischen erinnert.

In ihrer Gesamtheit werden die hier beschriebenen Abweichungen von der deutschen Standardvarietät sehr negativ bewertet und von Angehörigen der Mittelschicht vermieden. Das gelegentliche gezielte Einflechten einzelner nichtstandardgerechter bzw. dialektaler Elemente wird hingegen weniger stark als ein Stigma-Signal aufgenommen und z. T. auch von jenen Sprechern praktiziert, die sich im allgemeinen der standardnahen Varietät(en) der Umgangssprache bedienen.

Pluralisierung von Substantiven mit dem Suffix -s

So sehr das Umgangssprachliche auch zur Tilgung von Kasusunterscheidungen tendieren mag, die Kategorie des Numerus ist hier ebenso fest verwurzelt wie im formellen Standard. Im Hochsprachlichen wird der Plural von Maskulina und Neutra häufig allein durch den entsprechenden Artikel ausgedrückt, z. B. Sing. *der Bäcker*, Pl. *die Bäcker*. In der dialektnahen Umgangssprache Norddeutschlands, wo die maskulinen Artikel für Singular und Plural identisch sind (*de* usw.), benutzt man zur Kennzeichnung des Plurals das Suffix ‚-s' (Sing. *de Bäcker*, Pl. *de Bäckers*). Die Endung ‚-s' dient auch in der Standardvarietät zur Bildung der Mehrzahl, und zwar insbesondere dann, wenn das Substantiv auf einen Vokal auslautet oder aus einer anderen Sprache übernommen wurde, z. B. *das Auto – die Autos, der Test – die Tests.*

Verlust der Nominativ-Akkusativ-Unterscheidung bei Artikeln und Adjektiven im Süddeutschen

Selbst im formellen Standarddeutsch spiegelt sich der Unterschied zwischen
Nominativ und Akkusativ nur in einer Form wider: in den Artikel- und Adjektivendungen für Maskulina im Singular. Im Süddeutschen besteht eine
Tendenz zur Aufhebung dieses Kontrastes, und eine Möglichkeit ist die Ersetzung von mask. Sg. Nom. *der* und mask. Sg. Nom. *den* durch den definiten Artikel *de*. Es handelt sich um eine Abweichung, die weniger radikal
als die oben besprochene norddeutsche Variante ist, da sie sich nicht auf das
gesamte Flexionssystem erstreckt. In den Personalpronomen ist die Nominativ-Akkusativ-Kontrastierung erhalten geblieben. Dessen ungeachtet haftet dieser Form, wie allen anderen Reduzierungen des Kasus-Systems, ein
relativ starkes Stigma an, weshalb sie normalerweise in jenen Varietäten, die
wir als standardnahe Umgangssprache bezeichnen, vermieden wird. Übrigens fehlt in den meisten dieser Spachformen auch das Nominal-Suffix ‚-n'
im Dativ Plural. Da im Falle des Süddeutschen aber nicht von einer Aufgabe
des Dativs die Rede sein kann, würden wir dieses Merkmal als einen Spezialfall eines generellen Trends zum Verlust von ‚-n' in Endsilben deuten (vgl.
5.4.3). Es ruft weniger negative Reaktionen als andere ‚-n'-Tilgungen hervor
und weist eine breitere geographische Verteilung auf.

5.5.3 Die Verbsysteme verschiedener Varietäten des Deutschen

Wir wollen uns nun der Erörterung von Differenzen zwischen der Standardvarietät und anderen Erscheinungsformen des Deutschen im Verbsystem zuwenden.

Unterscheidung zwischen Konjunktiv I und Konjunktiv II

Im formellen Standarddeutsch lassen sich bis zu sieben verschiedene Formen des Konjunktivs nachweisen:

Konjunktiv Präsens (*er sage, er komme*),
Konjunktiv Präteritum (*er sagte, er käme*),
Konjunktiv Futur (*er werde sagen, er werde kommen*)
Konjunktiv Perfekt (*er habe gesagt, er sei gekommen*),
Konjunktiv Plusquamperfekt (*er hätte gesagt, er wäre gekommen*),
Konditional I (*er würde sagen, er würde kommen*),
Konditional II (*er würde gesagt haben, er würde gekommen sein*).

Die Erwähnung des ‚Konjunktiv Futur' ist ein gewisses Zugeständnis, denn
wir halten im Grunde genommen nicht viel von einem sog. Futur im Deut-

schen (Konjunktiv wie Indikativ). Es ist u. E. sinnvoller, den Konjunktiv Futur und auch den sog. Konjunktiv Perfekt Futur (Konditional II) als modale Fügungen (Formen des verschiedene Wahrscheinlichkeitsgrade ausdrückenden **Modalverbs** *werden* + Infinitiv des jeweiligen Vollverbs) zu betrachten und bei der folgenden Darstellung außer acht zu lassen.

Die Formen des Konjunktivs werden im Deutschen in zwei Gruppen unterteilt. Zum *ersten Konjunktiv* gehören Konjunktiv Präsens, Perfekt und der Konjunktiv Futur, und der *zweite Konjunktiv* umfaßt Konjunktiv Präteritum und Plusquamperfekt sowie Konditional I und II.

Verwendet wird der Konjunktiv in drei Typen von Kontext: in der Beschreibung hypothetischer bzw. irrealer Sachverhalte, in der höflichen Äußerung von Wünschen und in Formen indirekter Rede. Darüber hinaus findet man ihn in bestimmten idiomatischen Wendungen (z. B. *das ginge*). In irrealen Konditionalsätzen tauchen ausschließlich Formen des zweiten Konjunktivs auf, wobei sich das Präteritum und das Konditional I auf die Gegenwart und Zukunft beziehen und das Plusquamperfekt auf Vergangenes verweist.

Selbst im formellen Standard werden bestimmte konjunktivische Formen mehr oder weniger unterdrückt. Es handelt sich um den Konjunktiv Präteritum schwacher Verben, dessen Formenreihe der des Indikativ Präteritum gleicht. Drohen Ambiguität bzw. Mißverständnisse, so greift man auf die entsprechenden Konditionalformen oder aber, je nach Kontext, auf eine Verbindung aus dem Konjunktiv Präteritum von *sollen* (*sollte*) + Infinitiv zurück. Statt *er sagte* hieße es also *er würde sagen* bzw. *er sollte sagen*.

Für die indirekte Rede sind in der formellen Standarvarietät im Prinzip sämtliche Konjunktivformen zulässig, doch man kann in der Praxis eine gewisse Bevorzugung der Formen des ersten Konjunktivs erkennen.

Wer im Ausland die deutsche Sprache erlernt, ist vermutlich erstaunt, mit wievielen Konjunktivformen sich die deutschen Muttersprachler auszukennen scheinen. Zumindest im Umgangssprachlichen ist in Wirklichkeit jedoch von den meisten Formen des Konjunktivs so gut wie keine Spur. Zunächst einmal gelten die Formen des ersten Konjunktivs beliebiger Verben (Modal- und Hilfsverben eingeschlossen) als gehoben, d. h. als Kennzeichen der formellen Standardsprache. Umgangssprachlich erscheinen an ihrer Stelle Formen des zweiten Konjunktivs. Wir wollen freilich nicht den Eindruck entstehen lassen, daß der Konjunktiv als solcher auf höhere Stilebenen beschränkt sei. Die grammatische Kategorie des Konjunktivs ist auch in der standardnahen und dialektnahen Umgangssprache fest verwurzelt; er tritt dort lediglich in einer geringeren Formenvielfalt zutage. Letztlich gibt es nur eine Art von Kontext, in der sich der Konjunktiv durch den Indikativ ersetzen läßt, und zwar die indirekte Rede (insbesondere dann, wenn diese durch ein im Präsens erscheinendes Verb des Sprechens oder Denkens eingeleitet wird).

Die formale Übereinstimmung von Konjunktiv und Indikativ im Präteritum schwacher Verben betrifft natürlich sowohl die umgangssprachliche als auch die formelle Standardsprache, weshalb die entsprechenden Konjunktivformen durchgängig vermieden werden, wo immer es mit hoher Wahrscheinlichkeit zu Mißverständnissen kommen würde. Das Umgangssprachliche entbehrt auch die Formen des Konjunktivs Präteritum starker und **unregelmäßiger Verben** (von idiomatischen Wendungen wie der oben angeführten einmal abgesehen); an ihrer Stelle finden wir i.d.R. Konditionalformen. Aus der Nähe betrachtet erweist sich der Konjunktivs Präteritum jedoch als eine Formenreihe, die sich gegen Verallgemeinerungen sträubt. Manche ihrer Formen rangieren nämlich stilistisch höher und werden entsprechend anders eingesetzt als die übrigen. Vermieden wird der Konjunktiv Präteritum offenbar vor allem bei Verben, die als solche bereits der informellen Sprache angehören. *Bliebe* (von *bleiben*), *begänne/begönne* (von *beginnen*) und *söffe* (von *saufen*) werden gleichermaßen als standardsprachliche Ausdrücke akzeptiert, wenn auch selten verwendet. Umgangssprachlich kommt lediglich *bliebe* zum Einsatz; *begänne* bzw. *begönne* gilt als sehr formell, und *söffe* wird als lächerlich empfunden und daher bestenfalls als ein humorvoller Ausschweif toleriert.

Die einzigen in der Umgangssprache regelmäßig gebrauchten Formenreihen des Konjunktiv Präteritum sind die der Hilfs- und Modalverben (*hätte, wäre, würde, könnte, sollte, dürfte, möchte, müßte*), die auf ihnen beruhenden Formen des Konjunktiv Plusquamperfekt (*er hätte gesagt, wäre gelaufen* usw.) und des Konditional I (*er würde sagen* usw.). Neben den schon erwähnten Konstruktionen dient ihnen sehr häufig die höfliche Bitte als Kontext, z. B. *Könnten Sie mir bitte sagen ...?* oder *Würden Sie vielleicht dort Platz nehmen?*

In vielen dialektnahen Varietäten und auch in einigen standardnahen Formen beobachten wir neben oder anstelle der Fügungen mit *würde* + Infinitiv-Konstruktionen mit *täte* (dem Konjunktiv Präteritum von *tun*), z. B. *er täte sagen*.

Zusammengesetzte Zeiten

Im Deutschen läßt sich eine Tendenz zur Bevorzugung zusammengesetzter Zeiten feststellen, und ihr offenkundigstes Zeichen ist die langsame, aber kontinuierliche Verdrängung des Präteritums durch das Perfekt. Ein wesentlicher Grund für diese Entwicklung liegt darin, daß zusammengesetzte Zeiten eine relativ freie Positionierung der unbestimmten (infiniten) Verbform (Infinitiv oder Partizip) erlauben, während die finite Verbform, hier ein Hilfs- oder Modalverb, stets den gleichen Platz beansprucht (in Hauptsätzen erscheint sie an zweiter Stelle). Verwenden wir eine einfache Zeitform, haben wir also bei der Positionierung des Verbs keine Wahl. Die Tatsache, daß ein Teil des Prädikats beweglich ist, erweist sich hingegen als sehr hilfreich. Am Satzanfang verwendet kann ein Verb sehr effektiv an den vorangegangenen Satz anknüpfen und auf bereits bekannte Informationen verweisen. Man betrachte z. B. den folgenden Dialogauszug:

A: Hat er viel geredet?
   (*geredet* besetzt die normalerweise erwartete, letzte Position)
B: Geredet hat er schon, aber *gegessen* hat er noch mehr.
   (*geredet* erscheint in der für Partizipien ungewöhnlichen ersten Position, da es als Anschluß an den vorhergehenden Satz fungiert, und *gegessen* nimmt in seinem Teilsatz die erste Stelle ein, weil es in einem starken Kontrast zu *geredet* steht)

Der Verwendung zusammengesetzter Zeitformen steht nichts im Wege, wenn auf etwas Vergangenes eingegangen wird, denn sowohl das Perfekt als auch das Plusquamperfekt gehören zu dieser Kategorie. Wird aber auf etwas Gegenwärtiges oder Zukünftiges verwiesen, können zusammengesetzte Zeiten nur unter Einsatz von Modalverben (zu denen, wie wir oben ausführten, aus unserer Sicht auch der finite Teil des sog. Futurs zählt) realisiert werden. Für das einfache Präsens gibt es standardsprachlich keine Alternative.

Anders ist die Situation im Umgangssprachlichen. Sowohl in dialektnahen als auch in einigen eher standardnahen Varietäten hört man eine aus *tun* (hier Hilfsverb) und Infinitiv zusammengesetzte Präsenskonstruktion (z. B. *sie tut sehen, sie tut laufen*). Sie ermöglicht eine ebenso flexible Positionierung des Vollverbs wie die anderen zusammengesetzten Zeitformen und erfreut sich – ihrer Verurteilung durch normative Grammatiker und Puristen ungeachtet – wachsenden Zuspruchs.

Präteritum-Perfekt-Unterscheidung (siehe auch 3.9.2)

Formelles Standarddeutsch unterscheidet zwischen einer einfachen (fälschlicherweise auch Imperfekt genannten) Vergangenheitsform, dem Präteritum (*ich hatte, ich sagte, ich lief*) und einer zusammengesetzten Form, dem Perfekt (z. B. *ich habe gehabt, ich habe gesagt, ich bin gelaufen*). Beide Tempora sind für alle Verben verbindlich. Normative Grammatiker beharren auf der These, daß Präteritum und Perfekt semantisch voneinander abweichen, doch es muß stark bezweifelt werden, daß sich viele Sprecher des Deutschen, vor allem viele jüngere Sprecher im Süden, eines solchen Unterschiedes bewußt sind (von bestimmten Kontexten einmal abgesehen). In der Sprache der Gegenwart divergieren die genannten Formen hauptsächlich in stilistischer Hinsicht. Das Präteritum wird als eine gehobenere Variante empfunden und in mehr oder weniger literarischen und wissenschaftlich-technischen Texten bevorzugt. Unabhängig davon bedient man sich hier aber auch recht häufig des Perfekts, bietet es doch die oben beschriebenen größeren Freiheiten bei der Satzgliedstellung.

Im Umgangssprachlichen stoßen wir auf weit weniger einfache Vergangenheitsformen. Häufig im Präteritum verwendet werden lediglich die Modalverben (*konnte, wollte, sollte, durfte, mußte*) und die übrigen Hilfsverben (*hatte, war, wurde*) und außerdem, insofern sie zur Einleitung der indirekten Rede dienen, die Verben des Sprechens und Denkens (*sagte, meinte, wußte* usw.). Das regelmäßige Auftreten der modalen und anderen Hilfsverben im Präteritum steht übrigens nicht im Widerspruch zu unseren Ausführungen zur generellen Bevorzugung zusammengesetzter Tempora, denn jene Verben fungieren oft als deren finiter Teil (z. B. *hatte gesagt, wollte laufen*).

Innerhalb des Umgangssprachlichen folgt die Verwendung des Präteritums wiederum regional verschiedenen Mustern. Im Süden fehlt das Präteritum völlig oder zumindest bei allen Verben mit Ausnahme von *sein* oder auch von *sein* und *haben*. Selbst diese Formen tauchen aber mancherorts nur als Teil des Plusquamperfekts auf (z. B. *ich hatte gehabt, war gelaufen*); alle übrigen Anwendungsmöglichkeiten der einfachen Vergangenheitsform werden durch das Perfekt abgedeckt (z. B. *ich habe gedacht, ich habe gekonnt/können*).

In einigen mittleren Abschnitten des deutschen Sprachraums, z. B. in vielen Teilen Hessens, begegnen wir einer kleinen Gruppe von einfachen Vergangenheitsformen (*war, wollte* usw.), doch die in den meisten anderen Regionen normalerweise vom Perfekt besetzten Positionen werden hier vom Plusquamperfekt eingenommen (z. B. *hatte gesagt, war gelaufen* statt: *habe gesagt, bin gelaufen*).

Im dialektnahen Abschnitt des umgangssprachlichen Spektrums verliert sich die deutliche regionale Aufspaltung. In den meisten Teilen des deutschsprachigen Raums stellen wir bezüglich des – ohnehin zunehmend sparsameren – Präteritumgebrauchs nennenswerte Übereinstimmungen fest. Wiederum als eine Ausnahme erweist sich aber die südliche Dialektregion, wo nun nicht einmal mehr die Hilfsverben *sein* und *haben* in der einfachen Vergangenheitsform erscheinen. Dies hat zur Folge, daß in Plusquamperfektformen (*ich hatte gesagt, ich war gelaufen* usw.) das jeweilige Hilfsverb aus dem Präteritum ins Perfekt überführt und damit selbst zu einer zusammengesetzten Form wird. Das Ergebnis sind so komplizierte Konstruktionen wie *ich habe gesagt gehabt* oder *ich bin gelaufen gewesen*.

5.5.4 Variable Satzgliedstellungen

Ein von Nichtmuttersprachlern als besonders eigentümlich empfundener Zug der deutschen Sprache ist die scheinbar kategorische syntaktische Re-

gel, daß in Konjunktionalgefügen die finite Verbform am Ende des Nebensatzes zu erscheinen hat:

(1) Petra kommt nicht mit ins Kino, weil sie zu beschäftigt <u>ist</u>.

Es zeichnet sich aber ab, daß diese Regel in einigen umgangssprachlichen
Varietäten des Deutschen in zunehmendem Maße entkräftet und die ge-
beugte Verbform in die in Hauptsätzen übliche 2. Position überführt wird:[1]

(2) Petra kommt nicht mit ins Kino, weil sie <u>ist</u> zu beschäftigt.

Die von einfachen Aussagesätzen auf anders geartete Konstruktionen (z. B.
den letzten von zwei durch ‚und' verbundenen Nebensätzen) ausgeweitete
Verbzweitstellung ist einer der auffälligsten Kontraste zwischen formellem
Standarddeutsch und bestimmten Varietäten der Umgangssprache. Sie begegnet uns immer häufiger, wird aber von normativen Grammatikern nur
sehr bedingt toleriert bzw. völlig abgelehnt (vgl. entsprechende Ausführungen bei Engel 1988: 730; in Helbig/Buscha 1986, Dreyer/Schmitt 1985 und
Götze/Hess-Lüttich 1989 wird dieses Phänomen völlig ignoriert). Wir vertreten jedoch die Auffassung, daß manche dieser ‚alternativen' Konstruktionen nicht als regellose Abweichungen oder Performanzfehler abqualifiziert
werden sollten, da zumindest einige von ihnen den Eindruck erwecken,
durch eindeutig identifizierbare Kontextfaktoren bedingt zu sein. So scheint
z. B. die Überführung der gebeugten Verbform in die 2. Position nur in bestimmten Typen von Nebensätzen nachweisbar und selbst dort von bestimmten syntaktischen Kontexten abhängig und generell auf spontane umgangssprachliche Äußerungen begrenzt zu sein. Daraus ließe sich schließen,
daß die oben erwähnte Regel für viele (möglicherweise die meisten) Arten
von Nebensätzen bindend ist, während andere einem variablen Satzbaumuster folgen.

All dies erinnert unweigerlich an ein frühes Stadium sprachlichen Wandels, könnte sich aber ebensogut als ein Fall von inhärenter Variation erweisen. Im folgenden nehmen wir auf einen speziellen Typ von Nebensatz,
nämlich auf Kasusgefüge mit *weil*, Bezug, wollen unsere Ausführungen aber
auch als eine teilweise Beantwortung von übergreifenden Fragen zum Wesen dieser Variationsart verstanden wissen.

Für die variable Positionierung der finiten Verbform in Kausalsätzen mit
weil sind mehrere Erklärungen geäußert worden (siehe z. B. Gaumann
1983, Eisenberg 1989, Sandig 1973, Hentschel/Weydt 1990, Günthner 1993,
Schlobinski 1992). Ein Argument besagt, daß die koexistierenden Muster

---

[1] In Wirklichkeit ist dieses Muster keineswegs als neu anzusehen: Noch in der ersten
Hälfte des 18. Jahrhunderts waren beide Varianten mündlich und schriftlich gebräuch-
lich (Wells 1985: 253f), und in vielen traditionellen Dialekten (vor allem in den südlichen
Mundarten) haben Konstruktionen mit *weil* + Verbzweitstellung bis heute überdauert
(Gaumann 1983: 2, 15, 64–67).

unterschiedliche Funktionen erfüllen. Eine am Satzende positionierte Verbform könne als struktureller Gegenpart zur Konjunktion am Satzanfang
verstanden werden: Konjunktion und Verb ergänzen einander und heben
gemeinsam hervor, daß der Teilsatz subordiniert ist. Nach dieser These hat
die Konjunktion eine Doppelfunktion. Sie signalisiert (a) eine logische Verbindung zwischen zwei Sätzen (der Nebensatz liefert eine Begründung für
den Hauptsatz) und (b) die Abhängigkeit des einen Satzes vom anderen.
Die Verlegung der finiten Verbform in die für Hauptsätze normale (d. h.
unmarkierte) 2. Position würde bewirken, daß die logische Verbindung
zwischen den zwei Teilsätzen erhalten bliebe, aber die Implikation von Subordination oder Abhängigkeit verloren ginge (van de Velde 1974: 78; Gaumann 1983: 104).[2] Dies würde bedeuten, daß die Konjunktion *weil* formal
und semantisch zu einem Äquivalent der koordinierenden Konjunktion
denn würde. Nun tritt aber *denn* fast nur in der geschriebenen Sprache auf,
während *weil* sowohl schriftlich als auch mündlich gebraucht wird. Man
könnte also behaupten, daß die Konjunktion *weil* in Teilsätzen mit Verbzweitstellung das sprechsprachliche Gegenstück zum schriftsprachlichen
denn verkörpert. Dies könnte wiederum erklären, warum dieses Phänomen
in komplexen Sätzen größtenteils auf den Kontext {*weil*-Satz folgt Haupt-
satz} beschränkt ist: Nur in diesem Kontext könnte die Konjunktion *denn*
zum Einsatz kommen.

Dasselbe Argument könnte auf das Verhältnis zwischen den Konjunktionen *weil* und *da* angewendet werden. Man geht im allgemeinen davon aus,
daß zwischen diesen zwei Formen eine semantische Differenz besteht: *weil*
deutet i.d.R. darauf hin, daß die nachfolgende Information neu oder eine
spezifische Erklärung für den Inhalt des Hauptsatzes ist (der wahrscheinliche Grund für die Tatsache, daß *weil*-Sätze normalerweise dem Hauptsatz
nachgestellt werden), während *da* normalerweise einen bereits bekannten
Tatbestand oder eine allgemeingültige Proposition einleitet und gleichzeitig
impliziert, daß das im Hauptsatz Mitgeteilte unausweichlich oder notwendigerweise zutreffend ist. Andererseits wissen wir, daß *da* (wie auch *denn*)
in der gesprochenen Sprache generell selten und anscheinend nie in Verbindung mit der Zweitstellung des Verbs auftritt. Es könnte also sein, daß dem
Hauptsatz vorangestellte Nebensätze mit *weil*+Verbzweitstellung im gesprochenen Deutsch über das semantische Potential von schriftsprachlichen
Konstruktionen mit *da* verfügen. Schlobinski (1992: 315) geht sogar so weit,
weil als <u>die</u> Kausalkonjunktion der gesprochenen Sprache zu bezeichnen (für

---

[2] Günthner (1993: 53f) geht noch einen Schritt weiter, indem sie die Beziehung zwischen
Subordination und Koordination nicht als eine Dichotomie, sondern als ein Kontinuum
klassifiziert. Im Rahmen dieser relativistischen Position ist es ihr möglich, über diverse
Gründe für die Verlegung der finiten Verbform in Richtung des Koordinationspols zu
spekulieren.

eingehende Auseinandersetzungen mit dem Verhältnis zwischen *weil, denn* und *da* siehe Redder 1990 und Thim-Mabrey 1982).

Die These, daß *weil* verschiedene Funktionen erfüllt, wird auch durch das häufige Rückführen des Verbs in die 2. Position nach Verzögerungen und nach Fragesätzen mit *warum* sowie als ein Signal zur Übernahme des Rederechts durch die/den oder eine/n andere/n (vgl. Beispiele 3, 4 und 5) gestützt.

(3) Ich mache dieses Jahr keine Ferien, weil ... ich kann es mir nicht leisten.

(4) A: Warum hast du diesen PC gekauft?
     B: Weil er war sehr billig.

(5) A: Meiner Meinung nach ist Kabelfernsehen zu teuer, ich kann nur selten ...
     B: ... weil es gibt viele Programme, die man eigentlich gar nicht haben möchte.

In allen drei Kontexten scheint sich der *weil*-Satz von dem ihm übergeordneten Hauptsatz ‚loszureißen', sich seiner Abhängigkeit zu entledigen und in eine freistehende Einheit zu verwandeln.

Gleichzeitig müssen wir freilich anerkennen, daß die Konjunktion *weil* potentiell noch andere Diskurs-Funktionen innehat. Sie kann, wie gesagt, die Absicht einer Übernahme des Rederechtes ausdrücken, wird aber u.a. auch dazu benutzt, die Möglichkeit einer Wortübergabe an den/die Gesprächspartner/in anzuerkennen und gleichzeitig den Wunsch nach Fortführung der eigenen Ausführungen klarzumachen (Gaumann 1983: 177). Ferner kann *weil* nicht nur dazu verwendet werden, den Inhalt des vorangegangenen Satzes zu begründen; es kann auch der Kommentierung oder Erklärung seiner **illokutiv**en Funktion dienen (Günthner 1993: 40ff):

(6) Sind das Ölfarben? Weil: die haben manchmal so 'ne unheimliche Transparenz. (aus Gaumann 1983: 111)

(7) Und was gibts außer Cinema Paradiso. Weil – den hab ich schon gesehen. (aus Günthner 1993: 41)wo

Möglicherweise ist die Verlegung der finiten Verbform an die 2. Stelle in solchen Kontexten sogar obligatorisch. Für Fälle, wo der *weil*-Satz die Basis einer im Hauptsatz ausgedrückten Schlußfolgerung darstellt (wie in Beispiel 8a), ist dies u. U. schwerer nachweisbar, doch es läßt sich nicht leugnen, daß zwischen solchen Konstruktionen und analogen Formulierungen mit Verbendstellung ein semantischer Unterschied bestehen kann:

(8a) Der hat sicher wieder gsoffen. Weil – sie läuft total deprimiert durch die Gegend.

(8b) Der hat sicher wieder gsoffen, weil sie total deprimiert durch die Gegend läuft.
      (Quelle: Günthner 1993: 43)

In 8b liefert der *weil*-Satz nicht eine Prämisse einer Schlußfolgerung, sondern eine Begründung für den im Hauptsatz geschilderten Sachverhalt.

Erklärungen wie diese laufen darauf hinaus, daß die Konjunktion *weil* nicht nur einen logischen Bezug herstellen und auf syntaktischer Ebene ein Subordinations- bzw. Koordinationsverhältnis signalisieren, sondern in

Verbindung mit einem Satzbauplan, in dem die finite Verbform an 2. Stelle erscheint, auch als eine Art metalinguistisches Signal – ein mehr oder weniger bewußt verwendetes strategisches Hilfsmittel und Element kommunikativer Kompetenz – in Erscheinung treten kann (vgl. Gaumann 1983: 115, 130; Sandig 1973: 38). Es ist durchaus vorstellbar, daß sich die Gültigkeit dieser diskurspragmatischen Erwägungen auf *weil* und eine kleine Anzahl anderer spezifischer Konjunktionen beschränkt, in welchem Falle sie zwar aufschlußreich, doch nicht unbedingt für die syntaktische Struktur des Deutschen insgesamt relevant wären. Wie wir aber schon erwähnten, handelt es sich bei derartigen Trends nicht um ein isoliertes Phänomen, weshalb funktionale Erklärungen vielleicht nur einen Teil des Bildes erleuchten.

Wir können also mit einiger Sicherheit die Schlußfolgerung ziehen, daß die oben beschriebene Variation von Konjunktionalgefügen mit *weil* einen verhältnismäßig regulären Kontrast zwischen formellem Standarddeutsch und umgangssprachlichen Varietäten des Deutschen repräsentiert. Ob diese Entwicklung einen allmählichen Wandel der Wortfolgen im Deutschen indiziert, bleibe dahingestellt.

5.6 Lexikalische Variation im Deutschen

Gehen wir nun zu einer Untersuchung lexikalischer Unterschiede zwischen verschiedenen Typen des Deutschen über. Beginnen wollen wir mit regionalen Differenzen, die sämtliche Stilebenen des Deutschen betreffen. Danach stehen Unterschiede zwischen dem formellen Standard und den umgangssprachlichen Varietäten im Mittelpunkt, und abschließend beschäftigen wir uns mit dem Phänomen lokaler Wortschatzbesonderheiten.

5.6.1 Lexikalische Variation: Allgemeines

Der Wortschatz ist die den meisten Sprechern am deutlichsten bewußte sprachliche Ebene. Erwachsene Sprecher können sich mit relativer Leichtigkeit neues Vokabular aneignen und in verschiedenen Sprachtypen benutzen, weshalb lexikalische Besonderheiten im allgemeinen als oberflächlichere und weniger verläßliche Indikatoren binnensprachlicher Differenziertheit betrachtet werden als Abweichungen im grammatischen und phonologischen Bereich. Einen relativ hohen Stellenwert hat die Lexik lediglich bei der Identifizierung bestimmter traditioneller Dialekte. Viele Mundarten grenzen sich gerade im lexikalischen Bereich so scharf von anderen Varietäten ab, so daß sie für Außenstehende nur zum Teil verständlich sind. Andererseits kann man sagen, daß Mundartsprecher in modernen Industriegesellschaften zu einer Randgruppe gehören und vergleichsweise wenig mit Vertretern des gesellschaftlichen Mainstreams in Berührung kommen.

Wir wollen die lexikalische Variation des Deutschen hier nur relativ knapp behandeln, und zwar nicht nur aufgrund der oben erwähnten Unwägbarkeiten, sondern auch deshalb, weil sie Studenten auch ohne viele Erläuterungen verständlich sein dürften. Differenzen im Wortschatz haben keine grundsätzlichen oder komplexen Auswirkungen auf die Struktur der Sprache, es sei denn, es handelt sich um sehr große Unterschiede zwischen verschiedenen Varietäten.

5.6.2 Nationale Varietäten des Deutschen

Regionale Wortschatzbesonderheiten, die in sämtlichen Erscheinungsformen des Deutschen, also auch im formellen Standard, nachweisbar sind, haben sich schon immer eines großen Interesses in Linguistenkreisen erfreut und sind hinreichend dokumentiert worden (insbesondere bei Eichhoff 1977), so daß wir uns mit ihnen nur ganz kurz auseinandersetzen wollen. Eine wichtige Gruppe bilden politische, juristische und ökonomische Begriffe, die in den verschiedenen deutschsprachigen Ländern insofern voneinander abweichen, als sie die jeweiligen gesellschaftlichen Systeme widerspiegeln. Die auffälligsten Unterschiede dieser Art bestanden zwischen der DDR und den übrigen Staaten. Sie wurden umfassend debattiert und mitunter sogar als Zeichen für eine Herausbildung von zwei eigenständigen deutschen Sprachen gedeutet. Angesichts der großen Bedeutung, die diesem Thema im Laufe der Jahre zuteil wurde, haben wir den letzten Abschnitt dieses Kapitels (Abschnitt 5.7) einer Gegenüberstellung von ‚Ostdeutsch' und ‚Westdeutsch' gewidmet. Ähnlich gelagerte Abweichungen gibt es auch zwischen dem Schweizer Standarddeutsch und dem Deutsch der übrigen Länder und, in geringerem Maße, zwischen dem Österreichischen und dem Deutsch der Bundesrepublik; man denke nur an Termini wie *Kanton* (Schweiz), an die unterschiedlichen Bedeutungen von *Bundesrat*: Schweiz – (Mitglied der) Bundesregierung, Deutschland – Kammer der Ländervertretungen, und an die unterschiedlichen Bezeichnungen der Hochschulreife (schweiz. und österr. *Matura*, dt. *Abitur*).

Es gibt aber auch eine ganze Menge nicht politisch bedingter regionaler Besonderheiten des Wortschatzes. Ein Teil von ihnen spiegelt die Nord-Süd-Untergliederung des deutschsprachigen Raums wider; man vgl. z.B. norddt. *Sonnabend, Schlips, artig* mit süddt. (auch schweiz. und österr.) *Samstag, Krawatte, brav.* Einige Differenzen folgen (trotz ihres unpolitischen Bedeutungsgehalts) politischen Grenzen. Man nennt z. B. nur noch in Österreich und in der Schweiz *Spital* , was heute in Deutschland *Krankenhaus* heißt, und *Obers* ist ein ausschließlich in Österreich verwendeter Ausdruck für *Sahne / Rahm*.

5.6.3 Formeller und informeller Wortschatz

Das Deutsche zeichnet sich durch eine stärkere regionale Ausdifferenzierung des Wortschatzes der Standardformen aus als in kleineren und weniger politisch zersplitterten Gebieten gesprochene Sprachen, doch die folgenden Ausführungen gelten einer Problematik, die für das Studium beliebiger Sprachen von Belang ist. Es geht um lexikalische Unterschiede zwischen formellen und informellen Varietäten. Jede bislang untersuchte Sprache enthält Wörter, die nur in bestimmten Situationen gebräuchlich sind. Da sich das Deutsche in dieser Hinsicht durchaus mit den meisten anderen Sprachen vergleichen läßt, wollen wir hier auf nur zwei Besonderheiten eingehen: auf bestimmte Verbalpräfixe bzw. Partikel und auf neue bzw. aus anderen Sprachen übernommene Wörter.

Verbalpräfixe (Partikel)

In der formellen deutschen Standardprache gibt es für bestimmte Verben eine Reihe von Vorsilben oder Partikel, die im Prinzip dazu dienen, auf den Sprechenden gerichtete Bewegungen anzuzeigen, und eine Reihe von Äquivalenten, die vom Sprechenden weg gerichtete Bewegungen beschreiben. Es handelt sich um *hinauf-, hinaus-, hinein-, hinüber-, hinunter-* bzw. um *herauf-, heraus-, herein-, herüber-, herunter-*. Im umgangssprachlichen Deutsch geht der durch sie konstituierte Kontrast verloren, denn beide Präfixreihen reduzieren sich auf *'rauf-, 'raus-, 'rein-, 'rüber-* und *'runter-*. Da die besagte Unterscheidung also kaum im Alltag präsent ist, erweist sich ihre Aneignung nicht nur für ausländische Deutschlernende, sondern auch für manche Muttersprachler als schwierig.

Wörter fremden Ursprungs

Der Anteil von Fremd- und Lehnwörtern am Wortschatz des Deutschen läßt sich kaum mit deren Anteil am Lexikon mancher anderer Sprachen (z. B. des Englischen) vergleichen, ist aber bedeutender, als man auf den ersten Blick für wahrscheinlich hält. Die betreffenden Termini wurden (und werden) teilweise von Trägern anderer Sprachen erworben und teilweise, vor allem im technischen Bereich, unter Verwendung lateinischer und griechischer Wortstämme neu geprägt. Die meisten dieser Übernahmen und Neologismen rangieren stilistisch höher als ihre potentiell vorhandenen einheimischen Entsprechungen. *Geographie* ⟨griech.⟩, *Territorium* ⟨lat.⟩ und *feminin* ⟨lat.⟩, zum Beispiel, sind relativ formelle (und geringfügig semantisch abweichende) Äquivalente für *Erdkunde, Gebiet* und *weiblich*. Die konkreten Verwendungsgrenzen dieser Beispiele liegen allerdings auf unterschiedlichen Ebenen; sie müssen keineswegs mit der etwaigen Trennlinie zwischen formeller und informeller Spache übereinstimmen.

Daneben gibt es Vokabular, das im Rahmen alltäglicher Kontakte ins Deutsche gelangt ist und den einheimischen Entsprechungen stilistisch übergeordnet sein kann, aber nicht muß. In diese Kategorie fallen (wie übrigens auch im Englischen) viele Wörter aus romanischen Sprachen, vor allem aus dem Französischen, dessen Sprecher über lange Zeiträume hinweg als kulturvoller und feinsinniger als die eigene Bevölkerung galten (auch das Italienische ist hervorhebenswert, besonders in bezug auf das Deutsche). Französische Bezeichnungen haben folglich einen höheren stilistischen Rang als ihre einheimischen Entsprechungen: ein *Restaurant* ist eine ansehnlichere Einrichtung als eine *Gaststätte*, eine *Allee* ist eine prachtvolle Art von *Straße*, und *Dame* ist ein vornehmerer Ausdruck als *Frau*.

Daß manche anderen Sprachen weit mehr Vokabular aus anderen Sprachen enthalten als das Deutsche, hat vor allem damit zu tun, daß in den deutschsprachigen Ländern stärkere puristische Strömungen aufgetreten sind als anderswo (vgl. von Polenz 1978: 114, 129, 160–62; Wells 1985: 393–401). Viele ihrer Anhänger handelten aus ausgesprochen nationalistischen Motiven. Alles in allem ist ihr Ideal, die ‚Reinigung‘ der deutschen Sprache von Fremdwörtern, aber nur zu einem Bruchteil realisiert worden, zumal auch die theoretische Basis solcher Bemühungen sehr zweifelhaft ist. Es gilt beispielsweise als heftig umstritten, ob Wörter aus anderen Sprachen auch dann noch als Fremdwörter einzuordnen sind, wenn sie phonetisch dem Deutschen angepaßt und von dessen Trägern tagtäglich verwendet werden (von Polenz 1978: 162f). Dazu kommt, daß sich viele Specher prinzipiell nicht von akademischen Sprachregulierungsversuchen beeindrucken lassen.

Inwiefern waren nun aber die Bestrebungen der Puristen von Erfolg gekrönt? Wie wir bereits andeuteten, ging die Sprachreinigungsbewegung vor allem von Gelehrtenkreisen aus. Man hoffte, bestimmte Fremdwörter zu verdrängen, indem man einheimische Wörter (in einigen Fällen Ausdrücke, die kaum noch oder gar nicht mehr gebräuchlich waren) mit neuem Leben und mehr oder weniger neuen Inhalten füllte. Auch ihr stilistisches Spektrum sollte sich erweitern. Zum Teil ist es tatsächlich gelungen, eine kleine Liste von ‚neu aufgelegtem‘ oder speziell erstelltem einheimischem Alternativvokabular in formellen Kontexten in Umlauf zu bringen; ein Phänomen, das Sprechern des Englischen sehr ungewöhnlich erscheint. Man denke nur an Wortpaare wie *passieren:geschehen, extra:ab-*

sichtlich/vorsätzlich, *Radio:Rundfunk* und *Telefon:Fernsprecher*. In all diesen Fällen ist der erste, auf einem Fremdwort beruhende, Ausdruck der informellere und häufiger benutzte. Verhältnismäßig reibungslos eingebürgert hat sich auch der ‚einheimische' Ersatzterminus *Wagen* für *Auto*, doch auch bei diesem Beispiel ist der letztgenannte Ausdruck noch immer der gebräuchlichere.

Mittlerweile haben puristische Bestrebungen in den deutschsprachigen Ländern erheblich an Einfluß verloren, und wir begegnen einer sehr großen Anzahl neuerer Fremdwörter, und zwar vor allem Entlehnungen aus dem Englischen (ausführlichere Angaben dazu in 8.6).

5.6.4 Regionale lexikalische Variation

Es ist sehr wahrscheinlich, daß jede/r deutsche Muttersprachler/in eine kleine Gruppe von Wörtern benutzt, die von Menschen aus bestimmten anderen Regionen nicht verstanden werden. Vieles deutet darauf hin, daß der Anteil solcher Wörter in dem Maße zunimmt, in dem wir uns vom Standard in Richtung traditionelle Mundarten entfernen, und der Grund dafür liegt auf der Hand: Je stärker wir uns den Mundarten nähern, desto mehr haben wir es mit Bevölkerungsgruppen zu tun, die sowohl im geographischen als auch im sozialen Sinne relativ unbeweglich sind. Das Extrem bilden jene Dialektsprecher, die fast nie mit Menschen aus entfernten Regionen zu tun haben und somit am seltensten veranlaßt werden, ausgesprochen lokale Ausdrücke zu vermeiden.

Die Kehrseite der Medaille besteht darin, daß ortsspezifisches Vokabular als ein sehr wirkungsvolles Aushängeschild lokaler Identität und Solidarität gilt, weshalb es immer wieder vorkommt, daß Sprecher, die sich normalerweise standardnaher Varietäten und nur sehr weniger lokaler Ausdrücke bedienen, als Zeichen ihrer Heimatverbundenheit aus dem Lexikon der örtlichen Mundart ‚zitieren'. Seit der Dialektwelle der sechziger und siebziger Jahre, einem Symptom des in jener Zeit erstarkenden Regionalismus, hat der Trend zu derartigen ‚Zitaten' sogar zugenommen (vgl. 3.2.2 und 5.2.5). Ein recht gebildeter Sprecher aus Berlin berichtete zum Beispiel, daß er, wenn er während seines Urlaub in entfernten Regionen auf andere Berliner trifft, Ausdrücke aus der Berliner Mundart verwende, interessanterweise aber nie auf nichtstandardgerechte berlinische Grammatik, wie den Akkudativ, zurückgreife. In relativ neuen Studien des Berlinischen (Dittmar et al. 1986) konnte überzeugend nachgewiesen werden, daß viele Angehörige der Mittelschicht mit einem Großteil des lokalspezifischen Wortschatzes wohlvertraut sind, ohne viel Gebrauch davon zu machen. Andererseits macht man selbst in der Werbung vor lokalen Ausdrücken nicht halt (z.B. *Molle* für allgemein standardspr. Bier). Neben Kostproben aus dem Ortslexikon geben Standardsprecher u. U. auch dialektal artikuliertes Standardvokabular zum besten, wobei sie stärker von der DH abweichen, als es je bei der regional akzentuierten Hochsprache der Fall ist. In Berlin begegnet man zum Beispiel /juːt/ und /kleːn/ für DH /guːt/ und /klain/ (*gut, klein*).

Zusammenfassend können wir also Folgendes festhalten: Traditionelle Mundarten zeichnen sich durch einen hohen (aber individuell unterschiedlichen und nicht generell meßbaren) Anteil ortsspezifischen Vokabulars aus. In der dialektnahen Umgangssprache ist jener Anteil deutlich geringer, wenn auch noch immer recht ansehnlich, und in der standardnahen Umgangssprache wird der ortsspezifische Wortschatz noch seltener verwendet. Nichtsdestotrotz scheinen sich Sprecher aller Spielarten sehr gut mit ortsspezifischen Ausdrücken auszukennen und eine positive Einstellung zu ihnen zu haben; selbst Angehörige der gebildeten Mittelschicht sind gelegentlich bereit, als Zeichen ihrer Loyalität zum Ort oder zur Region örtliches oder regionales Wortgut zu verwenden.

Zu den berühmtesten Schöpfungen des Berliner Raums (wo das Mundartliche, wie wir oben für alle städtischen Ballungsgebiete verallgemeinerten, sozusagen *per definitionem* fast vollständig verschwunden ist) gehören *Molle* (‚Bier‘), *Schrippe* (‚Brötchen‘) und *Göre* (‚Mädchen‘). Aus anderen Gegenden bekannte ortsspezifische Ausdrücke sind z.B. *veräppeln* (Hessen) für ‚verulken, auf den Arm nehmen‘, *Viech* (süd- und mitteldt.) für ‚Tier‘, *Pott* (norddt.) für ‚Topf‘, *Pütt* (Ruhr) für ‚Bergwerk‘, *lüttge/lütt* (norddt.) für ‚klein‘ und *Gaul* (teilweise süd- und mitteldt.) für ‚Pferd‘.

Wir wissen bereits, daß einer der Hauptunterschiede zwischen der standardnahen und der dialektnahen Umgangssprache darin besteht, daß letztere auch grammatisch vom Standard abweicht. Zu jenen Variationen gehört die Verwendung mundartlicher Artikel, Pronomen und dgl. So sind beispielsweise die niederdeutschen Formen bestimmter Artikel und besitzanzeigender Pronomen (vgl. 5.5.2) auch in der dialektnahen Umgangssprache verbreitet (*dit* und *det* im Berliner Raum); das als Artikel und Pronomen dienende *dat*, gleichzeitig ein Merkmal bestimmter mittelrheinischer Mundarten, tritt auch in der dialektnahen Umgangssprache des Rheinlandes auf. Sowohl in Norddeutschland als auch im Rheinland werden *dat* und *dit* sogar des öfteren von Sprechern der Standardvarietät ‚zitiert‘.

Das folgende, zweite Beispiel stammt aus der bayrisch-österreichischen Region. In der traditionellen bairischen Mundart lautet das Pronomen der 2. Pers. Pl. *es* (hochsprachl. *ihr*) (vgl. 3.10.3). Werden, wie in Fragesätzen, Subjekt und Verb umgestellt (Inversion), kommt es normalerweise zu Zusammenziehungen. Aus *bleibt es* wird folglich *bleibts*. Formen wie diese finden sich auch in der dialektnahen Umgangssprache, wo sie nicht als Verb + Pronomen, sondern als eine reine Verbform gedeutet werden. Von dialektnah sprechenden Münchnern bekäme man also *Bleibts ihr nit?* (für standardspr. *Bleibt ihr nicht?*) zu hören. Dieses Beispiel erinnert gleichzeitig an die Tatsache, daß in vielen traditionellen Mundarten und dialektnahen Varietäten der Umgangssprache die standardsprachliche Anredeform *Sie* durch das ältere *Ihr* ersetzt wird.

5.7 Deutsch in Ost und West

Das deutschsprachige Europa wird bekanntlich von mehreren politischen Grenzen durchschnitten, und wie wir bereits erwähnten (vgl. 5.6.2), schlagen sich diese in allen Typen der deutschen Sprache nieder. In der Standardvarietät (formell und umgangssprachlich) kann man diese Prozesse anhand der spezifischen Terminologie in den Bereichen Politik, Verwaltung und Wirtschaft nachvollziehen. Darüber hinaus spiegelt sich in allen Erscheinungsformen der Sprache die Tatsache wider, daß die meisten Menschen häufiger mit den deutschsprachigen Bürgern ihres eigenen Staates als mit denen der anderen kommunizieren. In sämtlichen Bereichen des Wortschatzes lassen sich gewisse den politischen Grenzen entsprechende Divergenzen ausmachen, und wir vertreten die Ansicht, daß es nationale Varietäten des Standards und der Umgangssprache gibt. Jede dieser Varietäten ergänzt einen gemeinsamen Wortbestand durch eine ansehnliche Reihe landestypischer Vokabeln. Ihr völliges Auseinanderdriften wird dadurch verhindert, daß man sich im Rahmen grenzüberschreitender Handelsbeziehungen sowie privat unter Nutzung moderner Kommunikationsmittel ständig austauscht und dabei gezwungen ist, Verständigungsprobleme möglichst gering zu halten.

Daß sich die oben beschriebenen Tendenzen auch auf die traditionellen Dialekte auswirken, wird im allgemeinen für äußerst unwahrscheinlich gehalten. Es heißt, daß Mundartsprecher traditionell einen recht begrenzten Kreis von Kommunikationspartnern haben und politische, wirtschaftliche sowie administrative Angelegenheiten nicht im traditionellen Dialekt diskutiert werden. Ein gern zitiertes Beispiel eines sich grenzüberschreitend erstreckenden Mundartengebiets, dessen innere Gliederung angeblich so gut wie nichts mit politischen Grenzen gemein hat, ist das bereits erwähnte niederländisch-deutsche Dialektkontinuum. Da Mundarten heutzutage stärker denn je von standardsprachlichen Varietäten beeinflußt werden, muß man u. E. aber damit rechnen, daß jene Auffassungen inzwischen nur noch bedingt haltbar sind. Empirische Untersuchungen zu den Auswirkungen der nationalen Varietäten des Standards auf traditionelle Dialekte stehen noch aus.

5.7.1 Verschiedene Sichten auf die sprachlichen Unterschiede zwischen Ost und West

Die Auswirkungen der deutsch-deutschen Grenze auf die sprachliche Entwicklung in Ost und West sind ein Thema, dem wir uns zunächst aus der Perspektive der ausländischen Deutschlernenden nähern wollen. Dieser recht ungewöhnliche Ansatz ist darin begründet, daß deren Wahrnehmung des Ost-West-Kontrasts vielfach in einem krassen Widerspruch zu dem steht, was dazu in der wissenschaftlichen Literatur ausgeführt wird. Wir meinen, daß wir die Problematik anhand dieser Gegenüberstellung in ein neues, aufschlußreiches Licht rücken.

Wer im westlichen Ausland die deutsche Sprache erlernt hat, hatte es aller Wahrscheinlichkeit nach mit der im Norden der Bundesrepublik verbreiteten Standardvarietät zu tun. Bei einem eventuellen späteren Besuch deutschsprachiger Länder fiel folglich die Verständigung in Norddeutschland leichter als in der Schweiz, in Österreich und auch im Süden der Bundesrepublik. In letzteren Regionen gab es vermutlich einige Schwierigkeiten bei der Verständigung über alltägliche Belange und möglicherweise auch bei Themen, die in der Standardvarietät besprochen wurden. Die größten Probleme bereiten gewöhnlich die Sprachformen der Schweiz und die geringsten die der Bundesrepublik. Auch in der DDR hätte es nur minimale Schwierigkeiten gegeben – in vielen Fällen zumindest wesentlich geringere als im Süden der Bundesrepublik. Dies hat den einfachen Grund, daß die Grenze zwischen der DDR und der Bundesrepublik die jüngste im deutschsprachigen Europa war. Ihre Errichtung lag zu kurz zurück, als daß sich zwei kraß voneinander abweichende Standards der gesprochenen Sprache hätten entwickeln können. Außerdem war die bis 1945 überwiegend auf dem Gebiet der späteren DDR gültige Standardform dem nordwestlichen Standarddeutsch sehr ähnlich.

Angesichts dieser Erfahrungen war es für Studenten aus dem westlichen Ausland erstaunlich, daß manche Deutsche die zwischen dem DDR-Deutsch und dem westlichen Deutsch bestehenden Unterschiede als sehr bedeutend empfanden und der Meinung waren, daß sie ernsthaft die Einheit der deutschen Sprache bedrohten (Hellmann 1980: 519f). Wie sind diese Diskrepanzen zu erklären? Zum einen waren jene ausländischen Studenten relativ unvoreingenommen, unterschieden sich also sowohl von jenen Deutschen, die die innerdeutsche Grenze als völlig illegitim empfanden und gegen sämtliche Ost-West-Unterschiede aufbegehrten, als auch von jenen, die die Eigenständigkeit der DDR befürworteten und alle Manifestationen ostdeutscher Andersartigkeit, sprachliche Besonderheiten eingeschlossen, begrüßten. Zum anderen hatten bestenfalls die extrem Fortgeschrittenen unter ihnen zu jenem Zeitpunkt Erfahrung im Umgang mit politischen oder ökonomischen Texten, d.h. mit Wortschatzbereichen, in

denen die Unterschiede in der Tat recht erheblich waren. Während man in
der breiten Öffentlichkeit nach wie vor auf verschiedene Einschätzungen
stieß, waren sich die Wissenschaftler gegen Ende der sechziger Jahre weitgehend darin einig, daß die deutsche Sprache nicht in einem so hohen Maße
auseinanderdriftete, daß jede Art von Kommunikation zwischen Ost und
West stark beeinträchtigt worden wäre (vgl. Hellmann 1980: 520). In den
letzten zwanzig Jahren der Teilung war man im allgemeinen der Auffassung, daß die in Syntax und Morphologie, d. h. in der Sprachstruktur,
vorliegenden Abweichungen unerheblich waren. Wissenschaftlich bestätigt
wurden hingegen Differenzen stilistischer Natur (z. B. der unterschiedlich
häufige Gebrauch bestimmter Konstruktionen), soziolinguistisch interessante Abweichungen (wie das unterschiedlich hohe Prestige von Nichtstandard-Varietäten; vgl. 4.4.5) und gewisse lexikalische Eigenheiten. Letztere
sind am einfachsten identifizierbar und, wie wir schon mehrfach anmerkten, vor allem in politischen und wirtschaftlichen Kontexten anzutreffen.
Seit der Grenzöffnung von 1989 ist es erheblich leichter geworden, östliches
und westliches Deutsch zu vergleichen, und es hat sich herausgestellt, daß
auch auf der pragmatischen Ebene, d. h. in der praktischen Motivation und
Einbettung sprachlicher Handlungen, weitreichende Unterschiede bestehen. Westdeutschen Sprechern komme es häufiger darauf an, ihr Gegenüber zu beeindrucken, während Ostdeutsche stärker dazu tendieren, mit
ihrer Sprache eine solidarische Einstellung zum Ausdruck zu bringen
(Good 1995). Schon in den früheren achtziger Jahren war man sich aber in
Ost und West so gut wie einig, daß die Deutschen weiterhin eine einzige
Sprechergemeinschaft bildeten (vgl. z. B. Fleischer 1984: 419f, ein Beitrag
aus der DDR). Die Auffassung, daß die deutsche Sprache durch die innerdeutsche Grenze eine tiefe Spaltung erfahren habe, muß also als nicht tragfähig zurückgewiesen werden.

Eine Fehleinschätzung ist auch die seinerzeit im Westen verbreitete, vielleicht aus SED-Propaganda erklärbare Ansicht, daß es nur in der DDR zur
Prägung von Neologismen gekommen sei (Hellmann 1980: 520). In Wirklichkeit wurden zweifellos in beiden Teilen Deutschlands neue Wörter und
Begriffe geschaffen. Zum einen trugen sie der Entwicklung verschiedener
politischer Systeme Rechnung, und zum anderen reflektierten sie die Kontakte des Deutschen mit anderen Sprachen (Englisch, insbesondere Ameri-
kanisch, im Westen und Russisch im Osten). Nur in einer einzigen, ganz
speziellen Hinsicht kann man u. U. davon sprechen, daß Westdeutsch die
Norm und Ostdeutsch die Abweichung von der Norm verkörperte: westliche Neologismen wurden auch im Osten weitgehend verstanden und sogar verwendet, während westdeutsche Sprecher oft nicht viel mit DDR-
Wortschöpfungen anzufangen wußten. Diese Tatsache war zweifellos vor
allem dadurch bedingt, daß man im Osten mehrere westdeutsche Fernseh-
und Hörfunksender empfing. Da es nicht nur von der Bundesrepublik, son-

dern auch von Westberlin ausgestrahlt wurde, erreichte allein das westdeutsche Fernsehen etwa 80% der DDR-Bevölkerung.

5.7.2 Das Ausmaß der Ost-West-Variation

Wir sind nun an einem Punkt angelangt, wo wir konkrete Beispiele östlicher und westlicher Neologismen analysieren wollen. Da die meisten eindeutigen Neuschöpfungen lexikalischer Natur sind, wenden wir uns fast ausschließlich dem Wortschatz zu.

Die Gründung der zwei deutschen Staaten erfolgte nach den Maßgaben der vier Siegermächte; auf beiden Seiten der Grenze wurden Institutionen geschaffen, die denen der jeweiligen Besatzungsmacht entsprachen (also denen der UdSSR im Osten und denen der West-Alliierten in Westdeutschland). In der Bundesrepublik wurde dabei jedoch z.T. auf bis 1945 gebräuchliche traditionelle deutsche Bezeichnungen zurückgegriffen; man denke nur an *Bundestag* (nach *Reichstag*), *Bundeskanzler* (nach *Reichskanzler*) und *Bundeswehr* (nach *Reichswehr*). Auch in der Kommunalverwaltung findet man teilweise noch die alten Bezeichnungen vor.

In der DDR konnte man dagegen eine Entwicklung von neuem politischen und administrativen Vokabular verfolgen. Besonders auffällig und typisch waren die Voranstellung von *Volks-* und die reichliche Verwendung von Fügungen aus einem Substantiv und einem Genitivattribut (wie in *Volkskammer, Volkspolizei* und *Nationale Volksarmee* bzw. *Palast der Republik* und *Rat der Stadt*). Derartige Konstruktionen haben auch einen Platz im Deutsch der Bundesrepublik, sind dort aber viel weniger gebräuchlich. Die Popularität von Substantiv+Genitivattribut-Konstruktionen in der DDR ist zweifellos auf den Einfluß von entsprechenden Fügungen im Russischen zurückzuführen. Hier haben wir einen Fall, wo keine grundlegende Differenz zwischen östlichen und westlichen Formen, sondern eine räumlich begrenzte Bevorzugung bestimmter Konstruktionen vorliegt. Das letztgenannte Beispiel (*Rat der Stadt*) illustriert dieses Phänomen übrigens in zweifacher Hinsicht. *Rat* ist ein sowohl im westlichen als auch im östlichen Deutsch gebräuchliches Wort, wurde aber in der DDR insgesamt häufiger eingesetzt, da es gleichzeitig als eine Lehnübersetzung von russ. *sov'et* fungierte. Es bildete eine Komponente von Zusammensetzungen, die man im Westen nicht kannte (z.B. *Staatsrat* und *Ministerrat* nach russ. *Sov'et Ministrov*).

Es genügte nicht, daß die beiden deutschen Staaten ihre politischen Systeme und ihre Verwaltung nach den Vorstellungen der Besatzungsmächte gestalteten, sie mußten ihnen auch im Bereich der Wirtschaft folgen. In der Bundesrepublik hielt man sich an das bestehende Vokabular für kapitalistische Institutionen (*Börse, Aktie* usw.) und ergänzte es durch Bezeichnungen

für moderne ökonomische Entwicklungen, vor allem in Gestalt von Fremdwörtern oder Lehnübersetzungen aus dem Englischen (*floaten* von engl. *to
float a currency*; *Währungskorb* von *basket of currencies*).

In der DDR wurde die Wirtschaftsterminologie vorwiegend aus bereits
existierenden Wortstämmen entwickelt, doch man kann in vielen Bezeichnungen russische Entsprechungen durchscheinen sehen. Da wir es in der
DDR mit einer zentralisierten Planwirtschaft zu tun hatten, ist das Element
Plan- sehr verbreitet gewesen (z.B. *Plansoll*). Im wirtschaftlichen und im
politischen Bereich fanden sich Neologismen, die wiederum auf ähnliche Termini im Russischen, letztendlich aber auf lateinische bzw. griechische Wortstämme zurückführbar sind (z.B. *Kombinat* nach russ. *kombinat*). Zu direkten Vokabularübernahmen aus dem Russischen kam es nur begrenzt, und
was tatsächlich ins DDR-Alltagsdeutsch gelangte, wurde als recht informell
empfunden (z.B. *Subbotnik* = freiwilliger unbezahlter Arbeitseinsatz).

Eine wahre Flut von neuem Vokabular empfing das Deutsche in Ost und
West im Zuge der in den vier Jahrzehnten seit dem Krieg erzielten enormen
Fortschritte in Wissenschaft und Technik. Viele westliche Neologismen waren dank der elektronischen Medien auch den meisten Ostdeutschen verständlich. Starke Übereinstimmungen zwischen Ost und West gab es von
vornherein in den Naturwissenschaften, denn dort handelte es sich bei vielen Neologismen um aus lateinischen und griechischen Stämmen hervorgegangene Internationalismen, die das stark am Englischen bzw. Russischen
(sowie an bestimmten anderen Sprachen) orientierte Deutsche unverändert
übernehmen konnte. Es überrascht also nicht, daß Termini wie *Plasma* und
Positron in beiden Teilen Deutschlands üblich waren. Anders ist die Situation im technologischen Bereich, wo das westliche Deutsch zahlreiche Neuprägungen aus dem Englischen bzw. durch englischsprachige Länder empfing. In der DDR suchte man direkte Übernahmen aus dem Englischen zu
vermeiden und sich, wenn überhaupt, durch das Russische beeinflussen zu
lassen, doch viele der zu bezeichnenden technologischen Entwicklungen
stammten ursprünglich aus englischsprachigen Ländern oder erreichten Osteuropa durch die englischsprachige Welt. Dies erklärt, warum in der Bundesrepublik *Plastik* und *Computer* hieß, was man im Osten *Plast*, *Plaste* und
Plastmasse bzw. *Rechner* nannte. *Elektronenrechner* oder *Rechner* war nicht
auf die DDR beschränkt, war dort aber üblicher. Umgekehrt wurde auch in
der DDR das Wort *Computer* verstanden und benutzt, erschien aber kaum
in der geschriebenen Sprache.

Im nichttechnischen Alltagsvokabular gab es nicht sehr viele, aber doch
spürbare Unterschiede, was z.T. aus Kontrasten im Lebensstil erklärt werden kann. In westdeutschen Restaurants wurden gewöhnlich mehrere Arten von *Saft* (meist konzentrierter Fruchtsaft ohne Zuckerzusatz) angeboten.
Das dem am nächsten kommende in DDR-Restaurants übliche Produkt
nannte sich *Juice* (und durfte zusätzlichen Zucker enthalten); das Wort *Saft*

wurde aber ebenfalls verstanden und in bestimmten Zusammensetzungen (wie *Apfel-* und *Rhabarber-*) sogar vorgezogen. Die Verwendung von engl. *Juice* in der DDR ist sehr aufschlußreich. Sie illustriert, daß auch im DDR-Deutsch Entlehnungen aus dem Englischen vorkamen und allem Anschein nach das Ambiente eines modernen kosmopolitischen Lebensstils vermitteln sollten. Sie waren hier aber weit weniger zahlreich und gebräuchlich als im Westen; das vorliegende Beispiel eines im Osten üblichen und im Westen weniger gebräuchlichen Fremdworts aus dem Englischen ist eine Ausnahmefall.

Eine weitere, noch bemerkenswertere Ausnahme ist das Wort *Broiler*. Es erreichte die DDR durch das Russische, geht aber auf das nur noch im amerikanischen und kanadischen Englisch gebräuchlich Verb *to broil* (dt. ‚grillen‘ oder ‚braten‘) bzw. auf das daraus abgeleitete Substantiv *broiler* (zum Grillen geeignetes Hähnchen/junges Huhn) zurück. In der DDR stand *Broiler* für ‚industriell gemästetes Hähnchen‘ (roh oder fertig zubereitet). Das westliche Äquivalent für zubereitete *Broiler* war *Brathähnchen*. Ein anderes der Gastronomie entnommenes Beispiel ist der DDR-Ausdruck *Kaffee komplett*. Bestellte man im Westen *eine Tasse Kaffee*, so bekam man automatisch Kaffee mit einem Kännchen Milch und Zucker serviert. Im Osten provozierte diese Bestellung i.d.R. die Frage *Schwarzer Kaffee oder Kaffee komplett?* Vermutlich tat es den Verantwortlichen um die ansonsten vielfach ignorierte Milch und/oder die vergeudete Arbeitszeit leid, oder man wollte sie den Kunden nicht unabhängig von deren Bedürfnissen in Rechnung stellen. Was auch immer der Grund war, die Formel *Kaffee komplett* wurde in der ehemaligen Bundesrepublik nicht verstanden.

Wie im technischen Wortschatz spiegelten sich im Alltagsvokabular die unterschiedlichen internationalen Kontakte der zwei deutschen Staaten wider. In westlichen Formen der Umgangssprache finden sich reichlich Entlehnungen aus dem Englischen (vgl. 8.6), während das im Osten verbreitete Deutsch einige – Westdeutschen vermutlich weitgehend unverständliche – Lehnprägungen aus dem Russischen aufwies. Zu ihnen zählte der Ausdruck *Datsche* (nach russ. *dacha* – dt. Sommerhaus, Landhaus), zu dessen westlichen Entsprechungen *Wochenendhäuschen* oder *-haus* und (für größere Gebäude) *Villa* gehörten. Jene Ausdrücke waren aber auch in der DDR verständlich und gebräuchlich.

Wo die Standardsprache und die standardnahe Umgangssprache bis zum Krieg über zwei oder mehr Formen verfügten, ergaben sich im Zuge der Teilung Deutschlands einige Aufspaltungen. Ein Ausdruck wurde im Osten bevorzugt, und ein anderer bzw. der andere war im Westen beliebter. Karte 3.1 illustriert die in diese Kategorie fallende Verteilung von *Sater(s)tag*, *Samstag* und *Sonnabend*, bleibt aber diverse hier relevante Details schuldig. Wir erfahren z.B. nicht, daß *Sater(s)tag* eine Nichtstandard-Form verkörpert oder daß *Samstag* die für die ehemalige Bundesrepublik typische und *Sonnabend* die für die ehemalige DDR charakteristische Variante war. Eine diesen Aspekten erheblich dienlichere Darstellung liefert der *Atlas deutscher Umgangssprachen* (Eichhoff 1977: Karte 14). Sie zeigt, daß sich *Samstag* über den größten Teil der ehemaligen Bundesrepublik, das gesamte *Sater(s)tag*-Gebiet eingeschlossen, erstreckt und an mehreren Stellen in breiter Front in das nördliche *Sonnabend*-Gebiet vordringt. Ferner ist ersichtlich, daß umgangssprachlich auf dem Gebiet der ehemaligen DDR *Samstag* fast völlig von *Sonnabend* verdrängt worden ist (ausgenommen ist lediglich der äußerste Süden).

5.7.3 Ost-West-Variation im Kontext

Es dürfte nunmehr klar geworden sein, daß wir die Differenzen zwischen östlichem und westlichem Deutsch als einen Sonderfall im flächendeckenden Mosaik regionaler und sozialer Variation im Kontinuum umgangssprachlicher und standardgerechter Sprachformen betrachten. Da es sich dabei um überwiegend lexikalische Abweichungen handelt und die grammatische Struktur der Sprache unberührt bleibt, sind diese Unterschiede als eine relativ oberflächliche Form der Variation einzustufen. Sie fungieren nur in ganz spezifischen inhaltlichen Zusammenhängen als Kommunikationsbarriere.

5.7.4 Die Auswirkungen der deutschen Einheit

Der 1989 herbeigeführte Sturz des DDR-Regimes und die spätere Vereinigung der beiden deutschen Staaten haben sich zweifelsohne in der sprachlichen Situation in Deutschland niedergeschlagen. Worin die Veränderungen konkret bestehen, läßt sich allerdings schwer beschreiben. Noch liegen keinerlei Veröffentlichungen über detailliertere Forschungen zu diesem Thema vor, doch es war auch nicht gerade einfach, derartige Projekte im Trubel des Umbruchs im Osten in die Wege zu leiten.

Da sich die Vereinigung im Grunde genommen auf die Vereinnahmung der DDR durch die Bundesrepublik reduziert hat, sind ihre Auswirkungen fast nur im Osten spürbar. Man möchte annehmen, daß sprachliche Eigenheiten des Ostens ebenso schnell aus dem Leben verschwinden wie viele DDR-Institutionen, findet sich dann aber schnell eines Besseren belehrt. Vor allem älteren Menschen fällt es schwer, ihren Sprachgebrauch von heute auf morgen zu verändern, und vieles deutet darauf hin, daß das Maß der individuellen Anpassung an westliche Sprachgewohnheiten bzw. -normen von vielerlei Faktoren abhängt: u.a. vom Alter und Bildungsniveau, von der beruflichen Beschäftigung (bzw. deren Verlust), vom Wohnort und von den politischen Ansichten.

Bezüglich des letztgenannten Punktes haben wir den Eindruck, daß zumindest auf seiten vieler Ex-DDR-Bürger die anfängliche Euphorie einer mehr oder weniger weitreichenden Desillusion gewichen ist; einige Ostdeutsche geben sich sogar ausgesprochen verbittert. Persönliche Urteile zum Einheitsprozeß scheinen sich (besonders) stark auf auf die Bereitschaft, spezifisch östliche Formen beizubehalten, auszuwirken; was letztlich verwendet wird, hängt aber auch von den übrigen Gesprächsteilnehmern ab. Formen, die man ohne weiteres gegenüber anderen Ostdeutschen verwendet, werden nicht selten in der Kommunikation mit Westdeutschen vermieden. Es gibt DDR-typische Ausdrücke, die unmittelbar nach der Vereinigung zurückgingen und im Zuge wachsender Unzufriedenheit mit westlichen Konditionen inzwischen wieder aufleben; ein gutes Beispiel ist der nach seiner nahezu völligen Verdrängung durch *Hähnchen* wieder in einigen Speisekarten präsente Ausdruck *Broiler*.

Ob Wörter und Wendungen ersetzt oder zumindest für ersetzungswürdig befunden werden, hängt natürlich auch davon ab, ob sie im Bewußtsein der Sprecher in einem direkten Zusammenhang mit dem DDR-Staat stehen. Im politischen, sozialen und wirtschaftlichen Bereich läßt sich DDR-Vokabular mit Leichtigkeit identifizieren und hat größtenteils seine Denotate verloren. In anderen Bereichen wartet der Westen mit neuen Bezeichnungen für alte Institutionen auf, doch es zeichnet sich ab, daß manchen dieser Neologismen im Osten mit einer gewissen Aversion begegnet wird. Ein Beispiel ist der Ausdruck *Kita* (*Kindertagesstätte*), an dessen Stelle viele neue Bundesbürger weiterhin die traditionellen Bezeichnungen *Kinderkrippe, Kindergarten* bzw. *Hort* verwenden (Schönfeld/Schlobinski 1995: 128). Das andere Extrem bilden jene die Vereinigung überlebt habenden Merkmale ostdeutschen Sprachgebrauchs, die den Ostdeutschen nicht als solche bewußt sind. Zu dieser Kategorie scheint die noch immer recht weit verbreitete Substantiv+Genitivattribut-Konstruktion zu gehören. Ein besonders aufschlußreiches Beispiel ist *Haus der Kirche* (statt *Gemeindehaus*), denn es wird innerhalb einer Institution benutzt, die nie besonders gewillt war, sich mit dem DDR-Staat zu arrangieren, geschweige denn zu identifizieren.

Zwischen diesen beiden Kategorien liegen viele Ausdrücke, die als ‚Ostprodukte' erkennbar und trotzdem weithin gebräuchlich sind (z.B. *Plaste*). Einige typisch östliche Ausdrücke haben sogar ihren Weg in den Sprachgebrauch von Westdeutschen gefunden, z.B. die Wendung *etwas andenken* für ‚beginnen, über etwas nachzudenken' (Edgar Schröder, persönliche Mitteilung). Einige Vokabeln, darunter das Wort *Broiler*, haben sich zu regelrechten Wahrzeichen östlicher Sprechweisen entwickelt und werden – je nachdem, was der/die Betreffende von der deutschen Einheit hält – entweder bewußt eingesetzt oder bewußt vermieden.

Das langfristige Schicksal der spezifisch östlichen Elemente im Sprachgebrauch der ehemaligen DDR vorherzusagen ist unmöglich, denn die Sprache ist untrennbar mit den Realitäten der sozialen und politischen Integration verwoben, deren Fortschritt wiederum nur in Umrissen projiziert werden kann. Mit einiger Sicherheit konstatieren läßt sich nur, daß viele der in den vier Jahrzehnten staatlicher Trennung etablierten sprachlichen Unterschiede bis heute nachweisbar sind und nicht, wie seinerzeit von manchen Beobachtern angenommen wurde, gleichsam über Nacht überwunden werden können.

Weiterführende Literatur

Zu den in den letzten Jahren erschienenen Abhandlungen zur Umgangssprache in ausgedehnten städtischen Ballungszentren gehören Veith (1983), Stellmacher (1977), Schlobinski (1987), Herrgen (1986), Dittmar et al. (1986), Dreßler et al. (1976) und Lösch (1986); siehe auch Kapitel 4 und die dort zitierten Quellen.

Ebenfalls sehr informativ ist die Serie *Dialekt-Hochsprache kontrastiv*. Sie vermittelt zunächst den Eindruck, daß Deutschsprecher entweder formellen Standard oder traditionelle Dialekte verwenden; von Umgangssprache ist keine Rede. Andererseits wird vielfach auf Dialektsprecher mit fehlerhaftem Standarddeutsch verwiesen, welches wir i.d.R. als umgangssprachliches Deutsch interpretieren würden.

Es gibt Grammatiken des Deutschen, in denen sowohl die Regeln der Hochsprache als auch die Grammatik der standardnahen Umgangssprache beschrieben wird; erwähnt seien hier nur Helbig/Buscha (1977, 1986) und Eisenberg (1986).

Dem Wortbestand standardnaher und dialektnaher Umgangssprache sowie dem Vokabular der deutschen Mundarten sind ein Atlas (Eichhoff 1977), und ein Wörterbuch (Küpper 1987), gewidmet. Lexikalische Unterschiede zwischen Ost und West werden in vielen Arbeiten behandelt, u.a. in Fleischer (1984), Hellmann (1980) und Clyne (1995, Kap. 3). Ein kurzes nützliches für Westdeutsche verfaßtes DDR-Deutsch-Wörterbuch ist Kinne/Strube-Edelmann (1981). Good (1989) ist eine wertvolle Abhandlung zu Differenzen zwischen der Bundesrepublik und der DDR im schriftlichen öffentlichen Sprachgebrauch (hier: Pressesprache). Informative seit der Wende verfaßte Beiträge zu den Unterschieden zwischen Ostdeutsch und Westdeutsch sind Schlosser (1990), Bauer (1993), Stevenson (1995a) und Good (1995).

Aufschlußreiche Abhandlungen zu gegenwärtigen Tendenzen des Sprachwandels auf allen Ebenen in Umgangs- und Standardsprache bieten Braun (1987), Sommerfeld (1985) und Glück/Sauer (1990, 1995). Ammon (1995) bietet ein ausgezeichnet ausgewogenes und detailliertes Bild der Sprachunterschiede zwischen den deutschsprachigen Ländern.

Erwähnt sei in diesem Zusammenhang auch König (1989), worin ausführlich auf die unterschiedliche Aussprache des formellen Standards und der standardnahen Umgangssprache im westlichen Deutschland eingegangen wird. Den Schwerpunkt bilden jene Erscheinungen, die wir als ‚phonetische Akzent-Differenzen‘ bezeichnen und im Rahmen dieses Buches nur sehr knapp besprochen haben, doch es finden darüber hinaus auch einige von uns den Kategorien ‚phonologische Akzent-Differenzen‘ und ‚phonologische Dialekt-Differenzen‘ zugeordnete Merkmale Beachtung.

6 Standard- und Nichtstandard-Deutsch: ihre Rollen in der Gesellschaft

6.1 Die politischen und sozialen Formen der Variation des Deutschen

In den vorangegangenen Kapiteln wurde recht ausführlich dargelegt, daß es sich bei dem, was Millionen selbst- und fremddefinierter Deutschsprecher als ‚Deutsch' bezeichnen, um ein breites Spektrum sprachlicher Erscheinungsformen handelt, die als Standarddeutsch, deutsche Dialekte und deutsche Umgangssprache bezeichnet werden können. Unter anderem haben wir relativ ausführlich die sprachlichen Merkmale dieser drei Varietäten des Deutschen dargelegt. Im folgenden wollen wir unseren Untersuchungsgegenstand mehr von seiner sozialen Dimension her betrachten, denn wo immer eine einzige Sprache von mehreren einander berührenden Varietäten konstituiert wird, ist damit zu rechnen, daß bestimmte sprachliche Formen bestimmte soziale und politische Funktionen zugewiesen bekommen. Verschiedene Sprecher des Deutschen machen oft in bemerkenswert unterschiedlicher Weise von ihrer Sprache Gebrauch, und sprachliche Differenzen signalisieren in den Augen der Sprecher Differenzen zwischen Sprechergruppen.

Ein beträchtlicher Teil unserer Aufmerksamkeit galt der horizontalen (d.h. räumlich-geographischen) Aufspaltung des Deutschen. Dialektal gefärbte Sprechweisen werden aber nicht nur mit spezifischen Regionen in Verbindung gebracht; aus ihnen speist sich auch die national(staatlich)e Untergliederung des Deutschen. Innerstaatliche regionale Sprachdifferenzen scheinen, zumindest im Falle des Deutschen, in einer losen Verbindung mit Landes- bzw. Bevölkerungsgrößen zu stehen. Sie sind in der Bundesrepublik am krassesten und in Liechtenstein am unauffälligsten (Österreich und die Deutschschweiz belegen mittlere Positionen).

Erheblich kompliziertere Muster bringt die in wahrscheinlich jeder größeren Sprechergemeinschaft vorhandene vertikale (d.h. gruppen- bzw. schichtenspezifische) Untergliederung des Deutschen hervor. Sie wurde u.a. in Kapitel 5 thematisiert, wo wir mehrfach feststellten, daß standardnahe Formen der Umgangssprache mit Angehörigen der Mittelschicht und dialektnahe Umgangssprache sowie Mundarten mit Angehörigen der Unterschicht assoziiert werden. Das zentrale Anliegen dieses Kapitels ist eine differenzierte Überarbeitung dieser relativ oberflächlichen Zuordnung. Es geht um die Grenzen ihrer Geltung und innerhalb derselben nach Ländern aufgeschlüsselt um die Auswirkungen solcher Zuordnungen auf die Beziehungen zwischen verschiedenen gesellschaftlichen Gruppen.

Wie sich oben (5.1.1–5.1.3) gezeigt hat, ist die Erörterung der sozial bedingten Variation des Deutschen ein sehr problematisches Unterfangen. Soweit es uns hier möglich und wissenschaftstheoretisch vertretbar ist, wollen wir diverse strittige Punkte überspringen und davon ausgehen, daß sich in so gut wie allen Gebieten, in denen das Deutsche sowohl als Muttersprache als auch als Amtssprache fungiert, die folgenden Sprachtypen unterscheiden lassen: (mehr oder weniger formelle) Standardsprache (für Hochsprache, Schriftsprache, Gemeinsprache usw.), Umgangssprache, (traditioneller) Dialekt (Mundart), wobei das Umgangssprachliche in den meisten Regionen in standardnahe Umgangssprache und dialektnahe Umgangssprache unterteilt werden kann.

Die Verhältnisse zwischen den genannten Sprachtypen sind von Region zu Region sehr unterschiedlich. Zum einen wird in manchen deutschsprachigen Regionen der eine oder andere Typ nur sehr wenig eingesetzt. Zum Beispiel erscheint der formelle Standard nur selten in Regionen, wo das Deutsche den Status einer Minderheitensprache hat (z.B. im Elsaß), während man in Großstädten und deren unmittelbarem Umland nur wenig mundartliches Deutsch zu hören bekommt. Zum anderen können sowohl hier als auch in den (die Mehrheit bildenden) Regionen, wo sämtliche Typen recht routinemäßig zum Einsatz kommen, die sie definierenden sprachlichen und gesellschaftlich-pragmatischen Kontraste unterschiedlich stark ausfallen. Subjektiv registrierte sprachliche Abstände zwischen verschiedenen Varietäten werden in jedem Falle von Einstellungen zu deren Sprechern mitbestimmt, sind also in beachtlichem Maße ein Spiegelbild sozialer Distanzen. Dessen ungeachtet hält man in manchen Regionen die Ortsmundarten generell für sehr standardfern, während man in anderen Regionen geringere sprachliche Abstände zwischen dem Lokalen und dem Gemeinsprachlichen wahrnimmt. In Regionen, wo die Mundart außerordentlich stark vom Standard abweicht, wie z.B. in der Schweiz, in Österreich, in weiten Teilen Süddeutschlands (vor allem in ländlichen Gebieten des Südwestens) und in den abgelegeneren ländlichen Teilen Norddeutschlands, stoßen wir auf Diglossie (ein klares Nebeneinander zweier Sprach-Codes und damit einhergehend bewußtes situationsspezifisches ,Switchen' zwischen örtlichen und standardnäheren Varietäten).[1] Wo solche Differenzen weniger stark ausgeprägt sind (wie in den meisten, inbesondere den norddeutschen, Großstäd-

---

[1] In der Schweiz sind die Verhältnisse komplizierter als in traditionellen Darstellungen suggeriert wird (detaillierte Ausführungen in Kap. 7).

ten), erfolgt der Übergang von einer Form in die andere allmählicher und weniger bewußt (vgl. Mattheier 1980: 162–75 zum Verhältnis zwischen den Mundarten und dem Standard in verschiedenen deutschsprachigen Regionen und zu regionalen Besonderheiten des Übergangs zwischen Varietäten).

Auch sozial gesehen sind sich die verschiedenen Erscheinungsformen des Deutschen je nach Region unterschiedlich fern. Auf dem Lande gehen große sprachliche Abstände zwischen Nichtstandard- und Standardvarietäten mit einem vergleichsweise geringen Prestigegefälle einher, und man kann verallgemeinernd sagen, daß die Nichtstand-Varietäten des südlichen Deutschlands weniger stark stigmatisiert sind als die des Nordens.

6.2 Die sozialen Auswirkungen der Variation des Deutschen in der Bundesrepublik

6.2.1 Die angebliche sprachliche Benachteiligung der Unterschicht

Obwohl es erhebliche regionale Unterschiede im Sozialprestige der deutschen Nichtstandard-Varietäten gibt, können wir davon ausgehen, daß für bestimmte Sprechhandlungen der Standard oder standardnahe Varietäten universell obligatorisch sind und manche Register ausschließlich von ihnen besetzt werden. Regional verschieden ist das Maß ihrer darüber hinausgehenden obligatorischen Anwendung. In der Schweiz und in Luxemburg ist die Mehrheit der mündlichen Register von lokalen Varietäten besetzt – manche dieser Formen weisen in diesen Ländern sogar Merkmale unabhängiger Standardsprachen auf (Zimmer 1977) – und in Norddeutschland werden Nichtstandard-Formen nur in informellen Unterhaltungen verwendet. Alle übrigen Regionen fallen zwischen diese zwei Extreme. In allen deutschsprachigen Regionen begegnen uns Mundarten gelegentlich in bestimmten formellen Registern, wie z. B. in Dialekt-Theaterstücken und Dialektromanen, in Gedichten, in Gottesdiensten und im Rundfunk. In Deutschland und Österreich wird dies jedoch von den meisten Menschen als etwas Außergewöhnliches betrachtet: als ein spezielles Zugeständnis an Dialektfreunde. Die in diesen Ländern im offiziellen Rahmen und auch in der Schule erwartete Sprache ist in der Regel eine (lokal akzentuierte) Version der standardnahen Umgangssprache. Auch akademische Diskurse laufen zumindest in der Bundesrepublik und Österreich überwiegend in standardnaher Umgangssprache und formellem Standarddeutsch ab.

Wie wir in 5.1.1. sahen, haben Standardvarietäten und standardnahe Umgangssprachen ihren Verwendungsbereich zumindest in Deutschland und Österreich so weit ausgedehnt, daß sie dort für einen Teil der Bevölkerung die Muttersprache darstellen. In Norddeutschland sind sie i. d. R. die ausschließlichen Sprachformen der Mittelschicht, und andernorts werden sie von deren Angehörigen zwar häufig gebraucht, im persönlichen Bereich aber nach wie vor durch nicht ganz standardgerechte Formen ersetzt. In Arbeiterkreisen bedient man sich bei den meisten alltäglichen Verrichtungen in Abhängigkeit von Region, Urbanitätsgrad und Bildungsniveau standardferner Varietäten, d. h. entweder des Mundartlichen oder einer dialektnahen Umgangssprache. Wenn hier von sozialen Schichten die Rede ist, dann muß hinzugefügt werden, daß unser Schichtenbegriff nicht besonders präzise ist. Mit ‚Arbeitern‘ und ‚Unterschicht‘ meinen wir in erster Linie Handwerker und andere manuell Arbeitende sowie deren Angehörige. Nichtstandard-Varietäten werden häufig auch von der sog. alten Mittelschicht (Landwirten, Kleinunternehmern, Kleinhändlern) verwendet (Mickartz 1983: 69ff; Ammon 1977: 5–19).

Derartige Erkenntnisse über die soziale Verteilung der verschiedenen Sprachformen haben bei vielen zu der Vorstellung geführt, daß Angehörige der Unterschicht von vornherein gegenüber den anderen Schichten benachteiligt seien. Die ihnen von Kindheit an vertraute Sprache weicht i. d. R. deutlich vom in bestimmten Kontexten obligatorischen Standard ab, während sich die Mittelschicht in der Gewißheit wiegt, daß die ihrige dank ihrer Standardnähe in (fast) jeder Situation toleriert wird.

Die Benachteiligung der Unterschicht kann als die bedeutendste soziale Konsequenz des Fortbestehens von Nichtstandard- und Standardformen des Deutschen angesehen werden. Sie manifestiert sich in aller Deutlichkeit in der Schule, wo standardsprachlich sozialisierte Kinder signifikant bessere Leistungen erbringen, und das nicht nur im Fach Deutsch (Mattheier 1980: 114f).

Es sei darauf hingewiesen, daß das Phänomen der sprachlichen Benachteiligung besonders in der ‚alten‘ Bundesrepublik vorgefunden und untersucht worden ist. Wir kommen im Abschnitt 6.3 darauf zurück. Auch zeitlich läßt sich die entsprechende Forschungsdebatte recht gut eingrenzen: Ihr Schwerpunkt lag in den siebziger Jahren. Obwohl sie seither diversen anderen Themen weichen mußte, ist sie weiterhin relevant und zumindest in der Erinnerung vieler damaliger Germanistikstudenten und heutiger Deutschlehrer noch immer recht lebendig.

6.2.2 Restringierte und elaborierte Codes

Die schwächeren schulischen Leistungen und die teilweise mit ihnen zusammenhängende allgemeine soziale Benachteiligung von Nichtstandard-Sprechern ist nicht nur auf deren Schwierigkeiten beim ‚Umschalten‘ von der häuslichen Sprachform in die Standardform zurückgeführt worden. Einige Autoren sind der Meinung, daß Nichtstandard-Sprache ihrem Wesen nach die intellektuelle Entwicklung ihrer Sprecher beeinträchtige.

Unseres Erachtens kann eine bestimmte Sprachform die kognitive Entwicklung nur dann nachteilig beeinflussen, wenn es problematisch oder gar unmöglich ist, bestimmte Arten von Ideen in ihr zum Ausdruck zu bringen. Aus der Auffassung, daß standardferne Sprachformen als prinzipiell defizitär betrachtet werden können, ergab sich ihre Etikettierung als ‚restringierter Code‘, eine Übersetzung des auf den britischen Soziologen Basil Bernstein zurückgehenden Terminus *restricted code* (Bernstein 1971[1965]).

Bernsteins Verwendung von *restricted code* und seinem Gegenstück, dem *elaborated code* (dt. elaborierter Code) erlaubt diverse Interpretationen, denn man hat den Eindruck, daß den zwei Termini tatsächlich in verschiedenen Stadien seiner wissenschaftlichen Arbeit verschiedene begriffliche Inhalte zugeordnet wurden. Im hier erwähnten Beitrag wird der restringierte Code eindeutig den Ausdrucksformen der *working class* (Unterschicht) gleichgesetzt und der *middle class* (Mittelschicht) ein Repertoire aus restringierten und elaborierten Codes bescheinigt (1971 [1965]: 136). Der restringierte Code zeichne sich durch einfache eingrenzende Satzstrukturen aus und motiviere nur geringfügig zu Wortschatzerweiterungen (1971 [1965]: 134). In diesem Licht betrachtet erlauben die soziale Verteilung der Sprachcodes und die These des defizitären Charakters des restringierten Codes die Porträtierung der Unterschicht als eine grundsätzlich sprachlich benachteiligte Klasse. Dem widerspricht allerdings die von Halliday im Vorwort zur zweiten Ausgabe von Bernsteins gesammelten Schriften geäußerte Auslegung „... *that there may be differences in the relative orientation of different social groups towards the various functions of language in given contexts and towards the different areas of meaning that may be explored within a given function*“ (Halliday 1973: xiv), womit u. E. gemeint ist, daß Angehörige verschiedener sozialer Gruppen nur verschiedene Einstellungen zur Verwendung bzw. Angemessenheit der einzelnen Sprachregister aufweisen.

Die umfangreiche deutschsprachige Literatur zu diesem Thema reicht von Oevermann (1968), einem bezüglich des Wesens und der Rolle des elaborierten und des restringierten Codes sehr stark den Vorschlägen Bernsteins (1971 [1965]) verpflichteten Werk, bis zu Dittmar (1973), worin eine völlig andere Sichtweise angeboten wird. Unbedingt nennenswert sind auch die Beiträge Ulrich Ammons (vgl. 6.2.3). Dittmar (1973) gelangt zu der Ansicht, daß die Konzeption von Codes im obigen Sinne generell verwerfenswert sei, was ihn an die Seite der meisten britischen und amerikanischen Soziolinguisten stellt (siehe z.B. Trudgill 1975). Ein immer wieder in diesem Zusammenhang auftauchendes Schlagwort ist *Sprachbarriere* (siehe z.B. Löffler 1972). Von ‚effektiver Verständnisgrenze‘ bis zu bloßer ‚Gehemmtheit, sich bestimmter Register zu bedienen‘ kann es alles mögliche bedeuten.

6.2.3 Angebliche sprachliche Ursachen sozialer Benachteiligung

Wenn Unterschichtkinder in der Tat sozial benachteiligt sind, dann drängt sich die Frage auf, inwiefern dieser Zustand wirklich auf sprachliche Differenzen zwischen ihnen und den Kindern der Mittelschicht und – was noch schwerer wiegt – ihren Lehrern aus dem Mittelschichtmilieu zurückführbar ist.[2] Daß wir uns hier auf die o. g. These einlassen, beruht allein darauf, daß man sich mehrheitlich in der westdeutschen Literatur dahingehend äußert. Von einem Konsens kann jedoch keineswegs die Rede sein (vgl. die Zusammenfassung diverser Forschungsergebnisse in Löffler 1985: 184–92).

Die Sprechweisen von Unterschichtkindern können, wie wir oben andeuteten, aus ganz elementaren Gründen für sie von Nachteil sein. Zum einen könnten sie sich tatsächlich als eine restringierte (d. h. grundsätzlich den Sprechweisen von Mittelschichtkindern und Lehrern unterlegene) Form erweisen. Zum anderen könnten sie Merkmale bergen, die sie für die anderen schwer verständlich und damit zumindest im schulischen Rahmen zu einer Kommunikationsbarriere machen. Umgekehrt könnte es für Unterschichtkinder schon allein aus diesem Grunde relativ schwer sein, alle Äußerungen der Lehrer korrekt aufzunehmen. Darüber hinaus können die Sprechweisen von Unterschichtkindern indirekt, d. h. aus nicht-sprachlichen Gründen, für sie von Nachteil sein: nichtstandardgerechtes Sprechen kann bei manchen Lehrern und Mitschülern (ohne daß es diesen bewußt sein muß) bestimmte schichtenspezifische Vorurteile hervorrufen.

Die Feststellung, daß es sich bei Arbeitersprachen um restringierte Codes handelt, läßt sich verschieden interpretieren. Einerseits könnte man meinen, daß die Sprechweise der Unterschicht ein gewissermaßen so unzureichendes Sprachsystem verkörpert, daß eine adäquate kognitive und soziale Entwicklung für ihre Träger unmöglich ist. Diese Ansicht wird von den Anhängern der sogenannten Defizit-Theorie (*verbal deficit theory*), wie Bereiter und Engelmann, geteilt (Gordon 1981: 48–65). Andererseits könnte sich ihre Bedeutung darin erschöpfen, daß, wie es implizit von Halliday (1983) vorgeschlagen wird (vgl. 6.2.2), Unterschichtkinder einfach weniger Selbstvertrauen haben, sich bestimmter Register zu bedienen. Wo in der deutschen Literatur von Arbeitersprache als einem restringierten Code die Rede ist, tendiert man dazu, sie im erstgenannten Sinne als ein in mancher Hinsicht inadäquates sprachliches System zu interpretieren. Diverse einschlägige Schriften deutscher Sprachwissenschaftler lassen verschiedene Interpretationen zu; ihre Argumentation scheint vor allem darauf hinauszulaufen, daß Nichtstandard-Deutsch in einigen Bereichen (insbesondere auf wissenschaftlich-technischem Gebiet) über einen relativ begrenzten Vokabelschatz

---

[2] Eine etwas detailliertere Darlegung einschlägiger Argumente bietet Barbour (1987).

verfügt (Ammon 1978a: 50). Die These, daß ein Sprachsystem allein aufgrund eines teilweise eingeschränkten Wortschatzes für grundsätzlich inadäquat erklärt werden könne, ist allerdings nicht sehr tragfähig. Wie Mattheier (1980: 113) unterstreicht, kann man auch der Standardvarietät in
bestimmter Hinsicht relative Unzulänglichkeiten nachsagen: Sie verfügt
beispielsweise über einen weniger differenzierten Wortschatz zur Beschreibung von bestimmten Bereichen der Flora und Fauna als manche Mundarten.
Auch die Auffassung, daß sich traditionelle Dialekte und andere standardferne Varietäten gegen neues Vokabular sperren und damit, wie es Ammon
(1978a: 54) anzudeuten scheint, *per definitionem* lexikalisch begrenzte Sprechformen darstellen, ist ein Fehlschluß. Wären sie tatsächlich nicht in der Lage,
neue Lexeme aufzunehmen, könnte man sie durchaus als inadäquat bezeichnen, aber in Wirklichkeit stößt man immer wieder auf nicht-lokale und
sogar fremdländische Elemente in Mundartenlexika – ein Punkt, der in einer
ganzen Reihe von Dialektbeschreibungen explizit berücksichtigt wird. Zehetner (1977: 96–98) beispielsweise führt diesbezüglich in seiner Untersuchung zum Wortbestand bairischer Dialekte Einträge wie *Lexikon* (sic!),
Radio, Email, Benzin, Terpentin, Nikotin, Sacharin und *Schoklad* an.[3]
 Inwiefern kann man nun aber Nichtstandard-Varietäten ihrem Wesen
nach dafür verantwortlich machen, daß ihre Sprecher sozial benachteiligt
werden? Unserer Ansicht nach läßt sich jener Effekt weniger auf ein
fundamentales Charakteristikum solcher Sprachformen als auf soziale
Konventionen zurückführen, denen gemäß bestimmte Erfahrungsbereiche
ausschließlich in Standardvarietäten zur Sprache gebracht werden. Die eigentliche potentielle Barriere für Kinder der Unterschicht besteht folglich
darin, daß sie, bevor sie sich in angemessener Form zu akademischen bzw.
intellektuellen Themen äußern können, in eine ihnen weniger vertraute
Sprachform überwechseln müssen – von, sagen wir, der Mundart in eine
Standardvarietät. Eine solche Hürde bleibt Mittelschichtkindern, für die die
standardnahe Umgangssprache die Muttersprache verkörpert, weitgehend
erspart. In anderen Worten: Unterschichtkinder haben potentiell Schwierigkeiten bei der Verwendung bestimmter Register, für Mittelschichtkinder
hingegen ist sie kein Problem. Auch diese u. E. plausible Feststellung wirft
allerdings gewisse Fragen auf, und zwar vor allem insofern, als sie einfach
voraussetzt, daß Unterschichtkinder entweder die Mundart oder andere
eindeutig vom Standard abweichende Formen benutzen und Mittelschicht-

---

3 Wir dürfen freilich nicht aus den Augen verlieren, daß Ammon in den hier zitierten Beiträgen nicht die Mundart als solche als ‚restringierten Code‘ klassifiziert; mit ‚restrin-
giertem Code‘ ist bei ihm die Sprache der manuell Arbeitenden gemeint, bei der es sich
i.d.R. (d. h. nicht in jedem Falle) um traditionelle Dialekte handelt (Ammon 1972b: 84).
Er ist sich andererseits darüber im klaren, daß es Mundartsprecher gibt, die nicht zu der
Schicht der manuell Arbeitenden zählen.

kinder standardgerechtes Deutsch sprechen und ggf. formelle Register realisieren können, ohne die von Haus aus vertraute Sprachform zu modifizieren. Alle diese Annahmen sind in gewisser Hinsicht anfechtbar und bedürfen einer gründlicheren Diskussion.

Wie wir bereits erwähnten, kann die Benachteiligung von Unterschichtkindern auch einfach dadurch bedingt sein, daß die wechselseitige Verständigung zwischen ihnen und den anderen (Lehrer eingeschlossen) schwerfällt. Diese Erklärung ist allerdings nur dann plausibel, wenn die Sprache der Kinder enorm vom Standard abweicht, was nur von Mundarten und mundartnahen Formen behauptet werden kann, und das Kind über die Schule hinaus nur in geringem Umfang der Standardsprache ausgesetzt ist.

Wie wir bereits in Fußnote 5 angedeutet haben, wäre es ein Trugschluß, ‚Arbeitersprache' mit ‚Mundart' gleichzusetzen. Zunächst einmal ist es zwar vorstellbar aber für die neunziger Jahre kaum stichhaltig belegt, daß in weiten Teilen Deutschlands noch immer Kinder eingeschult werden, die lediglich die örtliche Mundart beherrschen. Zweitens treten traditionelle Dialekte in größeren Städten, wo ein beträchtlicher Anteil der Bevölkerung lebt, relativ selten in Erscheinung. Einschlägige Studien kommen zu dem Schluß, daß es zumindest in Mittel- und Norddeutschland ausgesprochen wenige reine Dialektsprecher in der Schülerschaft gibt (Macha 1982: 28, 42; Mattheier 1980: 132 u. a.). Ferner kann man wohl ohne weiteres davon ausgehen, daß die Mehrzahl der Unterschichtkinder in der Lage ist (in vielen Fällen neben der traditionellen Mundart) eine Form von Umgangssprache zu produzieren, und daß diese Varietät zu keinerlei nennenswerten Verständnisproblemen führt, zumindest nicht auf seiten der in der betreffen Gegend beheimateten Lehrer. Oft entsteht sogar der Eindruck, daß Nichtstandard-Sprecher zunächst eine dem Standard nahestehende Form erlernen und sich ausgeprägte Nichtstandard-Formen im Kreise ihrer schulischen *peer group* oder erst in ihren späteren Teenagerjahren aneignen (Mattheier 1980: 51, 120f). All dies macht die Annahme, daß es für viele Kinder deutscher Muttersprache in Deutschland ein Problem ist, sich in der Schule verständlich auszudrücken, reichlich unglaubwürdig.

Was hat es nun aber mit der Behauptung auf sich, daß die in der Schule und im offiziellen Rahmen üblichen Standardvarietäten für Kinder der Unterschicht mehr oder weniger unverständlich seien? Unserer Ansicht nach handelt es sich auch hierbei um ein ausgesprochen unwahrscheinliches Szenario. Es gibt äußerst wenige Belege dafür, daß umgangssprachliches Standarddeutsch, wie es uns in den Massenmedien begegnet, nicht im gesamten deutschsprachigen Raum ohne weiteres verstanden wird. Natürlich enthält die in Schulen und offiziellen Institutionen sowie in bestimmten Medienbeiträgen benutzte Sprache mitunter Wörter und Begriffe, die vielen Menschen fremd sind. Lückenhafte Fachsprachenkenntnisse finden sich aber ebenso bei Dialektsprechern bzw. Arbeitern wie bei Standardsprechern bzw. Angehörigen der Mittelschicht. Andererseits können Angehörige aller Sozial- und Sprachschichten, sofern sie nicht an bestimmten sprachpsychologischen Defekten leiden, ihren Wortschatz ständig erweitern.

Dies soll freilich nicht darüber hinwegtäuschen, daß Kinder aus bestimmten sozialen Milieus im Durchschnitt größere Probleme haben als andere. Es ist zweifellos von Nachteil, über einen relativ begrenzten Fachwortschatz zu verfügen. Dazu kommt das bereits angesprochene Problem, daß akademische und technische Diskurse in der Standardvarietät stattfinden, so daß sich interessierte Nichtstandard-Sprecher, weitgehend aus der ihnen am meisten vertrauten Sprechweise lösen und mehr oder weniger bewußt auf die jeweils üblichen Register einstellen müssen. Kinder der Mittelschicht profitieren von einer in Hallidays Kommentar (1973: xiv-xv) zu Bernsteins Werk beschriebene ‚kulturellen Kontinuität zwischen Elternhaus und Schule'.

In Argumentationen wie dieser wird freilich ignoriert, daß praktisch alle Sprecher ihre bevorzugte, ungezwungen produzierte Ausdrucksweise modifizieren müssen, um in formellen Registern angemessen in Erscheinung zu treten; formelles Standarddeutsch stellt allem Anschein nach für niemanden die Muttersprache dar. Dessen ungeachtet können wir mit einiger Gewißheit annehmen, daß das Erlernen der formellen Standardsprache Sprechern von Nichtstandard-Formen des Deutschen i.d.R. größere, wenn auch nicht unbedingt völlig anders geartete, Probleme bereitet als den Sprechern standardnaher Umgangssprachen (Mattheier 1980: 133f).

6.2.4 Schichtenübergreifende Sprachschwierigkeiten

Wer die Ansicht teilt, daß nichtstandardgerechte Erscheinungsformen des Deutschen grundsätzlich inadäquate Sprachsysteme verkörpern (6.2.2), könnte sich mit Ammon (1978b: 269-71) dafür aussprechen, daß im Interesse sozialer Chancengleichheit die Nichtstandard-Varietäten durch Standardvarietäten ersetzt werden sollten. Das Argument, daß Standard- und Nichtstandard-Formen gleichermaßen existenzberechtigt und existenzfähig seien, begründet hingegen die Forderung, daß alle Sprachformen an den Schulen sowie im gesamtgesellschaftlichen Rahmen zu fördern seien (Mattheier 1980: 129) und eine der Situation in der Schweiz vergleichbare Art von Diglossie bzw. Bilingualismus angestrebt werden solle (vgl. 7.6).

Interessanterweise hat die zweite Sichtweise in Deutschland nie so recht Fuß fassen können. Nichtstandard-Varietäten bleiben auf wenige Register beschränkt; besonders in formellen Sprechsituationen einschließlich wissenschaftlicher und anderer fachspezifischer Diskurse gelten sie weiterhin als inadäquat. Über die Gründe läßt sich nur spekulieren. Ein Teil der Erklärung liegt zweifellos darin, daß nichtstandardsprachliche Ausdrucksformen sowohl unter Lehrern und in der Gesellschaft als ganzer als auch unter den Trägern solcher Formen ein ungünstiges Image haben. Es scheint in Deutschland einen allgemeinen Konsens zu geben, nach dem allein die Standardvarietät den formellen Registern genügt. Wie wir sahen, hält man Sprecher der Unterschicht, deren muttersprachliche Varietät relativ stark vom Standard abweicht, für entsprechend benachteiligt. Damit ist ihre Unterlegenheit aber noch nicht einwandfrei erklärt, denn in der Schule wird häufig eine Sprechweise verlangt, die auch von der für die Mittelschicht typischen abweicht. Es kommt, konkret gesagt, des öfteren vor, daß formelle und bildungssprachliche Register im formellen Standard (DH) realisiert werden sollen (Mattheier 1980: 116). Diese Forderung zwingt auch Kinder der Mittelschicht zu beträchtlichen phonetischen und morphologischen Anpassungen, die vielen von ihnen alles andere als leicht fallen.

Zu den hinsichtlich ihrer Gebrauchsfrequenz vom umgangssprachlichen Standard abweichenden morphologischen Charakteristika des formellen Standards gehören der Genitiv (vgl. 5.5.2), der Konjunktiv I sowie (im Süden des deutschsprachigen Raums) das Präteritum der meisten Verben (vgl. 5.5.3). Die DH ist eine von wenigen und im Süden sogar von verschwindend wenigen Angehörigen der Mittelschicht gebrauchte Aussprache, weshalb die Zahl der Kinder, die in der Schule in dieser Hinsicht Schwierigkeiten haben, entsprechend groß ist. Makellos realisiert wird die DH in der Praxis sehr selten; selbst in ausgesprochen formellen Registern bringen die meisten Sprecher bestenfalls eine grammatikalisch normgerechte, aber regional akzentuierte Varietät zustande. Es kommt also bei Kindern aller Schichten zu Problemen, doch die der Unterschichtkinder sind eindeutig größer, denn ihr von Haus aus gewohntes Aussprachemuster liegt in den meisten Fällen weiter vom Standard entfernt als das ihrer Mitschüler.

Aus dem Umstand, daß in Deutschland zahlreiche Nichtstandard-Varietäten des Deutschen verbreitet sind, resultieren soziale Barrieren. Die Sprecher solcher Varietäten, vor allem Unterschichtkinder, erfahren eine Benachteiligung in der Schule, die sie u. U. nie ganz überwinden können. Zu jener Benachteiligung kommt es aber weder, weil es sich bei Nichtstandard-Deutsch um eine grundsätzlich inadäquate Sprachform handeln könnte noch im großen und ganzen deshalb, weil sich auf seiten ihrer Sprecher und Rezipienten ab und an Verständnisschwierigkeiten einstellen. Der eigentliche Grund liegt unserer Meinung nach darin, daß die Nichtstandard-Sprache weiter von der in formellen Registern erwarteten Prestige-Norm entfernt ist als die standardnahe Umgangssprache der Mittelschicht, so daß Nichtstandard-Sprecher beim Erwerb des akzeptablen formellen Standards auf größere praktische (i. e. sprachliche) und psychologische Hindernisse stoßen als letztere. Nichtstandard-Sprache und Standardsprache mit eindeutig nachvollziehbaren Spuren standardferner Formen lösen auf seiten der Mittelschicht mitunter negative (Vor)Urteile und Spott aus.

6.3. Die sozialen Auswirkungen der Variation des Deutschen in anderen deutschsprachigen Ländern

Zu den sozialen Auswirkungen der Variation des Deutschen außerhalb der Bundesrepublik haben wir nicht viel zu sagen, da ihr Stellenwert in öffentlichen Auseinandersetzungen und in der wissenschaftlichen Literatur nicht mit dem zu vergleichen ist, den dieses Thema in der Bundesrepublik erhält.

In der DDR stand man nach einer Phase der starken Förderung von standardgerechtem Deutsch sprachlicher Variation letzlich sehr wohlwollend gegenüber. Diese Toleranz wurde von einem wissenschaftlichen Konsens begleitet, nach dem der Gebrauch von Nichtstandard-Varietäten angeblich keiner Gruppe bedeutende soziale Nachteile bringt (z.B. Schönfeld/Pape 1981: passim, vor allem aber 181–201). Man ließ sich sogar dazu hinreißen, die Existenz elaborierter und restringierter Codes als ein spezifisches Problem kapitalistischer Gesellschaften abzutun (Porsch 1983).

Aufgrund der unterschiedlichen ideologischen Ausgangspunkte erscheint eine direkte Gegenüberstellung von einschlägigen DDR-Beiträgen und der bundesdeutschen Literatur wenig ratsam; relativ unproblematisch ist dagegen ein Vergleich der Situation in der Bundesrepublik mit der in der Schweiz und in Österreich. Hier ist es in der Tat überraschend, daß restringierte und elaborierte Codes sowie die Sprachbarrieren-Problematik anscheinend kaum zu Gegenständen wissenschaftlicher Auseinandersetzungen gemacht worden sind. Der stärkste Kontrast besteht zwischen den Schweizer Beiträgen einerseits und Äußerungen zur Situation in der Bundesrepublik andererseits. Zumindest im Falle der Schweiz kann man sich offenbar von der These, daß die (deutschen) Mundarten inadäquate Sprachsysteme darstellen, endgültig distanzieren: Nahezu alle Deutschschweizer haben alemannische Dialekte zur Muttersprache, die strukturell sehr stark den in Deutschland gesprochenen alemannischen Mundarten und den übrigen oberdeutschen Mundarten ähneln, und die Behauptung, daß jene Sprachformen ihre Sprecher daran hindern könnten, in vollem Maße den Anforderungen ihres täglichen Lebens nachzukommen, ist einfach absurd. Es gibt zwar Sprachprobleme in der Deutschschweiz (vgl. z.B. Ris 1973), doch es handelt sich dabei keineswegs um Probleme von Sprechern, die nur eines sog. restringierten Codes mächtig und dadurch potentiell eingeschränkt wären.

Weiterführende Literatur

Den oben angesprochenen Themen gewidmete Literatur gibt es in großer Fülle. Eine Zusammenfassung vieler Argumentationslinien findet sich in Niepold (1980), und eine gute allgemeine Erörterung bietet Mattheier (1980: insbesondere 107–39). Informationen zu sozialen Aspekten von Mundartsprechern und Sprechern umgangssprachlicher und formeller Standardvarietäten enthalten *Die Dialektbücher* sowie die Beiträge von Besch, Herrmann-Winter, Schläpfer und Wiesinger in Stickel (1990).

7 Sprache in multilingualen Gesellschaften: Deutschland und die Schweiz

7.1 Einführung

Bis hierher haben wir Variation vor allem mit Blick auf die Formen und Funktionen der von Muttersprachlern in den sog. deutschsprachigen Ländern verwendeten Varietäten des Deutschen diskutiert. Obwohl uns von Anfang an klar war, daß die Bezeichnung ‚deutschsprachige Länder' kaum mehr als eine bequeme Fiktion ist, haben wir uns nur wenig um die Tragweite der daraus erwachsenden Komplikationen gekümmert. Den dahingehenden, bislang unberücksichtigten Dimensionen des Konzeptes sprachlicher Variation sind dieses und das folgende Kapitel gewidmet; sie dürften einmal mehr die Bedeutung der deutschen Sprache und ihrer (muttersprachlichen und anderweitigen) Sprecher für das generelle Verständnis soziolinguistisch interessanter Phänomene verdeutlichen.

Sowohl aus historischer als auch aus soziolinguistischer Perspektive tun sich zwischen der Bundesrepublik und der ihr benachbarten Schweiz beachtliche Kontraste auf. Die Bundesrepublik ist ein relativ junger Staat, dessen physische Grenzen und konstitutioneller Status von ausländischen Mächten determiniert wurden und dessen Bevölkerung nicht nur schwer an ihrer jüngsten Geschichte zu tragen, sondern gleichzeitig eine neue Identität zu finden hatte. Die Schweiz hingegen ist einer der ältesten Staaten Europas[1] und sowohl für ihre innere soziale und politische Stabilität als auch für ihre politische Neutralität und entschiedene Unabhängigkeit in internationalen Angelegenheiten bekannt.

Sprache spielt auf beiden Seiten eine wesentliche, doch sehr verschiedene Rolle. Sprachliche und kulturelle Kontinuität ist für die Bundesrepublik die einzige starke und positive Verbindung zur Vergangenheit, und es wird oft behauptet, daß die deutsche Sprache auch das einzige sei, was die Bürger des neuen Staates zusammenhalte (siehe aber 5.7). In der Schweiz ist nicht

---

[1] Diese Feststellung ist berechtigt, wenn man die im Jahre 1191 herbeigeführte ursprüngliche Allianz der ersten drei Kantone als die Gründung des schweizerischen Staates gelten läßt. In ihrer heutigen Form gibt es die Schweiz erst seit 1845.

eine einzige Sprache, sondern sprachlicher Pluralismus eines der beständigsten Merkmale der Nation. Infolge der über die letzten dreißig Jahre verteilten starken Zuwanderung von Menschen anderer sprachlicher Herkunft wächst aber auch die Bundesrepublik zu einer multilingualen Gesellschaft heran.[2]

In diesem Kapitel geht es um Fragen, die das gesamte soziolinguistische Spektrum betreffen. Was sie verbindet, ist der Umstand, daß sie alle aus Kontakten zwischen in den genannten Ländern verbreiteten Sprachen bzw. Sprachvarietäten erwachsen. Sprachliche und soziale Probleme, wie sie täglich von Einwanderern in der Bundesrepublik erfahren werden, haben vormals ignorierte Fragen im Bereich der Bildungspolitik aufgeworfen und wichtige Impulse zur wissenschaftlichen Erforschung von Sprachentwicklung, individueller Sprachaneignung und Aspekten des kommunikativen Austauschs zwischen Angehörigen verschiedener Sprachgruppen geliefert. In der Schweiz galt das Interesse der Soziolinguisten vor allem der angeblichen Diglossie aus Schweizer Standarddeutsch und den schweizerdeutschen Mundarten (Schweizerdeutsch, *Schwyzertütsch*) sowie den sich aus der Koexistenz von vier Sprachgemeinschaften (deutsch, französisch, italienisch, rätoromanisch) ergebenden Problemen. Es handelt sich um Phänomene, die sich nicht nur in der Schweiz untersuchen lassen, doch die dortige Situation wird in Hinsicht auf beide Aspekte oft als ein ,Paradebeispiel' herangezogen, und beide Aspekte tragen wesentlich zum internationalen Image des Landes bei. In der Praxis sind die Verhältnisse jedoch gar nicht so eindeutig, wie gelegentlich angenommen wird, und unsere Auseinandersetzung mit den genannten Punkten ist nicht zuletzt eine Beschäftigung mit der Frage, inwieweit konventionelle Erklärungen der realen Situation gerecht werden können.

7.2 Multilingualismus in der Bundesrepublik Deutschland

Die Immigration ausländischer Arbeitsuchender nach Deutschland ist kein auf die jüngere Vergangenheit beschränktes Phänomen. Die in den Jahren zwischen der Reichsgründung von 1871 und dem Ausbruch des Ersten Weltkriegs erfolgte rasche industrielle Expansion zog tausende Arbeitsuchende aus den östlichen und südlichen Nachbarstaaten ins Land, und in

---

[2] Obwohl auch die DDR auf eine große Gruppe von Zuwanderern verweisen konnte, beziehen wir uns hier nur auf die ,alte' Bundesrepublik (d. h. die Bundesrepublik in den bis zum 2. 10. 1990 gültigen Grenzen). Multilingualismus wurde in der DDR nicht zu einem Thema wissenschaftlicher Studien gemacht.

den ersten Jahren des Zweiten Weltkrieges wurden weitere Tausende wie Sklaven nach Deutschland verfrachtet. Die letzte große Einwanderungswelle geht auf die in den fünfziger Jahren von der Bundesregierung unterstützen Anwerbungen von sog. Gastarbeitern zurück. Sie waren die Antwort auf einen akuten Arbeitskräftemangel, welcher durch das immer stärker auf Touren kommende ‚Wirtschaftswunder' ausgelöst worden war. Als diese Politik Anfang der siebziger Jahre offiziell eingestellt und die bundesdeutschen Immigrationsgesetze verschärft wurden, hatten fast vier Millionen weitere Ausländer ihren Weg in die Bundesrepublik gefunden. Obgleich sowohl die Zahl als auch der relative Anteil nichtdeutscher Arbeitnehmer über das folgende Jahrzehnt zurückging, nahm die Zahl der insgesamt in der Bundesrepublik ansässigen Ausländer weiter zu. Dies erklärt sich zum einen aus einer hohen Geburtenzahl und zum anderen aus dem weiterhin geltenden Recht, Familienangehörige nachziehen zu lassen. Seinen (bis zur Vereinigung) absoluten Höhepunkt erreichte dieser Trend 1982 mit 4,7 Millionen (dies entspricht 7,6 % der Gesamtbevölkerung). Die neuesten uns zugänglichen, für 1992 gültigen Daten geben 6,5 Millionen registrierte ausländische Bürger an, was 8 % der Gesamtbevölkerung entspricht. Die zugewanderte Bevölkerung konzentriert sich, wie zu erwarten war, in größeren Städten und industriellen Ballungsgebieten; in einigen Städten, darunter München, Stuttgart und Frankfurt a. M., macht sie einen bedeutenden Teil der Einwohnerschaft aus (17 %, 18 % bzw. 25 %).

Viele dieser zunächst nur vorübergehend eingestellten Arbeitnehmer leben nun schon sehr lange in der Bundesrepublik; 1986 blickten fast 60 % von ihnen auf mehr als zehn Jahre zurück. Viele ihrer Kinder waren hier geboren worden. Trotz der unter ausländischen Arbeitnehmern überproportional hohen Arbeitslosigkeit (14 % vs. 9 % insgesamt; *Datenreport 3*, Statistisches Bundesamt 1987) und finanzieller Anreize von seiten der Bundesregierung waren verhältnismäßig wenige dazu geneigt, in ihre Herkunftsländer zurückzukehren. Dies hat größtenteils damit zu tun, daß ihre Aussichten auf einen Arbeitsplatz dort noch bescheidener waren als in der Bundesrepublik. Besonders im Falle der Türkei, dem Ursprungsland eines Drittels der Arbeitsmigranten, wirkte sich auch die politische Situation demoralisierend aus.

Obwohl sich deutsche Regierungen immer wieder dagegen verwahrt haben, Deutschland als ein Einwanderungsland zu betrachten, und den Übergesiedelten bis heute diverse grundlegende staatsbürgerliche Rechte verweigern, ist die Bundesrepublik zu einem Land ethnischer, kultureller und sprachlicher Vielfalt geworden. Sie unterscheidet sich diesbezüglich wenig von ihren westlichen Nachbarn (Frankreich, England u. dgl.) und sieht sich in vielerlei Beziehung mit den gleichen dadurch bedingten sozialen und politischen Problemen konfrontiert. Das vielleicht tiefgreifendste langfristige Ergebnis dieser Konstellation könnte ein radikaler Wandel des bundesdeutschen Selbstverständnisses sein. Er erscheint um so zwingender,

je länger es den eingewanderten Gruppen wünschenswert erscheint und tatsächlich gelingt, ihre kulturelle Identität zu erhalten und gleichzeitig in
wachsendem Umfang rechtlich und politisch in die bundesdeutsche Gesellschaft integriert zu werden. Wie wir aber schon an anderer Stelle (Kap. 1
und 2) feststellten, empfindet man in Deutschland eine starke Bindung zwischen Sprache und nationaler Identität, so daß der Widerstand vieler Deutscher gegen einen die Multikulturalität und Vielsprachigkeit berücksichtigenden Imagewandel ihrer Gesellschaft leicht unterschätzt wird.

Die bildungspolitischen Zustände in Deutschland sind im einzelnen von
Bundesland zu Bundesland verschieden, doch wir können verallgemeinernd
festhalten, daß die Kinder von Einwanderern entweder so schnell wie möglich in die ‚Gastgeberkultur' assimiliert oder aber durch separaten Unterricht isoliert werden sollen. Kinder von Ausländern zu integrieren und
gleichzeitig in ihrer eigenen Kultur zu fördern wird nur selten versucht, und
ein genuin multikultureller Ansatz für alle Kinder ist die absolute Ausnahme.

Die Erwartung, daß viele dieser Kinder einmal volle Zweisprachigkeit
(*equilingualism*) entwickeln, wäre unrealistisch, aber es spricht im Prinzip
nichts dagegen, daß die meisten von ihnen muttersprachliche Kompetenz in
Deutsch erlangen und daneben für alltägliche Bedürfnisse adäquate Fertigkeiten in der Erstsprache ihrer Eltern aufrechterhalten. Was manche Forscher beunruhigt, ist die vielfach beobachtete doppelseitige Halbsprachigkeit (*semilingualism*). Es besteht offenbar ein ernstzunehmendes Risiko, daß
viele Kinder weder die eine, noch die andere Sprache vollständig erlernen
und letztlich in einer Art Schwebezustand verharren, der ihnen fortwährend
soziale Nachteile bringt.

7.3 „Gastarbeiterlinguistik"

Die meisten erwachsenen Zuwanderer erreichten die Bundesrepublik, ohne
jemals systematisch in Deutsch unterrichtet worden zu sein und bekamen
in den seltensten Fällen die Chance, dieses vor Ort nachzuholen. Für all
jene, die nur für kurze Zeit in Deutschland bleiben wollten, war das nicht
besonders hinderlich, da sie sowohl in ihren Unterkünften als auch am Arbeitsplatz auf andere Mitglieder ihrer Sprachgemeinschaft trafen. Wie wir
aber bereits erwähnten, sind die meisten von ihnen nun schon recht lange
im Land, und viele von ihnen haben ständiges Bleiberecht erworben. Ein
hoher Anteil der Langzeit-Immigranten wohnt ghettoartig konzentriert in
den am stärksten vernachlässigten und heruntergekommenen Vierteln der
Großstädte. Für die zu dieser Gruppe gehörenden Ausländer besteht zwar

keine unmittelbare Notwendigkeit, ausgiebig Deutsch zu lernen, doch sie leiden in Ermangelung entsprechender Anreize unter verstärkter Isolation und vermindern damit letztlich ihre Chancen, ihre Lage zu verbessern. Das Ergebnis ist also ein Teufelskreis.

Dieser Situation lieferte den Anlaß dazu, daß sich Sprachwissenschaftler für das sog. Gastarbeiterdeutsch (GAD) zu interessieren begannen. Es hieß, daß man mehr über die wirklichen Kommunikationsbedürfnisse und die Art und Weise, in der erwachsene Immigranten so ‚unkontrolliert' zu bruchstückhaften Kenntnissen des Deutschen gelangten, herausfinden müsse, bevor ihnen zur Teilnahme am gesamtgesellschaftlichen Leben befähigende Fertigkeiten vermittelt werden könnten. Einige Studien waren tatsächlich dieser Idee gewidmet und inspirierten praktische Versuche, das Angebot an situationsgerechten Lehrprogrammen für Erwachsene zu verbessern (z. B. Barkowski et al. 1979). Der Schwerpunkt lag letztlich aber eher auf den Eigenschaften von GAD *per se* und auf den darin verborgenen generellen Aufschlüssen zum Erwerb von Zweitsprachen als auf den sozialen Implikationen für seine Sprecher. Der damit entstandene Zweig der Linguistik war laut Hinnenkamp „keine Linguistik der ‚Gastarbeiter' oder eine Linguistik für ‚Gastarbeiter', sondern eine Linguistik über ‚Gastarbeiter'" (1990: 285).

Der Werdegang der „Gastarbeiterlinguistik" kann nach Hinnenkamp (1990: 285) in drei Phasen untergliedert werden, die einander z. T. überlappen. In der ersten, durch eine wegweisende Arbeit von Michael Clyne (1968) initiierten Phase konzentrierte sich das Interesse der Forschenden auf formale Aspekte von GAD, d. h. auf die Frage, inwiefern es von der Zielvarietät abweicht. In der zweiten Phase, die bei den Erkenntnissen über die Divergenz von GAD-Formen ansetzte, widmete sich der Frage, welche extralinguistischen Faktoren für den spontanen Erwerb der Zweitsprache ins Gewicht fallen. Erst in der dritten Phase ging man von der Beobachtung der als passive Studienobjekte konzipierten Arbeitsmigranten dazu über, interaktive Kommunikationsprozesse zwischen ihnen und deutschen Muttersprachlern zu untersuchen.

Als nächstes äußern wir uns zur formalen Beschaffenheit von GAD und zu den bislang dafür gelieferten Erklärungen (siehe 7.4 und 7.5). Im Abschnitt 7.6 geht es dann um Beiträge aus dem Bereich ‚Interkulturelle Kommunikation', einem (zumindest für die deutschsprachigen Länder) relativ neuen und sehr wichtigen Studiengebiet, in dem Erkenntisse aus verschiedenen Disziplinen berücksichtigt und kombiniert werden. Das unter der Bezeichnung ‚Interkulturelle Kommunikation' abgehandelte Spektrum von Themen ist allerdings so breit und diffus, daß wir es hier nur knapp umreißen können.

7.4 Gastarbeiterdeutsch: typische Merkmale

Was GAD aus (sozio)linguistischer Sicht so interessant macht, ist die Tatsache, daß es keine radikale, nach Erstsprachen geordnete innere Spaltung aufzuweisen scheint. Es gibt, anders ausgedrückt, erstaunlich viele Gemeinsamkeiten zwischen den von Arbeitsmigranten verschiedener sprachlicher Herkunft produzierten Arten von Deutsch. Wer in der Schule oder in höheren Bildungseinrichtungen systematisch Deutsch erlernt (hat), kann sich vermutlich gut vorstellen, daß diejenigen, die sich die Sprache ohne gezielte Unterweisung anzueignen versuchen, vor allem mit bestimmten grammatischen Eigentümlichkeiten enorme Schwierigkeiten haben. Andererseits könnte man meinen, daß das Verständnis und die Reproduktion dieser Merkmale Sprechern anderer flektierender Sprachen leichter fällt als z. B. den Sprechern **isolierender** oder **agglutinierender Sprachen**. Es gibt zweifellos erhebliche Differenzen im GAD auf individueller Ebene, doch sie fallen weit weniger ins Gewicht als die scheinbar für die meisten GAD-Sprecher gültigen und sämtliche Muttersprachen betreffenden zahlreichen Übereinstimmungen.

Die Tatsache, daß Sprecher romanischer und slawischer Sprachen (Spanisch, Portugiesisch, Italienisch bzw. Serbisch, Kroatisch, Slowenisch, Mazedonisch) nebst türkischen und griechischen Muttersprachlern Formen von Deutsch produzieren, die genug gemein haben, um als ‚GAD' zusammengefaßt zu werden, verlangt nach Erklärungen. Ihnen wenden wir uns im folgenden Abschnitt zu. Zunächst erscheint jedoch ein Blick auf einige das GAD charakterisierende Merkmale sinnvoll. Betrachten wir einmal die folgenden Beispiele (aus Keim 1984):

(1) *der arbeitet mehr mit Kopf*
(2) *ich fahre Espania zwei Wochen*
(3) *deine Sohn viel dumm*
(4) *Kind alles in der Türkei geboren*

Wir stellen fest, daß in jeder der Aussagen ein in den übrigen Varietäten des Deutschen obligatorisches Satzglied fehlt: ein Artikel in (1), ein bzw. zwei Präpositionen in (2), die **Kopula** (hier eine Form von *sein*) in (3) und ein Hilfsverb in (4).

Zu anderen syntaktischen Abweichungen zählt die Positionierung von *nicht* (oft zu *nix* modifiziert) vor dem finiten Verb in Hauptsätzen (Beispiel 5), die Verschiebung der Verbform an das Satzende (6) sowie die Unterlassung dieser Verschiebung nach Modalverben (7), die fehlende Inversion (von Subjekt und finiter Verbform) in Fragesätzen (8) und in Sätzen, die mit einer adverbialen Bestimmung beginnen (7):

(5) *aber ich nix verstehe*
(6) *ich auch bißchen mehr trinken*

(7) *im Momento ich möchte bleiben hier*
(8) *du das verkaufen?*

Wie einige dieser Beispiele belegen, wird oft auch die komplizierte Morphologie des Deutschen vereinfacht. Dies geschieht entweder durch das Auslassen entsprechender Elemente, z. B. von zu deklinierenden Artikeln wie in (1), durch Reduzierung der drei Genera auf eines, meist *femininum*, wie in (3), durch das Festhalten an einer einzigen Substantivform für Ein- und Mehrzahl wie in (4) oder durch die durchgängige Benutzung einer einzigen Verbform (gewöhnlich des Infinitivs) wie in (6) und (8). Außerdem neigen GAD-Sprecher dazu, ihr oft sehr begrenztes Vokabular paraphrastisch zu erweitern (*nicht schön* für *häßlich*, *tot machen* für *töten*).

All diese Maßnahmen (Auslassung, Reduzierung, Paraphrasierung usw.) sind Aspekte einer generellen Sprachvereinfachungsstrategie. Es sind Versuche, die Kompliziertheit der Sprache auf ein handhabbares Maß zu reduzieren, wobei man sich allerdings bewußt machen sollte, daß Formulierungen, welche der oder die Sprechende als einfach empfindet, für die Hörenden um so komplizierter klingen können. Aussage (6) z. B. kann ganz verschieden ausgelegt werden, da nicht klar ist, ob wir es dabei mit einer Auslassung eines Modalverbs (und wenn ja, von welchem?) oder mit der Verwendung des Infinitivs anstelle einer gebeugten Verbform zu tun haben:

(6a) Ich muß(te)/will/wollte/möchte/kann usw. ... trinken

(6b) Ich trank/trinke/werde ... trinken

Ein geteiltes Anliegen ist aber keine hinreichende Erklärung für die relative Uniformität, noch ist es eine Antwort auf die Frage, warum das GAD einiger Sprecher eine bedeutend höhere Stufe der Vereinfachung aufweist als das GAD von anderen.

7.5 Uniformität und Variation im Gastarbeiterdeutsch: Erklärungsversuche

7.5.1 Spracherwerb

Eine der detailliertesten Studien zum GAD (Clahsen et al. 1983) teilt mit, daß bestimmte syntaktische Strukturen nicht willkürlich, sondern in einer bestimmten Reihenfolge erworben werden. Man betrachte z. B. folgende Wortfolgeschemata, die mit Ausnahme der ersten in den meisten Varietäten des Deutschen als normal gelten.

(1) adverbiale Bestimmung am Satzanfang, keine Inversion: *morgen* ich fahre nach Spanien

(2) Partikel (Präfix, Partizip oder Infinitiv am Ende eines Hauptsatzes):
sie hat mich *eingeladen*

(3) Inversion (aufgrund einer adverbialen Bestimmung am Satzanfang):
gestern *habe ich* nicht gegessen

(4) adverbiale Bestimmung zwischen Prädikat und Akkusativobjekt:
ich kriege *jetzt auch noch* ein Kind

(5) Verb am Ende eines Nebensatzes:
wenn er nach Hause *kommt*

Vieles deutet darauf hin, daß der Satzbauplan (1) i.d.R. vor den Strukturen des 2. und 3. Typs erworben wird, so daß sich für Sprecher, die durchgängig den Typ (3) verwenden, Konstruktionen des 1. Typs erübrigen. Alles in allem erfolgt die Aneignung syntaktischer Stukturen jedoch sehr allmählich und eröffnet noch über die o.g. Reihenfolge hinaus ein beträchtliches Variationspotential. So könnten z.B. Sprecher, die noch nicht bis zum Satzbauplan (3) vorgedrungen sind, entweder alle Fälle mit Konstruktionen des 1. Typs abdecken oder das Subjekt bzw. Verb auslassen oder aber derartigen Kontexten prinzipiell ausweichen.

Manche Sprecher werden möglicherweise nie alle fünf Satzbaumuster erlernen; wie weit der bzw. die Einzelne fortschreitet, hängt von einer Vielzahl von Faktoren ab. Zu letzteren gehören sowohl objektive Größen, wie die Dauer des Aufenthalts in der Bundesrepublik und die Häufigkeit und Intensität von Kontakten mit Muttersprachlern, als auch subjektive Gegebenheiten, wie das von den Lernenden empfundene Ausmaß der sozialen bzw. psychologischen Distanz zwischen ihnen und den Muttersprachlern (Klein/Dittmar 1979; auch Schumann 1978). Insofern diese Beobachtungen für alle Sprachebenen (d.h. für weitere syntaktische Strukturen sowie für Morphologie und Vokabular) gültig sind, haben wir es hierbei mit einer Situation zu tun, für die der im Zusammenhang mit muttersprachlicher Variation eingeführte Begriff des Kontinuums anwendbar erscheint. Es ist durchaus möglich, nach dem Kriterium der relativen Distanz zu muttersprachlicher Kompetenz verschiedene ‚Lernertypen' zu unterscheiden (siehe z.B. Heidelberger Forschungsprojekt 1975: 76–79), doch im Prinzip könnte jedem Sprecher und jeder Sprecherin ein individueller Platz im Kontinuum zugeordnet werden.[3]

Dem hier diskutierten Belegmaterial zufolge erscheint die Konzipierung eines Sammelbegriffs wie GAD durchaus gerechtfertigt. GAD bietet uns

---

[3] Im Heidelberger Forschungsprojekt wurde versucht, mit Hilfe eines ‚syntaktischen Index' für jeden Teilnehmer und jede Teilnehmerin ein ‚syntaktisches Profil' zu erstellen, das Informationen zur Kenntnis einer Reihe von Regeln enthielt und es möglich machte, die Probanden bezüglich ihrer sprachlichen Kompetenz einzustufen (vgl. Klein/Dittmar 1979).

Einsichten in die typische Art und Weise, in der sich erwachsene Ausländer ohne systematische Unterweisung Kenntnisse in der deutschen Sprache aneignen. Offen bleibt dabei die Frage, warum die GAD-Formen auf so spezifische Weise von anderen Varietäten des Deutschen abweichen. Lassen sich diese Divergenzen durch von der Erstsprache ausgehende Interferenzen bzw. Übertragungen erklären? Ist GAD eine Art **Pidgin**-Deutsch? Ist es eine Reaktion auf Foreigner Talk („Pseudo-Pidgin‘), einer von manchen Einheimischen gegenüber Ausländern verwendeten ähnlich reduzierten Form des Deutschen?

7.5.2 Die Transfer-Hypothese

Die Transfer-Hypothese ist auf den ersten Blick sehr einleuchtend, verweist sie doch auf eine Strategie, die zumindest übergangsweise von den meisten Fremdsprachenlernern angewandt wird. Die in den folgenden Aussagen auftretenden grammatischen bzw. idiomatischen Unzulänglichkeiten z.B. sind ein unverkennbares Indiz dafür, daß der oder die Sprechende vom Englischen beeinflußt wurde:

(1) *Was ist die Zeit?
     nach: *What is the time?*
(2) *Diese Entwicklung wird nicht erwartet anzudauern.
     nach: *This development is not expected to continue.*
(3) *Die Tür öffnete.
     nach: *The door opened.*

Es ist eine Tendenz, die durchaus zur Erklärung von einigen Kontrasten zwischen GAD und dem Standard geeignet ist. Einige Merkmale lassen aber auch andere Deutungen zu, und es ist nicht klar, warum manche Merkmale potentiell übertragbar sind und andere nicht. Die begrenzte Gültigkeit der Transfer-Hypothese mögen einige der in Keim (1984) angeführten Beispiele verdeutlichen. Gleich den äquivalenten Äußerungen in den Ausgangssprachen enthielt das GAD der kroatischen, italienischen, spanischen, griechischen und türkischen Sprecher keinerlei Subjektpronomen: Man möchte also meinen, daß die Probanden auf die entsprechenden syntaktischen Strukturen ihrer Erstsprachen zurückgegriffen haben. Ein so hoher Übereinstimmungsgrad ist allerdings nur selten zu beobachten. Betrachten wir einmal die folgenden, hinsichtlich der Verbposition vergleichbaren Äußerungen:

(4) GAD: ich auch bißchen mehr *trinken*
     kroat.   *(ja) isto malo više pijem*
(5) GAD   ich nur in Deutschland *gehe*
     ital.   *sono andato* soltanto in Germania

(6) GAD   deine Sohn Espania wieder *bleibe*
    span.   *tu hijo se ha quedado nuevamente en España*
(7) GAD   (er) jetzt Wohnung *schaffe*
    griech. ... τώρα δουλεύει στό σπίτι
(8) GAD   ich drei Jahre hier *arbeite*
    türk.   *(ben) üç senedir burada çalışıyorum*

Nur in der kroatischen und in der türkischen Entsprechung besetzt das
Verb die letzte Position und macht die Transfer-Hypothese zu einer plausi-
blen Erklärung für entsprechende Abweichungen im GAD. Alle übrigen
Beispiele verlangen nach alternativen Erklärungen.

7.5.3 Die Pidgin-Hypothese

Interferenzen und Vermischungen sind ein wesentliches Charakteristikum
von Pidgin-Sprachen, und GAD weist eine ganze Reihe der die meisten Pi-
gin-Sprachen auszeichnenden Merkmale auf. Die Umstände, unter denen
sich GAD entwickelt hat, sind jedoch kaum mit denen vergleichbar, unter
denen es in Afrika, in der Karibik und in anderen Teilen der Welt zur Herausbildung der klassischen Pidgin-Sprachen kam (Mühlhäusler 1986; Holm
1988f). Der auffälligste Unterschied besteht darin, daß die Zielsprache (**Superstrat**) nicht exportiert wurde, sondern die Umgebung für sekundär in
der Bundesrepublik Fuß fassende Ausgangssprachen (**Substrat**) bildete. Besonders die zum Bleiben gewillten Zuwanderer haben also viel stärkere Be-
weggründe, Deutsch zu lernen, als die Bevölkerung der nur kurzzeitig von
europäischen Händlern aufgesuchten Länder Anlaß hatte, sich des Englischen oder Portugiesischen anzunehmen.

Pidgin-Englisch-Varietäten entstanden i.d.R. als Kommunikationsmedien
zwischen Volksgruppen, die sich nur über eine Drittsprache – die im Kontakt mit englischen Händlern erworbenen rudimentären Sprachformen –
verständigen konnten. Jene klassischen Formen werden von Whinnom (1971)
als ‚Pidgin-Sprachen im engeren Sinne' bezeichnet. GAD kann bestenfalls
als eine ‚Pidgin-Sprache im weiteren Sinne' eingeordnet werden, denn es resultierte nicht aus Kontakten zwischen, sagen wir, Türken und Italienern.
Die einzelnen in der Bundesrepublik lebenden ethnischen Gruppen kommunizieren relativ wenig miteinander; sie pflegen in erster Linie Kontakte
mit anderen Mitgliedern ihrer Sprachgemeinschaft und mit Deutschen. Wie
auch immer wir das Deutsch der Arbeitsmigranten einordnen, seine Entwicklung schließt Prozesse ein, die viel mit Pidginisierung gemein haben.
GAD ist damit für all jene, die sich mit Pidgin- und Kreolsprachen befassen,
von großem Interesse, zumal es Einblicke in frühe Stadien jener Prozesse ermöglicht.

7.5.4. Foreigner Talk (FT) und die Hypothese universeller
Sprachvereinfachungsstrategien

Der Vergleich mit Pidgin-Sprachen mag in mancher Hinsicht hinken, doch
es ist unbestreitbar, daß die Interaktion zwischen Deutschen und Nicht-
Deutschen ein für die Herausbildung des GAD bedeutender Faktor ist. Das
Deutsch der Einheimischen dient als Folie für die sich ohne formellen Unterricht entwickelnden Varietäten der Zugewanderten. Direkt belegt wird
diese Behauptung durch die Tatsache, daß GAD-Sprecher normalerweise
die phonetischen und phonologischen Merkmale der sie am häufigsten kon-
frontierenden Orts- oder Regionalvarietät aufgreifen. Des weiteren wurde
beobachtet, daß sich unter türkischen Immigranten Sprachformen entwik-
keln, die syntaktisch im wesentlichen ihrer Erstsprache gleichen, aber auf
der lexikalischen Ebene eine Mischung aus überwiegend türkischem Vokabular sowie Entlehnungen aus dem Deutschen darstellen. Wie die folgenden
Beispielen zeigen, werden jene Übernahmen der Phonologie und Morphologie des Türkischen angeglichen (Tekinay 1984):

(1) Yedinci ayda *urlauba* gittik. Antalya' da *urlaup* yaptık. Benim *famılı* orda, *versteyn*?
    Kinderler gelmedi.

    Wir waren im Juli im Urlaub. Wir verbrachten den Urlaub in Antalya. Meine Familie
    ist dort, verstehen Sie? Die Kinder kamen nicht mit.

(2) *Avuslantsamt'*a gittim, *anmelduk* yaptırdım. *Arbayserlaupnisim* var, *Gott zay dank*.

    Ich bin zum Auslandsamt gegangen und habe mich angemeldet. Ich habe eine Arbeits-
    erlaubnis, Gott sei Dank.

Im ersten Beispiel wurde *Familie* phonetisch modifiziert, *Urlaub* und *Kinder*
haben türkische Kasus- und Pluralendungen. Bei *Kinderler* handelt es sich
somit um ein doppelt pluralisiertes Nomen. Im zweiten Beispiel stoßen wir
auf geringfügig phonetisch abgewandelte Versionen von *Auslandsamt*, *An-
meldung* und *Arbeitserlaubnis*. Zwei dieser Versionen weisen außerdem eine
türkische Kasusendung auf. Der Ausdruck ‚Gott sei Dank!' wird sehr viel
von Türken verwendet, stellt er doch die wörtliche Übersetzung der extrem
häufig gebrauchten türkischen Formulierung *Allaha şükür* dar.

Solcherart Mischformen (*code mixing*) sind eine für Sprachkontaktsitua-
tionen sehr typische Erscheinung (vgl. z.B. Wardhaugh 1992: 103–116;
siehe auch Abschnitte 8.4.2 und 8.5.2); sie verkörpern im Grunde genom-
men eine Art Rücktransfer. An ihnen wird ersichtlich, daß Sprecher in der
Lage sind, Material aus anderen Sprachen zu adoptieren und zu adaptieren.
Die hier gewählten Beispiele sind noch vorwiegend vom Türkischen ge-
prägt, doch es existiert im Prinzip kein Grund dafür, warum sich diese
Kompromißvarietät nicht zu einer zu gleichen Teilen vom Türkischen und
Deutschen beeinflußten oder aber zu einer vom Deutschen dominierten
Form entwickeln sollte.

Eine weitere Erklärung für die spezifische Form von GAD ist dessen Auslegung als eine teilweise von den Ausgangssprachen beeinflußte, aber vorwiegend durch Imitation oder versuchte Reproduktion von Foreigner Talk (FT) bestimmte Varietät. Die bemerkenswerte Uniformität von vielen Divergenzen ist demnach nicht das Ergebnis einer mangelhaften ,Verarbeitung' von normgerechtem ,Input', sondern eine ziemlich originalgetreue Reproduktion von mangelhaftem ,Input'. Wenn sich also zeigen ließe, daß das FT der Einheimischen eine recht einheitliche und stabile Varietät mit vielen GAD-typischen Charaktistika ist, hätten wir in ihm eine weitere plausible Erklärung.

Eine diesem Anliegen gewidmete Arbeit stammt von Hinnenkamp (1982). Darin wird festgestellt, daß deutsches FT und GAD auf allen Ebenen zahlreiche Gemeinsamkeiten aufweisen. Betrachten wir einmal die folgenden Beispiele:

(1) Komm, Foto machen (= röntgen).

(2) ich heute viel kaputt.

(3) gestern du immer schnaps trinken, ja?

(4) aber in Deutschland nix Kinder.

(5) vater Kapitalist?

(6) naja, Bibel sagt auch: eine Frau genug.

All diese Äußerungen stammen von Deutschen, aber ihre Strukturen folgen GAD-Mustern. Es mag sein, daß sich mit Leichtigkeit ein die FT-Hypothese stützender Korpus linguistischer Daten ermitteln läßt, doch damit allein wäre noch lange nicht erwiesen, ob FT tatsächlich diejenige Varietät des Deutschen ist, die Ausländern am häufigsten begegnet und von ihnen als ein nachahmenswertes Modell betrachtet wird. Schlüssige Beweise gibt es weder dafür, noch dagegen, doch die Wahrscheinlichkeit, daß Foreigner Talk in höherem Maße als Richtschnur dient als andere Erscheinungsformen des Deutschen, dürfte letztlich sehr gering sein, denn auch die weniger stark integrierten Einwanderer kommen am Arbeitsplatz, in Kneipen und Gaststätten, in Geschäften und durch die Medien ständig mit Standard- und Nichtstandard-Varietäten in Berührung. Die Frage, ob FT als gutgemeinte Hilfestellung oder als ein Ausdruck von Verachtung empfunden wird, beantwortet sich insofern fast von selbst (man vgl. beispielsweise das *Heidelberger Forschungsprojekt* 1975: 93–98 mit Bodemann/Ostow 1975: 145).

Selbst wenn wir diese Aspekte außer acht lassen, gibt es (linguistische) Gründe, die Gültigkeit der Hypothese anzuzweifeln. Zunächst einmal kann man den o.g. Beispielen zahlreiche Äußerungen gegenüberstellen, in denen sich wesentliche Kontraste zum GAD abzeichnen. Ein Beispiel sind die Verbformen: Während GAD-Sprecher dazu tendieren, verschiedene Formen verallgemeinernd zu gebrauchen (z.B. Infinitiv, Partizip Perfekt, 3. Pers. Sg. Präsens), beschränkt man sich im FT fast gänzlich auf den Infinitiv. Zweitens ist zu bedenken (und dies wiegt noch schwerer), daß deutsches FT beeindruckende Parallelen mit FT-Varietäten anderer Sprachen (z. B. Französisch, Finnisch und Türkisch) aufweist (Meisel 1980; Hinnenkamp 1982). Die These einer direkten kausalen Beziehung zwischen GAD und deutschem FT würde zumindest etwas glaubhafter erscheinen, wenn letzteres ausschließlich GAD ähnelte. Statt dessen deutet vieles darauf hin, daß Einheimische grenzüberschreitend ihre jeweilige Sprechweise im Gespräch mit Ausländern nach ähnlichen Prinzipien modifizieren.

Wenn sich also Muttersprachler verschiedenster Herkunft intuitiv darüber einig sind, worin ‚Sprachvereinfachung' besteht, könnte man diese als eine nahezu universelle Dimension muttersprachlicher Kompetenz betrachten. So spekulativ dieses Szenario auch sein mag, es wäre eine interessante alternative Theorie, in deren Rahmen sich Fragen wie das Ausmaß der Berührung mit FT sowie dessen subjektiv empfundene Eignung als Modell erübrigen würden. Wenn wir tatsächlich über ‚natürliche' Fähigkeiten zur Sprachvereinfachung verfügen, ist es vorstellbar, daß wir dieselbe Strategie beim Erwerb zweiter, dritter und weiterer Sprachen einsetzen. Dies würde bedeuten, daß GAD nicht das Ergebnis von FT-Imitation, sondern die Umsetzung quasi-universeller Sprachvereinfachungsstrategien ist.

Meisel (1980) spricht sich implizit für diese Hypothese aus, indem er zwischen *restrictive* und *elaborative simplification* unterscheidet. Unter ‚restriktiver' (einschränkender) Vereinfachung versteht er die radikale Reduzierung sämtlicher linguistischer Kategorien (Tempus, Person und Zahl für Verben; Kasus, Genus und Numerus für Substantive usw.); sie ist die sowohl im FT als auch in den rudimentärsten Formen von GAD angewandte Grundstrategie. ‚Elaborative' Vereinfachung liegt vor, wenn die reduzierten Kategorien erweitert werden, ohne daß dabei die Sprache unbedingt komplizierter wird (z. B. durch die Erweiterung des Wortschatzes und den Erwerb weiterer Verben bei gleichzeitigem Verharren auf schwachen Konjugationsmustern). Diese Art Vereinfachung trifft lediglich auf GAD zu. Sie hilft, Differenzen zwischen GAD und deutschem FT sowie die Variation des GAD zu erklären.

7.5.5 Schlußfolgerungen

Zusammenfassend können wir feststellen, daß jeder der hier besprochenen Erklärungsansätze einiges für sich hat. Keiner von ihnen vermag die formalen Charakteristika vollständig zu erfassen, weshalb es sich empfiehlt, die verschiedenen Ansätze als einander ergänzende Theorien zu behandeln. Für die Transfer-Hypothese können wir festhalten, daß sie jenseits ihrer offenkundigen Erklärungsdefizite sehr einleuchtend eine mehr oder weniger von allen GAD-Sprechern angewandte und besonders für frühe Stufen des Zweitspracherwerbs charakteristische Strategie beschreibt. Auch der Verweis auf das FT der Einheimischen erwies sich als relevant, wenn auch in anderer Hinsicht als ursprünglich angenommen. Ob wir nun GAD als eine Pidgin-Sprache bezeichnen sollten oder nicht, mutet als ein triviales terminologisches Problem an und bleibe vorläufig dahingestellt. Es läßt sich aber nicht von der Hand weisen, daß Argumente für universelle Strategien beim Fremdsprachenerwerb viel mit bestimmten Auffassungen von Pidginisierung gemein haben (Bickerton [1977] betrachtet Pidginisierung z. B. als Zweitsprachenerwerb mit eingeschränktem ‚Input'). Letztlich interessieren uns aber die Prozesse als solche wesentlich mehr als die Etiketten, mit denen man sie katalogisiert.

7.6 Interkulturelle Kommunikation

Interkulturelle Kommunikation ist ein breiter Überbegriff für eine Vielzahl verschiedenartiger Phänomene, dessen systematische Abhandlung die uns hier gesetzten Grenzen sprengen würde. Es gibt viele diesem Anliegen gerecht werdende Sammelbände (vgl. **Weiterführende Literatur**). Rost-Roth (1994) und Rost-Roth (1995) bieten gute allgemeine Überblicke und stellen den Ausgangspunkt unserer folgenden kurzen Ausführungen dar.

Forschungsprojekte im Bereich ‚Interkulturelle Kommunikation' widmen sich der Frage, warum sich erfolgreiche Kommunikation unter bestimmten Umständen oder Bedingungen als unmöglich erweist. Es geht also größtenteils um Fehlkommunikation bzw. Mißverständnisse, die sich auf Differenzen in den Erwartungen oder Gewohnheiten der Interakteure zurückführen lassen, welche wiederum durch spezifische kognitive Muster und Verhaltensnormen der betreffenden ‚Kultur' (was auch immer damit gemeint ist) bedingt sind. Dies ist Soziolinguistik *par excellence*, denn sämtliche hier in Frage kommenden Erklärungsansätze folgen zwangsläufig der Maxime, die Sprache innerhalb des Sozialen zu analysieren. Dabei geht es nicht nur um die Determinierung extralinguistischer Steuerfaktoren gegebener Sprechereignisse; man ist sich bewußt, daß Elemente sprachlicher Interaktion selbst an der Konstruktion des Kontextes beteiligt sein und das Verständnis bzw. die Auslegung des Kontextes durch die Teilnehmenden entscheidend beeinflussen können. Stark vereinfacht ausgedrückt: Das Ergebnis einer interaktiven Begegnung hängt z. T. auch davon ab, ob die Beteiligten die jeweiligen Kontextualisierungssignale (‚*contextualization cues*') in gleicher Weise interpretieren. Zu letzteren gehören sowohl rein sprachliche Anhaltspunkte, wie Intonation und Stil, als auch nichtverbale Äußerungen, wie Gesichtsausdruck und Körpersprache (deutsche Arbeiten fußen zu einem großen Teil auf dem Kontextualisierungsbegriff des amerikanischen Sprachwissenschaftlers John Gumperz; vgl. Auer/di Luzio 1992, insbesondere Auers Einführung).

Es liegt auf der Hand, daß Kommunikationsprobleme in beliebigen Situationen, also auch in Gesprächen zwischen Muttersprachlern, auftreten können. Wenn aber erfolgreiche Kommunikation nicht nur auf akkurates Kodieren und Dekodieren eines Stroms lexikalischer Einheiten angewiesen ist, sondern in entscheidendem Maße auch davon abhängt, inwieweit sich beide Seiten darüber klar sind, welcherart Bedeutungen in spezifischen sozialen Kontexten konstruierbar sind, überrascht es wenig, daß Fehlkommunikation häufiger in Auseinandersetzungen zwischen Muttersprachlern und Nichtmuttersprachlern auftritt. Interkulturelle Kommunikation hat also kulturell spezifische kommunikative Kompetenz zum Gegenstand.

Auf der empirischen Ebene können wir uns dem Thema im Grunde genommen aus zwei grundlegenden Richtungen nähern. Zum einen bietet sich an, in bestimmten generischen Kontexten auftretende Probleme unter die Lupe zu nehmen (institutionell verankerte Sprechsituationen wie Behörden- und Arztgespräche), andererseits kann man sich an Interaktionstypen bzw. am Sprachverhalten orientieren (Zuhörverhalten, Erzählstile, Grüße, Anreden usw.). Die Fachliteratur bietet eine Fülle von individuellen Abhandlungen, so daß an dieser Stelle zwei Illustrationen genügen mögen.

In institutionsgebundenen Situationen aus unterschiedlichen Erwartungen erwachsende Probleme wurden u.a. von Grießhaber (1990) untersucht (zitiert in Rost-Roth 1994: 19). Analysegegenstand waren auf Stellenangebote folgende Vorstellungsgespräche zwischen türkischen Bewerberinnen und deutschen Muttersprachlern. Eine Bewerberin wurde u.a. gefragt, ob die von ihr ins Auge gefaßte Stelle nicht zu anspruchsvoll für sie sein könne, worauf sie erwiderte: „Aber man muß sch [schwer], ja? Das kann schwer sagen, ah man muß das versuchen. Man muß ... wie soll ich dat sagen. Wenn man nicht macht, ... was gibt[s] [dann]?". Die türkische Bewerberin scheint anzunehmen, daß sich ihre Erfolgschancen vergrößern, wenn sie zum Ausdruck bringt, daß ihr die potentiellen Schwierigkeiten bewußt sind und daß sie bereit ist, sich diesen zu stellen. Eine (laut Grießhaber) normale Reaktion wären hingegen die Beseitigung sämtlicher Zweifel auf seiten des Gesprächsleiters/der Gesprächsleiterin und die Hervorhebung der eigenen Kompetenzen und Erfahrungen gewesen.

Im Kontext des Deutschen liegen relativ wenige Forschungsberichte zu generellen interkulturellen Kontrasten im Sprachverhalten vor, aber es gibt eine Vielzahl von Studien zu interaktionalen Differenzen zwischen Deutschsprechern und Trägern anderer Sprachen. Kotthoff (1989a, b) macht uns z.B. mit einer vergleichenden Untersuchung des Sprachverhaltens von Deutschen und Amerikanern bekannt (besprochen in Rost-Roth 1995: 191–93). Sie ergab, daß Deutsche weniger zu Komplimenten und stärker zu direkter Kritik tendieren, während Amerikaner dazu neigen, Gespräche mit größerem, oft Ausdrücke der Wertschätzung (wie *It was nice meeting you.*) einschließendem Aufwand zu Ende zu bringen, was von Deutschen als übertrieben oder zumindest als ungewöhnlich empfunden wird.

7.7 Sprachpluralismus in der Schweiz

7.7.1 Maßnahmen zur Bewahrung sozialer und sprachlicher Stabilität

Trotz ihrer geringen Bevölkerungszahl (6,9 Millionen [1992]) ist die Schweiz eines der sprachlich vielgestaltigsten Länder Europas. Selbst ihr erheblich größerer nördlicher Nachbar, die Bundesrepublik, steht ihr diesbezüglich nach. Zu den vier angestammten Sprachen gesellen sich die von mehr oder weniger fest ansässigen Vertretern anderer Nationalitäten: vom Englischen bis zu skandinavischen und slawischen Sprachen. Selbst wenn wir unsere Aufmerksamkeit auf die Schweizer Staatsbürger beschränken, erweist sich die sprachliche Situation im Land als komplizierter als vielfach angenommen wird, da es auch zwischen und innerhalb bestimmter Sprachgemeinschaften erstaunliche Differenzen und Abstufungen gibt.

So ist beispielsweise das von nur etwa 50 000 Menschen gesprochene Rätoromanische in mehrere mündliche Varietäten und fünf Schriftformen untergliedert, und kürzlich unternommene Versuche, einen einzigen schriftsprachlichen Standard, *Rumantsch Grischun*, einzuführen, waren nur zum Teil erfolgreich.

Am anderen Ende der Skala finden wir die Deutschschweizer, die mit einem Anteil von 73,5 % größte Sprachgruppe der Schweiz (vgl. Karte 7.1). Sie berufen sich auf eine einzige, normierte Schriftsprache, doch der ihr angelehnte mündliche formelle Standard und die standardnahen Umgangssprachen stellen für niemanden die Muttersprache dar (von Zuzüglern aus Deutschland und Österreich einmal abgesehen). Anders als in den übrigen deutschsprachigen Ländern hat sich in der Deutschschweiz eine Vielfalt von Mundarten als Erstsprache behaupten können, welche unter der Bezeichnung *Schwyzertütsch* zusammengefaßt werden. Zwischen den einzelnen Dialekten bestehen zum Teil erhebliche Kontraste, doch diese sind geringer als ihr gemeinsamer Abstand zum i.d.R. erst in der Schule erworbenen Schweizer Standarddeutsch (vgl. 7.8). Auf viele Deutschschweizer wirkt letzteres wie eine Fremdsprache. Da sein Gebrauch überwiegend auf den Schriftbereich beschränkt bleibt, bezeichnet man es auch als ‚Schriftdeutsch‘ und empfindet es, wenn mündlich gebraucht, als ziemlich starr und gestelzt.

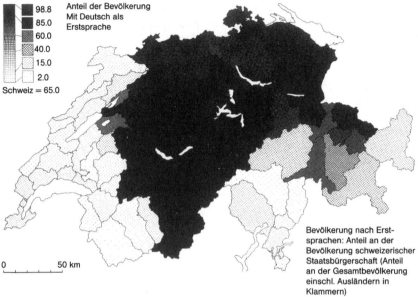

Karte 7.1 Schweiz: Geographische Verteilung der deutschsprachigen Bevölkerung
Quelle: Schuler et al. (1985)

Das komplizierte soziolinguistische Profil der Schweiz trägt essentiell zu ihrem Image bei. Wie beispielsweise auch Belgien oder Luxemburg (doch anders als die Bundesrepublik oder Großbritannien) ist die moderne Schweiz sowohl konstitutionell als auch *de facto* ein multilingualer Staat. Dies war jedoch nicht immer so. Die vielgepriesene Sprachentoleranz der Schweiz ist in viel stärkerem Maße eine Errungenschaft des modernen Bundesstaates als eine Hinterlassenschaft des 1848 überwundenen, weniger fest gefügten Staatenbundes. In der 1848er Verfassung waren Deutsch, Französisch und Italienisch als Nationalsprachen festgeschrieben, doch erst 1938 wurde im Rahmen einer wichtigen Ergänzung anerkannt, daß die Sprachen der einzelnen Bevölkerungsgruppen neben ihrer kommunikativen auch eine symbolische Funktion innehaben, daß sie also nicht nur der Kommunikation dienen, sondern darüber hinaus wie die Flagge einer Nation die Identität ihrer Sprecher bezeugen (McRae 1983: 119f). Im geänderten Artikel 16 wird dieser Einsicht insofern Rechnung getragen, als Französisch, Deutsch und Italienisch die Amtssprachen und dieselben zusammen mit Rätoromanisch die Nationalsprachen der Schweiz darstellen (siehe auch 7.7.2).

Die offizielle Anerkennung der vier Sprachen reflektiert, daß die Schweiz ganz ungeachtet ihrer primären administrativen Unterteilung in Kantone als ein aus vier Regionen zusammengesetztes Gebilde empfunden wird. Wiederum ließe sich eine Parallele zu Belgien ziehen, doch es bestehen deutliche Kontraste mit Luxemburg oder auch Südtirol (vgl. 8.3.1, 8.3.2). Der Grund dafür ist im sog. Territorialitätsprinzip zu suchen, wonach jedem Kanton das absolute Recht zur Festlegung einer in seinen Grenzen gültigen offiziellen Sprache gewährt wird (*„une terre, une langue"*). Von den 26 Kantonen und Halbkantonen sind 22 offiziell einsprachig, und da die verschiedenen Sprachgruppen aus historischen Gründen nicht verstreut, sondern räumlich konzentriert siedeln, bilden die deutsch- und die französischsprachigen Kantone benachbarte Blöcke (Karte 7.2).

Eine Folge der sprachlichen Teilung des Landes besteht darin, daß die Sprecher des Französischen und die Sprecher des Deutschen (wenn auch nicht die der anderen Sprachen) ohne die Kenntnis einer zweiten Sprache in den Grenzen der Schweiz beachtliche Bewegungsfreiheit genießen. In Wirklichkeit gehen die Verbreitungsgebiete der einzelnen Sprachen freilich über die Kantone, in denen sie als Amtssprache fungieren, hinaus. Karte 7.2 zeigt, daß viele Deutschsprachige über die im Volksmund als *Röstigraben* (frz. *le rideau de rösti* oder *la barrière de rösti*) bezeichnete vermeintliche Trennlinie zwischen den deutschsprachigen und allen anderen (insbesondere den im Westen gelegenen französischsprachigen) Kantonen hinausge-

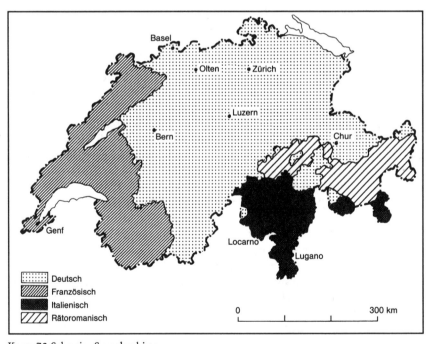

Karte 7.2 Schweiz: Sprachgebiete

drungen sind. Daß wir es bei der Schweiz mit einem multilingualen Staat zu tun haben, heißt allerdings noch lange nicht, daß alle ihre Einwohner zwei- bzw. mehrsprachig sind. Viel hängt natürlich davon ab, wie ,zweisprachig' und ,mehrsprachig' definiert werden (welches Maß an Kompetenz man in jeder der Sprachen erwartet usw.). Im Kontext der Schweiz ergibt sich beispielsweise eine beeindruckende Diskrepanz zwischen sog. *natürlicher Mehrsprachigkeit* und *Bildungsmehrsprachigkeit*. Die für alle Kantone verbindlichen bildungspolitischen Verfügungen haben zum Ziel, daß sich alle Schweizer mit Hilfe der Landessprachen untereinander verständigen können, und Bilingualismus in diesem Sinne ist durchaus vorhanden. Das Ausmaß individueller Kompetenz in der jeweiligen Zweitsprache schwankt jedoch erheblich, zumal die infolge des Territorialitätsprinzips in den meisten Kantonen vorzufindende offizielle Einsprachigkeit kleinräumige sprachliche Diversität und damit die Ausweitung der persönlichen Sprachrepertoires effektiv in Grenzen hält. Wenn wir all dies in Betracht ziehen, sind die erstaunlich niedrigen Angaben für Zwei- und Mehrsprachigkeit in der Schweiz, die unter zwanzigjährigen Rekruten als Teil des *Nationalen Forschungsprogramms 21 ,Kulturelle Vielfalt und nationale Identität'* ermittelt wurden (Bickel/Schläpfer 1994), vielleicht gar nicht so bemerkenswert. Letztendlich ist aber auch die Tatsache, daß sich nur 5 % der Befragten als ,natürlich zwei(mehr)sprachig' bezeichneten (d.h. zwei oder mehr Sprachen durch ,normale' Sozialisationsprozesse erworben haben) dem positiven Stereotyp des in mehreren Sprachen versierten Schweizers abträglich.

Sprachliche Selbstbestimmung mag als ein wichtiges demokratisches Prinzip eine tragende Säule der friedlichen Koexistenz der verschiedenen Bevölkerungsteile in der Schweiz sein, doch sie allein kann nicht erklären, warum es dort in den letzten 140 Jahren zu keinen nennenswerten Konflikten gekommen ist. (Man denke nur an Belgien, von Spanien seit dem Ende der Franco-Ära ganz zu schweigen.) Das strikte Festhalten am Territorialitätsprinzip mag eventuelles Konfliktpotential in gewissen Grenzen halten, kann es aber nicht beseitigen; es mag eine friedliche Regelung kantoninterner Angelegenheiten garantieren, kann aber nicht Interessenwidersprüchen zwischen Kantonen oder Gruppen von Kantonen zuvorkommen. Alles deutet darauf hin, daß sich in der Schweiz in den langen Jahren der Verteidigung ihrer nationalen Identität gegen äußere Mächte ein so starkes Gefühl der nationalen Zusammengehörigkeit entwickelt hat, daß konfessionell, sprachlich und anderweitig motivierte Engstirnigkeit letztendlich keine Chance hat. Kompromißbereitschaft und Toleranz genießen einen nicht zu unterschätzenden Rang in der Wertehierarchie der Schweizer, und auf bundespolitischer Ebene äußert sich das hohe Ausmaß gegenseitiger Akzeptanz in der Tradition eines Verhältniswahlrechts (,Proporzwahlverfahren') sowie in der Tatsache, daß es trotz der so erheblichen Kontraste zwischen den individuellen Sprecherzahlen keine offiziellen Minderheiten gibt. (Für Ausländer gelten besondere Regeln!) Es werden allerdings gewisse Zweifel bezüglich der praktischen Wirksamkeit dieser so noblen Prinzipien gehegt, denn selbst wenn sie sich in der Tat als universell wirksam erwiesen, wäre es schon allein aufgrund der numerischen Überlegenheit der Deutschsprachigen schwer, allen Gruppen das Gefühl einer wohlwollenden, fairen Behandlung durch alle anderen zu vermitteln.

In diesem Zusammenhang empfiehlt es sich, einen Blick auf das Image der einzelnen Gruppen in den Augen der anderen zu werfen. Wir wissen, daß die meisten Deutschen bestimmte Vorstellungen von ‚typischen' Franzosen, Engländern, Spaniern usw. haben. Wie verhält es sich diesbezüglich mit der Schweiz?

Sozialpsychologen unterscheiden zwischen Selbstbildern (*auto-stereotypes*) und Fremdbildern (*hetero-stereotypes*). Schon der Vergleich von Eigen- und Fremdbildern von Vertretern zweier oder mehrerer Gruppen kann sehr aufschlußreich sein, doch zu einer subtilen Deutung der Beziehungen zwischen den beteiligten Gruppen gelangen wir nur dann, wenn wir eine dritte Perspektive, nämlich die von uns erwartete Sicht der anderen auf uns selbst einbeziehen: das sog. projektive Fremdbild (*projective hetero-stereotypes*). Alles in allem neigen wir zu der Ansicht, daß die Beziehungen dort am harmonischsten sind, wo sich die drei genannten Einschätzungen decken.

In einer von Fischer und Trier (1962) vorgelegten Studie, in der französisch- und deutschschweizerische Sichten verglichen werden, heißt es, daß die französischsprachigen Schweizer in allen drei Kategorien als ‚veränderlich' und ‚liberal' und die Deutschschweizer im Fremdbild und projektiven Fremdbild als ‚stetig' und ‚konservativ' beschrieben wurden. Die beiden Gruppen haben also gleiche Eindrücke vom frankophonen Bevölkerungsanteil, und französischsprachige Schweizer vertrauen darauf, daß sie von anderen im Einklang mit ihrem Selbstbild beurteilt werden. Deutschsprachige Schweizer vermuten hingegen zu Recht, daß ihre französischsprachigen Mitbürger ihr Selbstbild nicht teilen. Der Eindruck, daß die französische und die deutsche Sprechergruppe unterschiedliche Selbstbilder haben, aber ein vorteilhaftes Klischee des frankophonen Bevölkerungsanteils teilen, scheint von Erkenntnissen aus anderen Teilen jener Studie und durch anderen Arbeiten (vgl. u. a. Kolde 1980: 245 und Ris 1978: 99–102) erhärtet zu werden (vgl. auch Abb. 7.1). Einsichten wie diese könnten erklären helfen, warum in der Kommunikation zwischen Angehörigen unterschiedlicher Sprachgruppen in den meisten Fällen nicht auf das Deutsche, sondern auf das Französische zurückgegriffen wird. Der oben erwähnten Umfrage zufolge (Bickel/Schläpfer 1994) hatten junge französischsprachige Schweizer im Durchschnitt länger Deutsch gelernt als die ihnen entsprechende Gruppe Deutschsprachiger Französisch,

Frage: Wie sympathisch finden Sie die Leute in den anderen Landesteilen im
allgemeinen?

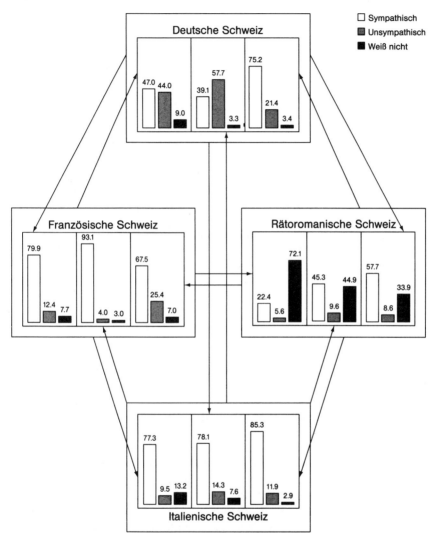

Abbildung 7.1 Schweiz: Wechselseitige Beliebtheit der vier Sprachgruppen
Die Graphik zeigt den Grad der Sympathie der Rekruten für die Bewohner
der jeweils anderen Landesteile. Die Pfeile führen dabei von den Befragten
einer Sprachgruppe zu deren Urteilen über die Bewohner eines anderen
Landesteils. Daß beispielsweise 79,9% der Deutschschweizer Rekruten
die Bewohner aus der Westschweiz sympathisch finden, ist im linken Teil
der Graphik „Französische Schweiz" angegeben.
Quelle Bickel/Schläpfer 1994

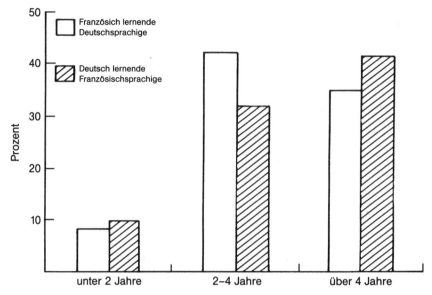

Abbildung 7.2 Fremdsprachen an Schweizer Schulen
Antworten auf die Frage: Wie lange haben Sie in der Schule Französisch/
Deutsch gelernt?
Quelle: Bickel/Schläpfer 1994

doch beide Seiten gaben an, sich in Gesprächen mit Angehörigen der jeweils anderen Gruppe viel stärker des Französischen als des Deutschen zu bedienen (vgl. Abbildung 7.2 und 7.3).

Neben dem Territorialitätsprinzip, der grundlegend auf gegenseitiges Einvernehmen ausgerichteten politischen Kultur und der Psychologie der Beziehungen zwischen den Gruppen wird zur Erklärung der sozialen Stabilität der Schweiz noch ein anderes, offenbar recht zwingendes Argument vorgebracht. Es ist das Konzept der ‚cross-cutting cleavages‘ (einander kreuzender Spaltlinien) (siehe insbesondere McRae 1983, Kap. 2 und 6). Der sich um diese Idee rankenden Theorie zufolge ist Sprache zwar das auffälligste Spaltungsprinzip in der Schweiz, könnte aber nur dann die Integrität der Nation in Frage stellen, wenn die ihr gemäße Aufteilung des Landes mit anders (z. B. konfessionell, wirtschaftlich, politisch, geographisch, siedlungsstrukturell) begründeten Spaltungsmustern zusammenfiele. Der Umstand, daß sich die diversen Spaltlinien schneiden, verhindere die Politisierung der sprachlichen Gliederung der Schweiz (McRae 1983: 234). Es gibt z. B. keine Korrelation zwischen Sprache und religiösem Glauben: Einige Kantone sind vorwiegend römisch-katholisch, andere protestantisch, die mei-

Frage: In welcher Sprache unterhalten Sie sich mit anderssprachigen Schweizern und Ausländern?

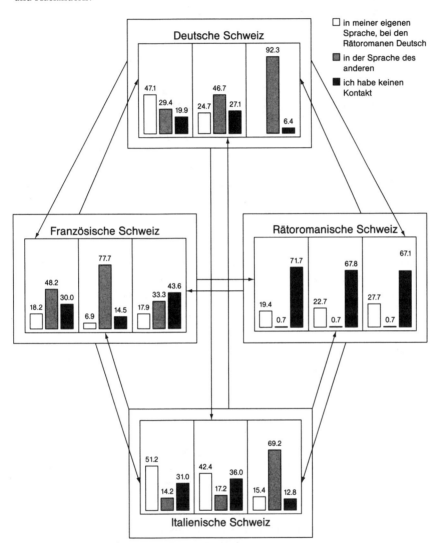

Abbildung 7.3 Schweiz: Sprachgebrauch (in Prozent) zwischen Angehörigen verschiedener Sprachgruppen und gegenüber Ausländern
Die Graphik zeigt aus Sicht der befragten Männer ihre Kommunikationsbereitschaft mit Bewohnern aus den anderen Sprachgebieten. Beispielsweise ist im linken Teil der Graphik „Französische Schweiz" angegeben, daß 18,2% der Deutschschweizer Rekruten mit Westschweizern (und Franzosen) Deutsch sprechen, 48,2% hingegen Französisch.
Quelle Bickel/Schläpfer 1994

sten konfessionell gemischt, entsprechen aber nicht den Proportionen der in ihnen verbreiteten Sprachen.

Die weise Einsicht, daß die Stabilität der Schweiz in entscheidendem Maße von der sie nährenden politischen Kultur und von den heterogen verlaufenden Spaltungsmustern herrühre, mag sehr einleuchtend klingen, doch die einzelnen Komponenten müssen einander nicht unbedingt zum gegenseitigen Vorteil ergänzen, sondern können einander auch widersprechen (eine eingehende Kritik findet sich in Stevenson 1990). Wäre nämlich die sprachliche Teilung des Landes nicht so augenscheinlich, dann wären Toleranz und Kompromißbereitschaft in Theorie und Praxis weitgehend überflüssig. Sprachpluralismus bleibt ein wesentliches Element des guten internationalen Rufs der Schweiz, doch sowohl im wissenschaftlichen als auch im öffentlichen Rahmen diskutiert man innere Angelegenheiten fast immer unter Bezugnahme auf die deutschsprachige Schweiz, *la romandie, la svizzera italiana* oder *la rumantschia*. Wenn also die sprachlich bedingte Spaltung der Schweiz tatsächlich die allen anderen Gegensätzen übergeordnete Kategorie bildet, dann wird es Zeit, einige in der Vergangenheit fast völlig vernachlässigte Themen in den Vordergrund zu rücken. Zu ihnen gehören die Frage nach dem realen Wert von Mehrsprachigkeit und die nach der realen Stärke des sprachlichen und kulturellen Zusammengehörigkeitsgefühls verschiedener Gruppen sowie die Überlegung, ob es sich bei der Schweiz um eine multilinguale und multikulturelle Nation oder aber, im Sinne von Meinecke (1969), um eine aus verschiedenen Kulturnationen bestehende Staatsnation handele.

7.7.2 Bereiche mit Konfliktpotential

In Anbetracht der oben angeführten Argumente wäre es also irreführend, die uns in Gestalt der Schweiz begegnende *ménage à quatre* in allzu rosigen Farben darzustellen. Das Image trauter Harmonie mag angesichts des geschlossenen Auftretens nach außen im allgemeinen und gegenüber den kulturell verwandten Nachbarstaaten im besonderen eine gewisse Berechtigung behalten, wird aber durch ständige Verweise auf innere Konflikte in den Medien stark relativiert und von zunehmenden Unruhen untergraben (vgl. Abb. 7.4) .

So ist es beispielsweise kein Zufall, daß wir uns hier bislang nur auf die frankophone Region und die Deutschschweiz bezogen haben. Der offiziellen Gleichsetzung aller Landesteile zum Trotz besteht kein Zweifel daran, daß sich hier nicht nur die große Mehrheit der Bevölkerung, sondern auch die reale wirtschaftliche und politische Macht konzentriert. Nirgendwo sind Konflikte wahrscheinlicher als zwischen diesen zwei Landesteilen, zumal in den relativ spät hinzugetretenen französischsprachigen Kantonen schonlange der Verdacht gehegt wird, daß die deutschsprachige Bevölkerung

Abbildung 7.4 Schweiz: Sprachgruppenstereotype
Quelle: Jean Francois Burgener, in *Nebelspalter* 25, 1986

imperialistische Intentionen hat. Schlagzeilen wie ‚*Le spectre de la germani-sation*' (in der französisch-schweizerischen Presse) und Buchtitel wie ‚*La Romandie dominée*'(zitiert bei Kolde 1986: 63) bringen dies ganz unmißver-ständlich zum Ausdruck.

Jenes Konfliktpotential entlud sich recht explosiv in den Debatten zur sog. Jura-Frage. Der Jura ist eine Region, in der die französischsprachige und die deutschsprachige Schweiz aufeinandertreffen; der offiziell zwei-sprachige Kanton Bern schloß zunächst zwei an sich recht verschiedene und eher widerwillig koexistierende Jura-Bezirke ein: einen französischsprachi-gen im Norden und einen deutschsprachigen weiter südlich. Nach Jahren ausgiebigen politischen Disputs wurde schließlich 1979 ein neuer franzö-sischsprachiger Kanton, der Kanton Jura, eingerichtet. Wie sich an den dar-aufhin einsetzenden Wiedervereinigungsbestrebungen zeigte, war damit aber der Konflikt noch lange nicht beigelegt (McRae 1983: 185–212; siehe auch Wardhaugh 1987: 214–16). Diese Vorgänge dokumentieren vermutlich weniger die Machtstellung des relativ strukturschwachen Jura, als vielmehr einen weit darüber hinausreichenden (wenn auch nicht weithin unterstütz-ten), vom Westen des Landes ausgehenden, separatistischen Trend.

Wenn sich auch nach wie vor nicht bestreiten läßt, daß sowohl die französischsprachigen als auch die deutschsprachigen Teile der Schweiz über bedeutende wirtschaftliche Ressourcen verfügen, so besteht doch kein Zweifel daran, daß sich die ökonomische Macht zunehmend in letzteren ballt: Im Unterschied zu der stärker vom Dienstleistungssektor abhängenden westlichen Schweiz ist die deutschsprachige Schweiz in großem Umfang industriell entwickelt und im sog. Goldenen Dreieck, der Gegend zwischen Zürich, Basel und Olten (vgl. Karte 7.1), mit Niederlassungen von nahezu allen wichtigen Unternehmen, Banken und Versicherungsgesellschaften gesegnet. Dazu kommt, daß Deutschland für die Schweiz einen viel bedeutenderen Handelspartner darstellt als Frankreich (Camartin 1982: 328f). Zum wirtschaftlichen Ungleichgewicht kommt die Dominanz von Deutschsprachigen in Regierung und Verwaltung. Auf alle Ämter verteilt mögen sich die einzelnen Sprachgruppen in der Tat ihren realen Anteilen an der Gesamtbevölkerung entsprechend vertreten sehen, doch es ist nicht klar, ob jene Proportionen auch in den einflußreicheren Etagen zu finden sind (McRae 1983: 133; Kolde 1981: 54–56). Schwierigkeiten bei der Rekrutierung von Personal für zentrale Regierungsorgane aus nicht-deutschsprachigen Bevölkerungsteilen veranlaßten den Bundesrat, eine Studie zu den von jenen Gruppen erfahrenen Problemen und Behinderungen in Auftrag zu geben. Es ist möglicherweise bezeichnend, daß es nur ein Fünftel der zu diesem Thema befragten deutschsprachigen Beamten für möglich hielt, daß Probleme zwischen ihnen und den anderen Sprachgruppen existieren könnten. Unter ihren rätoromanischsprachigen Kollegen waren die Hälfte und unter den französisch- und den italienischsprachigen fast drei Viertel der Befragten dieser Meinung (Arbeitsgruppe ‚Sprachgemeinschaften in der Bundesverwaltung‘ 1986: 4). Außerdem war es nur in den Augen der Deutschsprachigen für die berufliche Laufbahn irrelevant, ob jemand Deutsch zur Muttersprache hat; alle anderen Gruppen erachteten diesen Umstand, wie man sich gut vorstellen kann, als einen erheblichen Vorteil.

Eines der bedeutendsten potentiellen Probleme hat der Studie zufolge damit zu tun, daß – abgesehen von Italienischsprechern – ein bemerkenswert hoher Anteil (bis zu einem Drittel) der Beamten nach eigenen Angaben einsprachig ist; Italienisch und Rätoromanisch wurden nur in sehr wenigen Fällen als erste oder als eine weitere Fremdsprache genannt. Was den Sprachgebrauch im Kollegenkreis betrifft, erhielt man ein Bild, das erheblich von den in Abbildung 7.3 festgehaltenen Angaben abweicht. Fast alle Deutschsprachigen, aber nur 60% der Französischsprachigen und 14% der Italienischsprachigen verwendeten ihre Muttersprache (Daten für die rätoromanische Sprachgruppe fehlen, aber es kommt implizit zum Ausdruck, daß Rätoromanisch in vergleichbaren Situationen von fast niemandem eingesetzt wird). Diese und andere Belege deuten darauf hin, daß es Deutschschweizer in vielerlei Hinsicht leichter haben als ihre französischsprachigen

Mitbürger und daß die italienische und die rätoromanische Sprachgruppe praktisch an den Rand gedrängt werden. Die Autoren geben daraufhin eine Reihe von Empfehlungen zur Verbesserung der Arbeitsbedingungen der nicht-deutschsprachigen Bevölkerungsgruppen. So machen sie u. a. den Vorschlag, daß Deutschsprachige in Gegenwart von Angehörigen anderer Sprachgemeinschaften künftig anstelle ihres Dialektes die deutsche Standardform verwenden sollten. Es wurden in der Tat im Laufe der letzten Jahre einige Maßnahmen ergriffen, die den nicht-deutschsprachigen Schweizern den Erwerb von zumindest passiven Schweizerdeutsch-Kenntnissen erleichtern sollten (siehe z. B. das Lehrwerk *Los emol*: Müller/Wertenschlag 1985). Die im frankophonen Teil der Schweiz weit verbreiteten Antipathien gegen Dialekt (das eigene *patois* eingeschlossen) haben jedoch dazu geführt, daß französischsprachige Schweizer bestenfalls mit Schweizer Standarddeutsch vertraut sind. Daraus erwachsende Schwierigkeiten werden aber wiederum insofern etwas gemildert, als die meisten deutschsprachigen Schweizer gewillt sind, ins Französische überzugehen, zumal dieses bekanntlich über die Grenzen der Schweiz hinaus ein höheres Prestige genießt als Schweizerdeutsch. Trotz alledem ist es nicht zu übersehen, daß sich in der Schweiz zunehmende kulturelle Distanzen auftun, die der als ‚Romandie‘ angepriesenen französischsprachigen Westschweiz eine zwischen Kanton und Nation liegende Identität ermöglichen (Kolde 1986: 65).

Die ausgedehnten Diskussionen um mögliche Änderungen des Artikels 116 der Schweizer Verfassung (Artikel 116 regelt den individuellen Status von Sprachen) auf Bundesebene unterstreichen einmal mehr, daß die Schweizer ihr Selbstverständnis überdenken müssen. Zumindest seit den späten achtziger Jahren zeigte sich die Bundesregierung darüber besorgt, daß vielleicht nicht unbedingt die innere Stabilität, wohl aber der nationale Zusammenhalt ernsthaft in Gefahr geraten könnte. Von Imboden (1964) und anderen zusammenfassend als ‚helvetische Malaise‘ diagnostiziert, traten zunehmende Gleichgültigkeit gegenüber traditionellen nationalen Idealen und eine verstärkte Orientierung an internationalen Trends zutage: Insbesondere die Jugend suchte viel mehr als bisher auch außerhalb ihres Landes nach Identifikationsmöglichkeiten. Konkret manifestierte sich diese Tendenz u. a. in den Sprachenpräferenzen, wie u. a. die oben angeführte Studie von Bickel und Schläpfer belegt. Es wurde durchgängig eine stärkere Neigung zum Erlernen des Englischen als zum Erwerb weiterer Landessprachen festgestellt.

Wie eine Botschaft des Bundesrates vom 04. März 1991 (BBI 1991 II 309) unmißverständlich darlegt, ging die Revision des Artikels 116 aus Forderungen nach einer Umkehr dieses Trends hervor:

‚Ziele des Vorstoßes waren einerseits eine Stärkung der sprachlichen Minderheiten, insbesondere des Rätoromanischen, andererseits eine Verbesserung der Verständigung und des wachsenden Verständnisses zwischen verschiedenen Sprach- und Kulturgruppen in unserem Land. [...] In den letzten Jahren zeichnete sich ... in unserem Land eine spürbar wachsende Gleichgültigkeit gegenüber der Vielsprachigkeit der Schweiz ab, die besonders die sprachlichen Minderheiten betrifft, *letztlich aber das gesamte Land in seiner Nationalität bedroht* [im Original nicht hervorgehoben].'

Geopolitisch bedeutsame Veränderungen in Europa, vom Sturz kommunistischer Regime im Osten bis zu der wachsenden Integration der Mitgliedsländer der Europäischen Union, sorgten dafür, daß auch in der Schweiz die so fundamentale Frage der nationalen Identität auf die politische Tagesordnung gesetzt wurde. Wieviel Gewicht dabei den Sprachen zugemessen wurde, zeigt die Tatsache, daß man erst nach siebenjähriger Diskussion mit einem neuen Artikel aufwarten konnte, der sowohl den von der Regierung mit Nachdruck formulierten Defiziten gerecht wird als auch der breiten Zustimmung des Nationalrats sicher ist. Die Kommission für Wissenschaft, Bildung und Kultur war der Meinung, daß die einander widerstrebenden Prinzipien der Territorialität und der Sprachenfreiheit nicht explizit im Artikel erscheinen sollten, und in einem im März 1996 abgehaltenen Volksentscheid wurde über den folgenden Wortlaut abgestimmt:

Artikel 116

1   Deutsch, Französisch, Italienisch und Rätoromanisch sind die Landessprachen der Schweiz.

2   Bund und Kantone fördern die Verständigung und den Austausch unter den Sprachgemeinschaften.

3   Der Bund unterstützt Massnahmen der Kantone Graubünden und Tessin zur Erhaltung und Förderung der rätoromanischen und der italienischen Sprache.

4   Amtssprachen des Bundes sind Deutsch, Französisch und Italienisch. Im Verkehr mit Personen rätoromanischer Sprache ist auch das Rätoromanische Amtssprache des Bundes. Das Gesetz regelt die Einzelheiten.

Dieser Vorschlag wurde von 76% der abgegebenen Stimmen akzeptiert. Zu den wichtigsten Modifikationen gehört die Ersetzung des Konzeptes der Nationalsprache durch das der Landessprache, ein teilweise offizieller Status für das Rätoromanische und, als die vielleicht gewichtigste Neuerung, die Klassifikation der Kommunikation zwischen Sprachgemeinschaften einerseits und der Schutz von Minderheitensprachen andererseits als verfassungsmäßig gewichtige Angelegenheiten. Die in Art. 116 aufgegriffenen Punkte haben somit eine Schlüsselrolle bei der Sicherung und Wiederbelebung des Glaubens an eine nationale Identität inne. Ob derartige Maßnahmen zum gewünschten Ziel führen werden, ist eine andere Frage.

7.8 Diglossie und der Status der Schweizer Mundarten (Schweizerdeutsch)

7.8.1 Die deutschsprachige Schweiz als ‚klassisches Beispiel'

In seinem wegweisenden Artikel über Diglossie (vgl. 1.2.2) wählte Ferguson als eines von vier den Begriff definierenden Beispiele das Verhältnis zwischen Schweizerdeutsch (Schwyzertütsch) und Schweizer Standarddeutsch. Unter einigen der dabei zur Sprache kommenden Kriterien scheint dies durchweg vertretbar: Wir betrachten, zumindest vorläufig, Schweizerdeutsch als L-Varietät (L = Low) und die Standardform als H-Varietät (H = High) und stellen fest, daß in der Tat alle Kinder eine L-Varietät als Erstsprache, aber die H-Varietät erst in der Schule, d. h. im Rahmen formeller Bildungsmaßnahmen, erwerben, daß die H-Varietät standardisiert und die L-Variante ungenormt ist, daß es beträchtliche grammatische Unterschiede zwischen ihnen gibt usw. usf. Früher oder später erreichen wir allerdings jenen Punkt, der den allerersten Schritt, die Zuordnung von L und H, ernsthaft in Frage stellt. Ferguson zufolge (1972: 237) spiegeln L und H eine Prestigedifferenz wider, wobei H in allen genannten Beispielen von den Sprechern als eine L in mehrerer Hinsicht überlegene Form erachtet werde. Obwohl der Autor diesen Gedanken im folgenden einschränkend modifiziert, ändert sich nichts an dem Eindruck, daß für ihn die H-Variante generell das höhere Ansehen genießt, eine Behauptung, die heute von nur wenigen Schweizern bestätigt werden würde.

Den größten Zuspruch genoß Standarddeutsch in der Schweiz um die Jahrhundertwende, in einer Zeit, als viele Deutsche in die Schweiz übersiedelten und einflußreiche Positionen besetzen konnten, während Mundarten einem Prestigeverlust unterlagen (Lötscher 1983: 67; Ris 1979: 43; Schwarzenbach 1969: 128). Es formierte sich aber eine starke Gegenbewegung, unter deren Einfluß Schweizerdeutsch zunächst (unter Losungen wie „sprachlicher Heimatschutz" und „geistige Landesverteidigung") zur Verteidigung der nationalen Integrität gegen mögliche Übergriffe von seiten des deutschen Faschismus und in der jüngeren Vergangenheit (d. h. seit den sechziger Jahren), als ein Ausdruck demokratischer, anti-autoritärer Werte wiederbelebt wurde. Ein weiterer die Verwendung von Schweizerdeutsch fördernder Faktor ist die Tatsache, daß Briefverkehr und Zeitungen in hohem Maße durch Telefon und Fernsehen abgelöst worden sind und damit die mündliche Kommunikation eine generelle Zunahme erfahren hat (Kolde 1986: 62). Für die Gegenwart kann man wahrscheinlich behaupten, daß beide Varietäten positiv bewertet werden, wenn auch in unterschiedlichem Maße und aus unterschiedlichen Motiven.

Schweizerdeutsch, die Gesamtheit der für die Deutschschweiz charakteristischen und identitätsstiftenden Mundarten, genießt in jeder Beziehung hohes Ansehen, während Schweizer Standarddeutsch nur insofern ein gewisses Prestige aufweist, als es eine die Schweiz zu einem Bestandteil der internationalen deutschen Sprachgemeinschaft machende schriftliche Kommunikationsform ist. (Selbst dieses Argument findet allerdings unter jungen Leuten wenig Anklang; vgl. Vogt 1986). Dies mag erklären, warum das in Diglossie-Situationen normalerweise nur aus der H-Varietät in die L-Varietät erfolgende Entlehnen von Vokabular hier in beiden Richtungen üblich ist und man von einem regelrechten lexikalischen Austausch sprechen kann. So stammt z. B. das Wort *Färnseer* von standarddt. Fernseher[4] ab, während *Hutte* (= Rückentragkorb) und *Beige* (= Stapel, Stoß) Dialekt-Vokabeln sind, die heute auch dem Standard angehören (Haas 1982: 99, 114).

Der springende Punkt in Fergusons Diglossie-Definition (und in denen vieler anderer Autoren) ist die funktionale Spezialisierung der beiden Varietäten. Damit ist gemeint, daß die H-Varietät in anderen Arten von Sprechsituationen als die angemessene Sprachfom gilt als die L-Varität. Die Verwendung der Varietäten erfolgt im Prinzip also nicht parallel, sondern komplementär, wenn auch nur selten von strikter Ausschließlichkeit die Rede sein kann: In vielen Situationen, die wir vermutlich noch als Diglossie bezeichnen würden, erweisen sich die Grenzen als durchlässig, und es kommt zu Einbrüchen der einen Varietät in die vormals vollständig der anderen Varietät vorbehaltenen Domänen (vgl. Fasold 1984: 54–56). Bezüglich der Schweiz ist im allgemeinen festgestellt worden, daß Schweizerdeutsch als L-Varietät die für alle Arten informellen Diskurses angemessene Sprachform verkörpere, während die Standardsprache als H-Varietät den schriftlichen Bereich und die formelle mündliche Kommunikation abdecke. Aus Sicht der großen Mehrheit der Deutschschweizer stellt die Standardform heute aber eine ausschließlich im Schriftlichen übliche Varietät dar, weshalb sie, wie gesagt, auch als *Schriftdeutsch* bezeichnet wird. Viele Schweizer Linguisten betrachten das Verhältnis zwischen den zwei Varietäten folglich als *mediale Diglossie* (vgl. beispielsweise Vogt 1986: 31; Sieber/Sitta 1986: 20), doch auch hierbei haben wir es wohl mit einer Trennung zu tun, die viel strenger klingt, als sie sich in der Praxis konkret nachweisen läßt. Als unbestreitbar gilt aber allem Anschein nach die Feststellung, daß die Standardform im Laufe des 20. Jahrhunderts im Verhältnis zur Mundart an Bedeutung verloren hat, da immer mehr Domänen (auch) von dialektalen Varietäten besetzt werden: eine in den Grenzen der deutschsprachigen Länder wohl einzigartige Entwicklung.

---

4 Die Übernahme von *Fernseher* ist noch aus einem anderen Grunde ein interessantes Beispiel: Für in Deutschland und Österreich lebende Sprecher dürfte der Ursprung des Wortes relativ klar erkennbar sein, doch für Schweizer ist die Sache erheblich komplizierter: Schweizerdeutsch weist zwar den Ausdruck *färn* auf, doch er trägt hier die Bedeutung ‚letztes Jahr‘, und das Wort *sehen* fehlt den Schweizer Mundarten ganz und gar (an seiner Stelle finden wir *luege*).

Ein äußerst bemerkenswerter Aspekt dieses Trends ist die in den letzten Jahren festgestellte Wahrnehmung von Schweizer Standarddeutsch als eine Fremdsprache. Die Standardform hat sich unter Deutschschweizern nie besonderer Sympathie erfreut, doch daß sie nun in so breiten Kreisen als etwas Fremdes empfunden wird, führte einige Linguisten zu der Ansicht, daß das Pendel einfach zu weit in Richtung der Schweizer Dialekte ausgeschlagen sei. 1982 gründete sich in Basel der *Verein für die Pflege der deutschen Hochsprache* (Sieber/Sitta 1986: 20; siehe auch die Werbung für Hochdeutsch in Schwarzenbach 1983). Es gibt nach wie vor Situationen, in denen Standarddeutsch zu hören ist, doch es gilt nur noch in sehr wenigen von ihnen als unausweichlich oder gar normal. Schläpfer (1987: 168f) merkt z.B. an, daß noch in den sechziger Jahren viele der formellen Reden zum Schweizer Nationalfeiertag (dem 1. August) in der Standardvarietät gehalten wurden, während man heute fast völlig zu Schweizerdeutsch übergegangen ist. Es gibt noch andere Belege für das Argument, daß die Entscheidung zwischen Standard und Dialekt nicht mehr unbedingt vom Formalitätsgrad der Situation abhängig gemacht wird. Es überrascht nicht, daß Schweizerdeutsch in vielen Formen der populären Unterhaltung und Kultur sowie in den vor nicht allzu langer Zeit eingerichteten regionalen und lokalen Rundfunksendern die Norm ist, aber es ist bezeichnend, daß nun auch im Bildungssystem auf allen Ebenen der Druck gegen die Standardform zunimmt (Ris 1979: 45; Haas 1982: 106; Schläpfer 1987: 170).

In gewissem Umfang haben diese Entwicklungen eine (partei)politische Dimension (z.B. würden linke Politiker in Kantonen, wo die Standardform mit Vertretern aller anderen Parteien assoziiert wird, eher Schweizerdeutsch verwenden), doch das nahezu alle Sphären öffentlicher Auseinandersetzungen betreffende generelle Vordringen der Dialekte läßt sich daraus nicht erklären. Der vermutlich signifikanteste Indikator für die Zukunft sind die Einstellungen von Angehörigen der jungen Generation: Der im vorangehenden Abschnitt erwähnten Umfrage unter Militärdienstleistenden und einer vergleichbaren Untersuchung unter Frauen der gleichen Altersgruppe zufolge, möchte die Mehrheit in der Schule sowohl Dialekte als auch den Standard verwendet sehen. Unter dem Gesichtspunkt der generellen Beliebtheit von Sprachen und ihrer Eignung für internationale Kommunikation steht Standarddeutsch mit einigem Abstand im Schatten des Englischen, wenn nicht gar an dritter Stelle nach Englisch und Französisch (Bickel 1988; Vogt 1986: 60–64, 95f).

7.8.2 Diglossie aus neuer Sicht

Wenn es also jemals eine ,klassische' Diglossie-Situation, d.h. eine klare funktionale Scheidung des Gebrauchs zweier Varietäten, in der Deutschschweiz gegeben hat, so kann heute ganz sicher nicht mehr davon die Rede sein. Wie in so vielen anderen Fällen ist die Wirklichkeit unsystematischer als es ihre Beobachter gern hätten, und es wäre wohl sinnvoller, von Tendenzen statt eisernen Regeln, d.h. von einer höheren Wahrscheinlichkeit des Gebrauchs statt einem ‚automatischem‘ Einsatz der einen oder anderen Varietät in einer gegebenen Situation, zu sprechen (vgl. Abb. 7.5)

Damit erkennen wir explizit an, daß man sich oft nicht sicher ist, wie eine gegebene Situation zu interpretieren sei, was wiederum zu häufigem **Code-Wechsel** (*code switching*) führt. Das ‚Switchen‘ selbst kann sogar einen veränderten Formalitätsgrad initiieren. Dies ist z.B. im Rahmen mündlicher Examen der Fall, wo zur Auflockerung der Prüflinge im Dialekt begrüßt und Praktisches geregelt, schließlich aber durch das ‚Umschalten‘ in die Standardform der Beginn der eigentlichen Prüfung mitgeteilt wird (Sieber/Sitta 1986: 21). Alles in allem scheint die medial determinierte Unterscheidung (gesprochen wird Dialekt, geschrieben wird Standard) einem Trend zu einer ‚Produktiv-Rezeptiv-Diglossie‘ (Kolde 1986: 63) zu weichen.

Wie auch immer sich das Verhältnis zwischen den zwei Varietäten gestaltet, die Deutschschweiz ist insofern ein Sonderfall, als sich hier im Unterschied zu allen anderen Teilen des deutschen Sprachraums keine intermediäre, umgangssprachliche Ebene entwickelt hat. Ris (1979: 49) spricht daher auch von einem ‚pragmatischen Diskontinuum‘. Hieraus ergibt sich eine interessante Überlegung zu den soziolinguistischen Perspektiven der Deutschschweiz. Wie wir aus Kapitel 4 wissen, stand die Ausweitung und die wachsende Bedeutung von umgangssprachlichen Varietäten in der Bundesrepublik in einer kausalen Beziehung zu bestimmten Aspekten der allgemeinen gesellschaftlichen Modernisierung, und es ist nicht auszuschließen, daß man früher oder später auch in der Schweiz bestimmter Sprachformen zur Überbrückung der Lücke zwischen der Standardsprache einerseits und Schweizerdeutsch andererseits bedarf. Die Wirtschaft der Schweiz hat ebenso fundamentale strukturelle Umwälzungen erfahren wie die der Bundesrepublik. Aus einem im frühen 19. Jahrhundert vorwiegend landwirtschaftlich geprägten Land wurde nach einigen Jahrzehnten zügiger Industrialisierung eine moderne, zunehmend im Dienstleistungssektor aktive Nation.

Besteht in der Schweiz folglich eine Tendenz zu einer Art ‚Nationaldialekt‘ oder Koine, mit Hilfe deren sich die Sprecher verschiedener Dialekte informell verständigen können? Es ist behauptet worden, daß städtische Lebensformen zu einer Art Ausgleich (Nivellierung) geführt haben (vgl. z.B. Zimmer 1977), doch es hat sich auch gezeigt, daß dem ein starkes Interesse an der Bewahrung von Lokalidentität stiftender Dialektvielfalt entgegenwirkt, weshalb die Herausbildung einer einigermaßen vereinheitlichten Form von Schweizerdeutsch erst einmal einen Stillstand erreicht zu haben scheint. Für die Gegenwart läßt sich sagen, daß zwar viele ausgesprochen ortsspezifische Spracheigenarten verlorengegangen sind (von Mundarten in

Anwendung von Mundart und Standarddeutsch Stand: um 1980 (unter Deutschschweizern)				
Mündlich				
Rahmen	Redesorte/Textsorte	Sprecher/ Schreiber	Mundart	Standard
Umgang	Freies Gespräch	alle		
Sitzung	Geleitetes Gespräch	alle		
Versammlung	Gespräch im Plenum auf dem Podium	alle einige		
	Referat Rede	Experten Persönlichkeiten		
Parlament	Votum	Politiker		
Gericht	Befragung Plädoyer	Vorgeladene Anwälte		
Kirche	Predigt	Pfarrer		
Radio/Fern- sehen	Nachrichte Kommentare Interviews, Gespräche Begleitprogramme	Sprecher Redaktoren Gäste Moderatoren		
Schule	Facher: Musik, Kunst, Sport Deutsch andere Fächer außerhalb des Unterrichts	alle alle alle alle		
Universität	Vorlesung Seminare Gespräche nach Seminaren usw.	Dozenten alle alle		
Schriftlich				
Privat	Briefe, Notizen	alle		
Geschäft/ Amt	Korrespodenz Protokolle, Berichte Stellungnahmen			
Presse	Ausland/Inland/Sport Feuilleton Inserate	Journalisten Werbetexter		
Fachliteratur	Artikel, Bücher	alle		
Literatur	Gedicht/Prosa/Spiel	Schriftsteller		

(R. Schwarzenbach) (Grundlage: Einzelbeobachtungen)

Abbildung 7.5 Schweiz: Gebrauch von Dialekten und Schweizer Standarddeutsch unter Deutschsprachigen
Quelle Schwarzbach/Sitta 1983 (erweitert)

abgelegeneren Landesteilen einmal abgesehen), aber noch immer beträcht-liche Unterschiede zwischen Regionen bestehen. So kann man jemanden zwar weiterhin dem Gebiet um Basel oder der Gegend um Zürich zuord-nen, aber nicht mehr einer bestimmten Ortschaft. Die Lage verkompliziert sich auch insofern, als die Sprechweisen von weniger seßhaften Schweizern Merkmale mehrerer Mundarten vereinen. Daß sich ein derartiger Ausgleich in signifikantem Maße fortsetzt, ist allerdings recht unwahrscheinlich, da sich die meisten Deutschsprachigen immer noch lieber mit einer Region als mit dem gesamten deutschsprachigen Raum identifizieren. Wo die sprach-liche Distanz zwischen den Dialekten so groß ist, daß die wechselseitige Verständigung schwerfällt, passen die Beteiligten ihre Sprache spontan der Situation an, indem sie so weit wie möglich auf reines Lokalvokabular ver-zichten. Im großen und ganzen haben sich aber mit der Herausbildung großräumigerer, regionaler Dialekte die Differenzen soweit zurückgebildet, daß in den meisten Bereichen die gegenseitige Verständlichkeit gesichert ist.

Im Grunde genommen könnte der erhöhte Gebrauch derartig modifi-zierter Dialektformen in der Deutschschweiz ohne weiteres als ein Trend gesehen werden, der funktionell der Entwicklung umgangssprachlicher Sprechweisen in Deutschland entspricht (vgl. Haas 1982: 108), und solange wir ‚Schweizerdeutsch' als einen Sammelbegriff für alle schweizerdeutschen Mundarten betrachten, können wir es sinnvollerweise als einen **Ausbaudia-lekt** klassifizieren. Die beteiligten Mundarten haben alle zusammen einen Punkt erreicht, an dem sie in Domänen eingesetzt werden, die wir norma-lerweise mit der Standardform assoziieren. Sie kommen aber nicht für die Kategorie **Ausbausprache** in Frage, da sie nach wie vor nur ausnahmsweise für formelle Prosatexte u. dgl. verwendet werden und einer gemeinsamen, normierten Orthographie entbehren. Letztendlich ist der Status der unter der Bezeichnung ‚Schweizerdeutsch' zusammengefaßten Sprachformen und ihr Verhältnis zum Schweizer Standarddeutsch weniger eine linguisti-sche als eine sozialpsychologische und politische Angelegenheit. Bestimmte gegenwärtige Entwicklungen in der Deutschschweiz deuten darauf hin, daß die funktionale Bandbreite der dort verbreiteten Dialekte eher zunimmt, und zwar selbst dann, wenn keinerlei Schritte zu ihrer Vereinheitlichung unternommen werden.

Weiterführende Literatur

Es liegt eine Vielzahl von Studien zum ‚Gastarbeiterdeutsch' (GAD) vor. Neben so umfangreichen Projekten wie denen von Heidelberg (Heidelberger Forschungsprojekt 1975; Klein/Dittmar 1979), Essen (Stölting et al. 1980), Wuppertal (Clahsen et al. 1983) und Saarbrücken (Antos 1988) wurde eine Reihe kleinerer Untersuchungen durchgeführt, über die z. B. bei Blackshire-Belay (1991), Dittmar et al. (1990), Keim (1984), Kutsch/Desgranges (1985), Orlović-Schwarzwald (1978), Sivrikozoğlu (1985) und Yakut (1981) referiert wird. Hinnenkamp (1982) ist eine gute Studie zum Foreigner Talk (FT), und Hinnenkamp (1989) ist ein Schlüsseltext zur diskursanalytische Erforschung interkultureller Kommunikation im Kontext des Deutschen. Allgemeine Überblicke über Arbeiten zu Aspekten interkultureller Kommunikation bieten Redder/Rehbein (1987), Rehbein (1985), Spillner (1990) und Klein/Dittmar (1994).

Die bislang besten Abhandlungen zur Mehrsprachigkeit in der Schweiz stammen von McRae (1983), Kolde (1981) und Camartin (1982). Als eine kritischere Studie ist Stevenson (1990) zu empfehlen. Sieber/Sitta (1986), Ris (1979), Haas (1982) und Lötscher (1983) bieten verschiedene, durchaus beachtenswerte Sichten auf die sprachlichen Verhältnisse in der Deutschschweiz, doch die umfangreichste Studie zu allen wesentlichen Aspekten der soziolinguistischen Situation in der Schweiz insgesamt wurde von Bickel und Schläpfer (1994) vorgelegt.

8 Kontakte und Konflikte

8.1 Ansätze zum Studium von Sprachkontakt

Die sozialen und sprachlichen Auswirkungen von Kontakten zwischen Sprach(gemeinschaft)en sind besonders seit der Veröffentlichung von Uriel Weinreichs *Languages in Contact* (1953) zum Gegenstand unzähliger Forschungsprojekte gemacht worden, wobei den Grenzgebieten der deutschsprachigen Länder die Rolle eines kontaktlinguistischen Forschungslaboratoriums zufiel. Von katalytischer Wirkung war zum einen der in der Mitte der sechziger Jahre ansetzende stürmische Aufschwung empirisch fundierter Soziolinguistik und zum anderen das in der jüngeren Vergangenheit stark zunehmende öffentliche und wissenschaftliche Interesse an ethnischen und sprachlichen Minderheiten. Je länger man forschte, desto deutlicher zeichnete sich ab, daß sich hinter Sprachkontakten extrem komplizierte Situationen verbergen. Man erkannte, daß die uns oberflächlich begegnenden Szenarios von geringer Vielfalt sind (mehr oder weniger stabile Zweisprachigkeit bzw. Übergang zu Einsprachigkeit), die darunter verborgenen, eigentlichen soziolinguistischen Konfigurationen jedoch enorm variieren und sich nur im Rahmen eines ganzheitlichen, d.h. viele verschiedene Faktoren berücksichtigenden und Techniken mehrerer akademischer Disziplinen anwendenden Forschungsansatzes erfassen lassen.

Ein all diese Einsichten berücksichtigendes und entsprechenden Forschungen den Weg weisendes Werk ist Einar Haugens *The Ecology of Language* (1972). Es schließt mit einer universell verwendbaren Check-Liste zur ‚Ökologie‘ von Sprachen:

(1) Wie wird die betreffende Sprache im Verhältnis zu anderen Sprachen klassifiziert?

(2) Wer gebraucht sie?

(3) In welchen Domänen wird sie eingesetzt?

(4) Welche Sprachen verwenden ihre Benutzer darüber hinaus?

(5) Was für innere Varietäten weist sie auf?

(6) Verfügt sie über eine Schrifttradition?

(7) In welchem Umfang ist ihre Schriftform standardisiert?

(8) Welcherart institutionelle Unterstützung (formale Regulierung und Verbreitung) erfährt sie im Verwaltungsbereich, im Bildungswesen und in privaten Organisationen?

(9) Was für Einstellungen haben ihre Benutzer zu ihr?

(10) Was für einen Status hat sie (im Rahmen einer Typologie ökologischer Klassifizierung) im Verhältnis zu allen übrigen Sprachen?

(nach Haugen 1972: 336f)

Die Beantwortung von Fragen wie diesen könnte sowohl das Verhältnis zwischen individuellen Sprach(gemeinschaft)en als auch das sozio-politische Profil multilingualer Länder erhellen. Darüber hinaus könnte sie detailliertere Aufschlüsse über potentielle und aktuelle Wechselwirkungen geben und somit verhindern, daß gleichartigen Phänomenen (wie z. B. Sprachwechsel) irrtümlicherweise stets dieselben Ursachen zugeordnet werden.

Nicht alle Aspekte des ökologischen Ansatzes sind für sämtliche Sprachkontaktgebiete gleichermaßen relevant (man berücksichtige auch die in Nelde 1984 und 1986 erwähnten Einschränkungen). Die Identifikation der jeweils maßgeblichen Faktoren und Vergleiche mit anderen Gebieten können jedoch erst dann erfolgen, wenn die gegebene Kontaktsituation ganz unvoreingenommen unter verschiedensten Kriterien erfaßt und ein geeignetes analytisches Instrumentarium entwickelt worden ist. Bevor wir uns mit konkreten Beispielen auseinandersetzen, wollen wir deshalb kurz umreißen, wie ein methodologischer Rahmen für wissenschaftliche Untersuchungen von Sprachkontakten beschaffen sein müßte.

8.2 Zum analytischen Instrumentarium

Die meisten bei der Analyse von Sprachvarietäten und Sprachverhalten gebräuchlichen Konzepte sind bereits besprochen worden. Primär ist zwischen Kontakten zwischen Vollsprachen (z. B. Deutsch und Französisch) und dem Nebeneinander von Standard- und Dialektvarietäten einzelner Sprachen zu unterscheiden (welche Dialekte in welchen Gebieten verwendet werden, ist dabei zweitrangig).

Sprachliche Konfigurationen beliebiger Kontaktzonen können großzügig betrachtet unter Bilingualismus oder Diglossie verbucht werden, doch es gilt zu beachten, daß diese Kategorien im herkömmlichen Sinne viel zu eng definiert sind, als daß sie den verschwommenen Realitäten je gerecht werden könnten. Will man also im Rahmen dieses Paradigmas ein Kontaktgebiet charakterisieren, ohne die Verhältnisse allzu statisch darzustellen, muß man sich nach Belegen für individuelle und gruppentypische Sprachrepertoires umsehen und Fragen wie die folgenden berücksichtigen: Wie verteilen sich die betreffenden Sprachen auf Domänen und Sprecher (gibt es Arten von Variation, die sich mit Parametern wie Alter, Geschlecht, ethnischer Herkunft usw. in Beziehung setzen lassen)? Von welchen sprachlichen und außersprachlichen (sozialen) Faktoren wird Code-Wechsel (*code switching*) beeinflußt?

8.2.1 Gesellschaftliche und psychologische Faktoren

Status und Solidarität

Es ist bekannt, daß sich soziale Beziehungen in Sprachgebrauchsstrukturen widerspiegeln (vgl. z. B. Brown/Gilman 1972, Brown/Levinson 1987, Milroy 1987b und, als ein allgemeiner angelegter Beitrag, Hudson 1980). Im einzelnen heißt es, daß die Sprechenden in einem Spannungsfeld zwischen Status (bzw. Macht)-Ambitionen und Solidaritätsansprüchen stehen und die von ihnen gewählte Ausdrucksweisen u. a. als Signale der Distanzierung und Degradierung anderer bzw. als Bekenntnisse von Solidarität mit den Angehörigen der (vermeintlich) eigenen sozialen Gruppe ausgelegt werden könnten. Im Rahmen einer einzigen Sprache stehen uns dafür geeignete spezifische Formen zur Verfügung (z. B. verschiedene Anredeformen, insbesondere Personalpronomen). Verfügen die Beteiligten hingegen über mehrere Sprachen und gestatten die Umstände prinzipiell die Verwendung von all diesen Sprachen, so könnte die Bevorzugung der einen oder anderen Sprache von vergleichbarer Wirkung sein (vgl. Ris 1978: 108; 1979: 47).

Das solchen (für bilinguale Gesellschaften typischen) Situationen unterliegende Prinzip ist das der Sprachloyalität, welche sich ebenso reichlich in linguistischen Kontaktsituationen entfaltet wie Nationalismus an den Grenzen ethnischer Gruppen (Weinreich 1953: 100). Wenn Sprache als ein kraftvolles Symbol ethnischer Identität fungiert und Sprachwechsel (d. h. die Aufgabe der Muttersprache) in entscheidendem Maße zum Verlust dieser Identität beitragen kann, erscheint es logisch, daß u. a. sprachlich definierte ethnische Minderheiten an diesem Prinzip festhalten und sich potentiellen Veränderungen im Funktionsgefüge der miteinander konkurrierenden Sprachen widersetzen. Dies ist jedoch nicht automatisch der Fall: Die Sprachloyalität einer Minderheit kann sowohl als ein Indikator für deren Bedürfnis nach Integration und Assimilation (Bevorzugung von ‚Status') gedeutet werden als auch das Interesse der betreffenden Gruppe an der Bewahrung einer separaten Identität (‚Solidarität') ausdrücken.

Soziale Netzwerke

Wie wir oben schon angedeutet haben, steht die ‚objektive' soziale Stellung von Individuen in einer weit weniger bedeutsamen Wechselbeziehung zu ihrem Sprachverhalten als ihre subjektive Wahrnehmung des eigenen Status.

Im Rahmen ihrer Versuche, detailliertere Einsichten in individuelle Variabilitätsmuster und Mechanismen der Beibehaltung und Aufgabe von Sprachen zu gewinnen, haben sich einige Sprachwissenschaftler des von Milroy (1987b: 178) definierten Konzepts des sozialen Netzwerks (*social network*) angenommen. Mit ,sozialem Netzwerk' ist die Gesamtheit aller individuell herbeigeführten informellen sozialen Beziehungen gemeint. Es ist ein analytisch wertvolles Konzept, da es weniger auf sog. objektiven Kriterien als auf individuellen Verhaltensmustern fußt und damit ein entsprechend realistischeres Bild von den jeweiligen psychischen Verhältnissen verspricht. Bei der Erforschung zweisprachiger Gesellschaften ist also weniger auf die ethnische Herkunft von Individuen einzugehen als auf die von ihnen als eigene soziale/ ethnische Gruppe favorisierte Bezugseinheit sowie auf die von ihnen unterhaltenen persönlichen Kontakte. Jede bewußt getroffene sprachliche Entscheidung ist nach Le Page und Tabouret-Keller (1985) eine identitätsstiftende Handlung (,*act of identity*'), denn sie gibt uns Aufschlüsse über den von den Sprechenden beanspruchten ,sozialen Raum'. Engmaschige soziale Netzwerke erweisen sich im allgemeinen als Mechanismen zur Erhärtung und Durchsetzung von Normen (,*norm enforcement mechanism[s]*', Milroy 1987b: 179): je stärker der soziale Zusammenhalt, desto größer die Wahrscheinlichkeit, daß geteilte ,kommunikative Präferenzen' fortbestehen (und daß dem von außen einwirkenden Anpassungsdruck in Richtung eines gesamtgesellschaftlichen Standards widerstanden wird). Solide und dichte Beziehungsgefüge implizieren eine Tendenz zu Spracherhaltung, während die Auflösung solcher Bande der Preisgabe der gemeinsamen Sprache Vorschub leisten kann.

8.2.2 Soziopolitische Faktoren

Sprachplanung

Sprachgebrauch ist nicht immer eine Frage persönlicher Vorzüge; in vielen Gesellschaften ist zumindest in bestimmten Domänen der Gebrauch bestimmter Sprachformen legislativ festgelegt. Sowohl die Gründe als auch die Konsequenzen sprachregulativer Eingriffe variieren. Zum Beispiel könnte die Erhebung einer einzigen Sprache zur Amtssprache entweder eine Maßnahme zur Festigung der politischen Macht einer einzigen Volksgruppe oder, vor allem in relativ jungen Staaten, ein Schritt zur Vermeidung oder Beilegung von Konflikten darstellen. Die dadurch benachteiligten Bevölkerungsteile könnten wiederum klein beigeben und den Statusverlust ihrer Sprache und damit ihrer selbst akzeptieren oder aber eine Gegenbewegung zum Schutz ihrer Sprache ins Leben rufen. Hinzu kommt, daß sich Sprach(formen)wechsel nicht unbedingt geradlinig vollzieht. Das Schicksal einer Sprache kann sich drehen und wenden, Veränderungen im soziopolitischen Klima der Gesellschaft können den Verfall von Sprachen aufhalten oder beschleunigen (vgl. Nelde 1984: 221).

Als die wirksamsten Instrumente der Sprachplanung haben sich Standardisierung, Normierung und bildungspolitische Maßnahmen erwiesen. ‚Standardisierung' bedeutet Kodifizierung einer Sprache unter Nutzung einer ihrer Varietäten, weshalb sie sich vor allem in einsprachigen Gesellschaften anwenden läßt (vgl. 2.3). Unter ‚Normierung' verstehen wir die gesetzliche Determinierung des gesellschaftlichen Status einzelner Sprachen. Es könnte z. b. festgelegt werden, daß nur Sprache X im Gerichtssaal und Parlament sowie auf allen öffentlichen Ämtern zu verwenden sei. Am tiefgreifendsten und weitreichendsten wirken sich jedoch Bestimmungen zum Sprachgebrauch an Schulen aus. So kann sich z. b. der Status einer Sprache binnen kurzer Zeit auf den einer Fremdsprache reduzieren, wenn jene Sprache als solche gelehrt, von den Schülern als eine solche empfunden und letztlich viel zu wenig von ihnen angewendet wird.

Wenn man sich mit dem sprachlichen und rechtlich-politischen Status von Varietäten befaßt, liegt es nahe, die von Auburger und Kloss (Auburger 1977a, 1977b; Kloss 1976, 1978) vorgeschlagene Terminologie einzubeziehen. Daraus ergibt sich zunächst einmal die Unterscheidung zwischen Amtssprachen und Nationalsprachen. Als ‚Amtssprache' bezeichnen wir eine in der politischen Verwaltung eines Landes verwendete Sprache. Amtssprachen können alleindominant (wie etwa das Deutsche in Deutschland, Österreich und Liechtenstein) oder ko-dominant (wie z. B. in der Schweiz das Deutsche nebst Französisch und Italienisch) sein. Nationalsprachen sind ‚nicht-dominante' (indominante) Sprachen, haben aber eine rechtlich anerkannte symbolische Funktion für bestimmte ethnische Gruppen, wie z. B. das Deutsche in Italien oder das Rätoromanische in der Schweiz (vgl. 7.7.1; siehe auch Ammon 1991, wo von ‚solo-offiziellen' und ‚ko-offiziellen' Amtssprachen die Rede ist).

Zentralismus und Regionalismus

Die innere politische Struktur eines Staates kann weitreichende Auswirkungen auf kollektive Einstellungen und Organisationsformen haben, welche wiederum die subjektiven Ansicht zu verschiedenen Sprach(form)en und persönliches sprachliches Verhalten beeinflussen können. Es ließe sich beispielsweise behaupten, daß der Zentralismus der französischen Monarchie, gefolgt vom Pariser Zentralismus der Republik, zur Herausbildung einer zentralisierten französischen Kultur geführt hat, und daß die damit einhergehende politische Schwächung der Provinzen zumindest teilweise für den Schwund der deutscher Dialekte im Elsaß und in Lothringen verantwortlich zu machen ist (vgl. Verdoodt 1968: 129). Andererseits hat sich in Westeuropa im Laufe der letzten hundert Jahre mit der Verbreitung regionalistischer Ideale eine von zunehmend monolithischen und distanzierten Machtzentren provozierte und anderen bedeutenden politischen Entwicklungen gleichrangige Gegenbewegung ergeben. Sie manifestiert sich u. a. im Wiederaufleben des Interesses an den Sprachen und Kulturen ethnischer Minderheiten, und man kann mit gutem Gewissen sagen, daß dies in einigen Fällen deren Verfallsprozeß verlangsamt hat.

8.2.3 Wirtschaftliche und demographische Faktoren

Wenn innerhalb einer ökonomisch und demographisch stabilen Kontaktzone bzw. Gesellschaft eine festgefügte Gemeinschaft das Bedürfnis hat, ihre spezifischen Sprachverhaltensmuster aufrechtzuerhalten, läßt sich stabile Zweisprachigkeit prognostizieren. Dies gilt insbesondere für kleine ländliche Gemeinden wie die unter 8.4.2 besprochenen. Wie wir wissen, können Industrialisierung und Urbanisierung einerseits und Migration andererseits mitunter extrem destablilisierend wirken (man denke nur an ihre Effekte in einsprachigen Gemeinschaften; vgl. Kap. 4 und 7).

Ob es sich nun um die Ankunft Anderssprachiger in einer einsprachigen Gemeinschaft oder um die Abwanderung eines beträchtlichen Teils einer zweisprachigen Gemeinschaft handelt, Veränderungen der ethnischen/sprachlichen Zusammensetzung von Bevölkerungsgruppen haben oft ganz unmittelbare und offensichtliche Folgen (vgl. z. B. 7.2 und 8.3.4). Industrialisierung und Urbanisierung wirken sich eher auf indirekte und subtile Weise aus; sie äußern sich in erster Linie in neuen Lebensstilen und nur marginal in einfachen demographischen Verschiebungen. Ihren aus soziolinguistischer Sicht gewichtigsten Effekt haben sie auf der Ebene der Einstellungen, worunter auch die Bewertung von Sprach(form)en fällt: Veränderungen im System der sozialen Wertvorstellungen, die auf lange Sicht zur Bewahrung oder Aufgabe der einen oder anderen Sprache führen.

8.2.4 Soziokulturelle Faktoren

Inwieweit eine Sprache eine signifikante Rolle im Leben einer Gemeinschaft spielt, hängt teilweise auch davon ab, wie gut sie von den Angehörigen dieser Gemeinschaft beherrscht wird. Sprachkompetenz ist natürlich vor allem eine Frage der Übung, und wieviel Gebrauch von einer Sprache gemacht wird hat wiederum sehr viel mit individuellen und geteilten Einstellungen zu tun. Ein nicht minder wichtiger Aspekt ist das Maß, in dem die Gemeinschaft der Sprache insgesamt ausgesetzt ist. Zu einem ganzheitlichen Bild gehören Sprachproduktion und Sprachkonsum. Die sprachliche Umgebung

des/der Einzelnen umfaßt mehr als nur die Sprache der Menschen, mit denen er/sie direkten Kontakt hat; sie wird ebenso von Angeboten der Massenmedien und, soweit verfügbar, verschiedenen Formen populärer Kultur
(Musik, Film, Literatur) geprägt.

Sprachkonsum sollte also differenziert beurteilt werden. Welcherart
Sprachgut ist den Gruppenmitgliedern zugänglich? Was wird von den Gruppenmitgliedern ausgewählt? Ob z. B. eine bilinguale oder durchgängig in der
Minderheitsprache erscheinende Zeitung angeboten wird, mag an sich
schon recht interessant sein, erhält aber erst dann eine ‚sprachökologische‘
Wertigkeit, wenn wir wissen, wie solche Publikationen und andere Angebote
von ihrem potentiellen Konsumentenkreis aufgenommen werden. Kulturelle
Vorzüge können u. U. als ein grober Indikator politischer Überzeugungen
und ethnischen Zugehörigkeitsgefühls betrachtet werden, und insofern als
das gewohnheitsmäßige Lesen und Hören einer Sprache deren Beherrschung durch die Konsumierenden verbessert, kann mit der damit getroffenen kulturellen Wahl der eine oder andere Aspekt linguistischer Prognosen
erhärtet werden.

Ein weiterer in diese Kategorie fallender Blickwinkel ergibt sich aus der Beobachtung, daß Sprachverhalten eng mit anderen Aspekten von all dem verwoben ist, was landläufig als ‚Lebensweise‘ oder ‚Lebensstil‘ bezeichnet wird.
Wenn jemand einer von mehreren verfügbaren Sprachen den Vorzug gibt, so
kann er damit sein Bedürfnis nach Integration bzw. nach Abstand von der dominanten Kultur zum Ausdruck bringen. Handelt es sich dabei um die Sprache einer Minderheit, so könnte dieses Verhalten gleichzeitig als ein Protest
gegen die vorherrschenden sozialen Normen gemeint sein und wie ein von
Mitgliedern bestimmter Subkulturen oder anti-autoritären Bewegungen (wie
Umwelt- und Friedensgruppen) getragenes Emblem gedeutet werden.

8.2.5 Zusammenfassung

In diesem Abschnitt ging es um die Erfassung von Faktoren, die bei der Beschreibung und Erklärung sprachlicher Verhaltensmuster in multilingualen
Gesellschaften von Nutzen sein könnten. Nicht alle Gesichtspunkte sind in
jedem Falle relevant, und manche Faktoren erweisen sich in bestimmten
Kontaktsituationen sogar als wesentlich gewichtiger als andere. Soziokultu-
relle Parameter z. B. sind höchst signifikant, wenn man es mit nicht unmittelbar benachbarten Sprachgemeinschaften zu tun hat (z. B. mit der deutschen
und der englischen). Darüber hinaus sollte man sich stets vergegenwärtigen,
daß einzelne Komponenten zwar separat untersucht werden können, in
Wirklichkeit jedoch nur selten in Isolation auftreten: Die sprachlichen Verhältnisse in einer Gemeinschaft sind i.d.R. das Ergebnis von komplexen
Wechselwirkungen zwischen verschiedensten Faktoren.

8.3 Das Deutsche in Konkurrenz mit anderen Sprachen

Dem in den vorangehenden Abschnitten präsentierten konzeptionellen Rahmen nach haben wir nun jenen Punkt erreicht, wo wir uns mit einigen konkreten Beispielen befassen können. Wie wir schon in der Einleitung feststellten, ist das Deutsche eine Sprache, die sich mit vielen anderen Sprachen berührt, und dies sowohl innerhalb der deutschsprachigen Länder als auch in den sie umgebenden Staaten. Es ist es uns hier nicht möglich, ausführlich auf sämtliche Kontaktsituationen einzugehen, doch die nachfolgend besprochenen Beispiele dürften repräsentativ genug sein, um einige Eindrücke von der Komplexität dieses Phänomens zu vermitteln. Sie betreffen den Kontakt des Deutschen mit anderen germanischen Sprachen (Dänisch, Friesisch, Letzeburgisch), mit dem Romanischen (Französisch, Italienisch) und dem Slawischen (Slowenisch, Sorbisch) sowie mit der ungarischen Sprache. Wir werden hier auch nicht versuchen, vollständige soziolinguistische Profile der betreffenden Länder zu erstellen, denn es geht uns einzig und allein um Kontakte zwischen dem Deutschen[1] und anderen Sprachen. Anhand der folgenden Leitgedanken sollen für die hier ausgewählten Fälle zumindest einige der von Haugen formulierten Fragen (siehe 8.1) beantwortet werden:

(1) Welche Sprachen werden wann von wem aus welchem Grund und in welcher Art und Weise gebraucht?

(2) Inwiefern spiegeln sich in den sprachlichen Gegebenheiten soziale Muster wider und mit welchen Mitteln wird gesellschaftlicher Wandel in Veränderungen der sprachlichen Verhältnisse übersetzt?

8.3.1 Ostbelgien

Geschichtlicher Hintergrund

Die politische Geschichte Belgiens ist ausgesprochen kompliziert, und allein die Tatsache, daß die im Osten gelegenen deutschsprachigen Landesteile im Laufe der Zeit in französischer, spanischer, holländischer und preußischer Hand gewesen (und in beiden Weltkriegen von Deutschland okkupiert worden) sind, deutet darauf hin, daß die hier ansässige Sprechergemeinschaft mehr als einmal beträchtlichem Assimilationsdruck ausgesetzt gewe-

---

[1] Da es uns nun auf die Unterscheidung zwischen dem Deutschen und den jeweils anderen Sprachen ankommt, steht ‚Deutsch' an dieser Stelle und im gesamten Abschnitt für sämtliche hier relevanten Varietäten des Deutschen. Wo eine Abgrenzung verschiedener Varietäten erforderlich ist, wird eindeutig darauf hingewiesen.

sen ist. Im Schatten der vielfach gewaltsamen Auseinandersetzungen zwischen den niederländisch- und französischsprachigen Bevölkerungsteilen haben das Deutsche und seine Sprecher von der 1830 erfolgten Gründung des belgischen Staates an verschiedenste Höhen und Tiefen durchlebt.

Karte 8.1 zeigt die räumliche Verbreitung des Deutschen in Belgien, genauer gesagt all jene Gebiete, in denen das Deutsche offiziellen Status hat bzw. eine hohe Konzentration von Deutschspechenden vorliegt (s. u.).[2] Was (mit Ausnahme des südlicher gelegenen Arlon) in der Karte als ein weitgehend geschlossenes Gebiet anmutet, ist in Wirklichkeit alles andere als homogen. Für unsere Zwecke von entscheidender Bedeutung ist die Unterscheidung zwischen Altbelgien (alle seit 1830 zu Belgien gehörenden Gebiete) und Neubelgien (all jenen Gebieten, die 1920 entsprechend dem Vertrag von Versailles an Belgien übergegangen sind). Angesichts ihrer so kontrastiven Vorgeschichte wäre es überraschend, wenn sich die soziolinguistischen Strukturen jener Landesteile glichen, zumal die historische Zergliederung jener Region in der Tat durch den konstitutionellen Status des Deutschen und die Einstellungen der verschiedenen Bevölkerungsgruppen zu den verschiedenen Sprachen und Kulturen gefestigt (bzw. reflektiert) wird. Wie unsere Karte illustriert, grenzen die deutschsprachigen Gebiete Belgiens an Deutschland, an die Niederlande, an Flandern (das Voer-Gebiet), Wallonien, Frankreich und Luxemburg.

Juristische und politische Maßnahmen[3]

Nach der geänderten Verfassung von 1971 (1980 erneut geändert) kann Belgien in dreifacher Hinsicht untergliedert werden (siehe Abb. 8.1):

(1) in drei monolinguale Sprachregionen (niederländisch, französisch, deutsch) und eine bilinguale Region (Brüssel);

(2) in drei Gemeinschaften (niederländisch-, französisch- bzw. deutschsprachig) und

(3) in drei Wirtschaftsregionen (Flandern, Wallonien, Brüssel).

Daß keine dieser Unterteilungen eine direkte Entsprechung in einer der anderen findet, macht die Situation verwirrend genug. Wie aber die Sprachgesetzgebung von 1962–63 zeigt, sind die Verhältnisse in Wirklichkeit noch um einiges komplizierter. Einerseits wurde das Individualitätsprinzip (von Kontext und geographischer Position unabhängige, freie individuelle Sprach-

---

[2] Es sei daran erinnert, daß das Deutsche auf nationaler Ebene denselben Status wie das Französische und das Niederländische (das Flämische) genießt. Ein Ausdruck dessen ist z. B. die Dreisprachigkeit des Bankwesens.

[3] Wir danken Prof. Peter Nelde, Direktor der Forschungsstelle für Mehrsprachigkeit, Brüssel, für seine uns bei der Überarbeitung dieses Abschnitts erwiesene Hilfe und Beratung.

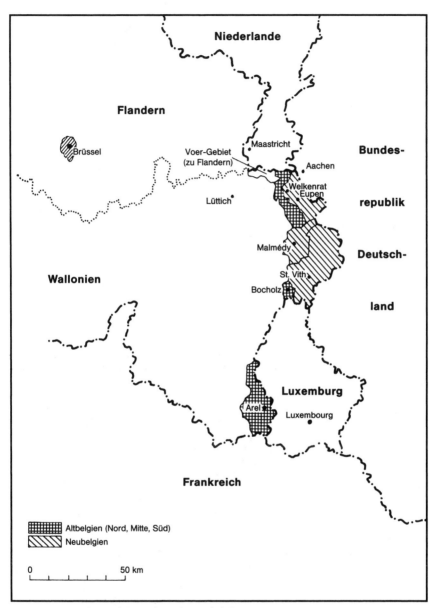

Karte 8.1 Deutschsprachige Gebiete in Ostbelgien

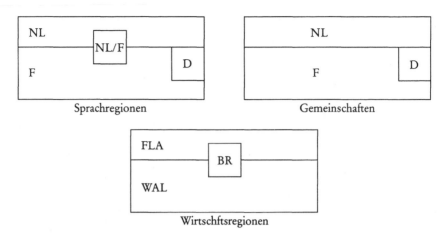

Abbildung 8.1 Unterteilung Belgiens nach der Verfassung von 1971/1980
NL – niederländisch/flämisch, F – französisch, D – deutsch,
FLA – Flandern, WAL – Wallonien, BR – Brüssel
Quelle: Clauss 1979: 44

wahl) durch das Territorialitätsprinzip ersetzt (territorial spezifische Festlegung der im öffentlichen Bereich zulässigen Sprache(n): siehe auch 7.7). Andererseits wird dieses Prinzip in den deutschsprachigen Gebieten durch eine
Reihe von speziellen Zugeständnissen („Fazilitäten") an eine oder beide der
jeweils anderen Sprachen relativiert:

In Altbelgien-Nord dient das Französische als Amtssprache, aber die dort ansässige Be-
völkerung hat das Recht, bei der Klärung von Verwaltungsangelegenheiten auch auf das
Deutsche oder das Niederländische zurückzugreifen.
In Neubelgien (Eupen-St. Vith und ein Teil von Malmedy) fungiert das Deutsche als
Amtssprache; es darf aber auch das Französische verwendet werden. In Neubelgien-Mal-
medy (den übrigen Teilen von Malmedy) sind die Verhältnisse genau umgekehrt.
Der Mittelteil und der Süden von Altbelgien gehören verwaltungsmäßig zum französisch-
sprachigen Wallonien und werden laut Verfassung nicht als separate Gebiete anerkannt.

Die nach dem Zweiten Weltkrieg eingeleitete ‚Französierung' hat in den
meisten Teilen von Altbelgien nachweislich einen niedrigeren Status des
Deutschen herbeigeführt, und es sieht trotz einer gewissen Gegenbewegung
um Arlon (vgl. Fischer 1979) ganz danach aus, daß sich die Sprachgrenze
über die nächsten ein, zwei Generationen weiter nach Osten verschieben
wird (Trim 1981, 1983). Nur in Altbelgien-Nord ist die Lage etwas anders:
Wir werden sie weiter unten erörtern.
    Auch die in Neubelgien gewährte offizielle Anerkennung des Deutschen
ist keine Überlebensgarantie, denn in der realpolitischen Praxis wird der
deutschen Sprache eine Rolle zugewiesen, in der sie erheblich benachteilig

ist. Beide Parlamentskammern sind primär in politische Fraktionen und sekundär in je eine französische und eine niederländische Gruppierung unterteilt, so daß die Abgeordneten der deutschsprachigen Bevölkerung gezwungen sind, sich der einen oder anderen Seite anzuschließen (Clauss 1979: 49). Die französische und die niederländische Gruppierung wählen eigene Räte und Exekutiven und sind für die Regelung kultureller Angelegenheiten in ihrer Gemeinschaft verantwortlich (bestimmte Aspekte der Bildung, Sprachgebrauch, Theater, Rundfunk und Fernsehen, Sport und Freizeit usw.). 1984 wurde Neubelgien zu einer Art Teilregion von Wallonien und erhielt seinen eigenen, über ein separates Budget für Schulen, Verkehr, Gesundheit, Soziales, Familienpolitik und Tourismus verfügenden Regionalrat (Kramer 1984: 125), doch man muß insgesamt davon ausgehen, daß die deutschsprachige Bevölkerung weiterhin den Mehrheitsgruppen politisch, kulturell und wirtschaftlich nachgestellt ist (Clauss 1979: 49–53; Senelle 1980).

Einstellungen

Die politische Entwicklung der Region, insbesondere die Ergebnisse der beiden Weltkriege, hatte in den zwei Teilen des deutschsprachigen Belgiens recht unterschiedliche Reaktionen zur Folge. 1919 entstand aufgrund der Grenzverlegung das sog. Neubelgien. Für seine Bewohner ergab sich die Aufgabe, einer neuen Nationalität zu entsprechen, und der ihnen auferlegte Druck zur Anpassung an ihr ‚Gastgeberland‘ führte in der Tat zu ihrer zunehmenden inneren und äußeren Distanzierung vom Einflußbereich deutscher Kultur. Auf der anderen Seite mußten sie damit fertig werden, daß sie als widerwillige ‚Zuwanderer‘ von der angestammten belgischen Bevölkerung recht feindselig empfangen wurden.

Die Neubelgier sahen sich einander widersprechenden Zwängen ausgesetzt. Erstens galt es, sich von der Gastgeberkultur assimilieren zu lassen, und zweitens hatten sie das Bedürfnis, den Zusammenhalt ihrer Volksgruppe zu festigen und damit eine eigene, separate Identität zu bewahren. Wie erwartet, haben sich die Betroffenen diesen Anforderungen in unterschiedlicher Weise gestellt. Eisermann und Zeh (1979: 57–63) haben drei Strömungen festgehalten:

(1) eine stabile Minderheit, die sich in den meisten Domänen der deutschen Sprache bedient;

(2) eine Gruppe, die vorwiegend das Französische verwendet;

(3) eine ambivalente Gruppe, die sowohl vom Deutschen als auch vom Französischen freien Gebrauch macht, dabei aber einige funktionale Unterscheidungen trifft.

In den auf die Einführung der Sprachgesetze folgenden Jahren zeichnete sich ab, daß sich die Bevölkerung in der so gewichtigen Frage der kulturellen

Anbindung Neubelgiens keineswegs einig war. Wie so häufig wurde besonders im Bereich der Bildungspolitik heftig debattiert. Seit 1963 haben Eltern in Neubelgien das Recht, die Ergänzung der Unterrichtssprache Deutsch durch Niederländisch und Französisch einzufordern, und 1966 wurde per königlichem Dekret gestattet, der Vermittlung des Französischen einen größeren Anteil am Lehrprogramm zu gewähren. Eine große Mehrheit der Neubelgier sprach sich für die Vermittlung der französischen Sprache aus; doch wieviel und auf welcher Stufe sie Französisch gelehrt sehen wollten, hing davon ab, ob sie Neubelgien als einen Teil Walloniens oder als ein kulturell autonomes Gebiet betrachteten.

Beide Lager untermauerten ihre Forderungen mit politischen, wirtschaftlichen und kulturellen Argumenten. Die ‚Integrationisten' meinten zum Beispiel, daß der Gebrauch des Deutschen einen Beigeschmack mangelnder Staatstreue habe. Darüber hinaus unterstrichen sie, daß Neubelgien als Teil der Wirtschaftsregion Wallonien ein Gebiet sei, in dem Französischkenntnisse eine Voraussetzung für gute berufliche Perspektiven, Prestige und Einfluß bildeten und daß die französische Sprache den Schlüssel zu einer reichen Kultur verkörpere, während Vertreter entgegengesetzter Positionen angeblich ein kulturelles Ghetto befürworteten. Die ‚Autonomisten' hielten dagegen, daß die Erhaltung der deutschen Sprache und Kultur einen Beitrag zu einer multilingualen Gesellschaft darstelle und daß Neubelgien, da es über keine natürliche wirtschaftliche Bindung an Wallonien verfüge, eigene Strukturen entwickeln und seine Kontakte mit Deutschland verstärken solle. Sie meinten, daß zu einem demokratischen Bildungs- und Erziehungssystem auch die Möglichkeit muttersprachlichen Wissenserwerbs gehöre, und daß bilinguale Erziehung, wie sie gegenwärtig vorgeschlagen werde, nur einer talentierten Elite zugute komme, aber für die Mehrheit zu unzureichenden Fähigkeiten in beiden Sprachen (*semilingualism*, doppelseitige Halbsprachigkeit) führe (Kartheuser 1979: 108f). Inzwischen sind derartige Auseinandersetzungen selten geworden, und man erteilt (an „illegalen Schulen") weniger als 20% des Unterrichts auf französisch (Peter Nelde, persönliche Mitteilung).

Auch in Altbelgien ist die Situation uneinheitlich und variabel, wenn auch in einem anderen Sinne. Der allgemeine Trend von der ‚Volkssprache' Deutsch zur ‚Kultursprache' Französisch hat sich recht stark in einigen nördlichen und mittleren Teilen Altbelgiens durchsetzen können, wurde hier sogar (insbesondere im Gefolge der beiden Weltkriege) in einem starken deutschfeindlichen Geiste aktiv vorangetrieben, stieß aber im Süden auf eine den Verfall des Deutschen beklagende Gegenbewegung (Pabst 1979: 28; Nelde 1979: 30).

Ein besonders interessanter Fall ist Altbelgien-Nord, wo der den Umständen nach zu erwartende sprachliche Umschwung noch immer auf sich warten läßt. Quix (1981: 231) deutet dies als ein Ergebnis einer „kollektiven

Neurose". Altbelgien-Nord ist von Neubelgien-Eupen im Osten, Wallonien im Westen und einem kleinen flämischen Gebiet im Nordwesten umgeben; letzteres wurde nach der Sprachengesetzgebung von 1963 von Wallonien an Flandern übergeben, und viele seiner Einwohner sind noch immer französischsprachig. Zusammen mit der generellen gesellschaftlich-politischen Vorgeschichte jener Region hat die heikle soziogeographische Konstellation zu beträchtlichen Spannungen in der Bevölkerung geführt, die sich u. a. in verständlichem Mißtrauen gegenüber sprachwissenschaftlichen Untersuchungen widerspiegelt. Hinsichtlich des Sprachgebrauchs manifestiert sich diese sog. Neurose darin, daß man in vielen Domänen als Schutz vor einer schleichenden ,Verdeutschung' zum Französischen übergeht. Jener Ausdruck von ,Sprachuntreue' repräsentiert aber weniger einen *act of identity* zugunsten von Wallonien als eine Bekräftigung der Unabhängigkeit dieses Teils von Altbelgien von seinen deutschsprachigen Nachbarn.

Jener Französierungsprozeß ist jedoch nicht überall gleichmäßig vorangeschritten und scheint sich auf zwei Ebenen zu vollziehen. Zum einen ist festzustellen, daß er sich am umfassendsten in den größeren Städten von Altbelgien-Nord, insbesondere in Welkenraedt, sowie in kleinen, an der Grenze zu Wallonien liegenden Ortschaften realisiert hat. Zum anderen zeichnet sich ab, daß er eine steigende Anzahl von Domänen betrifft. Betrachten wir zunächst den sog. Nachbarschaftseffekt, ein allgemeinbekanntes und vielfach belegtes Phänomen der Dialektgeographie (vgl. Chambers/Trudgill 1980: Kap. 11). Wie auch in Südtirol und im Burgenland (siehe 8.3.4 und 8.4.2) breitet sich die Aufgabe der ursprünglichen Sprache in Altbelgien-Nord und Mitte mehr oder weniger systematisch von einem Lebensbereich auf alle weiteren aus. Wir wollen sie hier wie folgt zusammenfassen:

öffentlicher Bereich (Umgang mit Behörden, Kirche, Schule);
halb-öffentlicher Bereich (Arbeit, Kneipe, Medien);
privater Bereich (Familie).

Erwartungsgemäß wird in allen öffentlichen Domänen das Französische verwendet. Im Bereich der Familie zeigen die Verhältnisse hingegen eine erstaunliche Variabilität: Der Gebrauch des Deutschen schwankt zwischen 0 und 100%. Insgesamt kann man aber davon ausgehen, daß in den meisten Orten in der Familie mehr Deutsch als Französisch gesprochen wird. Die langfristig gesehen wohl entscheidende Sphäre ist der halb-öffentliche Bereich, wo das Sprachverhalten von einer ganzen Reihe außersprachlicher Faktoren beeinflußt wird (berufliche Perspektiven, Verfügbarkeit und Qualität bestimmter Medienprodukte u. dgl.) und das Französische eine immer stärkere Rolle spielt (vgl. Abb. 8.2). Im gegenwärtigen Stadium können wir nur Spekulationen äußern, doch es deutet vieles darauf hin, daß sich in den halb-öffentlichen Domänen, die stärker als die private Sphäre externen Einflüssen ausgesetzt sind, das Französische weiter ausbreiten und immer ernsthafter die Vitalität, und letztlich die Existenz, des Deutschen in Altbelgien-Nord bedroht wird.

Angesichts eines so differenzierten, vielschichtigen Bildes ist es schwierig, wenn nicht unmöglich, generelle Schlußfolgerungen zu ziehen. In beiden Teilen des deutschsprachigen Belgiens wird der Status des Deutschen kontrovers beurteilt, und die daraus erwachsenden Debatten sind offenbar keine periphere, sondern eine in nahezu alle Lebensbereiche hineinreichende Angelegenheit. Es ist ebenso klar, daß sich ein solcher Konflikt nicht allein mit gesetzlichen Maßnahmen beilegen läßt. Wenn es im Laufe der nächsten zwei oder drei Generationen (zumindest in Altbelgien) tatsächlich zu einem vollständigen Rückgang der deutschen Sprache kommt, so sind die Gründe zum größten Teil in den Auswirkungen allgemeiner gesellschaftlicher Modernisierungsprozesse sowie in den dadurch bedingten Veränderungen des Systems sozialer Werte und Einstellungen zu suchen.

8.3.2 Luxemburg[4]

Geschichtlicher Hintergrund

Seit dem Zweiten Weltkrieg und verstärkt seit der Schaffung der Europäischen Wirtschaftsgemeinschaft (heute Europäische Union) hat Luxemburgs Rolle in der Welt einen enormen Aufschwung genommen. Das Großherzogtum Luxemburg blickt heute nicht nur auf ein umfassendes Wiederaufbauprogramm und eine tiefgreifende Umstrukturierung seiner Industrie und Landwirtschaft zurück, sondern verkörpert einen Staat, der trotz seiner geringen Größe in beträchtlichem Maße ausländische Investoren angezogen und sich rasch zu einem internationalen Finanzzentrum entwickelt hat. Es grenzt an drei weitere EU-Mitgliedsstaaten und beherbergt mehrere EU-Institutionen. Kulturell steht es Frankreich am nächsten, hinsichtlich seiner Handelsbeziehungen ist es aber auch in zunehmendem Maße Deutschland und Belgien verbunden (Hoffmann 1979: 6f; Verdoodt 1968: 136; STATEC 1993: 33).

Die Geschichte Luxemburgs hat einiges mit der Geschichte Belgiens gemein. Als eigenständiger Staat ist Luxemburg ein Ergebnis des Wiener Kongresses (1815), und seine heutige Gestalt reicht ins Jahr 1839 zurück, als durch den Vertrag von London sein französischsprachiger Teil der belgischen Provinz Luxemburg angegliedert wurde. Die Bevölkerung des neuen Staates sprach Letzeburgisch (*Letzebuergésch*), behielt aber das Französi-

---

[4] Wir danken Herrn Guy Poos für seine uns bei der Überarbeitung dieses Abschnitts gewährte Beratung und Unterstützung.

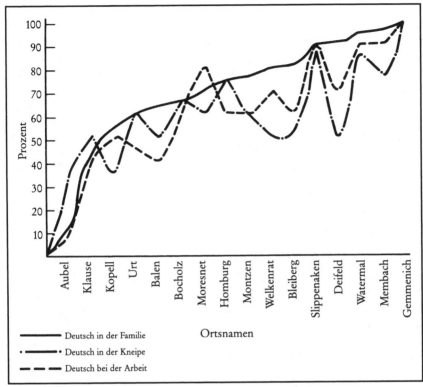

Abbildung 8.2 Altbelgien-Nord und Mitte: Sprachgebrauch in privaten und in halböffentlichen Bereichen
Quelle: Nelde 1979

sche als erste Amtssprache bei. Auch Luxemburg wurde 1940 von Deutschland okkupiert und erlebte im Rahmen der sich daraus ergebenden kulturellen Umorientierung die Erhebung des Deutschen zur alleinigen Amtssprache.

An diesem Punkt erschöpfen sich die historischen Parallelen, denn obwohl auch in Luxemburg nach dem Krieg eine deutschfeindliche Atmosphäre herrschte, erlebte die deutsche Sprache hier einem weniger radikalen Verfall als in Ostbelgien. Die Gründe dafür liegen in der ethnischen Zusammensetzung Luxemburgs und vor allem in der Existenz einer die Bevölkerung vereinenden Landessprache (*Letzebuergésch*), die zwar aus linguistischer Sicht als ein mitteldeutscher Dialekt ausgelegt werden kann, soziolinguistisch beurteilt jedoch alle Voraussetzungen für den Status einer eigenständigen Sprache erfüllt. Es gibt keine nennenswerten französisch- oder deutschsprachigen Minderheiten, und alle Luxemburger sind des Letzeburgischen mächtig. Nichtdestotrotz bedient man sich nach wie vor in hohem Maße des Französischen und Deutschen, so daß sich ein sehr kompliziertes trilinguales Kommunikationsmuster herausgebildet hat. Motiviert wird es sowohl durch den Wunsch, kulturelle Isolation zu vermeiden als auch durch das Bedürfnis, ein gewisses Maß an Unabhängigkeit zu bewahren: Indem man die zwei Fremdsprachen zueinander in Konkurrenz setzt und gegeneinander ausspielt, vergrößert sich Luxemburgs Chance, sowohl zu Frankreich als auch zu Deutschland einen gewissen Abstand zu bewahren (Verdoodt 1968: 143f). Luxemburg repräsentiert also einen in Europa vielleicht einzigartigen Fall von bewußt und freiwillig durch die Bevölkerung unterstützter **Exoglossie** (Verwendung einer Sprachform, die für niemanden in der Gemeinschaft die Muttersprache ist) (Kramer 1986: 229).

Sprachgebrauch

Der grundlegendste aller auf der Ebene des Sprachgebrauchs vorliegenden Kontraste besteht darin, daß das Letzeburgische schichtenübergreifend das nahezu ausschließliche Medium öffentlicher und privater mündlicher Kommunikation darstellt, aber im Schriftlichen enorme Zugeständnisse an das Französische und das Deutsche macht. Obwohl dieses Prinzip von gewichtigen Ausnahmen begleitet wird, sollte die Bedeutung des Letzeburgischen als einer die Bevölkerung zusammenhaltenden Größe nicht unterschätzt werden, zumal es seit 1984 laut Verfassung den Status einer Nationalsprache innehat. Wie wir bereits andeuteten, kommt es zwischen den verschiedenen Sprachen zu komplizierten Interaktionsmustern. Um einen ersten Eindruck davon zu vermitteln, wollen wir nachfolgend einen Blick auf die sprachlichen Verhältnisse in besonders einflußreichen gesellschaftlichen Bereichen (Bildungssystem, Parlament und Verwaltungswesen, Medien und künstlerisch-kulturelles Schaffen) werfen.

Bildung und Erziehung

Alle luxemburgischen Kinder sind zum Zeitpunkt ihres Schuleintritts einsprachig (in den davorliegenden zwei Jahren obligatorischer Vorschulerziehung wird durchgängig letzeburgisch gesprochen). Die Grundschule ist der Ort, wo (zumindest theoretisch) ein abrupter Wechsel der Unterrichtssprache zugunsten des Deutschen erfolgt, während das Französische ganz allmählich, nämlich als Unterrichtsfach, eingeführt wird. In der Sekundarstufe kehrt sich die Situation um: Hier dient drei Jahre lang das Französische als Unterrichtsmedium. Tatsächlich greift man aber über die gesamte Zeit hinweg auch auf das Letzeburgische zurück, und zwar vor allem für Erklärungen und in Fächern, wo eine vergleichsweise lockere Atmosphäre herrscht (wie etwa dem Sportunterricht). Wie man sich denken kann, setzt dies auf Lehrer- und Schülerseite solide Code-Switching-Fertigkeiten voraus (Hoffmann 1979: 41–43; Knowles 1980: 356f). Luxemburg hat keine eigentliche Universität, aber ein *Centre Universitaire de Luxembourg* und ein *Institut Pédagogique*, an denen, wie die Bezeichnungen vermuten lassen, auf Französisch gelehrt wird bzw. gelehrt werden sollte. Tatsächlich dürfen die Dozenten aber zwischen Französisch und Deutsch wählen und gehen in der Praxis auch häufig ins Letzeburgische über.

Parlament und Verwaltung

Wie auch in anderen Domänen des öffentlichen Lebens hat sich seit dem Krieg im Parlament der Sprachgebrauch gewandelt. Obwohl das Deutsche nicht ausdrücklich verboten ist, wird es dort inzwischen überhaupt nicht mehr verwendet, und selbst die langjährige Praxis, alle Haushalte mit kostenlosen deutschsprachigen Synopsen der Protokolle parlamentarischer Tagungen zu beliefern, ist eingestellt worden. Das Letzeburgische war zunächst völlig unüblich, dient aber heute als eine Ergänzung des für formellere Äußerungen und allgemein von Vertretern konservativerer Strömungen bevorzugten Französischen (so bei Knowles 1980: 358). Der/die Parlamentspräsident/in äußert sich ausschließlich auf französisch. 1993 sorgte ein Abgeordneter der Grünen Partei für Aufsehen und Protest, indem er seine Antrittsrede in seiner Erstsprache, dem Portugiesischen, vortrug. Sein Argument, daß Portugiesisch die Sprache einer ansehnlichen Minderheit sei, hielt den Parlamentspräsidenten nicht davon ab, ihn zu unterbrechen und anzuweisen, seine Ausführungen in einer der ‚akzeptierten' Sprachen fortzusetzen.

In der Verfassungsänderung von 1984 heißt es, daß sowohl das Französische als auch das Deutsche und das Letzeburgische im Verwaltungswesen zulässig seien, Reaktionen auf formelle Anfragen an staatliche Ämter jedoch so weit wie möglich („*dans la mesure du possible*") in der Sprache abgefaßt werden sollten, die von den Fragenden gewählt wurde. Die Wirklichkeit sieht wiederum etwas anders aus. Die in den letzten Entwurf eingegangene Einschränkung erfolgte in Anerkennung der Tatsachen, daß das Letzeburgische gewisse Defizite in bestimmten Fachwortschatzbereichen aufweist und nicht alle öffentlich Angestellten über gleich gute schriftliche Fähigkeiten in allen drei Sprachen verfügen. Ferner wird weitgehend akzeptiert, daß in öffentlichen Einrichtungen mündlich fast nur das Letzeburgische verwendet wird, schriftliche Kommunikation hingegen nahezu ausnahmslos auf französisch erfolgt. Dieser Umstand spiegelt das anhaltende Prestige des Französischen als Merkmal ‚zivilisierten Diskurses' wider, und die Fähigkeit, fließend Französisch zu sprechen, gilt noch immer als eine Hauptvor-

aussetzung für erfolgreiche Bewerbungen um höhere Positionen im öffentlichen Dienst. Da Luxemburgs Rechtssystem auf dem französischen Code Napoléon
beruht, dürfte es niemanden überraschen, daß im Gerichtssaal das Französische dominiert. Im Detail ergeben sich aber auch hier allerhand Unregelmäßigkeiten. In Zivilprozessen erfolgt z.B. die Vernehmung von Zeugen
durch Anwälte stets über den/die Richter/in, und während der Austausch
zwischen den Anwälten und letzterem/r ausschließlich auf französisch erfolgt, geht der/die Richter/in gegenüber den Angeklagten i.d.R. ins Letzeburgische über (Hoffmann 1979: 51f; Knowles 1980: 357f).

Massenmedien

Daß das Letzeburgische durch die Verfassung von 1984 den Status einer
Amtssprache zuerkannt bekam, zeigte einmal mehr, daß das Profil dieser
Sprache in den vorangegangenen Jahren spürbar gewachsen war. Neben
neuen Sprachgesetzen gingen von der Regierung verschiedene Maßnahmen
im Mediensektor aus. 1994 beteiligte sich das Bildungsministerium als Spon-
sor an einer zehnteiligen Serie kurzer Fernsehbeiträge über das Letzeburgische („Da lass"), die unmittelbar vor der Hauptnachrichtensendung ausgestrahlt wurden. Ein anderes vom Staat mitfinanziertes Projekt ist die äußerst
beliebte RTL-Sendung „Hei Elei". Auf Druck der Regierung hin wandelte
sie sich von einem wöchentlichen Zweistundenprogramm (1969) zu einem
täglichen Beitrag gleicher Länge (1993). Auch Nachrichtensendungen werden auf letzeburgisch angeboten und können über Satellit in ganz Europa
empfangen werden.
    Die Lektüre einer luxemburgischen Zeitung setzt wiederum Kenntnisse in
allen drei Sprachen voraus. Im großen Rahmen ist in den Druckmedien das
Deutsche dominant, doch Französisch und Letzeburgisch besetzen wichtige
Nischen. Eine kürzlich von Berg (1993) unternommene Analyse ergab, daß
z.B. persönliche Anzeigen und insbesondere Stellenanzeigen gewöhnlich in
Französisch abgefaßt werden. Letzteres ist nicht nur ein Beleg für das anhaltende Prestige des Französischen, sondern auch ein Hinweis darauf, daß es
sich häufig bei der Mehrzahl der potentiellen Bewerber um Pendler aus
Frankreich und um Französisch als lingua franca benutzende Einwanderer
aus Portugal handelt. Das Letzeburgische bleibt im allgemeinen den privaten
Inseraten zu persönlichen Belangen (Geburten, Tode, Hochzeiten u. dgl.)
vorbehalten. Den Ergebnissen einer unlängst ausgeführten Zufalls-Erhe-
bung zufolge ist die durch Berg festgestellte Abkehr vom Französischen inzwischen sogar so weit fortgeschritten, daß das Letzeburgische schlichtweg
die Sprache zur Bekanntgabe wichtiger persönlicher Ereignisse zu werden
scheint (Guy Poos, persönliche Mitteilung).

Kunst und Kultur

Die Sprachgesetze von 1984 folgen der Logik, daß das Letzeburgische nicht nur einen symbolischen Status für seine Sprecher haben sollte. Gesetze können nur dann eine nennenswerte Wirkung zeitigen, wenn die von ihnen betroffenen Gruppen in hohem und zunehmendem Maße vom kulturellen Wert der jeweiligen Sprache (und folglich auch von Multilingualismus) überzeugt sind, was wiederum voraussetzt, daß die Sprache entsprechend ernst genommen wird. Es ist also nicht verwunderlich, daß die gesetzliche Aufwertung des Letzeburgischen von neuen Impulsen zugunsten seiner Standardisierung begleitet wurde. So hat z. B. die Commission du Dictionnaire et de l'Orthographie 1992 mit der Erstellung eines neuen Letzeburgisch-Wörterbuchs begonnen, was u. a. als eine Ermutigung zu weiterführenden wissenschaftlichen Projekten verstanden werden soll. Den Hintergrund all jener Entwicklungen bildet die Tatsache, daß das kulturelle Leben Luxemburgs generell von Multilingualismus geprägt ist. Viele Schriftsteller arbeiten auf französisch bzw. deutsch: Von den zum Nationalen Literaturfestival 1992 eingereichten Beiträgen waren nur 17 in Letzeburgisch, aber 34 in Französisch und 60 in Deutsch abgefaßt. Da so gut wie alle Luxemburger zumindest ihren Lesefähigkeiten nach dreisprachig (oder, wenn wir Englisch einbeziehen, viersprachig) sind, ist der Markt für Übertragungen literarischer Werke ins Letzeburgische relativ begrenzt.

Dasselbe gilt für Theaterproduktionen. Da es keine einheimischen professionellen Theatergruppen gibt, handelt es sich bei den meisten Aufführungen um Gastspiele französischer oder deutscher Ensembles. 1993 wurde die gewachsene Akzeptanz von Multilingualismus als einem Grundelement luxemburgischer Identität wurde auf eindrucksvolle Weise mit einem Theater-Experiment unterstrichen. Zum Abschluß einer Reihe von Vorstellungen von Shakespeares „Sommernachtstraum" in Letzeburgisch, Französisch und Deutsch bot man dem Publikum eine einzige multilinguale Version an. Sie enthielt die drei genannten Sprachen sowie Englisch, Portugiesisch und Italienisch – in anderen Worten das gesamte Repertoire der luxemburgischen Sprechergemeinschaft.[5] Allein das Regiebuch dieser ungewöhnlichen Adaption (Claude Mangen: *Eng Summernight Story*) ist soziolinguistisch interessant, da die verschiedenen Sprachen nicht einfach verschiedenen Rollen zugeordnet, sondern scheinbar zufällig über den gesamten Text verstreut wurden; häufig wird sogar innerhalb einzelner Äußerungen der Code gewechselt.

---

[5] Eine ähnliche Experimentalproduktion wurde bereits 1989 in Fribourg (Schweiz) aufgeführt. Es handelte sich um eine dreisprachige Version von *Romeo und Julia*, in der die Familie Montague Deutsch, die Capulets Französisch, der Prinz Englisch und die Mönche (in ihrer so wichtigen Vermittler-Funktion) bilingual Französisch und Deutsch sprachen.

Soziolinguistisches Profil

Ist es möglich, aus dieser so verwirrenden Situation eine Logik herauszule-
sen? Wie wir sahen, haben alle Luxemburger gemeinsam, daß sie von Haus
aus Letzeburgisch sprechen und in der Schule mit dem Deutschen und
Französischen vertraut gemacht werden. Letztere Sprachen werden intensiv
genug gelehrt und im Leben der Gemeinschaft mit hinreichend wichtigen
Rollen bedacht, daß sie als eine Art sekundäre Muttersprachen erachtet
werden können (vgl. Hoffmann 1979: 115). Damit ist gemeint, daß es für
Luxemburger selbstverständlich ist, sich in drei Sprachen zurechtzufinden:
Eine dieser Sprachen ist ein Symbol ihrer nationalen Identität, und die übrigen zwei sind insofern unentbehrlich, als sie die Isolation Luxemburgs von
seinen Nachbarstaaten verhindern und ihm gleichzeitig eine gewisse Distanz einräumen.

Oberflächlich betrachtet können wir die soziolinguistische Verfassung Luxemburgs als ‚Diglossie mit Bilingualismus‘ auslegen. Bei näherem Hinsehen wird allerdings sofort klar, daß die Wirklichkeit bei weitem nicht so
scharf zu fassen ist, wie diese Formulierung suggeriert. Selbst wenn wir außer acht lassen, daß wir es in Luxemburg mit einer Konstellation von drei,
nicht zwei, Sprachen zu tun haben, scheint die Klassifizierung der Situation
als Diglossie nur bedingt haltbar: Das Verhältnis zwischen den Formen ist so
elastisch, daß es sich nur mit einer äußerst großzügigen Auslegung des Di-
glossie-Begriffes vereinbaren läßt. Obwohl in einer gegebenen Situation oft
eine klare Präferenz vorliegt, kann keineswegs von einer strengen funktionalen Aufteilung der drei Sprachen die Rede sein. Zweitens existiert keine
allumfassende hierarchische Ordnung unter den Sprachen. Man kann zwar
nach wie vor dem Französischen eine Aura von Subtilität und kulturellem
Prestige nachsagen, findet aber nicht genug logische Anhaltspunkte, irgendeiner dieser Sprachen einen H(igh)- bzw. L(ow)-Status zuzuschreiben.

Auf einer formellen Ebene erhalten wir ein akkurateres, wenn auch noch
immer sehr vereinfachtes Bild: Das Letzeburgische ist heute die einzige Nationalsprache, und Französisch und Deutsch fungieren als ko-dominante
Amtssprachen (Terminologie nach Auburger und Kloss; siehe 8.2.2.). Gleichzeitig hat das Letzeburgische den etwas ambivalenten Status einer ‚quasi‘ ko-
dominanten Amtssprache (vgl. detailliertere Ausführungen in Hoffmann 1979
und Newton 1987).

Beide Ansätze sind insofern mangelhaft, als sie das multilinguale Profil
der Sprechergemeinschaft Luxemburgs auf ‚lediglich‘ drei Sprachen reduzieren. Wie wir oben ausführten, spielen auch das Englische, das Italienische und das Portugiesische eine zunehmende Rolle. Nach den Ergebnissen
der Volkszählung von 1993 machen Ausländer fast ein Drittel der Gesamtbevölkerung aus, und von jenen 30,3 % sind zwei Fünftel (42,7 %) Portugie-
sen und ein Fünftel (19,9 %) Italiener (Daten aus STATEC 1993: 5). Zu her-

kömmlichen Analysen der Mehrsprachigkeit in Luxemburg muß daher nicht nur kritisch angemerkt werden, daß sie das soziolinguistische Profil des Landes vereinfachen und ein recht statisches und mechanistisches Abbild liefern, sondern auch, daß sie bedeutende Teile der in Luxemburg ansässigen Bevölkerung ‚unsichtbar' machen.

8.3.3 Das Elsaß

Geschichtlicher Hintergrund

Wie wir im vorangegangenen Abschnitt feststellten, haben Ostbelgiens und Luxemburgs Geschichte einiges gemein, weichen aber u. a. insofern voneinander ab, als sich in Luxemburg keine nennenswerte deutschsprachige Minderheit erhalten hat. Im Osten Frankreichs, einem historisch noch stärker umstrittenen Gebiet, gibt es noch Gruppen von Deutschsprachigen. Ihr Anteil an der Bevölkerung der *départements* Haut-Rhin und Bas-Rhin (d. h. der uns hier interessierenden Provinz Elsaß) und Moselle (einem Teil der Provinz Lorraine) ist beträchtlich, doch wie wir nachfolgend belegen werden, ist der Fortbestand des Deutschen hier weit weniger gewiß als in Belgien und Luxemburg.[6]

Das Elsaß wechselte im Laufe der letzten zweihundert Jahre mehrfach seine Besitzer, und man sollte sich unbedingt vor Augen halten, daß die damit verbundene anhaltende Ungewißheit eine wachsende Strapaze für das Selbstverständnis seiner Bevölkerung war (Vassberg 1993: 12–27). Nach der Annektion des Elsaß durch Deutschland im Jahre 1871 fungierte das Deutsche als offizielle Unterrichtssprache. 1918, als die Region an Frankreich zurückfiel, wurde es durch das ursprünglich verwendete Französische ersetzt. In den Jahren bis zum Ersten Weltkrieg erfuhr die deutsche Sprache auch insofern eine Stärkung, als Deutsche ins Elsaß und deutschsprachige Elsässer in französischsprachige Gebiete übersiedelten. Im Rahmen der Germanisierung öffentlicher Domänen wurden Straßen- und Ortsnamen geändert, und während des Krieges selbst war es nicht einmal mehr erlaubt, in Kneipen und auf der Straße Französisch zu sprechen (Becker-Dombrowski 1981: 150f).[7] In der Zeit zwischen dem Ersten und dem Zweiten Weltkrieg wurden all diese Maßnahmen rückgängig gemacht, bis sich mit der Besetzung des Elsaß von 1940 bis 1945 durch deutsche Truppen die Geschichte zu wie-

---

[6] Wir wollen das Elsässische hier als eine Varietät des Deutschen betrachten, obgleich manche seiner Sprecher auf der Eigenständigkeit ihrer ‚Muttersprache' bestehen.

[7] Kramer (1984: 171) verweist auf ähnliche Strategien im 1940 besetzten Luxemburg. Hier wurde sogar versucht, bestimmte Familiennamen zu übertragen (z. B. Dupont → Brückner).

derholen schien. In der Nachkriegszeit war Deutsch an den Schulen des Elsaß verboten.

Die deutschsprachige Bevölkerung reagierte auf die davon ausgehende
Gefährdung ihrer Sprache mit Entrüstung, hatte mit ihren Bemühungen jedoch nur begrenzt Erfolg. 1952 erkämpften sich Eltern mit einem phänomenalen Abstimmungsergebnis (95% dafür) das Recht, ihre Kinder zumindest
in bescheidenem Umfang auf deutsch unterrichten zu lassen (Becker-Dombrowski 1981: 153), doch die entsprechenden Veranstaltungen waren sowohl für Schüler als auch Lehrer fakultativ und fanden in vielen Fällen überhaupt nicht statt. Von offizieller Seite versuchte man diesen Zustand damit
zu rechtfertigen, daß der elsässische Dialekt (im Unterschied zum Bretoni-
schen, Baskischen und Okzitanischen) nicht als eine ,Regionalsprache' anerkannt werde und, wie ein früherer Bildungsminister meinte, die Gefahr be-
stünde, daß die Kinder am Ende lieber Deutsch als Französisch sprechen
wollen (Pierre Messmer, zit. in Becker-Dombrowski 1981: 157). Es zeichnete sich ab, daß der Dialekt in Ermangelung offizieller Unterstützung in
vielen Kreisen stigmatisiert wurde und die Vermittlung des Deutschen als
Fremdsprache zu einem entsprechenden Statusverlust geführt hatte. Das
Jahr 1993 brachte allerdings eine überraschende sprachpolitische Wende, infolge derer das Deutsche im Elsaß endlich in bestimmter Hinsicht dem
Französischen gleichgestellt wurde. Der damalige Bildungsminister Jack Lang
unterzeichnete eine Charta über Zweisprachigkeit an Grundschulen, die den
Behörden gestattet, auf deutsch unterrichtende Lehrer auszubilden und ein-
zustellen. Ob die faktische Wirkung dieses Schrittes größer sein wird als die
der vorangegangenen, läßt sich noch nicht absehen; möglicherweise erfolgte
er einfach zu spät, als daß er den langfristigen Rückgang des Deutschen in
dieser Region noch aufhalten könnte.

Sprachgebrauch

,Il est chic de parler français', der in der Nachkriegszeit an Straßenbahnpas-
sagiere gerichtete, ästhetische Überlegenheit des Französischen verkünden-
de Slogan, hat mittlerweile utilitaristischeren Argumenten Platz gemacht:
Französisch ist zu einer festen Voraussetzung für jede Art sozialen Aufstiegs
geworden. Kürzlich durchgeführte Umfragen ergaben, daß der elsässische
Dialekt zwar noch immer von einem beträchtlichen, wenn auch abnehmen-
den, Teil der gebürtigen Elsässer beherrscht wird, aber sowohl in der Bevölkerung als auch in den verschiedenen Domänen äußerst ungleichmäßig verbreitet ist (vgl. z. B. Ladin 1982, Hartweg 1981, Vassberg 1993).

Als erster Kontrast fällt ins Auge, daß das Elsässische viel stärker auf dem
Lande als in den Städten Verwendung findet. Wie Vassberg (1993: 173) fest-
stellt, wird seine Basis aber auch dort zunehmend labiler, denn die seit dem

Krieg beobachtete Abwanderung von Städtern in ländliche Gemeinden hat zu einer Verwässerung der traditionellen Stadt-Land-Opposition geführt. Mit den in die Stadt pendelnden Übersiedlern kamen städtische Normen und Werte auf das Land, zu denen auch die Bevorzugung des Französischen gehört (vgl. unsere Ausführungen zur Urbanisierung unter 4.2.1.) Der Trend von der Stadt in ländliche Umgebungen ist eine von mehreren Migrationsbewegungen, die die Dichte der dort ansässigen Sprecher des Elsässischen reduziert haben. In allen Bereichen unter Druck gesetzt wurde der Dialekt auch durch den Zuzug von Franzosen aus anderen Landesteilen und von (verständlicherweise die Bildungssprache Französisch bevorzugenden) ausländischen Immigranten.

Nennenswerte Kontraste lassen sich auch zwischen Domänen bzw. situativen Kontexten ausmachen. Das Elsässische ist zwar durchaus noch immer im öffentlichen Bereich nachweisbar (beim Einkaufen, bei der Klärung offizieller geschäftlicher Belange u. dgl.), fungiert aber in erster Linie als Haus- bzw. Familiensprache. Es wurde allerdings festgestellt, daß man auch im Gespräch mit Kindern zunehmend zum Französischen übergeht. Die Situation am Arbeitsplatz ist komplizierter. Eine von der Gewerkschaft CFDT unter Industriearbeitern durchgeführte Datenerhebung ergab, daß selbst gegenüber Angehörigen der mittleren Management-Ebene Dialekt gesprochen, gegenüber höheren Angestellten jedoch das Französische gewählt wurde. Interessanterweise stimmte dieses Bild genau mit dem Sprachwahlmuster innerhalb der Gewerkschaft überein: Dialekt wurde bei Gewerkschaftsversammlungen und Französisch gegenüber den höheren Funktionären verwendet (vgl. Neville 1987: 154). Überzeugendere Indizien für langfristige Trends lassen sich in erster Linie aus Analysen der Interaktion zwischen Domänen und Alter gewinnen. In einer Art und Weise, wie sie uns von ähnlich gelagerten Studien vertraut ist (z. B. Gal 1979, besprochen in Abschnitt 8.4.2; vgl. auch Bailey 1973), vollzieht sich eine schrittweise Verdrängung des Elsässischen von einer Generation zur nächsten und einer Domäne zur anderen. Während man die sprachliche Situation im Elsaß noch in den siebziger Jahren als Diglossie verbuchen konnte, hat sich die funktionale Verteilung der zwei Varietäten inzwischen so stark relativiert, daß die Kriterien für Diglossie nicht mehr erfüllt sind (Vassberg 1993: 172 und passim).

Mit dem Rückgang der traditionellen Schwerindustrie hat sich im Elsaß der Dienstleistungsbereich zum dynamischsten Wirtschaftssektor entwickelt, was indirekt dem Französischen genützt zu haben scheint. Es ist z. B. bekannt, daß vor allem Frauen vorwiegend in den in Städten konzentrierten Dienstleistungsunternehmen Beschäftigung finden und damit automatisch in höherem Maße der hier dominanten französischen Sprache ausgesetzt sind. Wie erwartet, bekannten sich in entsprechenden Untersuchungen mehr Frauen als Männer zum Gebrauch des Französischen in allen Lebensbereichen. Die Ansicht, daß sich Frauen eher von prestigeträchtigen Sprachformen beeindrucken lassen als Männer, gilt als äußerst kontrovers (vgl. ihre kritische Besprechung in Cameron/Coates 1988), doch es läßt sich nicht von der Hand weisen, daß die Präferenzen des weiblichen Teils der Bevölkerung eine Verschiebung der sprachlichen Verhälnisse im Elsaß begünstigen (siehe auch Vassberg 1993: 138–40, 173). Eine Studie unter Schulkindern in Lothringen hat hingegen ergeben, daß Sprachpräferenzen u. U. weniger mit dem Geschlecht als mit der Entfernung zur deutschen Grenze in Beziehung stehen. Eine herausragende Rolle wurde auch der Klassen- bzw. Schichtzugehörigkeit zugeordnet: Man konnte nachweisen, daß sich Angehörige der Arbeiterschicht an den von der Mittelschicht als Norm etablierten französischen Formen orientierten (Hoffmeister 1977; der Faktor Schichtzugehörigkeit hat sich auch im Elsaß als signifikant erwiesen).

Einstellungen

Obwohl Erhebungen wie die oben erwähnten (insbesondere die im Rahmen von Volkszählungen durchgeführten) interessante Einblicke in die Entwicklung von Sprachen bieten können, sollten Statistiken zur Sprachverwendung mit Vorsicht genossen werden. Eindrucksvoll belegt wird dieses Urteil z. B. durch Nelde (1984: 220). In Altbelgien-Süd bezeichneten sich 1930 noch 85 % der Einwohner dreier Dörfer als deutschsprachig, während sich 1947 nur noch zwischen 1 % und 5 % zum Gebrauch des Deutschen bekannten. Da es weder eine großräumige Bevölkerungsbewegung noch eine epidemieartige Amnesie gegeben hat, können derartige Zahlen nur als ein Indiz politischer Überzeugungen gedeutet werden (in diesem Falle als ein Bekenntnis zum belgischen Staat). Die offiziellen Daten für das Elsaß sollten in einem ähnlichen Licht gesehen werden, zumal die in den Volksbefragungen gewählten Formulierungen (Können Sie Französisch/Deutsch/Dialekt/andere Sprachen sprechen? u. dgl.) kaum geeignet waren, Daten zum realen Gebrauch der Sprachen zu ermitteln, sondern bestenfalls ein paar Hinweise auf Sichtweisen und Einstellungen versprachen. 1962, als die Frage zum letzten Mal im Fragebogen der Volkszählung auftauchte, wurde der Dialekt scheinbar von 85 % der Befragten gesprochen, während 80 % Kenntnisse des Französischen angaben. An detaillierten Angaben (Beherrschungsgrad, schriftsprachlichen Fähigkeiten usw.) fehlte es, so daß man die Angaben ungehindert dahingehend interpretierte, daß die Minderheit erfolgreich vom französischen Staat assimiliert worden sei, ohne daß sie ihre traditionelle Sprechform habe aufgeben müssen (Hartweg 1981: 97f).

Ob die tatsächliche Bilanz wirklich direkt auf die offizielle Assimilationspolitik zurückzuführen ist, sei dahingestellt. Fest steht, daß die deutschsprachige Bevölkerung in zunehmendem Maße ihre separate Identität einbüßt und sie möglicherweise bald ganz verliert. Viermaliger Nationalitäten-

bzw. Staatsbürgerschaftswechsel in 75 Jahren und eine radikal neue bildungspolitische Orientierung mit jeder neuen Generation haben offenbar ein breites Bedürfnis nach Anpassung und einem Mindestmaß an Stabilität hervor-
gerufen. Bezüglich der jungen Generation haben die Erhebungen von Ladin
(1982), Hoffmeister (1977) und Cole (1975) ein ziemlich kompliziertes Bild
ergeben. 88 % der von Ladin befragten Elsässer bezeichneten den Dialekt als
ein wesentliches Element ihres kulturellen Erbes, doch nur 55 % empfanden
ihn als eine unveräußerliche Komponente elsässischer Identität. Bei Cole waren es wiederum mehr als 80 %. Jene Ambivalenz trat auch recht deutlich in
einer kürzlich von Vassberg durchgeführten Studie zutage (1993, vgl. insbesondere Kap. 6). Es zeigte sich, daß wesentlich mehr der Befragten den Dialekt als einen Teil des elsässischen Erbes betrachteten, als ihn tatsächlich benutzten. Des weiteren fand die Autorin heraus, daß zwar die regionale
Loyalität die Wertschätzung des Nationalen überragte, die Mehrheit der Befragten jedoch keine notwendige Verbindung zwischen elsässischer Sprache
und elsässischer Identität sah. Diese beiden, besonders stark von jungen
Leuten zum Ausdruck gebrachten, Ansichten deuten recht zwingend darauf
hin, daß die meisten Elsässer an einem recht diffusen Bild elsässischer Identität festhalten, sich aber gleichzeitig ihren Anspruch auf eine angemessene
Rolle in der modernen französischen Gesellschaft bewahren wollen. Man
kann also sagen, daß der mit Dialektpflege und -weitergabe verbundene Aufwand als ein zu hoher Preis für die Erhaltung der regionalen Identität empfunden wird und ein Grund ist, der Sprachform einen relativ niedrigen Rang
unter den die elsässische Identität konstituierenden Merkmalen zuzuordnen.

Aussichten

Wie auch in anderen Teilen der deutschsprachigen Welt ist es im Elsaß in der
jüngsten Vergangenheit zu einer Wiederbelebung des Interesses an Mundarten gekommen. Wie dort und andernorts hat dies sehr viel mit außersprachlichen Faktoren zu tun. Der grundlegendste von allen ist die durch Industrialisierung erzwungenen Modifikation traditioneller Lebensformen, und
es läßt sich durchaus ein enger Zusammenhang zwischen Bemühungen um
Spracherhaltung und Engagement im Umweltschutz konstatieren. Ein Ergebnis dieses Trends ist eine neue Art von Dialektliteratur, in der an die
Stelle von Bildern ländlicher Idylle Bekenntnisse zur Pflege elsässischer
Identität und zur Erhaltung der Umwelt getreten sind (Hartweg 1981: 110).
Im politischen Bereich fällt auf, daß sich inzwischen Parteien aller Couleur
für ‚die Sprachenfrage‘ zu interessieren scheinen.
    Dennoch ist die Zukunft nicht sehr verheißungsvoll. Die Bewegung zur
Wiederbelebung der Dialekte geht vorrangig von Intellektuellen aus und
scheint nur in geringem Umfang aktive Unterstützung an der Basis zu ge-

nießen. So vehement und beharrlich das Deutsche (Standard und Dialekt) auch von der Bevölkerung befürwortet wird, die meisten Leute schieben den Schulen und der Regierung die Verantwortung für seine Erhaltung zu. Es mag sein, daß das Deutsche insgesamt weniger stark bedroht ist als andere Minderheitensprachen Frankreichs, doch der vom Französischen ausgehende Druck ist einfach überwältigend und der Hauptgrund dafür, daß das Deutsche aus immer mehr Domänen verdrängt wird. Von offizieller Seite wird das Deutsche zwar toleriert, doch keineswegs gefördert. Wie Vassberg (1993) unterstreicht, hat der heute zu beobachtende sprachliche Wandel aber weniger mit den jüngsten Entwicklungen als mit langfristigen sozio-historischen Prozessen zu tun. Gemeint ist die Ausprägung neuer Identitäten inmitten ständig wechselnder sozialer, nationaler und sogar internationaler Koordinaten. Nüchtern betrachtet sieht es also ganz danach aus, daß die äußerst labilen Verhältnisse der Gegenwart innerhalb der nächsten Generation einem voll ausgeprägten Monolingualismus (Französisch) weichen werden.

8.3.4 Südtirol

Geschichtlicher Hintergrund

In Südtirol treffen wir auf eine wiederum andere Konfiguration. Der ausgesprochen enge Kontakt zwischen dem Deutschen und dem Italienischen besteht noch nicht sehr lange, und die gegenwärtige Situation wirkt relativ stabil. Jene Stabilität kam aber nicht ohne große soziale Unruhen zustande, zumal es recht lange gedauert hat, bis die unter faschistischer Herrschaft zugefügten Wunden verheilt waren. Die südliche Hälfte der österreichischen Provinz Tirol (wo zwei Drittel der Gesamtbevölkerung Tirols leben) wurde zu einem Teil Italiens, als man nach dem ersten Weltkrieg diverse europäische Grenzen veränderte. Der Umstand, daß dieser Schritt ohne ein Referendum unternommen wurde (die Mehrzahl hätte sich wahrscheinlich gegen den Vorschlag ausgesprochen – vgl. Kramer 1981: 22–24), führte in großen Teilen der betroffenen deutschsprachigen Bevölkerung verständlicherweise zu tiefer Verbitterung. Die 1922 an die Macht gekommene faschistische Regierung Italiens verfolgte eine Politik, die auf eine vollständige Assimilation der deutschsprachigen Bevölkerung abzielte, und griff auf Methoden zurück, die auch von französischen bzw. deutschen Regierungen in Elsaß-Lothringen angewendet wurden. Die deutsche Sprache wurde unterdrückt und damit ihrem allmählichem Verfall preisgegeben.

Von einem bestimmten Punkt an war sie in allen öffentlichen Bereichen verboten, wurde aber in den Familien und in der Kirche notdürftig weitergepflegt und unter der 1943 erfolgten Okkupation der Region durch Deutschland mit neuem Leben erfüllt. Zu jenem Zeitpunkt hatte sich allerdings die Position des Deutschen als die Sprache der überwältigenden Bevölkerungsmehrheit spürbar verschlechtert. Es war eine Reihe von Maßnahmen ergriffen worden, die zu einer Verschiebung der demographischen Verhältnisse in Südtirol geführt hatten. Besonders nachhaltig wirkten sich die Industrialisierung und die sog. ‚Option‘ aus. 1935 initiierte die italienische Regierung ein Programm rasanter industrieller Expansion, die den vorwiegend landwirtschaftlich tätigen Deutschsprachigen Einfluß entzog und Italiener aus anderen Landesteilen nach Südtirol lockte. 1939 kam es infolge des zwischen Hitler und Mussolini geschlossenen Vertrages über Südtirol zu einer noch viel einschneidenderen Entwicklung: Die deutschsprachige Bevölkerung Südtirols wurde vor die Wahl gestellt, in Italien zu bleiben und jeglichen Ansprüchen auf Minderheitenschutz zu entsagen oder aber auszuwandern. 80% entschieden sich für letzteres, doch der Ausbruch des Zweiten Weltkriegs behinderte die vollständige Umsetzung der *Option*, und als der Krieg beendet war, nutzten viele der Ausgereisten die Möglichkeit, in ihre Heimatorte zurückzukehren. Nichtsdestotrotz hat sich die deutschsprachige Bevölkerung Südtirols in jenen Jahren um rund ein Fünftel (etwa 50000) verringert. Gemeinsam mit der durch den phänomenalen wirtschaftlichen Aufschwung in der Nachkriegszeit ausgelösten starken Zuwanderung von Italienern aus anderen Landesteilen, liefern jene Ereignisse eine Teilerklärung für die Veränderung des ursprünglichen Verhältnisses der deutschsprachigen zur italienischsprachigen Bevölkerung von 76% vs. 10,5% (1921) zu 62% vs 33% im Jahre 1953 (1981: 35–40, 49–51; Egger 1977: 35–37).

Im Gefolge des Krieges einigte man sich auf einen notdürftigen Frieden, unter dessen Dach beide Seiten durch die Förderung ihrer Sprache auf Kosten der anderen um Einfluß rangen. Erst 1972 kam es mit der Annahme des Autonomiestatuts zu einem Schritt, der die Situation zu stabilisieren versprach. Im Autonomiestatut wird der bilinguale Status quo anerkannt und begründet. Es enthält u.a. die folgenden Bestimmungen (Egger 1977: 51–54, 126–28; Kramer 1981: 89–92):

- Im Laufe von maximal 30 Jahren sind die Stellen in der öffentlichen Verwaltung so umzuverteilen, daß alle Sprachgruppen entsprechend ihrer zahlenmäßigen Stärke repräsentiert sind („ethnischer Proporz"). (1971 waren laut Eisermann [1981: 27] die öffentlichen und halböffentlichen Stellen zu 25,8% von Deutschsprachigen und zu 72,5% von Italienischsprachigen besetzt, was in etwa der Umkehrung der Anteile dieser zwei Gruppen an der Gesamtbevölkerung von Südtirol entspricht).

- Alle Bürger haben das Recht, im Verkehr mit öffentlichen Ämtern ihre Muttersprache zu gebrauchen. Gesetze, Dekrete, amtliche Urkunden u. dgl. werden zwar weiterhin in der offiziellen Staatssprache (Italienisch) verfaßt, doch die Behörden sind verpflichtet, sich im mündlichen Verkehr der Sprache der Parteien zu bedienen.

- In Entsprechung zum vorhergehenden Punkt wird von allen Beamten erwartet, daß sie sowohl des Deutschen als auch des Italienischen mächtig sind (was noch immer keineswegs der Fall ist).

- Schulen sind hinsichtlich der Unterrichtssprache generell einsprachig (und die Eltern entscheiden, welche Schule von ihren Kindern besucht wird). Sie müssen jedoch die jeweils andere Sprache als Zweitsprache anbieten und von Lehrern unterrichten lassen, die diese Sprache zur Muttersprache haben. Gleichzeitig haben diese Lehrer in der jeweils anderen Sprache kompetent zu sein. Im Unterschied zum Elsaß läßt sich in Südtirol der Bedarf an solchen Lehrern insgesamt recht gut decken, obgleich es nicht viele Italienischlehrer gibt, die auch die zweite Bedingung einwandfrei erfüllen.

Wie dem auch sei, die zur Beschwichtigung der deutschsprachigen Bevölkerung und zur Beförderung größerer Harmonie in der Provinz ergriffenen Maßnahmen haben auch zu einigen weniger erfreulichen Entwicklungen geführt. Die konsequente Einhaltung der Bestimmungen über proportionale Repräsentation birgt z. B. das Risiko, daß bestimmte Arbeitsplätze in Ermangelung eines geeigneten (d. h. deutschsprachigen) Kandidaten längere Zeit unbesetzt bleiben. Was noch schwerer wiegt und natürlich zu einigen Spannungen geführt hat, ist die Tatsache, daß für italienischsprachige Interessenten Bewerbungen möglicherweise bis ins Jahr 2000 von vornherein so gut wie sinnlos sind. Es hat sich gezeigt, daß einige Italienischsprecher dieses Problem umgehen, indem sie sich ganz legitim als offiziell deutschsprachig ausgeben. Des weiteren schicken viele ihre Kinder auf deutsche Schulen, was von einigen Deutschsprachigen als eine Bedrohung empfunden wird (Kramer 1981: 57; Lüsebrink 1986: 76; Tyroller 1986: 20).

Sprachgebrauch

Wie Tabelle 8.1 belegt, haben sich im Laufe der letzten fünfzig Jahre in bestimmten Domänen wichtige Veränderungen im Sprachgebrauch ergeben. Zum Ende der faschistischen Ära setzte in der deutschsprachigen Bevölkerung Bilingualismus ein: ein Trend, der heute die meisten öffentlichen Domänen erfaßt hat. Gleichzeitig kam die italienischsprachige Bevölkerung zunehmend zu dem Schluß, daß die aktive Beherrschung des Deutschen generell wünschenswert und in bestimmten Situationen unentbehrlich ist. Mit Einstellungen zu Sprachen und insbesondere zu Bilingualismus werden wir uns in Kürze befassen. Zunächst interessiert uns die Frage, in welchem Maße Deutsch und Italienisch in zweisprachigen Familien zur Anwendung kommen.

D = Deutsch	I = Italienisch		DI = Deutsch und Italienisch	
Domänen	Deutsche Sprachgruppe			Italienische Sprachgruppe
	1918	1938	1976	1938	1976
Familie	D	D	D	I	I
Nachbarschaft/Freundschaft	D	D	D	I	I
Religion	D	D	D	I	I
Erziehung/Schule	D	I	D	I	I
Massenmedien	D	DI	DI	I	I
Arbeit/Beruf					
Landwirtschaft	D	D	D	I	I
Industrie		DI	I	I	
Tertiärer Sektor	D	DI	DI	I	DI
Öffentliche Verwaltung	D	I	DI	I	DI
Verbände	D	D	DI	I	I

Tabelle 8.1 Südtirol: Veränderung des Sprachgebrauchs bei der deutschen und italienischen Sprachgruppe im Zeitraum 1918–1976 (nach Domänen)
Quelle: Egger (1977) (gekürzt)

Eine Studie zum Sprachverhalten von Kindern in Mischehen (Egger 1977: 69f) ergab u. a. die folgenden Daten:

(1) 50% sprachen zu Hause sowohl Deutsch als auch Italienisch
    34% sprachen zu Hause nur Italienisch
    16% sprachen zu Hause nur Deutsch
(2) Sprachwahl entsprechend den Sprachen der Eltern,
    in Reihenfolge der Präferenzen:
A. italienischsprachiger Vater, deutschsprachige Mutter
    1 Deutsch und Italienisch   2 Italienisch   3 Deutsch
B. deutschsprachiger Vater, italienischsprachige Mutter
    1 Italienisch   2 Deutsch und Italienisch   3 Deutsch

Ohne aus den Augen zu verlieren, daß Bilingualismus unter den Deutschsprachigen weiter verbreitet ist als unter den Italienischsprachigen, können wir die vorsichtige Schlußfolgerung ziehen, daß im allgemeinen (also z. T. auch dort, wo beide Sprachen verfügbar sind) das Italienische bevorzugt wird. Die Wahrscheinlichkeit, daß Italienisch gewählt wird, ist besonders hoch, wenn die Mutter italienischsprachig ist. Zwei Drittel der Kinder, die zu Hause nur eine Sprache benutzten, bedienten sich des Italienischen, und jedes zweite Kind mit einem deutschsprachigen Vater sprach mit ihm italienisch.

Einstellungen

Was das Deutsche angeht, können wir zunächst einmal feststellen, daß wie
in Luxemburg und in der Deutschschweiz die von allen Angehörigen der
deutschsprachigen Minderheit beherrschte lokale Sprachform als ein Symbol der Identität und des Zusammenhalts der Gruppe akzeptiert wird und
entsprechendes Prestige genießt. Dabei steht es in einem Diglossie-Verhält-
nis zu Standarddeutsch, das in formelleren Domänen und Situationen (Kirche, Schule und Presse, öffentliche Vorträge u. dgl.) angewendet wird. Die
deutschsprachige Bevölkerung ist sich sehr wohl darüber im klaren, daß sie
zur Bewahrung ihrer Sprache und Identität und zum Schutz vor ,Verelsäs-
serung' enge Kontakte mit dem Wirkungsbereich der deutschen Kultur unterhalten muß (Egger 1977: 14–16, 155–57, 161). So wird ständig auf die historische Verbindung zur übrigen deutschsprachigen Welt hingewiesen und
unermüdlich dagegen angegangen, daß das Südtiroler Deutsch vom Italienischen ,verunreinigt' wird: Der bei weitem größte Teil der Literatur zur
Sprache in Südtirol bezieht sich auf das angebliche Problem italienisch-deut-
scher Interferenzen (siehe 8.5).

Welcherart Befürchtungen dieser Gedanke auch immer auslösen mag,
die deutschsprachige Bevölkerung weiß sehr wohl um die Notwendigkeit
von Italienischkenntnissen. Umgekehrt hat die italienischsprachige Bevölkerung, für die es bis zum Krieg keinerlei Anreize zum Erwerb des Deutschen gab, erst in der jüngeren Vergangenheit Fertigkeiten in der Mehr-
heitssprache ihrer Region schätzen gelernt. Wie wir bereits erwähnten,
werden Deutschkenntnisse für viele berufliche Laufbahnen sogar zur Bedingung gemacht. Es stimmt, daß sich die überwältigende Mehrheit der
Italienischsprachigen auf drei Städte verteilt und die zwei Sprachgruppen
insbesondere in Bozen/Bolzano dazu tendieren, sich in verschiedenen
Stadtteilen anzusiedeln und wenig Verbindung zur jeweils anderen
Gruppe zu unterhalten (Tyroller 1986: 26f). Im Unterschied zur Schweiz
und zu Belgien gibt es jedoch in Südtirol kein Territorialitätsprinzip. Die
beiden Gruppen sind nicht in klar umreißbaren Gebieten konzentriert, so
daß ein bestimmtes Maß an Kontakten unvermeidlich ist. Die Konsequenz
dieser Verhältnisse besteht heute im wesentlichen darin, daß man zwar auf
beiden Seiten nach wie vor generell der eigenen Sprache den Vorzug gibt,
gleichzeitig aber dem Bilingualismus eine höhere Wertschätzung zuteil
werden läßt denn je zuvor. Auch in letzterer Hinsicht setzt sich Südtirol von der oben besprochenen Situation ab. In Anlehnung an Egger sind
wir der Meinung, daß sich die Südtiroler bezüglich ihrer sprachlichen Zukunft über zwei entscheidende Fragen klar werden müssen (Egger 1977:
158–60):

(1) Wie weit läßt sich Zweisprachigkeit vorantreiben, ohne die Zukunft des Deutschen
    aufs Spiel zu setzen?

(2) Auf welche Art und Weise kann man, da keine Gefährdung des Italienischen vorliegt, am schnellsten und effektivsten zu Zweisprachigkeit übergehen?

Aussichten

Die im vorangehenden Abschnitt besprochene Literatur vermittelt den Eindruck, daß sich in Südtirol stabiler deutsch-italienischer Bilingualismus, aber keine Diglossie, ausprägt. Andererseits ist bekannt, daß eine solche Konfiguration vornehmlich für Epochen raschen sozialen Wandels charakteristisch und selten von langer Dauer ist. Südtirol kennt so gut wie keine spezifischen Domänen, in denen die ausschließliche Verwendung der einen oder anderen Sprache obligatorisch ist. Keiner der Sprachen wird irgendeine spezifische Funktion zugeordnet, und so beruht die fortwährende Existenz zweier Sprachen einzig und allein auf der Tatsache, daß sich die sie tragenden Gruppen für verschieden halten. Wie aber Denison (1980: 335) bestätigt, besteht keine ursächliche Beziehung zwischen Mehrsprachigkeit und Sprachwandel, wohl aber eine hohe Wahrscheinlichkeit, daß sich Bilingualismus ohne Diglossie in einer derartigen Situation als ein Durchgangsstadium erweist und früher oder später durch Monolingualismus zugunsten der dominanten Sprache abgelöst wird.

Die Aussichten für stabile Zweisprachigkeit in Südtirol sind also nicht besonders positiv, doch es ist sicherlich zu früh, von einem „Todesmarsch" zu sprechen (Egger 1977: 161), denn die ‚dominante' Sprache (das Italienische) ist das Kommunikationsmedium einer sozialen Minderheit, und die Mehrheit der Bevölkerung wirkt fest entschlossen, sich einer derartigen Entwicklung erfolgreich entgegenzustellen. Als eine reale Bedrohung stabiler Zweisprachigkeit könnten sich Aspekte des Programms der Südtiroler Volkspartei erweisen, man denke nur an die 1981 eingeführte für alle Bürger obligatorische ‚Sprachgruppenzugehörigkeitserklärung', in der es nur die Kategorien ‚deutschsprachig' und ‚italienischsprachig' gibt (‚zweisprachig' ist folglich nicht akzeptabel) (Bettelheim 1982: 5). Des weiteren ist noch immer festzustellen, daß die zwei Sprachgruppen aneinander vorbeileben: Vor allem im Bildungsbereich gibt es keinerlei Anzeichen von Integration, und es stehen keine entsprechenden Maßnahmen in Aussicht. Im Vergleich mit ihresgleichen in Ostbelgien sowie im Elsaß und in Lothringen sind die Deutschsprachigen in jenem Teil Norditaliens in einer beneidenswerten Situation: Südtirol hat das Potential, sich zu einem Musterbeispiel harmonischer Zweisprachigkeit zu entwickeln. Ob es dieses Ideal erreichen wird, hängt nun weniger von Gesetzen als von der Entschlossenheit seiner Bewohner ab.

8.4 Sprachliche Minderheiten in Deutschland und Österreich: Spracherhaltung, Sprachrückgang und Sprachwechsel

Der letzte Abschnitt galt der Besprechung einiger westlich und südlich der deutschsprachigen Länder festzustellenden Kontaktsituationen. Unser Hauptanliegen war die Illustration der in verschiedenen Fällen von Sprachkontakt wirksamen Wechselbeziehungen und Interaktionen. Jede der genannten Situationen weist ein eigenes Profil auf, ist aber den übrigen insofern verbunden, als das Deutsche in einem benachbarten Staat das Kommunikationsmedium einer Minderheit darstellt.[8]

In diesem Abschnitt geht es uns um die Umkehrung solcher Situationen, d. h. um Kontaktsituationen in Deutschland und Österreich. Wie wir in Kapitel 7 argumentierten, sind unserer Definition entsprechend alle sog. deutschsprachigen Länder als multilinguale Gesellschaften zu betrachten. Gleichzeitig sei betont, daß sich die einzelnen sprachlichen Minoritäten in wesentlichen Aspekten voneinander unterscheiden. Zu diesen Aspekten gehören z. B. ihre Größe (Sprecherzahl) und räumliche Konzentration sowie der Zeitraum, über den sie einen abgrenzbaren Teil der örtlichen Bevölkerung gebildet haben. Die nachfolgend besprochenen Gruppen sind relativ klein (bedeutend kleiner als die Gruppen der in Deutschland lebenden Türken, Griechen, Italiener oder Polen), weisen aber eine lange Geschichte und traditionelle Bindungen an bestimmte Landschaften auf.

Geographisch gesehen stellen die nun zur Sprache kommenden Fälle eine Ergänzung der oben diskutieren Beispiele dar, denn sie befinden sich im Norden, Osten und Südosten des deutschsprachigen Raums. Um den Rahmen unserer Diskussion etwas zu erweitern, wollen wir hier jedoch zwei verschiedene Ansätze verfolgen. Die komplexen soziolinguistischen Verhältnisse in Schleswig und die Situation der sorbischen Minderheit in der Lausitz werden in relativ groben Zügen aus einer makrosoziolinguistischen Perspektive beurteilt, während wir bei der Auswertung individueller Studien zum Slowenischen in Kärnten und zum Ungarischen im Burgenland auf eine feinkörnigere, ethnographische Sichtweise zurückgreifen. Im Zusammenhang mit den zwei letztgenannten Studien sei daran erinnert, daß die hier gewählte mikro-soziolinguistische Perspektive auf der schwerpunktartigen Beobachtung engumgrenzter Gemeinschaften beruht und generelle Beschreibungen, wie sie für die Fallstudien in Deutschland vorliegen, prinzipiell ausschließt.

---

[8] Wie wir bereits erwähnten, gibt es in nahezu allen die deutschsprachigen Länder begrenzenden Staaten deutschsprachige Minderheiten. Da wie hier keinen Anspruch auf Vollständigkeit erheben, seien interessierte Leser auf speziellere Beiträge verwiesen: Ammon 1991, Kap. 5, Born/Dickgießer 1989.

8.4.1 Schleswig

Der seit 1920 zu Deutschland gehörende und heute einen Teil des Bundeslandes Schleswig-Holstein bildende südliche Abschnitt des ehemaligen Fürstentums Schleswig ist ein Ort von außerordentlicher sprachlicher Mannigfaltigkeit. In dem relativ kleinen Gebiet zwischen dem Eider-Fluß und der Grenze zu Dänemark sowie den vor der Westküste liegenden Inseln begegnen uns in diversen Erscheinungsformen fünf verschiedenen Sprachtypen. Neben den Standardformen des Dänischen und des Deutschen spricht man hier noch immer traditionelle nordfriesische, südjütländische und niederdeutsche Mundarten. Dieses Mosaik ist nicht zuletzt auch deshalb so kompliziert, weil das Nordfriesische, dem normalerweise der Status einer eigenständigen Sprache zugebilligt wird, eine Sammelbezeichnung für neun extrem disparate Mundarten darstellt, die zum Teil kaum noch wechselseitig verständlich sind. Obwohl diese erstaunliche Situation mindestens bis in die Mitte des 19. Jahrhunderts zurückreicht und damit gut anderthalb Jahrhunderte überdauert hat, hat man herausgefunden, daß sich die Position der traditionellen Sprachformen seit geraumer Zeit verschlechtert und viel dafür spricht, daß sich die sprachliche Zusammensetzung der Region aufgrund der anhaltenden politischen Stabilität und der sozialen und wirtschaftlichen Modernisierung über die nächsten fünfzig Jahre enorm vereinfachen wird.

Von außen betrachtet scheinen bei einem so dichten Nebeneinander vieler verschiedener Sprachvarietäten Konflikte geradezu vorprogrammiert, zumal die hier vorliegenden Formen ursprünglich mit verschiedenen Ethnien (Friesen, Juten, Sachsen usw.) assoziiert wurden. Obgleich viele der sie tragenden Gruppen seit Jahrhunderten in diesem Gebiet verwurzelt sind, kam es in Wirklichkeit zu nur einer ernsteren kämpferischen Auseinandersetzung, und zwar im Rahmen der deutsch-dänischen Grenzstreitigkeiten. In den siebzig Jahren bis zum Ausbruch des Ersten Weltkriegs versuchte man in ähnlicher Art und Weise wie in den oben beschriebenen Kontaktgebieten, sprachliche Normen zu etablieren. Zunächst bemühten sich die Dänen, sowohl das Südjütländische (einen dänischen Dialekt) als auch die weiter südlich an dessen Stelle getretenen niederdeutschen Dialekte durch die zur Amtssprache ernannte dänische Standardform zu ersetzen. Als infolge des Deutsch-Dänischen Krieges von 1864 ganz Schleswig in preußische Hand fiel, wurde dieser Prozeß praktisch umgekehrt (vgl. Søndergaard 1980: 300–302). Seit der Grenzziehung von 1920 ist Schleswig zweigeteilt, und es gibt auf beiden Seiten der Staatsgrenze Sprachminderheiten (deutsch- bzw. dänischsprachig), die inzwischen offiziell anerkannt und geschützt werden.

Die Rechte und Interessen der beiden Minderheiten sind in einer Reihe dänisch-deutscher Regierungsabkommen festgeschrieben, allen voran die Erklärungen von Bonn/Kopenhagen von 1955 (deren Gültigkeit 1990 im Zusammenhang mit der Vereinigung der beiden deutschen Staaten bekräftigt wurde). Die gesetzlich verankerte Gewährung fundamentaler Rechte (auf die Pflege der eigenen Sprache, Bräuche und Kultur, auf Schulunterricht in der Minderheitssprache, die Aufrechterhaltung enger Verbindungen mit dem ‚Mutterland' u. dgl.) wird durch ein Netz von örtlichen und regionalen Organisationen ergänzt, die dafür sorgen, daß jene Prinzipien im realen Alltag erfahren und gelebt werden.

Wo offizielle sprachplanerische Eingriffe zugunsten von Standardvarietäten ohne langfristigen Erfolg geblieben sind, wird der Fortbestand der verschiedenen Mundarten unaufhaltsam durch deren ‚natürlichen Verschleiß' untergraben. Das Südjütländische gilt zwar nicht als existenziell bedroht (es erfreut sich noch immer einer weiten Verbreitung in Süddänemark), ist aber seit dem späten Mittelalter aufgrund der Ausbreitung des Niederdeutschen immer weiter nach Norden abgedrängt worden und hat heute auf deutschem Boden nur noch eine winzige, dicht an der dänischen Grenze lebende Sprechergemeinschaft. Zur Jahrhundertwende wird es das Südjütländische höchstwahrscheinlich nur noch in Dänemark geben (Søndergaard 1980: 298, Walker 1987: 143).

Auch das Nordfriesische ist zunehmend vom Niederdeutschen und von den deutschen Standardvarietäten eingeholt worden. Im Unterschied zum Südjütländischen kann es aber, wenn seine aus einem schmalen Streifen der Westküste von Schleswig und den Nordfriesischen Inseln bestehende Basis verlorengeht, nirgendwohin zurückgedrängt werden. Die Anzahl seiner Sprecher hat sich Schätzungen zufolge im Laufe der letzten hundert Jahre von über 27 000 auf etwa 8000–9000 verringert (Schleswig-Holsteinischer Landtag 1987: 26).

Der Rückgang des Friesischen läßt sich auf eine ganze Reihe von Faktoren zurückführen. Eine besonders große Rolle spielte der Umstand, daß die Friesischsprachigen keine homogene Gruppe bilden, sondern schon immer auf viele relativ isolierte Gemeinden verteilt gewesen sind. Dies hatte zur Folge, daß zwischen den einzelnen friesischen Dialekten erhebliche Differenzen entstanden sind und es weder eine schrift- noch eine sprechsprachliche Standardform gibt. Als sich schließlich die allgemeine Mobilität erhöhte und Kontakte zwischen Sprechern verschiedener Dialekte zustande kamen, bedurfte man einer *lingua franca*. Viele Jahre lang erfüllten Varietäten des wirtschaftlich und gesellschaftlich überlegenen Niederdeutschen diese Funktion, doch aufgrund des besonders seit dem Zweiten Weltkrieg spürbaren Prestige-Verlustes des Niederdeutschen geht man heute eher direkt zu einer Form der standardnahen Umgangssprache oder zu Nichtstandard-Varietäten des Deutschen über.

Intensivierend und beschleunigend wirken natürlich (in diesem Zusammenhang schon mehrfach hervorgehobene) Faktoren wie die Verbesserung der Kommunikationsbedingungen, die Zentralisierung des Bildungssystems und bestimmte Anforderungen am Arbeitsplatz (besonders in staatlichen

Einrichtungen und im Dienstleistungssektor). Auf der persönlichen Ebene gestalten sich die Zwischenstadien des Sprachwechsels erheblich komplizierter. Wenn sich auch von außen eine Art Diglossie-Muster ausmachen läßt, wird die individuelle Sprachwahl doch häufig durch bestimmte situative Gegebenheiten motiviert. Man betrachte beispielsweise die von Walker (1980a: 23f) aufgezeichneten Sprachgebrauchsstrukturen einer einzigen Familie:

Der Vater spricht mit seinen Eltern, seinem Bruder, seines Bruders Frau und deren Kindern Friesisch (F). Mit seiner eigenen Frau spricht er Niederdeutsch (ND) und mit seinen Kindern Hochdeutsch (HD)[9]. Es liegt also eine F-ND-HG-Folge vor. Die Mutter spricht hingegen mit ihren Eltern HD, mit ihrem Mann ND und mit ihren Kindern HD. Mit ihrer Schwiegermutter spricht sie ND und mit ihrem Schwiegervater F. Mit ihrem Bruder spricht sie HD, aber mit dessen Frau und Kindern ND. Mit dem Bruder ihres Mannes und dessen Kindern spricht sie F, aber mit der Frau des Bruders ihres Mannes ND. Ihre Kinder sprechen untereinander und mit ihren Großmüttern HD, aber mit ihrem Großvater väterlicherseits F. Mit ihrem Onkel mütterlicherseits und dessen gesamter Familie sprechen sie HD und mit ihrem Onkel väterlicherseits und dessen Kindern F, aber mit dessen Frau sprechen sie HD.

Historisch betrachtet stehen die Chancen für ein Überleben des Nordfriesischen äußerst schlecht. Seine Sprecherzahl ist nie besonders hoch gewesen, und die von anderen Sprachformen ausgehende Konkurrenz ist einfach überwältigend. Unter solchen Umständen hängt der Fortbestand einer Sprachform ganz und gar von offiziellen Fördermaßnahmen und zielstrebigem gemeinschaftlichem Engagement an der Basis ab. Bis vor kurzem gab es auf keiner Seite nennenswerte Aktivitäten, was z. T. in unterschiedlichen Ansichten der Friesischsprachigen selbst begründet zu sein schien. Zum einen gibt es Gemeinschaften wie die Bewohner der Insel Sylt, die sich tourismusbedingten Wohlstands erfreuen und dank ihrer Isolation in der Lage sind, trotzdem eine eigene Identität zu bewahren und diese unter Verwendung ihrer traditionellen friesischen Mundart auszuleben. Zum anderen gibt es Gemeinden auf dem Festland, die wirtschaftlich eher schwach entwickelt und durch den Zuzug von Deutschsprachigen stark aufgelockert worden sind. Hier macht sich zum einen ein fortschreitender Verlust örtlicher Identität und zum anderen ein Bedürfnis, das Image gesellschaftlicher Rückständigkeit abzuschütteln, bemerkbar, so daß man in jenen Landstrichen relativ wenig Engagement für das Friesische vorfindet (vgl. Walker 1980b: 456f). Alles in allem hat das Friesische aber in den letzten zwei Jahrzehnten an populärem Zuspruch gewonnen. 1987 gab der Schleswig-Holsteinische Landtag einen Bericht zur Sprache und Kultur der friesischen Bevölkerung in Auftrag, mit dessen Hilfe die gesamte Bevölkerung stärker auf die Situation der Friesen aufmerksam gemacht und eine stärkere Förderung friesischer Kultur eingeleitet werden sollte. Zu den daraufhin erfolgten positiven Schritten zählt die

---

[9] Es wird nicht mitgeteilt, was konkret mit ‚HD‘ gemeint ist. Vermutlich handelte es sich um Formen, die wir als standardnahe bzw. dialektnahe Umgangssprache klassifizieren.

Bereitstellung von Geldern für Friesischunterricht an Schulen sowie die Herausgabe wissenschaftlicher und populärwissenschaftlicher Literatur über die
Sprache, was von der Öffentlichkeit im allgemeinen positiv aufgenommen
wurde. All diese Phänomene müssen jedoch in einem Licht gesehen werden,
das ihre faktische Einbindung in eine teilweise voll durchorganisierte Dialekt-
Begeisterungswelle enthüllt. Diese ist wiederum als eine Dimension der welt-
weit Hochkunjunktur feiernden *Heritage*-Industrie (kommerzialisierte Hei-
mattümelei) zu deuten. Das Interesse am Friesischen mag in vielen Fällen
durchaus echt sein, es ist aber nicht grenzenlos. Viele Eltern begrüßen, daß an
manchen Schulen Friesisch angeboten wird, scheinen aber nichts dagegen zu
haben, daß jene Unterrichtsveranstaltungen auf freiwilliger Basis stattfinden,
und sprechen wahrscheinlich mit ihren eigenen Kindern eine Form von Standarddeutsch (Walker 1987: 138). Die dem Friesischen gegenwärtig zuteil werdende Unterstützung mag ihm ein begrenztes Weiterleben sichern, wie es
auch traditionelle Handwerke erfahren, doch es wird seinen endgültigen Verfall sicher nicht verhindern, sondern bestenfalls hinauszögern können.

8.4.2 Die Lausitz

Die im äußersten Osten Deutschlands gelegene Lausitz ist ein relativ vage
definiertes Gebiet. Sie grenzt an Polen und die Tschechische Republik und
gehört administrativ zu den Bundesländern Brandenburg und Sachsen. Seit
dem 7. Jahrhundert gilt die Lausitz als die Heimat der ,*smallest Slavonic nation*' (Stone 1972), der Sorben (Wenden).[10] Im Unterschied zu den meisten
anderen slawischen Völkern haben die Sorben nie ein eigenes staatliches
Gebilde errichtet, sondern, soweit wir dies zurückverfolgen können, stets
mehr oder weniger wohlbehalten unter deutscher Herrschaft gelebt. Politische Abhängigkeit, eine vorwiegend ländliche Basis, die anhaltende Kolonisierung des Gebietes durch deutsche Herrscher und generell feindselige
Einstellungen auf seiten der Bevölkerungsmehrheit sowie ein Mangel an
innerem Zusammenhalt sind Umstände, angesichts derer man dem Sorbischen nur schwache Überlebenschancen einräumen würde. Obwohl es im
Gefolge der kurzlebigen ,nationalen Wiedergeburt' des 19. Jahrhunderts in
der Tat zu einer ausgedehnten Phase des Rückgangs kam, hat sich das sorbische Volk aber bislang einer vollständigen Assimilation erwehren können.

---

[10] Die sorbische Bezeichnung lautet *Serb*ja bzw. *Serby* (adj. *serbski*). Der deutsche Ausdruck
,Wenden' war einst ein weit verbreitetes Synonym zu ,Sorben', wurde aber in der DDR
offiziell abgelehnt. Er findet heute wieder in wachsendem Umfang unter den Niedersor-
ben Verwendung, die damit ihre traditionell durch das Elternhaus vermittelten und von
Dorf zu Dorf variierenden slawischen Mundarten von der an den Schulen vermittelten,
stark vom Obersorbischen beeinflußten niedersorbischen Standardformen abgrenzen.

Wie für so viele andere Minderheiten ging die stärkste Bedrohung für die Sorben von der in den dreißiger Jahren eingeleiteten faschistischen Gleichschaltungspolitik aus. Deren absoluten Tiefpunkt bildeten 1937 das Verbot der Sorbenorganisation *Domowina* (dt. ‚Heimat') und das Verbot, sich in der Öffenlichkeit auf sorbisch zu äußern (Oschlies 1991: 27–31). Die Zeit nach 1945 zeichnete sich durch eine zumindest äußerliche Umkehrung der repressiven Politik der Vergangenheit aus. Die DDR schien in den vier Jahrzehnten ihrer Existenz ihrer einzigen autochthonen Minderheit ein Maß an offizieller Unterstützung zu bieten, das alles Vorausgegangene übertraf, und die im Einigungsvertrag (1990) vermerkte Erklärung guten Willens wurde binnen kurzer Zeit durch eine Reihe praktischer sorbenfördernder Maßnahmen ergänzt. Die in der DDR und der an ihre Stelle getretenen Bundesrepublik gewährte Unterstützung sollte freilich differenziert beurteilt werden. Für die DDR ist hinzuzufügen, daß die in Übereinstimmung mit dem sowjetisch inspirierten Prinzip der Unterscheidung zwischen *Nationalität* und *Staatsbürgerschaft* erwiesene offizielle Anerkennung sowie das Zugeständnis entsprechender Rechte ein hohes Maß an politischer Anpassung zum Preis hatten. Die Regierung übte Kontrolle über und entsprechenden Druck auf die *Domowina* und andere Organisationen aus, so daß die spezifisch sorbischen Interessen stets denen des Staates untergeordnet werden konnten. Die Verfassung garantierte beispielsweise das Recht, die sorbische Sprache zu erlernen und in der Öffentlichkeit zu verwenden,[11] aber die Möglichkeit, von diesem Recht Gebrauch zu machen, wurde zunehmend untergraben, da man gleichzeitig Maßnahmen ergriff, die auf einen eingeschränkten Zugang zum Sorbischunterricht hinausliefen.[12] Mit der Vereinigung ging die

---

[11] Im Art. 11 der Verfassung von 1949 hieß es: ‚Die fremdsprachigen Volksteile der Republik sind durch Gesetzgebung und Verwaltung in ihrer freien volkstümlichen Entwicklung zu fördern; sie dürfen insbesondere am Gebrauch ihrer Muttersprache im Unterricht, in der inneren Verwaltung und in der Rechtspflege nicht gehindert werden'. Art. 40 der Verfassung von 1974 bestimmte: ‚Bürger der Deutschen Demokratischen Republik haben das Recht zur Pflege ihrer Muttersprache und Kultur. Die Ausübung dieses Rechts wird vom Staat gefördert.'

[12] Die entsprechende Verfügung zur Regelung der Schulverhältnisse in den sorbischen Sprachgebieten der Länder Sachsen und Brandenburg (1952) führte eine Unterscheidung zwischen sog. A- und B-Schulen ein. An ersteren das Sorbische als Unterrichtssprache, an letzteren wurde Sorbisch als Fach (und damit praktisch nur noch als Fremdsprache) angeboten. Eine 1962 erlassene Anweisung besagte, daß bestimmte Fächer (darunter Mathematik und andere Naturwissenschaften) ausschließlich in Deutsch zu erteilen seien. Die zwei Jahre später verabschiedete 7. Durchführungsbestimmung zum Volksbildungsgesetz von 1959 sorgte dafür, daß Sorbischunterricht selbst an A-Schulen fakultativ wurde, so daß Eltern, die daran interessiert waren, daß ihre Kinder in der Schule Sorbisch lernten, eine ausdrückliche Teilnahmeerklärung einreichen mußten. Jene Maßnahme hatte besonders tiefgreifende Konsequenzen: Die Zahl der am Sorbischunterricht Teilnehmenden sank im selben Jahr von 12 000 auf 3000 (Dahms-Meškank et al. 1993: 22f; Elle 1991: 61ff)

Verantworung für konkrete sprachplanerische und sorbenfördernde Maßnahmen an die betreffenden Organe der Bundesländer über, und die Regierungen von Brandenburg und Sachsen achteten sehr darauf, die Bedürfnisse
und Wünsche der Sorben beim Entwurf ihrer Verfassungen und anderer ge-
setzlicher Regelungen gebührend zu berücksichtigen. Bereits im Oktober
1991 gründete sich in Bautzen/Budyšin die Stiftung für das sorbische Volk,
deren ursprünglich 32 Mill. DM umfassendes Budget zur Förderung verschiedenster Organisationen und Einzelprojekte verwendet wird. Der Nutzen dieser Maßnahmen ist unbestreitbar, aber man braucht wohl kein ausge-
sprochener Zyniker zu sein, um zumindest einen flüchtigen Zusammenhang
zwischen diesen Schritten und den gleichzeitig laufenden Verhandlungen
über die Interessen der in den östlichen Nachbarstaaten lebenden deutschsprachigen Minderheiten zu sehen.

Welche Konsequenzen solche Entwicklungen langfristig für die Lebenskraft der sorbischen Kulturgemeinschaft haben, läßt sich aus heutiger Sicht
wohl nicht beurteilen. Das überproportionale öffentliche Profil dieser kleinen Minorität mag in den ersten Jahren nach der Vereinigung bei vielen über-
schwenglichen Optimismus ausgelöst haben, doch das Erbe der kolossalen
Veränderungen der Nachkriegsjahre gibt weiterhin Grund zu eher nüchter-
nen Prognosen. Zu jenem Erbe gehören die massive Einwanderung von
Deutschsprachigen in rasch expandierende Industriestandorte (wie Cottbus/
Chóśebuz und Hoyerswerda/Wojerecy) sowie die Ankunft von deutschsprachigen Vertriebenen aus Schlesien und dem Sudetenland, gefolgt von der
Abwanderung arbeitsuchender Sorben und der Kollektivierung der Landwirtschaft. Die enorm zunehmende Berufstätigkeit der Frauen und die Zentralisierung der Kinderbetreuung bedingten eine fundamentalen Umgestaltung
der Familienstrukturen, und auch die großräumige physische Devastierung
traditioneller Siedlungsräume für den Abbau der darunter verborgenen
Braunkohle hatte tiefgreifende gesellschaftliche Konsequenzen. All diese
Entwicklungen haben die ursprünglich dichten sozialen Netzwerke angegrif-
fen und die so wesentliche Bindung der Menschen an das Land gelöst. Die
Sorben waren schon immer eine recht disparate Gemeinschaft, doch in der
Gegenwart ist ihr Zusammenhalt schwächer denn je. Wie auch die Schweizer
Eidgenossenschaft (siehe Kap. 7) könnte der *status quo* der sorbischen Kulturgemeinschaft als ein Fall von ‚Einheit in der Not' gedeutet werden, denn
die Abwesenheit einer externen Bedrohung und die zerrüttende Wirkung
des nachhaltigen sozialen Wandels haben zur Folge, daß es keine starke bin-
dende Kraft zur Bewahrung einer separaten Identität mehr gibt.

Eine entscheidende Rolle für das Ergebnis jenes Prozesses wird wahrscheinlich die Erhaltung der sorbischen Sprache spielen. Wie Elle (1992b:
123f) betont, kann Sprache eine Ethnizitäts-Komponente von vielen sein (ein
Element in einer Matrix ethnokultureller Muster), doch besonders in Europa
erweist sich Sprache vielerorts als die gewichtigste (vgl. wiederum unsere

Kommentare zur Situation in der Schweiz, Kap. 7). Die Aufgabe einer Minoritätssprache führt nicht zwangsläufig zum Verlust der jeweiligen nationalen oder ethnischen Identität, kann aber in Fällen, wo eine Volksgruppe weitgehend sozial und kulturell assimiliert ist und keinen ausschließlichen Anspruch auf ein Territorium hat, durchaus den Ausschlag geben: „Der Wegfall der Subkomponente Sprache würde die ethnische Struktur der sorbischen nationalen Gemeinschaft in einem solchen Maße deformieren, daß ihre Reproduktion wohl nicht mehr möglich wäre" (Elle 1992b: 124).

Zu DDR-Zeiten war es größtenteils schwierig, wenn nicht unmöglich, fundierte Urteile über Sprachkenntnisse und Sprachgebrauch unter den Sorben (und schon gar nicht über deren Selbstverständnis als Sorben) zu fällen, da die Erforschung solcher Aspekte behindert bzw. verboten wurde. Bis es dem Institut für sorbische Volksforschung 1987 vergönnt war, endlich eine detaillierte ethnosoziologische Studie durchzuführen, standen lediglich die Daten einer 1955–56 von Ernst Tschernik durchgeführten Erhebung zur Verfügung, die auf Eigenangaben zur Sprachbeherrschung, einem für seine Ungenauigkeit und Unzuverlässigkeit berüchtigten Indikator, beruhen (Tschernik 1956). Jener Umfrage zufolge gab es damals annähernd 81 000 Sorbischsprachige (was eine Halbierung der hundert Jahre zuvor ermittelten Zahl bedeutete), doch die routinemäßig offiziell angeführte Zahl lautete 100 000. Die Autoren der Studie von 1987 schätzten die Sprecherzahl auf 67 000. Wir können diese Gesamtwerte als einigermaßen wirklichkeitsgetreu hinnehmen, müssen aber beachten, daß sie zum einen ein hochgradig ausdifferenziertes Sprachgebrauchsmuster und zum anderen eine Vielfalt von Assoziationen zwischen Sorbischkenntnissen und subjektiv bestimmter Zugehörigkeit zur ethnischen Gemeinschaft der Sorben repräsentieren:

„Praktisch sind alle [aus diesen Konstellationen] denkbaren Kombinationen auch real vorzufinden: Kinder deutscher Umsiedler, die sich vollständig in das sorbische sprachliche und kulturelle Milieu integriert haben und sich damit identifizieren, ebenso wie Menschen sorbischer Herkunft und Muttersprache, die einer sorbischen nationalen Zugehörigkeit bewußt entsagen." (Elle 1991: 22).

Ferner sind so signifikante (und die o. g. Komponenten überlagernde) Variablen wie Region und Alter zu berücksichtigen.

Sprachlich und kulturell unterscheidet man traditionell zwischen Nieder- und Obersorbisch, was der regionalen Untergliederung ihres Verbreitungsgebiets in Niederlausitz (um Cottbus/Chośebuz) und Oberlausitz (um Bautzen/Budyšin) entspricht. Dem Niedersorbischen (Wendischen) wird schon seit einiger Zeit ein Verlust an Lebenskraft bescheinigt, und obwohl eine steigende Zahl von jungen Leuten die Sprache an der Schule erlernt, kam eine kürzlich durchgeführte empirische Studie zu der Erkenntnis, daß ihr realer Gebrauch heute weitestgehend auf die Gruppe der über Sechzigjährigen beschränkt ist und in der Altersgruppe ‚unter 21' so gut wie niemand das Niedersorbische in der Familie erwirbt (Spiess 1995). Selbst im obersorbischen Sprachgebiet ergeben Kenntnis und Gebrauch der Sprache kein uniformes Bild, weshalb es sich empfiehlt, Elles Unterscheidung zwischen einem sorbischsprachigen Kerngebiet (einer kleinen Gruppe katholischer Gemeinden in der Oberlausitz) und dem (deutschsprachig dominierten) Rest der zweisprachigen Region zu übernehmen (Elle 1992a: 2). Die Signifikanz dieser Untergliederung ist nicht zuletzt daraus ersichtlich, daß sich nahezu alle der 15 000 das Kerngebiet bevölkernden Sorben als solche verstehen, sich aber nur etwa die Hälfte der übrigen Sorbischsprecher als Sorben (bzw. Wenden) identifizieren. Bei der Frage, ob die sorbische Sprache einen notwendigen Bestandteil sorbischer Identität darstelle, findet man annähernd gleiche Proportionen vor. Gleichzeitig gaben weniger als 10% der sich selbst als Sorben betrachtenden Personen an, über keinerlei Sorbischkenntnisse zu verfügen, und wir können zusammenfassend feststellen, daß zwar die Sorben in relativ abgelegenen Gemeinden weniger dazu neigen, der Sprache eine zentrale Rolle in der Konstitution ihrer ethnischen Identität zuzuordnen, in Wirklichkeit jedoch nahezu alle ‚selbstidentifizierten‘ Sorben über gewisse Fähigkeiten im Sorbischen verfügen. Der Grund für die außerhalb des Kerngebietes beobachtete Tendenz, der Sprache den Status des Hauptindikators ethnischer Identität zu verweigern, mag darin bestehen, daß der reale Gebrauch des Sorbischen dort relativ begrenzt ist (vgl. Tabelle 8.2).

	sorbischsprachiges Kerngebiet	deutschsprachig dominierte Region
Bis 35jährige		
Eigene Familie	94,7	9,1
Sorbische Bekannte	98,9	5,9
Sorbische Kollegen	63,7	6,2
Rundfunk	97,3	73,1
Zeitung	91,7	41,3
Bücher	64,0	10,7
Nutzen Sorbisch nicht	1,1	22,2
36- bis 59jährige		
Eigene Familie	6,4	21,8
Sorbische Bekannte	98,2	48,7
Rundfunk	100,0	79,7
Zeitung	92,0	37,1
Bücher	54,2	17,1
Nutzen Sorbisch nicht	0,0	10,5

	sorbischsprachiges Kerngebiet	deutschsprachig dominierte Region
Über 59jährige		
Eigene Familie	97,3	49,1
Sorbische Bekannte	98,7	73,1
Sorbische Kollegen	81,1	23,1
Rundfunk	98,8	85,3
Zeitung	95,8	29,0
Bücher	71,0	17,2
Nutzen Sorbisch nicht	0,0	1,9

Tabelle 8.2 Anwendung der sorbischen Sprache durch sorbische Sprachträger
Quelle: Elle 1992a: 7

Die Angaben in Tabelle 8.2 sind ein klarer Beleg dafür, daß das Sorbische im Kerngebiet sowohl in der mündlichen Interaktion als auch bei der Rezeption kultureller Angebote (Hörfunk, Zeitungen und Bücher) in allen Altersgruppen gleichermaßen stark zum Einsatz kommt, in den deutschsprachig dominierten Gebieten hingegen in den jüngeren Altersgruppen einen deutlichen Rückgang erfährt. Dies ist insofern besonders signifikant, als wir zwar wußten, daß das Niveau der Sprachbeherrschung insgesamt gesunken ist, nun aber erkennen, daß jener Abfall nicht annähernd so erheblich ist wie der durch die o. g. Ziffern illustrierte Schwund des realen Sprachgebrauchs. All dies deutet darauf hin, daß sich in den letztgenannten Gebieten junge Leute immer häufiger gegen die Anwendung ihrer Sorbischkenntnisse entscheiden.

Die Zukunft der sorbischen Sprache und der sorbischen Ethnizität ist ziemlich ungewiß. Die großzügige institutionelle Unterstützung und die Förderung der sorbischen Sprache und Kultur im Bildungssektor (Sorbisch wird mittlerweile in Sachsen und Brandenburg als Abiturfach anerkannt) sowie ihre starke öffentliche Beachtung bieten einen geeigneten Kontext, aber keine Garantie für ein Überleben der Sorben als Sorben. Die sorbische Volksgemeinschaft weist zwar ein tieferes und stärkeres Nationalgefühl auf als z. B. die Friesen, doch zumindest viele jüngere Sorben versprechen sich von der Beherrschung des Sorbischen keinerlei status- oder prestigebedingte Vorteile, die den damit verbundenen Aufwand rechtfertigen würden. Wie wir bereits anmerkten, erfolgt die Abnahme der Sprachkompetenz langsamer als die der Sprachverwendung und des Gefühls ethnischer Bindung, doch eine ihrer kommunikativen Funktion entledigte Sprache hat denkbar schlechte Überlebenschancen. Wir haben es mit einem klassischen Fall von Bilingualismus ohne Diglossie zu tun, zumal die kommunikative

Reichweite des Sorbischen sowohl geographisch als auch sozial und hinsichtlich seiner Domänen immer weiter abzunehmen scheint. Insofern also
die sorbische Sprache unter Sorben wie auch unter Deutschen subjektiv als
das Hauptmerkmal sorbischer Identität gilt (Elle 1992b), deutet alles auf
eine spiralförmige Abwärtsentwicklung hin: Die abnehmende Wahrnehmung sorbischer Ethnizität führt zu sinkender Motivation, die Sprache zu
erwerben und aufrechtzuerhalten, was wiederum die Sprache weniger
‚sichtbar' macht und den Verlust eines Grundpfostens sorbischer Ethnizität
bedeutet.

8.4.3 Südostösterreich

Unter den Sprachminoritäten Österreichs finden wir die in Kärnten lebenden Slowenen und die im Burgenland ansässigen Ungarn. Für beide Gruppen läßt sich eine ähnliche sprachliche Entwicklung wie für die Sprecher des
Friesischen und des Jütländischen ausmachen: Die Minderheitssprachen
werden immer weniger gebraucht (wobei das Slowenische mancherorts außergewöhnlich starke Positionen innehat und von verschiedenen Interessen-
gruppen energisch gefördert wird), und viele uns nunmehr wohlvertraute
Faktoren tragen zu einem Trend in Richtung Monolingualismus zugunsten des Deutschen bei. Detaillierte ethnographische Untersuchungen in
den o.g. Gemeinschaften haben enthüllt, daß die Gesamtentwicklung von
subtileren Teilprozessen getragen wird. Darüber hinaus haben sie gezeigt, in
welcher Weise individuelle Entscheidungen in dieser Gesamtentwicklung
aufgehen. Dem ersten Beispiel wollen wir uns relativ kurz, dem zweiten
hingegen in größerer Ausführlichkeit zuwenden.

Das Gailtal, Kärnten

Das heute die Grenze zwischen Österreich und Slowenien überspannende
Gebiet ist ein Ort, an dem sich schon seit Jahrhunderten das Deutsche und
das Slowenische gegenüberstehen und berühren. Als noch feudale Gesellschaftsstrukturen die dominanten Deutschsprecher von den Slowenisch-
sprachigen schieden, entwickelte sich Diglossie ohne Bilingualismus (Gumperz 1977).[13] Gleichzeitig bildeten sich festgefügte Dorfgemeinschaften und
komplexe Systeme gegenseitiger Hilfeleistung. Im 19. Jahrhundert wurden

---

[13] Die gegenwärtige Situation wird von verschiedenen Autoren verschieden beurteilt, und
es ist wohl nicht möglich, sie verallgemeinernd zu beschreiben (vgl. Hafner 1985, Schellander 1984, Neweklowsky 1990 u.a.). Einen Überblick über den aktuellen Forschungsstand zum Slowenischen in Kärnten bietet Maurer-Lausegger 1991.

im Zuge der allgemeinen gesellschaftlichen Modernisierung die überlieferten Sprachgebrauchsstrukturen durch neue ersetzt: Gegen Ende des Jahrhunderts waren die ursprünglich monolingualen Slowenischsprecher fast ausnahmslos zweisprachig. Jener Bilingualismus war jedoch nur eine Durchgangsphase, denn heute sind die meisten dieser slowenischstämmigen Gemeinden monolingual deutschsprachig (bzw. auf dem Weg dorthin). Die abgelegenen Dörfer des Gail-Tales haben diese letzte Phase des Sprachwechsels allerdings noch nicht erreicht, was sich wohl am überzeugendsten damit erklären läßt, daß die von außen vordringenden sozialen Umschwünge hier nicht zur Auflösung der traditionellen lokalen Beziehungsgeflechte geführt haben.

Bis vor kurzem ist es den Gemeinden gelungen, die Auswirkungen des gesamtgesellschaftlichen Wandels mit Hilfe eines dreiteiligen Sprachrepertoires aufzufangen. Es bestand aus österreichischem Standarddeutsch, dem deutschen Lokaldialekt und der örtlichen Variante des Slowenischen. Wie in den meisten Fällen von Bilingualismus wird Varietäten-Wahl hier nicht völlig frei getroffen, sondern bis zu einem bestimmten Punkt von einem Set von Kommunikationsregeln determiniert. Sie hat aber weder eine rein symbolische Funktion (wie z. B. die in Oberwart [s. u.] festgestellte Signalisierung eines städtischen oder ländlichen Wertesystems), noch wird sie allein vom Kontext abhängig gemacht. Beide Parameter spielen bei der Sprachwahl eine Rolle, werden aber durch eine dritte, häufigen Code-Wechsel im Redefluß hervorrufende, Überlegung ergänzt. Gumperz (1977) nennt sie „komplexe metaphorische Prinzipien" und führt als ein sehr einfaches Beispiel eine Situation an, wo ein kleines Kind etwas verloren hat und von seiner Mutter zum Suchen angeregt wird. Die Äußerung erfolgt zunächst auf slowenisch: /muəʃ fain paledatə/ (≈ du mußt genau hinschauen), endet aber mit einem Zusatz auf deutsch /na suəx/. Gumperz deutet letzteres als eine metaphorische Erweiterung, die in Ausnutzung der dem deutschen Dialekt anhaftenden ‚out-group association' der Wiederholung einen ernsteren Ton verleiht (Gumperz 1977: 92) und fand diese Vermutung von anderen Dorfbewohnern bestätigt.

Die Wirksamkeit dieser „pragmatischen Konventionen" hängt von der Stabilität der sie einbettenden sozialen Netzwerke ab, weshalb man damit rechnen kann, daß bestimmte Veränderungen der Gesellschaftsstrukturen Veränderungen der Sprachgebrauchsstrukturen nach sich ziehen. Was wir im Moment im Gail-Tal beobachten, scheint genau darauf hinauszulaufen. Die zunehmende touristische Nutzung des Gebietes und die Möglichkeit, zur Arbeit in die Stadt zu pendeln, haben zur Folge, daß die Dorfbewohner wirtschaftlich nicht mehr voneinander, sondern von der Stadt abhängig sind. Kurzfristig führt diese Umorientierung dazu, daß besonders die jungen Leute eine Ablösung der älteren, durch ständiges ‚Switchen' zwischen Deutsch und Slowenisch gekennzeichneten, Sprachkonventionen durch städ-

tische Normen zulassen. Zu letzteren gehört die Fähigkeit, zwischen ver-
schiedenen Stilebenen des Deutschen zu wechseln. Langfristig könnte diese
Akzeptanz unweigerlich zur Folge haben, daß das Slowenische in diesen
Randgebieten vollständig vom Deutschen verdrängt wird.

Oberwart, Burgenland

Wie Gumperz widmete sich auch Susan Gal (1979) der Frage, auf welche Art
und Weise der allgemeine gesellschaftliche Wandel Veränderungen im Sprachgebrauch hervorruft. Die Autorin geht davon aus, daß synchrone Variation
ein Indiz für aktuellen Wandel darstellt (Gal 1979: 6), was wohl eine übermä-
ßige Generalisierung ist (da sprachinhärente Variabilität ignoriert wird), die
sich aber im Rahmen bestimmter Projekte unter bestimmten Vorbehalten als
recht nützlich erweisen kann. Ein besonders beachtenswerter Vorzug liegt
darin, daß sich auf der Grundlage eines Variationsmustervergleichs zwischen
verschiedenen Altersgruppen Aussagen über das Voranschreiten und die
Richtung des vermuteten Sprachwechsels machen lassen. Hierfür wird wiederum vorausgesetzt, daß individuelles Sprachwahlverhalten relativ stabil ist
(zumindest in all jenen Fällen, in denen keine signifikanten Veränderungen
im sozialen Netzwerk oder Status auftreten) und daß jede Generation das
Verhältnis zwischen Sprachformen und sozialen Gruppen neu interpretiert
und das Prestige und die Bedeutung der verschiedenen Sprachformen neu
bewertet (Gal 1979: 154). Wir halten uns also an die von Dialektologen auf-
gestellte Regel, daß von älteren Sprechern die ehemals als Norm dienenden
Muster bewahrt werden und uns ein Vergleich zwischen deren Sprachverhalten und dem anderer Altersgruppen befähigt, das anscheinend statische Szenario so auszulegen, daß es ein dynamisches Bild von variablem Sprachgebrauch und wechselnden Spracheinstellungen ergibt.

Gal nahm im Rahmen der o. g. Studie einen Vergleich der Sprechweisen
verschiedener Individuen vor. Ganz im Sinne von Derek Bickertons Aus-
spruch, daß Sprechen ‚nicht eine Aktivität der ... unteren Mittelschichten von
Obermittelstadt, sondern eine Leistung von Irma und Ted und Basil und
Jerry und Joan‘ sei (Bickerton 1971: 483), sah sie davon ab, ihre Informanten
nach ‚objektiven‘ sozialen Kriterien zu klassifizieren. Am schwersten wog aus
ihrer Sicht die Tatsache, daß sich in dem (zunächst ländlich-konservativen)
Gebiet ein weitgehender Übergang von landwirtschaftlicher zu industrieller
Produktion vollzogen und entsprechend veränderte Erwerbsstrukturen herausgebildet hatten. Sie teilte deshalb ihre Informanten nach der Art ihrer (bevorzugten) sozialen Netzwerke ein und ordnete diese den Kategorien „bäu-
erlich" und „nicht-bäuerlich" zu. Obwohl soziale Kategorien generell viel
durchlässiger und komplexer sind als diese Dichotomie vermuten läßt,
scheint diese Unterscheidung zumindest als ein grobes Maß recht brauchbar.

Vor dem Zweiten Weltkrieg wurde dem Deutschen und dem Ungarischen etwa gleich hohe Wertschätzung entgegengebracht: Ungarisch galt einfach als eine Lokalsprache. Deutsch war die Sprache der Außenseiter und darüber hinaus nur bestimmten Zwecken, wie z.B. dem Handel, dienlich. Erst mit der zunehmenden Industrialisierung in der Nachkriegszeit und der gleichzeitig wachsenden Zahl sicherer Arbeitsplätze in den naheliegenden Städten gelangten die beiden Sprachen in ein gemeinsames ‚konzeptuelles System' und konnten relative soziale Wertigkeiten zugeordnet bekommen. Es war, anders ausgedrückt, jener Punkt, an dem das Deutsche und das Ungarische erstmals als Statusmerkmale in Erscheinung traten (Gal 1979: 16f, 161f), und es war die landläufig mit sozialem Fortschritt assoziierte deutsche Sprache, die das höhere Prestige genoß. Wie man sich denken kann, wurde die neue Ordnung von manchen bereitwilliger angenommen als von anderen, und es war ebenso erwartungsgemäß die jüngste Generation, die auf die Veränderungen am positivsten reagierte. Aus unserer Perspektive ist signifikant, daß das Deutsche heute ausgiebig von Sprechern mit nicht-bäuerlichen Netzwerken in allen Generationen sowie vor allem von den jüngsten Sprechern beider Kategorien verwendet wird (vgl. Abb 8.3 und 8.4).

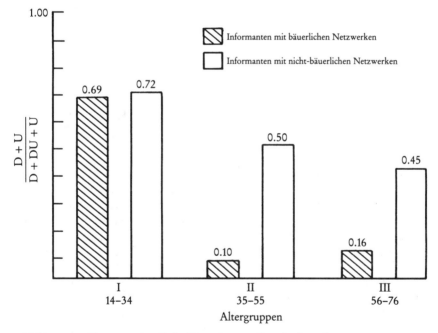

Abbildung 8.3 Oberwart: Anteil des Deutschen am Sprachgebrauch von Informanten mit bäuerlichen und nicht-bäuerlichen Netzwerken in drei Altersgruppen (n = 31; D – Deutsch, U – Ungarisch)
Quelle: nach Gal 1979: 159

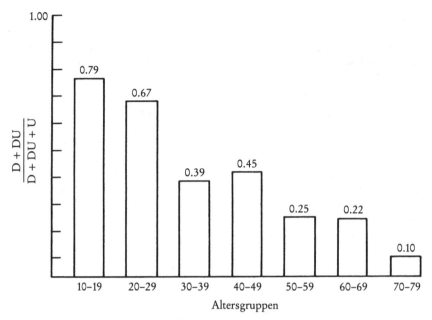

Abbildung 8.4 Oberwart: Anteil des Deutschen am Sprachgebrauch von
Informanten in sieben Altersgruppen (n = 31; D – Deutsch, U – Ungarisch)
Quelle: Gal 1979: 158

Wie wir bereits erläuterten, vollzieht sich kompletter Sprachwechsel nicht
von einem Tag zum anderen, sondern stufenweise. Es gibt i.d.R. eine Über-
gangsphase, in der in einigen Domänen sowohl Sprache A als auch Sprache
B verwendet wird, während in anderen Bereichen/Situationen nur A oder
nur B üblich ist (vgl. z.B. Tabelle 8.1). Was aus den bisher betrachteten Fallstudien nicht hervorging, ist eine klare Antwort auf die Frage, ob sich das
Abtreten und ‚Erobern' von Domänen zufällig oder geordnet vollzieht. Da
uns die unmittelbare Beobachtung eines solchen Wandels objektiv verwehrt
ist, kann dieser Punkt nur auf indirektem Wege geklärt werden. Gal griff auf
eine Technik zurück, die als **Implikationsskalenanalyse** bezeichnet wird
(vgl. Chambers/Trudgill 1980: Kap 9, Hudson 1980: Kap. 5). Sie versucht,
den Gesamtprozeß weniger durch eine gezielte Datenerhebung als durch
eine spezielle Datenpräsentation zu erfassen. Wenn der oben erwähnte Prozeß tatsächlich nicht vom Zufall abhängt, sondern einem festen Sequenzmuster folgt, müßte sich dies in einem Skalogramm des in Abbildung 8.5
dargestellten Typs widerspiegeln. Die den Idealfall repräsentierende Darstellung ist wie folgt zu deuten: Form X (eines/mehrerer/sämtlicher die
Sprache ausmachender sprachlichen/er Merkmals/e) ist in einer gegebenen

Art von Kontext gebräuchlich, wenn es bereits in allen links von diesem
Kontext befindlichen Kontexten vorliegt: Die Verwendung von X in einem
Kontext impliziert die Verwendung von X in bestimmten anderen Kontexten. In der Regel ergibt sich jedoch eine Anordnung, die in etwa Abbildung 8.6 entspricht. Was letztere von ersterer unterscheidet, ist die Berücksichtigung der Tatsache, daß jeder Übergang vom ‚ausschließlichen
Gebrauch von Y' zum ‚ausschließlichen Gebrauch von X' eine Phase enthält, in der sowohl X als auch Y eingesetzt werden. Es ist ein Stadium, in
dem die beiden Sprach(form)en in bestimmten Domänen miteinander kon-
kurrieren oder zumindest koexistieren.

Sprachvarietäten	Kontexte			
a	X	Y	Y	Y	Y
b	X	X	Y	Y	Y
c	X	X	X	Y	Y
d	X	X	X	X	Y
e	X	X	X	X	X

Abbildung 8.5 Das Prinzip der Implikationsskala (1)

Sprachvarietäten	Kontexte			
a	Y	Y	Y	Y	Y
b	X/Y	Y	Y	Y	Y
c	X	X/Y	Y	Y	Y
d	X	X	X/Y	X	Y
e	X	X	X	X/Y	X
f	X	X	X	X	X/Y
g	X	X	X	X	X

Abbildung 8.6 Das Prinzip der Implikationsskala (2)

Implikationsskalen bieten uns die Möglichkeit, diese Einsichten durch einen
weiteren bedeutenden Schritt zu ergänzen. Tabelle 8.3 faßt die in dieser
Hinsicht relevanten Angaben der Oberwart-Studie zusammen. Sie zeigt,
daß sich Sprachwechsel auch jenseits sprachplanerischer Eingriffe ziemlich
geordnet (von Domäne zu Domäne und Sprecher zu Sprecher) vollziehen
kann. Zum Gebrauch des Deutschen in dieser sprachlichen Randzone läßt
sich feststellen, daß er im Anschluß an eine Phase radikalen gesellschaftlichen Umbruchs in der zweisprachigen Gemeinschaft neue Konnotationen
erhalten hat. Eine wachsende Anzahl von (vornehmlich jüngeren) Sprechern nutzt diese Konnotationen als Identitätssymbol und nimmt sich in

immer mehr Bereichen des neuerdings prestigeträchtigen Codes an. Es läßt sich also mit einiger Sicherheit voraussagen, daß der Übergang von ungarisch-deutscher Zweisprachigkeit zu Einsprachigkeit zugunsten des Deutschen in nicht allzu ferner Zukunft seine Vollendung finden wird.

8.5 Spezifische sprachliche Konsequenzen von Kontakten im deutschsprachigen Raum

Bis hierher war das laufende Kapitel soziolinguistischen Phänomenen größeren Maßstabs gewidmet; im Mittelpunkt standen die Erhaltung und der Verlust von Sprachen innerhalb bestimmter Gemeinschaften. Sprachkontakt manifestiert sich jedoch auch auf andere Weise und muß nicht immer mit so drastischen Konsequenzen einhergehen. Wir beenden unsere Ausführungen zu diesem Thema mit einem kurzen Blick auf die Art und Weise, in der einzelne Merkmale einer Sprache in eine andere eindringen können.

Sprecher	Alter der Sprecher	Interlokutor[b)]										
		1	2	3	4	5	6	7	8	9	10	11
A	14	U	DU		D	D	D			D		D
B	15	U	DU		D	D	D					
C	17	U	DU		D	D	D			D		D
D	25	U	DU	DU	DU	D	D	D	D	D		D
E	27	U	U		DU	D	D			D		D
F	25	U	U		DU	D	D			D		D
D	42		U		DU	D	D	D	D	D		D
U	17	U	U		U	DU	D			D		D
I	20	U	U	U	U	DU	D	D	D	D		D
J	39	U	U		U	DU	DU			D		D
K	22	U	U		U	DU	DU			D		D
L	23	U	U		U	DU	U		DU	D		D
M	40	U	U		U	DU		DU	D	D		D
N	52	U	U	U	DU	U		DU	D	D	D	D
O	62	U	U	U	U	U	U	DU	DU	DU	D	D
P	40	U	U	U	U	U	U	DU	DU	DU		D

Sprecher	Alter der Sprecher	Interlokutor[b]										
		1	2	3	4	5	6	7	8	9	10	11
Q	63	U	U		U	U	U	U		DU		D
R	64	U	U	U	U	U	U	U	DU	DU		D
S	43	U	U		U	U	U	U	D	U		D
T	35	U	U	U	U	U	U	U	DU	U		D
U	41	U	U	U	U	U	U	U	DU	U		U
V	61	U	U		U	U	U	U	DU	U		D
W	54	U	U		U	U	U	U	U	U		D
X	50	U	U	U	U	U	U	U	U	U		D
Y	63	U	U	U	U	U	U	U	U	U	DU	D
Z	61	U	U		U	U	U	U	U	D	DU	D
A1	74	U	U		U	U	U	U	U	U	DU	U
B1	54	U	U		U	U	U	U	U	U	DU	U
C1	63	U	U	U	U	U	U	U	U	U	DU	U
D1	58	D	U		U	U	U	U	U	U		U
E1	64	U	U		U	U	U	U	U	U	U	U
F1	59	U	U	U	U	U	U	U	U	U	U	U

[a] D = Deutsch; U = Ungarisch
[b] Interlokutoren: (1) Gott; (2) Großeltern und Angehörige ihrer Generation; (3) Schwarzmarktkundschaft; (4) Eltern und Angehörige ihrer Generation; (5) Peer Group (ung. *kolegák*); (6) Geschwister; (7) Ehepartner/in; (8) Kinder und Angehörige ihrer Generation; (9) Beamte; (10) Großenkel und Angehörige ihrer Generation; (11) Arzt.

Die Erfassung der Daten erfolgte in Form von Interviews. Freiräume bedeuten ‚nicht zutreffend'. Informantenzahl: 32 (Frauen und Männer)

Tabelle 8.3 Oberwart: Sprachwahl[a]
Quelle: nach Gal 1979: 135

8.5.1 Lexikalischer Transfer

Die am weitesten verbreitete Form sprachlichen Transfers ist die Übernahme von Wörtern (insbesondere von Substantiven), da das wahrscheinlich gewichtigste Motiv neben dem Prestigewert der Bedarf an Bezeichnungen für die in (inter)kulturellen Begegnungen erworbenen Objekte und Konzepte ist (Weinreich 1953: 37, 56ff). Zahlreiche dem modernen Deutsch an-

gehörende Wörter gehen auf solche Übernahmen zurück (z.B. *Pflaume,*
Senf, Münze und *Küche*), sind aber vielfach nicht mehr als ‚Fremdwörter' erkennbar (vgl. Massner 1982: 66). Wie wir im letzten Abschnitt dieses Kapitels darlegen werden, läßt sich das moderne Deutsch besonders stark vom
Englischen beeinflussen, aber es überrascht nicht, daß manche seiner Erscheinungsformen in noch größerem Umfang Entlehnungen aus anderen
Sprachen vornehmen. Das Südtiroler Deutsch empfängt z.b. in erster Linie
Vokabular aus seiner mächtigen Nachbarsprache, dem Italienischen, und
zwar gerade in jenen Bereichen, in denen sich das Deutsch der Bundesrepublik mit Anglizismen behilft. So finden wir beispielsweise auf dem Gebiet
der Informatik anstelle der in Deutschland üblichen Entlehnungen *Computer,*
Operator, Input und *Output* die Termini *calcolatore, programmatore, entrata*
und *uscita* (Kramer 1981: 126f). Wo zwei oder mehr Sprachen von Einfluß
sind, kann es zur Synonymie von Neologismen kommen. So findet man
z.b. im Letzeburgischen sowohl den Ausdruck *Färensinn* (von dt. *Fernse-*
hen) als auch die Bezeichnung *Tëlëvisioun* (von frz. *télévision*). Die Begriffe
mögen semantisch gleichwertig sein, können aber aufgrund des allgemein
höheren Prestigegehalts französischer Formen eine soziolinguistische Dimension erhalten (vgl. Kramer 1984).

Wie wir oben sahen (8.3.4), rufen die spezifischen kulturellen und politischen Gegebenheiten Südtirols unter den Angehörigen der einheimischen
Intelligenz eine besondere Wachsamkeit gegenüber einer ‚drohenden Über-
fremdung' der Sprache ihrer Gemeinschaft (d.h. ihre Durchsetzung mit vor
allem italienischen Elementen) hervor. Schriftsprachlich sind wesentlich weniger Entlehnungen anzutreffen als mündlich, was möglicherweise daran
liegt, daß sich die meisten Südtiroler im allgemeinen der Lehnwörter in ihrer Sprache bewußt sind (Moser/Putzer 1980: 168). In einer eingehenden
Analyse von vier deutschsprachigen Lokalzeitungen stieß Pernstich (1982)
auf überraschend wenige Lehnformen, und die meisten von diesen wenigen
waren Bürokratiejargon (z.B. *Urbanistik* von ital. *urbanistica* für Raumord-
nung bzw. Städtebau). Jene Sphäre ist in der Tat der Bereich, in dem sich lexikalischer Transfer am spontansten vollzieht. Wie wir sehen, ergibt er sich
selbst dann, wenn bereits deutsche Äquivalente zur Verfügung stehen, denn
die Beamten werden an ihrem Arbeitsplatz tagtäglich mit den italienischen
Bezeichnungen konfrontiert. Es gibt aber noch andere sprachliche und auch
außersprachliche Gründe für den variablen Einsatz von Lehnformen. Putzer (1982: 152) hat z.b. die folgenden linguistischen Erklärungen für die Bevorzugung von Lehnformen geliefert:

(1) Effizienz: *targa* ist ein kürzerer Terminus als *Autonummer, Kfz-Nummer* oder *polizei-*
liches Kennzeichen.

(2) Einfachheit/Konkurrenzlosigkeit: Während *targa* im Deutschen etwa zwölf Entsprechungen hat, konkurriert *Patent* lediglich mit *Führerschein,* so daß beide Ausdrücke
gleich häufig gebraucht werden.

(3) Durchscheinen der italienischen Entsprechung: Südtiroler begegnen unweigerlich sehr häufig dem Ausdruck *carta d'identità*, so daß oft *Identitätskarte* statt *Personalausweis* verwendet wird.

Es könnten auch Korrelationen zwischen sozialen Faktoren und der Verwendung von Lehnformen bestehen: Gebildete Städter scheinen z. B. weniger Lehnwörter zu verwenden als ihre weniger gebildeten Mitbürger auf dem Lande. Pernstich (1984) fügt hinzu, daß sich manche Konzepte prinzipiell nicht übersetzen lassen, da sie auf Phänomene zurückzuführen sind, die (nur) der Kontaktkultur eigen sind. Exemplarisch belegt wird dieser Punkt mit *assenteismo* (wörtl. Abwesenheit, hier ‚Krankfeiern‘), einem den Deutschsprachigen angeblich fremden Konzept.

Ähnliche Typen lexikalischen Transfers, und zwar vor allem Entlehnungen aus dem Französischen und in geringerem Umfang aus dem Niederländischen, finden sich in Belgiens einziger deutschsprachigen Zeitung, dem *Grenz-Echo* (Nelde 1974). Bei einigen Neologismen handelt es sich um exakte Übersetzungen aus dem Französischen, die den bereits vorhandenen deutschen Entsprechungen vorgezogen werden, weil sie belgienspezifische Denotate haben. Ein Beispiel wäre der Terminus *Normalschule* (von frz. *école normale* für *Pädagogische Hochschule*). Manche solcher Übertragungen (z. B. *Parkingplatz*) sind außerhalb des frankophonen Raums lebenden Deutschsprachigen verständlich, während andere (z. B. *verbessertes Brot* – < frz. *pain amélioré* = Brot mit bestimmten Zusatzstoffen) einer Erklärung bedürfen. Abschließend sei erwähnt, daß auch in den deutschsprachigen Spalten der Strasbourger Tageszeitung *Le Nouvel Alsacien* derartige Transferenzen nachgewiesen worden sind (siehe Becker-Dombrowski 1981).

8.5.2 Morphologische/syntaktische Interferenzen

Einige der unter dieser Überschrift besprochenen Beispiele können das Ergebnis von Transfer sein, lassen sich aber auch als Ergebnisse einer Tendenz zur Verallgemeinerung bzw. Vereinfachung von Regeln erklären; man denke nur an die Reduzierung der Zahl der Genera und die Übertragung der Hauptsatz-Satzgliedstellung in Nebensätze. Andere Fälle können hingegen direkt auf den Einfluß einer zweiten Sprache zurückgeführt werden, und es ist interessant, daß wiederum gleiche Merkmaltypen in verschiedenen Kontaktgebieten vorgefunden wurden.

(1) Fragepronomen: unveränderlich in den in Deutschland akzeptierten Standardformen des Deutschen, abwandelbar im französischen und belgischen Deutschen:

dt. standarddt.: *Welches* ⎫
⎬ *ist der längste Fluß Deutschlands?*
belgisch-deutsch: *Welcher* ⎭

(2) Position von Reflexiv- und Objektpronomen:

> *Wir müssen feststellen, daß eine präzise Definition uns fehlt.*
> (in Deutschland erscheint *uns* normalerweise hinter *daß*)

(3) Präpositionen:

> *an die Firma telefonieren* (< frz. *à la firme*)
> für dt. standarddt.: *mit (der)*
>
> *Auskünfte auf Verabredungen* (< frz. *informations sur rendez-vous*)
> für dt. standarddt. *über*

(4) bestimmte Partizipalkonstruktionen

> (im Französischen viel üblicher als im Deutschen):
> *Sie ohrfeigte ihren Gatten, ihm seine Untreue vorwerfend.*
> (< frz. *... en lui rapprochant son infidélité*)
> für: *Während sie ihrem Gatten seine Untreue vorwarf, erteilte sie ihm eine Ohrfeige.*
> */Sie ohrfeigte ihren Gatten und warf ihm dabei seine Untreue vor.*

(Quellen: (1), (2) aus Kern 1980, (3) aus Nelde 1974, (4) aus Becker-Dombrowski 1981)

Neben dieser Art von Trans- bzw. Interferenzen nennt die einschlägige Literatur auch Beispiele für komplizierte Mischformen, wobei Entlehnungen morphologisch und syntaktisch der dominanten Sprache angepaßt werden: ‚*Sôt, Monsieur le Vicaire, soll ich d'Ciergen alluméieren?*‘ (Fischer 1979: 90).

8.6 Das Deutsche im Kontakt mit dem Englischen

In den vorangehenden Abschnitten dieses Kapitels besprachen wir Kontakte zwischen dem Deutschen und anderen Sprachen, die auf Überschneidungen von Sprachgruppen und Staatsgrenzen beruhen. Im Laufe seiner nachweisbaren Geschichte hat sich das Deutsche aber auch mit nicht unmittelbar benachbarten Sprachen berührt. Diese Kontakte kamen zustande, weil Träger der betreffenden Sprachen einflußreiche Positionen in deutschsprachigen Regionen besetzten oder die von diesen Sprachen dominierten Territorien eine starke Ausstrahlung auf den deutschsprachigen Raum hatten. Jene Sprachen genossen folglich hohes soziales Prestige, und es kam zu umfangreichen Vokabularentlehnungen. Möglicherweise gehen auch gewisse Übereinstimmungen auf morphologischer und syntaktischer Ebene auf diese Kontakte zurück, doch die Verifikation von solchen Hypothesen ist um einiges komplizierter. Wortübernahmen sind das bei weitem eindeutigste Resultat von Sprachkontakt.

Das Deutsche war übrigens nicht nur ein Empfänger solcher Einflüsse, sondern schlug sich auch selbst als eine Sprache von hohem Prestige in einigen angrenzenden Regionen nieder, und zwar vor allem in den Sprachen Skandinaviens und – weniger offenkundig – im Ungarischen sowie in vielen slawischen Sprachen.

8.6.1 Der Einfluß des Englischen im Zusammenhang

Zur Zeit des Römischen Reiches standen die Vorläufer des Deutschen (die verschiedenen westgermanischen Dialekte und Sprachen) im Kontakt mit dem Lateinischen. Noch lange nachdem das Lateinische seine Funktion als gesprochene Alltagssprache verloren hatte, diente es als internationale Verwaltungs- und Gelehrtensprache und wurde auch in den deutschsprachigen Gebieten im administrativen Bereich eingesetzt. Es behielt diese Funktionen im deutschsprachigen Europa bis zum 19. Jahrhundert und innerhalb der katholischen Kirche sogar bis in die Gegenwart bei. Ein Ergebnis dieser Entwicklung ist die Tatsache, daß Latein bis zum heutigen Tage als eine wichtige Quelle von (Fach-)Vokabular Verwendung findet. Lateinische Wörter bzw. Wortstämme werden zu neuen Wörtern zusammengefügt und gewissen Konventionen folgend ins Deutsche überführt. Nach seiner im 15. Jahrhundert beginnenden Renaissance wurde auch das Griechische dazu herangezogen. Ferner hat sich das Italienische in gewissem Umfang auf das Deutsche ausgewirkt, und zwar verstärkt seit der Renaissance. Es hinterließ seine Spuren besonders im Bereich der Musik und in den bildenden Künsten.

Vom 17. bis zum frühen 20. Jahrhundert war Französisch die bei weitem einflußreichste Sprache Westeuropas. Es repräsentierte einen starken Nachbarstaat, galt in der deutschen Aristokratie als modern und diente als internationales Kommunikationsmedium. Vom 18. Jahrhundert an spielte hingegen das Englische eine gewichtige und beständig zunehmende Rolle. Dies war zunächst auf die politische und wirtschaftliche Stärke sowie die verschiedenen wissenschaftlichen und technischen Errungenschaften Großbritanniens zurückzuführen, aber im 20. Jahrhundert primär der sich auf immer mehr Bereiche erstreckenden Vormachtstellung der USA zu verdanken. Britisches Englisch ist aber weiterhin im Sport von Bedeutung.

Seit 1945 hat sich das durch seine enorme geographische Reichweite und hohe Sprecherzahl gestärkte Englische zur international bedeutendsten Sprache entwickelt. Es genießt folglich auch im deutschsprachigen Europa, und zwar besonders in Deutschland, hohes Prestige. Jene Wertschätzung wurde bzw. wird noch immer dadurch intensiviert, daß im Westteil Deutschlands mehr als vier Jahrzehnte lang britische und amerikanische Truppen stationiert waren (und z. T. noch sind) und die Bundesrepublik im

Rahmen der NATO enge Verbindungen mit Großbritannien und den USA
unterhält.

Es wäre allerdings irreführend, nur Deutsch als ein Ziel für ausländische
Einflüsse zu erwähnen: Im Mittelalter wurden die in Mittel- und Westeuropa verbreiteten Sprachen vor allem vom Lateinischen geprägt, und im
17. und 18. Jahrhundert ging die stärkste Ausstrahlung vom Französischen
aus. In der Gegenwart schließlich werden die westeuropäischen Sprachen
(einschließlich des britischen Englischs) und, seit der Öffnung Osteuropas,
auch die meisten mittel- und osteuropäischen Sprachen erheblich vom amerikanischen Englisch beeinflußt. Wie bei Braun (1987: 203f) ausgeführt wird,
bestehen in diesen Sprachen in bestimmten Wortschatzbereichen Konver-
genzen. Zum einen haben alle diese Sprachen zu verschiedenen Zeiten einzelne Wörter und Wortverbindungen aus den prestigeträchtigsten Sprachen
entlehnt, und zum anderen finden wir durchgängig (vor allem im Fachwortschatz) Vokabeln mit lateinischen und griechischen Stämmen vor. Letztere
dringen ungehindert von einer Sprache in die andere vor und werden dabei
nach den Konventionen der jeweiligen Empfängersprache modifiziert, so
daß es nicht immer leicht (aber auch nicht immer relevant) ist, diejenige moderne Sprache zu bestimmen, in der ein dem Lateinischen oder dem Griechischen entlehnter Terminus zuerst Verwendung fand. Engl. ‚telgram‘, frz.
télégramme und dt. *Telegramm* gehen auf dieselben griechischen Stämme
zurück, und es gibt keinerlei formelle Anhaltspunkte dafür, daß dieser Terminus im Englischen geprägt und durch das Französische ins Deutsche
gelangt ist. Sein Ursprung hätte ebensogut im Französischen oder Deutschen liegen können. Generell werden solche Lehnprägungen am häufigsten ins Französische oder Englische zurückverfolgt, denn diese zwei
Sprachen haben schon immer bei Wortschöpfungen stärker auf Latein und
Griechisch zurückgegriffen als das Deutsche. Damit sei freilich nicht behauptet, daß dem Deutschen eine solche Tradition fehle und deutsches
Vokabular mit lateinischen und griechischen Stämmen pauschal als Lehn-
übertragungen aus dem Französischen oder Englischen abgetan werden
dürfe. Direkte Neuschöpfungen dieser Art sind nachweisbar und werden
häufig unter der Bezeichnung ‚Fremdwörter‘ gehandelt, was im Grunde genommen nicht viel Sinn ergibt. Es ist nicht zu leugnen, daß viele solcher
Wörter ein von einheimischen deutschen Wörtern abweichendes Betonungsmuster aufweisen, doch sie haben auch Vokal- und Konsonanten-
Phoneme, die im Unterschied zu denen mancher Lehnwörter aus dem Englischen (s. u.) mit Phonemen einheimischer deutscher Wörter identisch sind
(von Polenz 1978: 160–64; vgl. auch oben 2.1.2).

Die gegenwärtige Beeinflussung des Deutschen durch das Englische hat
zweifellos zu einer Erweiterung seines Bestandes an Internationalismen mit
lateinischen und griechischen Stämme geführt. In der folgenden Darstellung
werden wir diese jedoch vernachlässigen und uns auf offensichtlich dem

Englischen entlehntes Material konzentrieren. Dies bedeutet allerdings nicht, daß Wörter, deren eigentlicher Ursprung im Lateinischen oder Griechischen liegt, prinzipiell ausgeschlossen bleiben: In manchen Fällen ist eine Vermittlung durch das Englische einwandfrei nachweisbar. Ein sehr überzeugendes Beispiel ist das von lateinischen Stämmen abgeleitete Wort *Computer*. Es hat die eindeutig durch das Englische inspirierte Aussprache /kɔmˈpjuːtɐ/ sowie das Suffix *-er*, welches im Deutschen normalerweise nicht in Verbindung mit Wortstämmen lateinischen Ursprungs erscheint. Wäre die Prägung auf direktem Wege, d. h. nach deutschen Konventionen, vorgenommen worden, würde es wahrscheinlich **Komputator* /kɔmpuˈtaːtɐ/ lauten.

Wie wir bereits erwähnten (vgl. auch 5.7.2), hat sich der Einfluß des Englischen nicht auf das Deutsche der schon immer wirtschaftlich zum Westen gehörenden ‚alten' Bundesländer, Österreichs und der Schweiz beschränkt. Englisch war bereits vor 1990 eine auch östlich der innerdeutschen Grenze in Wissenschaft, Bildung und internationaler Kommunikation gepflegte Sprache, so daß auch im Deutschen der DDR Lehnprägungen aus dem Englischen nachgewiesen werden konnten. Einige hatten die DDR über das Russische erreicht, während andere auf die intensive Rezeption westlicher Fernseh- und Hörfunkprogramme sowie auf persönliche Kontakte zurückzuführen sind.

8.6.2 Beispiele für den Einfluß des Englischen auf das Deutsche

Die nachfolgend besprochenen Belege für den Einfluß des Englischen auf das moderne Deutsch werden von uns in Lehnwörter, Lehnbildungen und **Lehnbedeutung**en unterteilt (die einschlägige Literatur bietet noch feinere Differenzierungen, siehe Wells 1985: 272–78).

Lehnbedeutungen liegen vor, wo zu den ursprünglichen Bedeutungen deutscher Wörter aus dem Englischen übernommene neue Bedeutungen hinzugetreten sind. Ein Beispiel wäre das Verb *lieben*. Bis vor kurzem bezeichnete es lediglich eine starke körperliche, geistige und seelische Zuneigung zu einem anderen Menschen bzw. eine gefühlsbetonte Beziehung zu einer Sache oder Idee, nicht aber die Freude an einer Aktivität. Heute erscheint es durchaus akzeptabel, Aussagen wie *Schwimmen liebe ich* zu formulieren. In Fällen wie diesem läßt sich natürlich oft nicht definitiv feststellen, ob wir es mit einer Lehnbedeutung zu tun haben oder nicht, denn Bedeutungserweiterungen können sich auch unabhängig von fremdsprachlichen Einflüssen vollziehen. Manche Lehnbedeutungen sind jedoch ganz klar als solche erkennbar. Zum Beispiel hätte das Wort *feuern* sicherlich nicht ohne den Einfluß des Amerikanischen die Bedeutung ‚entlassen' angenommen.

Der Terminus *Lehnbildung* wird für Prägungen verwendet, die auf lexikalischer Ebene eindeutig einheimischen Ursprungs sind, sich aber stark an Wörtern anderer Sprachen ausrichten bzw. Glied-für-Glied-Übersetzungen solcher Wörter darstellen (sog. *Lehnübersetzungen*). In der Praxis sind solche Prozesse teilweise ganz unverkennbar und teilweise nur schwer von Lehnbedeutungen zu unterscheiden. Bei *Fußball* scheinen wir es z. B. eindeutig mit einer Lehnübersetzung von *football* zu tun zu haben, aber was ist *(das) Abseits*? Ist es eine Lehnübersetzung von *offside* oder eine Lehnbedeutung des ursprünglich nur adverbial gebrauchten *abseits*? Als ein Beispiel für Lehnbildungen, die nicht zur Gruppe der Lehnübersetzungen gehören, sei der Ausdruck *Wolkenkratzer* (nach *skyscraper*, wörtl. ‚Himmelskratzer‘) erwähnt.

Direkte Entlehnungen lassen sich i.d.R. leichter identifizieren, aber auch sie tragen mehr oder weniger deutliche Spuren von Assimilation. Es handelt sich um relativ geringfügig angepaßte Wörter, womit gemeint ist, daß sich Deutschsprachige des Ursprungs dieser Ausdrücke bewußt sind und deren englische Aussprache nachzuahmen versuchen. Wörter dieser Kategorie behalten ihre ursprüngliche Schreibweise bei und werden (fast per Definition) ausschließlich von Sprechern mit relativ guten Englischkenntnissen verwendet. Ihre Existenz im Deutschen kann eine ausgesprochen flüchtige sein. Beispiele solcher Entlehnungen finden sich reichlich in der Presse und in jeder Art von Werbung, den wichtigsten Medien zur Popularisierung englischen Wortgutes schlechthin. In einer einzigen Ausgabe des Westberliner Stadtmagazins *Zitty* (12/1988) stießen wir binnen weniger Minuten auf *Statement*, *Dinner for two*, *Stretch*, *second hand*, *Window* u. v. m. Keiner dieser Ausdrücke war in der jüngsten Auflage von *Wahrigs Deutschem Wörterbuch* verzeichnet.

Wenn englische Lehnwörter einen größeren Umlauf erzielen und damit auch Individuen mit geringeren und minimalen Englischkenntnissen erreichen, werden sie gewöhnlich dem deutschen Lautsystem angepaßt. Der im deutschsprachigen Raum als ein recht informelles Synonym für ‚Stelle‘ oder ‚Anstellung‘ gebrauchte Ausdruck *Job* wird von Sprechern, die mit der Phonetik des Englischen vertraut sind, relativ originalgetreu als /dʒɔb/ wiedergegeben, aber von der weniger versierten Mehrheit als /dʒɔp/ bzw. /tʃɔp/ realisiert. Die Wandlung von /b/ zu /p/ ist darauf zurückzuführen, daß es in den meisten Varietäten des Deutschen keine stimmhaften Plosive und Frikative (Obstruenten) am Wortende gibt, und der Stimmhaftigkeitsverlust im Anlaut spiegelt wider, daß dem Deutschen die Lautverbindung /dʒ/ fehlt.

Wörter, die zu einem relativ festen Bestandteil des deutschen Vokabulars geworden sind, erhalten z.T. ein neues, ihrer Aussprache angepaßtes Schriftbild (dt. *Streik* < engl. *strike*) oder eine Lautung, die der Wertigkeit ihrer Buchstaben im Deutschen entspricht (dt. /ʃpɔɐt/ statt engl. /spɔːt/ für schriftl. *Sport*). Darüber hinaus kann sich die Betonung verschieben:

engl. *boycott* ist anfangsbetont, während dt. *Boykott* den Akzent auf der zweiten Silbe trägt. Jenes Betonungsmuster ist nicht das für einheimische deutsche Wörter typischste, tritt aber auch vielfach in Entlehnungen aus dem Lateinischen und Griechischen zutage (vgl. 2.1.2). *Boykott* gehört zu jener Gruppe von Anglizismen, die den Regeln der deutschen **Derivations-morphologie** folgen: von *(der) Boykott* wurde das Verb *boykottieren* abgeleitet (das Verbalsuffix *-ieren* ist lateinischen Ursprungs, wird aber heute sowohl in Verbindung mit Lehnwörtern als auch zur Bildung von Verben aus einheimischen deutschen Wortstämmen benutzt, vgl. *funktionieren, hausieren, gastieren usw.*).

Wie sich an diesen Beispielen ersehen läßt, ist die Vermutung, daß die Anhäufung englischen Vokabulars im Deutschen die deutsche Sprache für Englischsprechende leichter verständlich macht, ein Trugschluß. Je stärker Wörter aus anderen Sprachen in den deutschen Wortschatz integriert werden, desto umfassender werden sie diesem phonologisch, morphologisch und semantisch angeglichen, so daß sich manche dieser Formen bis zur Unkenntlichkeit von ihrem Ursprung entfernen.

Im Bereich der Aussprache können schon geringfügige Abwandlungen zu Verwirrung führen. Ein Beispiel wäre die Neutralisierung der Differenz zwischen /æ/ und /ɛ/ (wie in *bad* und *bed*), welche sich daraus erklären läßt, daß Deutschsprachige den Buchstaben ‚a' in Wörtern englischen Ursprungs generell als /ɛ/ aussprechen: *Match* und *Test* enthalten im Deutschen denselben Vokal. Wie oben illustriert wurde, kommt es ferner zu Ersetzung von /dʒ/ durch /tʃ/ und im Auslaut zur Ersetzung von stimmhaften Obstruenten durch stimmlose (z. B. /b/ und /z/ durch /p/ bzw. /s/). Wenn sich solche Änderungen häufen, können Wörter englischen Ursprungs für Englischsprachige völlig unverkennbar werden, z. B. wird *Jazz*, engl. /dʒæz/ im Deutschen entweder in etwa wie das englische Wort für ‚Schach' (*chess*), d. h. als eine Variante von /tʃɛs/, ausgesprochen oder seinem Schriftbild folgend in /jats/ abgewandelt.

Auch auf der semantischen Ebene gibt es Abweichungen, und selbst in Fällen, wo sich in der Bedeutung eines Wortes im Deutschen die des englischen Originals wiederholt, liegen in der Regel zumindest geringe stilistische Kontraste vor. Sie erklären sich aus den Motiven der Deutschsprachigen für die Entlehnung englischen Vokabulars. Zum einen werden englische Termini übernommen, weil sie materielle oder konzeptionelle Neuheiten bezeichnen, die im deutschsprachigen Raum entweder unbekannt oder nicht klar benannt sind. Lehnwörter dieser Kategorie (z. B. *Software*) behalten ihre englische Bedeutung mehr oder weniger bei. Zum anderen wird häufig ein Anglizismus gewählt, obwohl ein deutsches Äquivalent verfügbar ist. Entlehnungen dieses Typs erklären sich aus dem hohen Prestigewert des Englischen und der daraus resultierenden Bewunderung der Erstbenutzer solcher Termini. Englische Bezeichnungen verleihen ihren Denotaten einen

Schein von Modernität und Eleganz. Ein treffliches Beispiel ist die Verwendung von *Shop*. Im Unterschied zu seinem sehr allgemein und neutral gehaltenen englischen Original wird *shop* im Deutschen in erster Linie mit kleineren, vornehmen Bekleidungsgeschäften assoziiert. Interessanterweise werden solche Einrichtungen auch im Englischen mit einem Lehnwort bedacht: dem auch im Deutschen gebräuchlichen französischen Terminus *boutique*.

Wie jedes einheimische Wort kann auch das aus dem Englischen ins Deutsche übertragene Vokabular neue Bedeutungen annehmen, und solcherart Entwicklungen können die betreffenden Wörter so weit von ihrem Ursprung entfernen, daß sie für Englischsprachige kaum noch deutbar sind. Ein Beleg wäre der Terminus *Splitting*. Im Deutschen steht er u. a. für einen besonderen Versteuerungsmodus für Ehepaare: Die Partner entrichten Einkommensteuer auf jeweils die Hälfte ihres gemeinsamen Einkommens.

Eine noch erheblichere Abweichung vom Englischen begegnet uns in Gestalt der sog. **Scheinentlehnungen**. Bei ihnen handelt es sich um Bezeichnungen, die aus dem Englischen zu kommen scheinen, dort aber vollkommen unbekannt sind. Bei vielen der in diese Kategorie fallenden Formen handelt es sich um Zusammensetzungen: *Dreßman* z. B. entstand aus *dress* (dt. Kleid, Kleidung) und *man* (dt. Mann; Mensch) und *Showmaster* aus *show* (dt. Vorstellung, Ausstellung, Schau) und *master* (dt. Meister, Herr). Ein jüngeres Beispiel ist der Ausdruck *Handy* für engl. *mobile phone*.

Abschließend sei darauf hingewiesen, daß auch Entlehnungen, die eine mit dem Original identische Bedeutung haben, nicht einfach als ‚englische Wörter‘ abgetan werden dürfen. Eine klare Mehrheit der Neologismen im Deutschen sind Substantive (in einem von Braun [1987: 180] analysierten Sample 80,4%), und Substantiven wird bekanntlich ein grammatisches Geschlecht zugeordnet (ein dem modernen Englisch nahezu unbekanntes Phänomen).

Weiterführende Literatur

Der Klassiker unter den Beiträgen zu Sprachkontakten ist noch immer Weinreich (1953). Einen umfassenden Überblick zur Kontaktlinguistik bietet inzwischen das 1996 erschienene *Handbuch* von Goebl, Nelde, Starý und Wölk. Weitere nützliche Quellen sind Appel/Muysken (1987), Wardhaugh (1987) sowie diverse Artikel in Nelde (1980), Ureland (1979, 1981) und Hinderling (1986). Bezüglich der hier diskutierten Kontaktsituationen empfehlen wir Nelde (1979a, 1979b) und McRae (1986) (für Belgien), Hoffmann (1979), Verdoodt (1968), Berg (1993) und Newton (1996) (für Luxem-

burg), Hartweg (1981), Finck/ Philipp (1988) und besonders Vassberg (1993)
(für das Elsaß), Bettelheim/Benedikter (1982) sowie Kramer (1986) (für
Südtirol), Walker (1987) (für Schleswig) und Gumperz (1977, 1982), Maurer-
Lausegger (1992) sowie Gal (1979) (für Südostösterreich).
Ein interessanter historisch angelegter Beitrag zum Einfluß des Eng-
lischen auf das Deutsche ist von Polenz (1978: 139–48), und als das Stan-
dardwerk zum Einfluß des Amerikanischen seit dem Zweiten Weltkrieg gilt
Carstensen/Galinski (1975). Als weiterführende Literatur zur gegenwärti-
gen Situation empfehlen wir Braun (1987: 179–83, 190–207), Clyne (1995:
Kap. 8) und Viereck (1980).

9 Schlußfolgerungen und Aussichten

In einem Großteil der soziolinguistischen Literatur wird auf eine Vielzahl von Sprachsituationen Bezug genommen und ein entsprechend breites Bild gezeichnet. Dermaßen weit ausholende Ansätze mögen berechtigt sein, wenn eine umfassende Abhandlung aller in die Kategorie ‚Soziolinguistik‘ fallenden Phänomene angestrebt wird, und man kann ihnen generell zugute halten, daß sie den Lesenden gewisse Einsichten in die faszinierende Vielfalt der Sprach- und Sprechergemeinschaften dieser Welt vermitteln. Vor allem aber macht diese Art von Literatur deutlich, wie komplex und vieldimensional ihr Gegenstand ist. Wenn es sich dabei allerdings um stark ausufernde Schriften handelt, in denen Zusammenhänge zwischen völlig disparaten Quellen hergestellt und beeindruckende Anhäufungen von Informationen und Ideen geboten werden, fühlt man sich als Lesende/r oft völlig überwältigt und sieht den Wald vor lauter Bäumen nicht. Um derartige Risiken möglichst gering zu halten, entschlossen wir uns, die Sache genau entgegengesetzt anzugehen. Wir beschränkten uns auf eine einzige Sprache und setzten uns mit diversen soziolinguistischen Phänomenen auseinander, die sich an ihr illustrieren lassen, aber auch für andere Sprachen relevant sind. Es lag uns an einer verhältnismäßig konzentrierten Darstellung spezifischer Themen, doch wir hoffen, daß wir unseren Lesern dennoch ein Gespür für die Komplexität des Forschungsgegenstandes vermittelt haben.

Als Ausgangspunkt diente unser Verständnis von zwei grundlegend verschiedenen Ansätzen zum Studium der Wechselwirkungen zwischen Sprache und Gesellschaft. Von der englischsprachigen Soziolinguistik geprägt und damit an einen hohen Stellenwert von Fragen nach sprachlicher Variation gewöhnt, fanden wir es recht bemerkenswert, daß die uns vertrauten Sichtweisen in den deutschsprachigen Ländern weitgehend abgelehnt wurden und nach wie vor die traditionelle Dialektologie die Szene beherrschte. Das vorliegende Buch ist u.a. ein Resultat unseres Bestrebens, einen von uns als Defizit empfundenen Freiraum in der Erforschung der deutschen Sprache und ihrer Soziologie zu füllen: Wir betrachteten das Deutsche und seine Sprecher durch das Prisma der in englischsprachigen Ländern beheimateten soziolingistischen Denkschulen.

Dabei erweckten wir möglicherweise den Eindruck, daß die in den deutschsprachigen Ländern praktizierte Erforschung von Sprache und Gesellschaft von den Einsichten der englischsprachigen Soziolinguistik

profitieren könne, und in bestimmter Hinsicht war dies auch durchaus be-
absichtigt. So haben die deutschsprachigen Länder z.B. trotz des in der
jüngsten Vergangenheit erheblich zunehmenden Forschungsaufkommens
zu städtischen Sprechweisen weit weniger Erkenntnisse zu dieser Problematik vorzuweisen als, sagen wir, Großbritannien oder die USA. Wo
Städte überhaupt in früheren linguistischen Untersuchungen Berücksichtigung fanden, geschah dies mit dem Anspruch, nur z.T. empirisch abge-
sicherte informelle ‚Portraits‘ zu liefern oder die Ausbreitung der genormten Schriftsprache bzw. einzelner sprachlicher Merkmale zu erklären (vgl.
Besch/Mattheier 1985: 11; Besch 1981: 241). Die Existenz von Stadtspra-
chen als solchen wurde anerkannt, zugleich aber als etwas Selbstverständ-
liches behandelt und nur in wenigen Fällen als untersuchbar und systematischer Studien wert erachtet. Wie wir (vor allem in Kap. 4 und 5) gezeigt
haben, sind letztere aber nicht nur praktisch realisierbar, sondern in einer
zunehmend urbanisierten Gesellschaft durchaus gerechtfertigt und wichtig. Ein hervorragendes Beispiel für dahingehende Initiativen, welches aus
Zeitgründen hier leider nicht berücksichtigt werden konnte, ist ein kürzlich in Mannheim vollendetes Projekt (Kallmeyer 1994, 1995). In dieser
bahnbrechenden Untersuchung wurden verschiedene Ansätze angewandt,
um ein möglichst differenziertes Bild des Sprachverhaltens der Mannheimer zu erhalten, und wir wollen hoffen, daß es sich als eine Art Muster
und Ausgangspunkt für weiterführende Studien in anderen Städten erweisen wird.

Andererseits gibt es Zweige der Soziolinguistik, die eher soziologisch orientiert sind und sich nur geringfügig mit dem Erbe der traditionellen Dialektologie überschneiden. Sie umfassen Themen wie Sprache und Bildung
oder Multilingualismus und Sprachkontakt und erfreuen sich in den
deutschsprachigen Ländern regen Interesses. In einigen dieser Bereiche haben Vertreter der noch relativ jungen germanistischen Soziolinguistik einen
größeren Beitrag geleistet als ihre Kollegen im englischen Sprachraum, man
denke nur an die Arbeiten von Ulrich Ammon. Wir mögen uns nicht mit allen seinen Thesen und Schlüssen identifizieren (siehe Kap. 6, passim), wissen aber die außerordentliche thematische Breite von z.B. Ammon (1977)
zu würdigen. Sprache wird in einer Art und Weise in ein Verhältnis zu den
jeweiligen ökonomischen Gegebenheiten, Ideologien und Kulturen gesetzt,
wie man es in der englischsprachigen Welt bis vor kurzem nur aus der nicht-
linguistischen Literatur kannte. Man assoziierte es vor allem mit kultursо-
ziologischen Schriften wie denen von Richard Hoggart und Raymond Williams (vgl. z.B. Williams 1976). Inzwischen hat sich aber auch hier – vor
allem im Bereich der kritischen Diskursanalyse – ein ansehnlicher Bestand
an Literatur angesammelt, in welcher Variationen im Sprachgebrauch in
eine komplexe Matrix aus sozialen und politischen Faktoren eingebettet
sind (vgl. z.B. Fairclough 1989, 1992).

Wie wir bereits in Kapitel 1 betonten, hat der Terminus „Soziolinguistik"
in den deutschsprachigen Ländern schon immer andere Konnotationen gehabt als im englischsprachigen Raum, und in beiden Traditionen wird seine
Eignung für die Bezeichnung eines scharf umrissenen Forschungsbereiches
zunehmend in Frage gestellt. Wo wir ihn innerhalb dieses Buches verwendet haben, geschah dies ohne jegliche dogmatische oder programmatische
Intentionen, und wir hoffen illustriert zu haben, daß er als ein auf dem Phänomen sprachlicher Variation beruhender Sammelbegriff für ein breites Spektrum sprachlicher Probleme weiterhin seine Berechtigung hat.

Letztlich ist es aber recht nebensächlich, mit welchem Terminus wir unseren Forschungsansatz betiteln. In erster Linie kommt es darauf an, die Erforschung von Sprache möglichst unvoreingenommen anzugehen, denn nur
wenn wir bereit sind, unser Inventar an potentiell relevanten und signifikanten Faktoren ständig zu erweitern, können wir das Risiko interdisziplinärer
Konflikte und terminologischer Dispute minimalisieren und einen wirklichen Beitrag zum Verständnis menschlicher Gesellschaften leisten. Sowohl
im Rahmen des Deutschen als auch im Hinblick auf alle anderen natürlichen
Sprachen gilt es viele neue soziolinguistische Fragen zu formulieren und zu
beantworten, und wir sollten uns stets für neue Ansätze offen halten.

Anhang

Phonetische Zeichen

Die im Text verwendeten Transkriptionen sind entweder phonemisch (in Schrägstrichen: / /) oder sub-phonemisch, allophonisch bzw. phonetisch (in eckigen Klammern: [ ]) (vgl. Glossar). Da nicht für alle hier besprochenen Varietäten des Deutschen detaillierte phonologische Analysen vorliegen, kann der genaue Status vieler Transkriptionen nicht vollständig geklärt werden.

Zeichen	Beschreibung des Lautes	Beispiel
a	kurzer **offener** ungespannter **mittlerer** Vokal	K*a*tze
aː	langer offener gespannter mittlerer Vokal	V*a*ter
ɑ	kurzer offener ungespannter hinterer Vokal	einige südl. Varianten von K*a*tze
ɑː	langer offener gespannter hinterer Vokal	einige südl. Varianten von V*a*ter
æ	kurzer **halboffener** bis offener ungespannter vorderer Vokal	engl. p*a*t
ãː	langer offener gespannter hinterer Nasalvokal	einige DH-Varianten von Ch*a*nce
ai	steigender Diphthong aus einem offenen mittleren und einem vorderen **geschlossenen** Vokal	Z*ei*t
au	steigender Diphthong aus einem offenen mittleren und einem geschlossenen hinteren Vokal	H*au*s
ɑu	steigender Diphthong aus einem offenen hinteren und einem geschlossenen hinteren Vokal	viele Akzentvarianten von H*au*s (ähnlich DH H*au*s)
ɐ	kurzer halboffener ungespannter mittlerer Vokal	Butt*er*

ɐ̯	nicht-silbischer halboffener mittlerer Vokal	Pfe*r*d
b	schwacher sth. **bilabialer** Verschlußlaut	Ro*bb*e
b̥	schwacher stl. bilabialer Verschlußlaut	viele mittl. u. südl. Akzentvarianten von Ra*pp*en
ç	starker stl. palataler Reibelaut	i*ch*
d	schwacher sth. alveolarer Verschlußlaut	Kla*dd*e
d̥	schwacher stl. alveolarer Verschlußlaut	viele mittl. u. südl. Akzentvariaten von Ra*tt*e
ð	schwacher sth. dentaler Reibelaut	engl. lea*th*er
e	kurzer **halbgeschlossener** gespannter vorderer Vokal	l*e*bendig
eː	langer halbgeschlossener gespannter vorderer Vokal	S*ee*
ɛ	kurzer halboffener ungespannter vorderer Vokal	B*e*tt
ə	kurzer halboffener bis halbgeschlossener mittlerer ungespannter Vokal	bitt*e*
əi	steigender Diphthong aus einem halbgeschlossenen mittleren und einem geschlossenen vorderen Vokal	nordbair. dial. l*ie*b
əu	steigender Diphthong aus einem halbgeschlossenen mittleren und einem geschlossenen hinteren Vokal	nordbair. dial. g*u*t
f	starker stl. labiodentaler Reibelaut	*F*uß
g	schwacher sth. velarer Verschlußlaut	Ba*gg*er
g̊	schwacher stl. velarer Verschlußlaut	viele mittl. u. südl. Akzentvarianten von ba*ck*en
ɣ	schwacher sth. velarer Reibelaut	einige nördl. Varianten von Ta*g*e
ɣ̥	schwacher stl. velarer Reibelaut	einige mittl. u. südl. Akzentvarianten von la*ch*en
h	stl. glottaler Reibelaut (Stimmritzenreibelaut)	*H*aus
i	kurzer geschlossener gespannter vorderer Vokal	*i*deal
iː	langer geschlossener gespannter vorderer Vokal	b*ie*ten
ɪ	kurzer geschlossener ungespannter vorderer Vokal (zentral)	b*i*tte
iə	fallender Diphthong aus einem geschlossenen vorderen und einem mittleren Vokal	viele südl. Dialektvarianten von l*ie*b
j	schwacher sth. palataler Reibelaut oder Approximant	*j*a

j̥	schwacher stl. palataler Reibelaut	viele mittl. u. südl. Akzentvarianten von wei*ch*en
k	starker stl. velarer Verschlußlaut	ba*ck*en
kʰ	starker stl. behauchter velarer Verschlußlaut	*K*atze
l	alveolarer Seitenlaut	*l*ieb
l̩	silbischer alveolarer Nasal	Mitt*el*
m	bilabialer Nasal	Mutter
m̩	silbischer bilabialer Nasal	At*em*
n	alveolarer Nasal	*n*ein
n̩	silbischer alveolarer Nasal	biet*en*
oː	langer halbgeschlossener gespannter hinterer Vokal	B*oo*t
ɔ	kurzer halboffener ungespannter hinterer Vokal	Sch*o*tte
ɔː	langer halboffener gespannter hinterer Vokal	mittelbair. dial. G*a*st
ɔ̃ː	halboffener gespannter hinterer Nasal	einige DH-Varianten von B*on*
øː	langer halbgeschlossener gerundeter vorderer Vokal	sch*ö*n
œ	kurzer halboffener gerundeter ungespannter vorderer Vokal	k*ö*nnen
ɔi	steigender Diphthong aus einem halboffenen hinteren und einem geschlossenen vorderen Vokal	einige DH-Varianten von n*eu*
ɔy	Diphthong aus einem halboffenen hinteren und einem geschlossenen gerundeten vorderen Vokal	n*eu*
p	starker stl. bilabialer Verschlußlaut	Li*pp*e
pʰ	starker stl. behauchter bilabialer Verschlußlaut	*P*eter
r	alveolarer **Schwinglaut** (gerolltes Zungenspitzen-R; in phonemischen Transkriptionen auch Zäpfchen-R [ʀ]	*r*ot [roːt]
r	uvularer Schwinglaut (mit einem oder mehreren Anschlägen)	rot [ʀoːt]
s	stl. starker alveolarer Reibelaut	ha*s*sen
ʃ	starker stl. palatoalveolarer Reibelaut	Fi*sch*
ç	stl. alveo-palataler Reibleaut (Fortis od. Lenis)	in einigen mittl. Akzentvarianten von Fi*sch*, *ich*
t	starker stl. alveolarer Verschlußlaut	bi*tt*e
tʰ	starker stl. behauchter alveolarer Verschlußlaut	*T*ee
θ	starker stl. dentaler Reibelaut	engl. *th*in
u	kurzer geschlossener gespannter hinterer Vokal	*U*ran

u:	langer geschlossener gespannter hinterer Vokal	F*u*ß
ʊ	kurzer geschlossener ungespannter hinterer Vokal	B*u*tter
uə	fallender Diphthong aus einem hinteren geschlossenen und einem mittleren Vokal	viele südl. Dialektvarianten von g*u*t
v	schwacher sth. labiodentaler Reibelaut oder Approximant	*W*ein (Frikativ od. Approximant)
v̥	schwacher stl. labiodentaler Reibelaut	viele mittl. u. südl. Akzentvarianten von F*u*ß
x	starker stl. velarer Reibelaut	Ba*ch*
y:	langer gerundeter gespannter geschlossenener vorderer Vokal	H*ü*te
Y	kurzer gerundeter ungespannter geschlossener vorderer Vokal (*zentral*)	H*ü*tte
yə	fallender Diphthong aus einem gerundeten geschlossenen vorderen und einem mittleren Vokal	einige südl. Dialektvarianten von m*ü*de
z	schwacher sth. Reibelaut	Ha*s*e
z̥	schwacher stl. alveolarer Reibelau	viele mittl. u. südl. Akzentvarianten von ha*ss*en
ʒ	schwacher sth. palatoalveolarer Reibelaut	Gara*g*e
ʒ̥	schwacher stl. palatoalveolarer Reibelaut	viele mittl. u. südl. Akzentvarianten von Fi*sch*e

Glossar

Affrikaten Verbindungen aus einem Verschlußlaut und einem Reibleaut mit etwa gleicher Artikulationsstelle (Beispiel: [tʃ]).

agglutinierende Sprachen Sprachen, in denen grammatische Beziehungen durch das Anfügen von Affixen an den Wortstamm ausgedrückt werden und sämtliche Morpheme eindeutig identifizierbar bleiben.

Akkudativ Ein in bestimmten Mundarten anstelle des Dativs und des Akkusativs eingesetzter abhängiger Kasus.

Akzent Eines von mehreren koexistierenden Artikulationsmustern einer Sprache. Die zwischen verschiedenen Akzenten bestehenden lautlich-intonatorischen Unterschiede sind relativ geringfügig und systematisch. Beträchtlichere und weniger systematische Aussprachedifferenzen werden gemeinsam mit grammatischen und lexikalischen Besonderheiten als *Dialektdifferenzen* bezeichnet. ‚Akzent‘ wird auch häufig in der Bedeutung ‚Betonung‘ verwendet.

Allophon Variante eines Phonems in einer bestimmten Position im Wort.

Althochdeutsch Sammelbezeichnung für die vom Beginn schriftlicher Aufzeichnungen bis zur Mitte des 11. Jahrhunderts für den mittleren und südlichen deutschsprachigen Raum belegten germanischen Sprachformen.

Altkirchenslawisch Früheste in zusammenhängenden Texten überlieferte slawische Sprachform, die sich wahrscheinlich nur geringfügig von der (angenommenen) gemeinsamen Urform der modernen slawischen Einzelsprachen unterschied.

Altniederdeutsch Sammelbezeichnung für das Norddeutsche des frühen Mittelalters.

Altsächsisch Annähernd mit dem Altniederdeutschen identische Sprachformengruppe.

Alveolar Laut, bei dem die Zungenspitze oder der vordere Zungenrücken die Alveolen (Zahndamm) berührt oder diesen sehr nahe kommt (Beispiel: [t]).

Alveolarpalatal Siehe **Palatoalveolar.**

Amtssprache Sprache, die in einem gegebenen Land offiziellen Status hat und in Verwaltung, Bildung sowie in anderen Bereichen des öffentlichen Lebens gebräuchlich ist.

analytische Sprachen Siehe **isolierende Sprachen.**

Anlaut Erster Laut eines Wortes; Silben- bzw. Wortbeginn.

aspirierte (behauchte) Konsonanten Konsonanten, die von einem starken, dem [h]-Laut ähnelnden Luftausstoß begleitet werden (Beispiel: [pʰ]).

Ausbaudialekt Traditionelle Mundart oder Mundartengruppe, deren Funktionsbereich sich so stark erweitert hat, daß sie über ein weites Territorium in vielen Domänen Verwendung findet.

Ausbausprache Sprachvarietät, die über eine mündliche und eine schriftliche Form verfügt und in den meisten Bereichen anwendbar ist.

Auslaut Letzter Laut eines Wortes.

Benrather Linie Linie, die das Niederdeutsche vom Hochdeutschen (Mitteldeutschen) scheidet. Vgl. Karte 3.5.

Bilingualismus/Multilingualismus Zwei-/Mehrsprachigkeit. Es ist eine Vielzahl von Typen identifiziert worden, doch die grundlegendste Unterscheidung ist die zwischen individuellem Bi-/Multilingualismus bzw. Bi-/Multilingualität (der Fähigkeit Einzelner, zwei oder mehr Sprachen zu gebrauchen) und gesellschaftlichem Bi/Multilingualismus (dem Nebeneinander von zwei bzw. mehr Sprachen in einer Sprechergemeinschaft).

Code (Kode) In der Zugehörigkeit zu einer bestimmten sozialen Schicht begründetes und mit dieser assoziierte Sprechweise (Sprachgebrauchssystem).

Code mixing Spontane Vermischung von Elementen verschiedener Codes.

Code shifting Innerhalb einer Äußerung ausgeführter Übergang von einer Varietät in eine andere; gemächlicher und weniger kategorisch als *Code switching*.

Code switching, Code(Kode)-Wechsel Abrupter Wechsel von einer Varietät in eine andere, durch den gewöhnlich eine Veränderung in der Sprechsituation (Gesprächsgegenstand, Gesprächszweck u. dgl.) indiziert wird.

Dental Siehe **Zahnlaut**.

Derivationsmorphologie Prägung eines Wortes in Ableitung eines bereits vorhandenen (Beispiel: *boykottieren* von *Boykott*).

deutsche Hochlautung (DH) Prestigeaussprache (-akzent) der formellen deutschen Standardsprache.

diachronisch Geschichtlich, entwicklungsmäßig betrachtet.

Dialekt Synonym für **Mundart** oder Gruppe engverwandter Mundarten; Bezeichnung für diverse regional und/oder sozial markierte Existenzformen (Varietäten) einer Sprache; diejenige Varietät einer Sprache, die an einem gegebenen Ort am stärksten von der Standardform abweicht.

Dialektkontinuum Gebiet, in dem traditionelle mundartliche Sprachformen unabhängig von den Grenzen des Geltungsbereichs verschiedener Standards relativ fließend ineinander übergehen (wie z.B. im Fall des niederländisch-deutschen D.).

dialektnahe Umgangssprache Formen der Umgangssprache, die den traditionellen Dialekten/Mundarten relativ nahestehen und in diesem Sinne relativ wenig mit der formellen Standardvarietät gemein haben. Moderne Dialekte oder Stadtdialekte.

Diglossie D. ist verschieden definiert worden. Im vorliegenden Werk bezeichnet Diglossie die funktional komplementäre Verwendung von zwei Sprachformen.

Diminutiv Verkleinerungsform, die in der Standardsprache mit Hilfe der Suffixe *-chen* und *-lein* gebildet wird. Diminutive können verschiedene Nebenfunktionen erfüllen; ein Beispiel ist die Markierung des jeweiligen Satzes oder der gesamten Äußerung als informell.

Diphthong Aus zwei Vokalen gebildeter Zwielaut, der in der jeweiligen Sprache wie ein Einzellaut fungiert; Diphthonge sind Vokale, bei denen durch die Veränderung der Zungenstellung ein hörbarer qualitativer Wandel auftritt (Beispiel: [ai] ← Verschiebung von [a] zu [i]). Vgl. **Monophthong**.

Diphthongierung Umwandlung eines Monophthongs in einen **Diphthong**.

DH Siehe **deutsche Hochlautung**.

Domäne Spezifischer Kontext bestimmter Aktivitäten (Arbeitsplatz, Schule, Familie usw.).

Einheitssprache Siehe **formelle Standardsprache**.

elaborierter Code Sprachvarietät(en), die nicht die Limitationen des **restringierten Codes** aufweist(-en); wird in erster Linie mit der Ober- und Mittelschicht assoziiert.

Entrundung Umwandlung gerundeter Vokale in ungerundete Vokale (Beispiel: ö → e).

Exoglossie Gebrauch einer Sprache durch eine Sprechergemeinschaft, in der es keine Muttersprachler dieser Sprache gibt.

flektierende (abwandelnde) Sprachen Sprachen, in denen grammatische Beziehungen durch Wortbeugung (Flexion) ausgedrückt werden und die Struktur der einzelnen Wörter so komplex ist, daß grammatische Elemente (Morpheme) nicht mehr eindeutig identifizierbar sind.

Foreigner Talk Vereinfachte und reduzierte Varietät einer Sprache, die Muttersprachler/einheimische Sprecher gegenüber Menschen gebrauchen, bei denen eingeschränkte Kompetenz in dieser Sprache vermutet wird.

formelle Standardsprache In gehobenen (formellen) Registern verwendete Varietät der Standardsprache; wird auch als „Standardsprache", „Einheitssprache", „Literatursprache", „Hochsprache" bezeichnet.

Fortis (Pl. **Fortes**) Relativ kraftvoll artikulierter Konsonant; starker Konsonant. Vgl. **Lenis.**

Frikative Siehe **Reibelaute.**

1. (germanische) Lautverschiebung Radikale Veränderung in der Aussprache der meisten Konsonanten in den Vorläufern der germanischen Sprachen. Vgl. Tab. 2.1.

germanische Sprachen Unterfamilie des Indoeuropäischen, zu der u.a. das Deutsche, das Niederländische, das Englische sowie die skandinavischen Sprachen gehören; Vgl. Abb. 2.1

Germersheimer Linie Isoglossenbündel, das das Mitteldeutsche vom Oberdeutschen scheidet. Siehe Karte 3.5.

gerundete Vokale Mit gerundeten Lippen erzeugte Vokale (Beispiel: [o:]).

geschlossener (hoher) Vokal Vokal, bei dem der höchste Punkt des Zungenrückens relativ hoch liegt (Beispiel: [i, u]).

gespannter Vokal Unter relativ starker Anspannung der Artikulationsmuskulatur hervorgebrachter Vokal.

Grimmsches Gesetz Beschreibung der 1. (germanischen) und 2. (hochdeutschen) Lautverschiebung durch Jacob Grimm.

halbgeschlossener Vokal Vokal, bei dem sich die Zunge etwas unterhalb der für geschlossene Vokale charakteristischen Position befindet.

halboffener Vokal (engl. *half open vowel*) Vokal, bei dem sich die Zunge etwas oberhalb der für offene Vokale charakteristischen Position befindet (Beispiel: [ɛ]).

hinterer (dunkler) Vokal Vokal, bei dem sich der höchste Punkt des Zungenrückens im hinteren Teil des Mundes befindet (Beispiel: [ɛ]).

Hochdeutsch Nichtwissenschaftliche Bezeichnung für formelles Standarddeutsch.

2. (hochdeutsche) Lautverschiebung Radikaler Wandel der Aussprache vieler Konsonanten in den Vorläufern des Hochdeutschen. Vgl. Tab. 2.2.

hochdeutsche Mundarten/Dialekte Die mittleren und südlichen Dialekte des deutschen Sprachraums (einschl. Österreichs und der Schweiz); werden gewöhnlich in das Mitteldeutsche und das Oberdeutsche unterteilt. Die Standardvarietät des Deutschen ist weitgehend von hochdeutschen Dialekten abgeleitet und wird häufig auch als ‚Hochdeutsch' bezeichnet.

hoher Vokal Siehe **geschlossener Vokal.**

Illokution, illokutiver Akt Verwendung einer bestimmten Formulierung, um eine bestimmte Handlung zu vollziehen (Behauptung, Drohung, Entschuldigung).

Imperativ Aufforderungsform, Befehlsform.

Implikationsskalenanalyse (engl. *implicational scaling*) Datenauswertungstechnik, bei der die Angaben nach dem Prinzip ‚Merkmal A impliziert Merkmal B' arrangiert werden.

Indikativ Wirklichkeitsform des Verbs; dient zur Schilderung von Prozessen und Zuständen als real; Normalmodus; vgl. **Konjunktiv, Imperativ.**

indoeuropäische (ide.)/indogermanische (idg.) Sprachen Sprachen jener großen Sprachfamilie, die sich zunächst vom indischen Subkontinent bis nach Nordeuropa erstreckte und infolge kolonialer Expansion nun auch in Nord-, Mittel- und Südamerika, im südlichen Afrika und in Australasien eine Basis hat. Zur ide. Sprachfamilie gehören u.a. die indoarische, die slawische, die griechische, die italische sowie die germanische Unterfamilie. Vgl. Abb. 2.1.

ingwäonische Dialekte Sprachformen bestimmter Stämme der Nordseegermanen (von lat. *ingvaevones*).

(im) Inlaut Im Wortinneren, insbesondere zwischen Vokalen.

Isoglosse Linie, die die geographische Grenze des Gebrauchs eines bestimmten sprachlichen Merkmals indiziert.

Isoglossenbündel   Mehrere Isoglossen, die in einem relativ schmalen Band annähernd parallel verlaufen.

isolierende (analytische, amorphe, vereinzelnde) Sprachen   Sprachen, in denen grammatische Beziehungen nicht durch das Abwandeln von Wörtern, sondern durch Veränderungen der Wortfolge ausgedrückt werden und in denen die Struktur der einzelnen Wörter relativ einfach ist. Den Extremfall bilden Sprachen, in denen sämtliche Wörter aus unlösbaren grammatischen Elementen (Morphemen) bestehen.

Jargon   Spezifische Ausdrucksweise, die von Angehörigen subkultureller Gruppen ins Leben gerufen und mit ihnen assoziiert wird. Ein wesentliches Charakteristikum solcher Varietäten ist ihr origineller und schnell vergänglicher Wortschatz.

Junggrammatiker-These   Die auf die gleichnamige philologische Denkschule (um 1900) zurückgeführte These, daß Lautgesetze ohne Ausnahmen wirksam sind.

Kanzleisprachen   Von mittelalterlichen und frühneuzeitlichen Kanzleien in administrativen Angelegenheiten angewendete Schreibsprachen.

Konjunktiv (Möglichkeitsform)   Modus des Verbs, der regelmäßig in Bitten, Konditionalsätzen und in der indirekten Rede Verwendung findet; mit Hilfe des Konjunktivs wird etwas als möglich, wahrscheinlich, hypothetisch, irreal u. dgl. dargestellt.

Konsonantenschwächung   Siehe **Lenisierung**.

Kopula   Verb, dessen primäre Funktion in der Verbindung zweier Satzglieder, insbesondere Subjekt und Subjektergänzung (Prädikat), besteht (Beispiel: *sein, aussehen*: Sie *ist* Schriftstellerin. Du *siehst* müde *aus*.).

Kreolsprachen   Aus Pidginsprachen hervorgegangene Sprachen, deren Struktur und stilistische Vielfalt eine Komplexität erreicht haben, die sie mit anderen Sprachen vergleichbar machen und für eine bestimmten Sprachgemeinschaft die Muttersprache darstellen. Pidginsprachen hingegen sind Sprachen mit deutlich reduzierter Grammatik, eingeschränktem Wortschatz und geringer stilistischer Vielfalt, die für niemanden die Muttersprache darstellen.

Lateral   Siehe **Seitenlaut**.

Lehnbedeutung   Einem vorhandenen Wort unter Einfluß einer anderen Sprache hinzugefügte (Neben-)Bedeutung (z. B. die von engl. *to fire (from a job)* abgeleitete Bedeutung ‚entlassen' für ‚feuern'.

Lehnbildung, Lehnprägung, Lehnschöpfung   Aus bereits vorhandenen Elementen zusammengesetztes, den Einfluß eines fremdsprachigen Wortes reflektierendes Wort.

Lehnübersetzung   Glied-für-Glied-Übersetzung (ein spezieller Fall von **Lehnbildung**) (Beispiel: dt. *Ausdruck* nach lat. *expressio*).

Lehnwort   Eindeutig aus einer anderen Sprache übernommenes Wort (Beispiel: *Computer*).

Lenis   (Pl. **Lenes**) Relativ schwach artikulierter, aber nicht unbedingt mit seinem stimmhaften Äquivalent identischer Konsonant.

Lenisierung (Konsonantenschwächung)   Artikulatorische Veränderung bestimmter Laute, die in einer verhältnismäßig schwachen Aussprache resultiert

Liquide   Sammelbezeichnung für **Laterale** (Seitenlaute) und Schwinglaute.

Letzeburgisch (Letzebuergesch)   Traditionelle germanische Sprachform Luxemburgs.

matched guise test   Technik zur Aufdeckung von Einstellungen zu Angehörigen verschiedener Sprachgruppen. Probanden werden gebeten, auf der Grundlage von Stimmproben den Charakter oder die Persönlichkeit der Sprechenden einzuschätzen. Dabei können zwei oder mehr Proben von einundderselben Person stammen. Anschließend wird i. d. R. ein Vergleich der Reaktionen durchgeführt.

Missingsch   Dialektnahe Umgangssprache des nördlichen Deutschlands; heute vornehmlich für bestimmte Hamburger Sprachformen.

mitteldeutsche Dialekte/Mundarten   Die in Ost-West-Richtung die Mitte Deutschlands durchquerenden Varietäten des Hochdeutschen.

Mittelhochdeutsch   Für den Mittelteil und den Süden des deutschsprachigen Raums nachgewiesene Mundarten des hohen Mittelalters (mittleres 11. bis spätes 15. Jh.).

Mittelniederdeutsch Für das heutige Norddeutschland nachgewiesene Mundarten des hohen Mittelalters und der frühen Neuzeit.

mittlerer Vokal Vokal, bei dem sich der höchste Punkt des Zungenrückens in mittlerer Höhe befindet (Beispiel: [ə]).

Modalverben (modale Hilfsverben) In der Regel als Hilfsverben eingesetzte Gruppe von Verben, die das ihnen zugeordnete Verb modifizieren. Sie beschreiben die Handlung oder den Tatbestand als möglich, notwendig, wahrscheinlich, erlaubt usw.

Modi (Sg. **Modus**) Verschiedene Betrachtungsweisen (Indikativ, Konjunktiv, Imperativ), die durch spezifische Formenreihen der Verben ausgedrückt werden. Mit Hilfe der Modi wird etwas über das Verhältnis des Sprechenden zur Aussage oder über das Verhältnis der Aussage zur Realität mitgeteilt.

Monophthong Einfacher Vokal, Vokal mit gleichbleibender Lautqualität (Beispiel: [iː]); vgl. **Diphthong**.

Morphologie (Formenlehre) (Studium der) grammatische(n) Struktur der Wörter.

Mundart Traditionelle ländliche Sprachform geringer geographischer Reichweite, die phonologisch, grammatisch und lexikalisch relativ stark von der Standardvarietät abweichen kann und (vor allem in der Mitte und im Norden des deutschsprachigen Raums) in formelleren Domänen und Situationen nur bedingt toleriert wird. Mundarten werden fast nur mündlich gebraucht (Ausnahme: Mundartliteratur); Gruppen von Mundarten werden häufig als Dialekte bezeichnet. Vgl. **Dialekt**.

Nasal Siehe **Nasenlaut**.

Nasenlaut Vokal oder Konsonant, bei dem die Luft durch die Nase entweicht (Beispiele: [õ], [n]).

Nationalsprache Sprache, die für ein bestimmtes Land Symbolwert hat und diesen auch offiziell anerkannt bekommt, dabei aber nicht unbedingt in offiziellen Domänen verwendet wird.

Neologismus (In den allgemeinen Gebrauch übergegangene) Sprachliche Neuprägung oder Neuschöpfung.

Niederdeutsche Mundarten/Dialekte Traditionelle norddeutsche Mundarten.

niedriger Vokal Siehe **offener Vokal**.

Nordgermanisch Skandinavisch.

Oberdeutsche Dialekte/Mundarten Traditionelle dialektale Sprachformen Süddeutschlands, Österreichs und der Schweiz.

Obstruent Verschluß- oder Reibelaut.

offener (niedriger) Vokal Vokal, bei dem der Zungenrücken eine niedrige Position einnimmt (Beispiel: [a]).

normative Grammatik Siehe **präskriptive Grammatik**.

Palatal, Vordergaumenlaut Laut, bei dem der mittlere Zungenrücken gegen den Vordergaumen artikuliert.

Palatalisierung Umwandlung eines Lautes in einen Palatal.

Palato-Alveolar Laut, bei dem die Zungenspitze gegen die **Alveolen** (s. o.) und der vordere Zungenrücken gegen den Vordergaumen artikuliert (Beispiel: [ʃ]). **Alveolare Palatale** (wie z. B. das in einigen mitteldeutschen Nichtstandard-Sprachformen auftretende ç) werden etwas weiter hinten gebildet.

periphrastisch Umschreibend, analytisch; eine Ausdrucksweise ist periphrastisch, wenn anstelle von Flexion zusätzliche Wörter verwendet werden (Beispiel: *mehr angenehm* für *angenehmer*).

perlokutiver Akt/Effekt Sprechakt in Hinsicht auf die (faktische) Wirkung der Äußerung auf seiten der/des Empfänger/s (Information, Beleidigung, Abschreckung usw.).

Phonem (adj. **phonemisch**) Kleinste bedeutungsdifferenzierende Einheit im Lautsystem einer Sprache.

Phonetik (Studium der) artikulatorische(n) und akustische(n) Eigenschaften sprachlicher Laute und Lautkombinationen.

Phonologie   (Studium) sprachliche(r) Lautsysteme.

Pidgin   Vielfältig eingeschränkte Sprachform, die niemandes Muttersprache ist und nur bestimmten kommunikativen Zwecken (Handel, Verkehr u. dgl.) dient.

Platt   (ugs. Bezeichnung für) die traditionellen Dialekte/Mundarten des nieder- und mitteldeutschen Sprachraums.

Polysemie   Überlagerung mehrerer eindeutig verschiedener Bedeutungen in einem einzigen Wort (Zeichenkörper).

praekonsonantisch   Vor einem Konsonanten auftretend.

praevokalisch   Vor einem Vokal auftretend.

präskriptive Grammatik   (Ggs. deskriptive Grammatik) Grammatik, die nicht den realen Sprachgebrauch beschreibt, sondern Normen setzt.

Prestige   Geltung, Ansehen, Zuspruch. Eine Sprachform genießt offenkundiges Prestige, wenn sie mit einer gesellschaftlichen Gruppe oder Schicht assoziiert wird, die soziale und/oder ökonomische Macht hat, und wenn sie von weniger einflußreichen Gruppen bzw. Schichten als korrekt und erstrebenswert empfunden wird. Eine Varietät hat ‚heimliches‘ Prestige, wenn sich ihre Träger trotz ihrer geringeren sozialen Stellung bewußt und stark mit ihr identifizieren.

Proto-Indoeuropäisch   Sprache oder Gruppe von Dialekten, die als (hypothetischer) Vorläufer aller ide. Sprachen gilt. Es könnte sich in der Tat um ein bloßes theoretisches Konstrukt handeln. Vgl. Abb. 2.1.

Received Pronunciation (*RP*)   Prestigeartikulation des Britischen Englisch.

regelmäßige (Verben   Verben mit regelmäßigen Konjugationsmustern (Ggs. **unregelmäßige Verben**).

Reibelaute (Engelaute, Frikative, Spiranten)   Konsonanten, bei denen der Luftstrom eingeengt und hörbare Reibung erzeugt wird (Beispiel: [f], [z]).

Register   Sprachvarietät, die in bestimmten sozialen Situationen bzw. Texttypen angewendet wird (überschneidet sich mit Stillage und Textsorte).

Repertoire   Spektrum aller Varietäten, derer sich ein/e einzelne/r Sprecher/in bedienen kann.

restringierter Code   Sprachvarietät, die sich durch begrenzte syntaktische und lexikalische Vielfalt sowie ein relativ geringes stilistisches Repertoire auszeichnet.

Rheinischer Fächer   Bündel von Isoglossen, das sich in Hessen und im Rheinland aufspaltet und somit den allmählichen Übergang von den weiter südlich verbreiteten hochdeutschen Sprachformen zu den im Norden beheimateten niederdeutschen Formen veranschaulicht. Vgl. Karte 3.5.

romanische Sprachen (das Romanische)   Sämtliche ide. Sprachen, die sich genealogisch auf das Lateinische zurückführen lassen (Französisch, Italienisch usw.).

RP   Siehe **Received Pronunciation**.

Scheinentlehnung   Wort, das wie eine direkte Entlehnung aus einer fremden Sprache anmutet, in Wirklichkeit aber in der Sprache selbst geprägt wurde (Beispiel: dt. *Showmaster*).

Schriftsprache   Eine von mehreren Bezeichungen der deutschen **Standardsprache**; wird insbesondere in der Bedeutung ‚formelle Standardsprache‘ verwendet.

Schwache Konsonanten   Siehe **Lenis**.

Schweizerdeutsch (Schwyzertütsch)   Sammelbezeichung für die deutschen Dialekte der Schweiz.

Schwinglaute (Zitterlaute)   Laute, bei denen die Zungenspitze oder das Zäpfchen hin und her schwingt (Beispiel: [r]).

Seitenlaut   Laut, bei dem die Luft seitlich der Zunge entweicht (Beispiel: [l]).

Semantik (adj. **semantisch**)   Bedeutungslehre.

Semantische Signifikanz   Maß, in dem in einer gegebenen Sprache eine linguistische Differenz eine funktionale Bedeutung hat. Phonologische Kontraste z.B. sind von großer semantischer Signifikanz, wenn sie in mehreren Fällen wortunterscheidend wirken.

slawische Sprachen (das Slawische) Zweig der ide. Sprachenfamilie, dessen Verbreitungsgebiet Osteuropa und Rußland umfaßt.

soziales Netzwerk spezifisches soziales Beziehungsgefüge gegebener Individuen; theoretisches Konstrukt, das die Einordnung von Sprechern nach deren selbst herbeigeführten sozialen Beziehungen (zu Kollegen, Nachbarn, Freunden u. dgl.) ermöglicht und damit eine Alternative zu konventionellen (auf festgeschriebenen Kategorien wie Schichtzugehörigkeit beruhenden) Ansätzen darstellt.

sociolinguistic marker Sprachliches Merkmal (ling. Variable), das mit einer bestimmten sozialen Gruppe assoziiert und deshalb u. U. bewußt unterdrückt oder hervorgehoben wird.

Sprachgemeinschaft Gesamtheit der Muttersprachler und sekundären Träger einer Sprache.

Sprachtyp Sammelbezeichnung für Varietäten einer Sprache, die auf gemeinsame soziale Charakteristika verweist (z.B. alle traditionellen Dialekte)

Sprechakt, Sprechhandlung Kleinste Einheit sprachlicher Kommunikation, die aus den Absichten des/der Sprechenden und den Effekten seiner/ihrer Äußerung auf seiten des Empfängers hergeleitet wird.

Sprechergemeinschaft (Hier:) Gruppe von Sprechern, die einen bestimmten Bestand an sprachlichen Normen und Gebrauchsweisen teilen und sich diesen unterwerfen, so daß sie jederzeit von anderen Sprechergemeinschaften abgrenzbar sind.

standardnahe Umgangssprache/umgangssprachlicher Standard Formen der Umgangssprache, die relativ viel mit der formellen Standardvarietät gemein haben. Informelle Standardsprache.

Standardsprache, Standardvarietät Siehe **formelle Standardsprache.**

starke Konsonanten Siehe **Fortis.**

starke Verben Verben, bei denen im Präteritum der Stammvokal wechselt und beim Partizip II das Suffix *-en* erscheint; werden von schwachen Verben und gelegentlich auch von Verben mit gemischter Konjugation unterschieden.

Steuerfaktor (für engl. *constraint*) Sprachlicher oder außersprachlicher Faktor, der die Anwendung einer sprachlichen Regel beeinflußt (einschränkt).

stimmhaft (sth.) Laute, bei den die Stimmbänder schwingen (vibrieren).

Stimmhaftigkeitsverlust Für bestimmte Varietäten charakteristisches Fehlen der Vibration einiger oder sämtlicher Stimmbänder bei Lauten, die in anderen Varietäten stimmhaft ausgesprochen werden.

stimmlos (stl.) Laute, bei denen die Stimmbänder in Ruhestellung bleiben.

subphonemisch Bezeichnung der leicht unterhalb der Phonemebene gelegenen Lautsphäre einer Sprache.

Substrat Wörtl. ‚Unterschicht‘; Spuren, die eine überlagerte Sprache in der sie überlagernden Sprache hinterläßt (z.B. Spuren der Sprachen kolonisierter Völker in den Sprachen der Eroberer; Spuren der Erstsprachen von Arbeitsmigranten in ihrer Zielsprache).

Superstrat Wörtl. ‚Überschicht‘; in einer gegebenen Sprache nachweisbare Spuren einer ihr übergeordneten Sprache. Vgl. **Substrat.**

synchronische Sprachbetrachtung Untersuchung des Zustandes einer Sprache in einem bestimmten Zeitraum bzw. Stadium (vgl. **diachronisch**).

Synonymie Synonymie liegt vor, wenn für eine Bedeutung mehrere Wörter (Zeichenkörper) zur Verfügung stehen.

Syntax (adj. **syntaktisch**) (Studium der) Art und Weise, in der Wörter zu Wortgruppen und Sätzen verbunden werden; in einer Sprache zulässige Verbindung sprachlicher Grundeinheiten zu mehr oder weniger komplexen Konstruktionen.

synthetische Sprachen Sprachen, in denen grammatische Beziehungen durch das Abwandeln von Wörtern statt durch selbständige Wörter ausgedrückt werden (Ggs. **analytische Sprachen**).

traditionelle Dialekte (Mundarten) Auf relativ kleine Gebiete begrenzte ländliche Dialekte (oder Dialekte ländlichen Ursprungs), die sich außergewöhnlich stark von der Standardvarietät unterscheiden.

Überdachung (Von Heinz Kloss eingeführter) Begriff zur Erfassung der von Standardvarietäten ausgehenden Wirkung, ihnen verwandte Nichtstandard-Varietäten einem Dach ähnlich zusammenzuhalten. Mundarten gelten als überdacht, wenn sie einem in formellen Situationen verbindlichen Standard zugeordnet werden und diesem sprachlich so nahe stehen, daß man sie nicht als Minderheitssprachen auslegt.

Umgangssprache Sprechweisen, die weder der formellen Standardvarietät, noch den traditionellen Dialekten zugeordnet werden können.

ungerundete Vokale Vokale, bei denen die Lippen gespreizt oder entspannt sind.

Uvular Ein unter Mitwirkung des Zäpfchens gebildeter Laut (Beispiel: [ʀ]).

Variable Sprachliches Merkmal, das sozial oder stilistisch bedingten Veränderungen unterworfen ist und daher in mindestens zwei Varianten zutage tritt.

Variante Eine von mehreren möglichen Realisierungen einer Variablen.

Varietät Erscheinungs- oder Existenzform einer Sprache.

Velar (Hintergaumenlaut) Laut, bei dem hintere Zungenrücken gegen den weichen Gaumen artikuliert (Beispiel: [k]).

Verschlußlaut (Sprenglaut, Plosiv) Konsonant, bei dem der Luftweg völlig verschlossen und dann plötzlich geöffnet wird, so daß der relativ kraftvolle Luftstrom einen explosionsartigen Laut verursacht.

verwandt Auf denselben Ursprung zurückführbar (Beispiel: dt. *Haus* und engl. *house*).

Vokalisierung Veränderung der Artikulation eines Konsonanten in einer Weise, die diesen zu einem Vokal macht (Beispiel: standardspr. alt [alt] → mittelbair. [ɔːi̯d]).

vorderer (heller) Vokal Vokal, bei dem sich der höchste Punkt des Zungenrückens im vorderen Teil des Mundes befindet (Beispiel: [iː]).

westgermanische Sprachen Zweig des Germanischen, zu dem u. a. das Deutsche, das Niederländische und das Englische gehören.

Zahnlaut (Dental) Laut, bei dem die Zungenspitze die obere Zahnreihe berührt (Beispiel: [t]).

Literaturverzeichnis

Aktuelle Probleme der sprachlichen Kommunikation (1974). Berlin: Akademie-Verlag [Autorenkollektiv].

Alinei, M. (1980) ‚Dialect: a dialectical approach'. In: Göschel et al. 1980: 11–37.

Amian, W. (1979) ‚Die Interdependenz linguistischer und politischer Faktoren im Sprachgrenzbereich'. In: Nelde 1979b: 95–100.

Ammon, U. (1972a) *Dialekt, soziale Ungleichheit und Schule.* Weinheim: Beltz.

Ammon, U. (1972b) ‚Dialekt, Sozialschicht und dialektbedingte Schwierigkeiten'. In: *Linguistische Berichte* 22, 80–93.

Ammon, U.(1977) *Probleme der Soziolinguistik* (Germanistische Arbeitshefte, 15.2). Tübingen: Niemeyer.

Ammon, U. (1978a) ‚Begriffsbestimmung und soziale Verteilung des Dialekts'. In: Ammon et al. 1978: 49–71.

Ammon, U. (1978b) *Schulschwierigkeiten von Dialektsprechern.* Weinheim, Basel: Beltz.

Ammon, U. (1986) ‚Die Begriffe „Dialekt" und „Soziolekt"'. In: P. von Polenz, P. Erben und J. Goossens (Hrsg.) *Kontroversen, alte und neue.* Bd 4. Tübingen: Niemeyer, 223–31.

Ammon, U. (1991) *Die internationale Stellung der deutschen Sprache.* Berlin, New York: de Gruyter.

Ammon, U. (1995) *Die deutsche Sprache in Deutschland, Österreich und der Schweiz.* Berlin, New York: de Gruyter.

Ammon, U. (ed.) (1989) *Status and Function of Languages and Language Varieties.* Berlin, New York: de Gruyter.

Ammon, U. and M. Hellinger (ed.) (1991) *Status Change of Languages.* Berlin, New York: de Gruyter.

Ammon, U.; U. Knoop und I. Radtke (1978) *Grundlagen einer dialektorientierten Sprachdidaktik.* Weinheim: Beltz.

Antos, G. (Hrsg.) (1988) ‚*Ich kann ja Deutsch!' Studien zum fortgeschrittenen Zweitsprachenerwerb von Kindern ausländischer Arbeiter.* Tübingen: Niemeyer.

Appel, R. und P. Muysken (1987) *Language Contact and Bilingualism.* London: Edward Arnold.

Arbeitsgruppe ‚Sprachgemeinschaften in der Bundesverwaltung' (1986) *Bericht über die Arbeitsbedingungen der Bundesbediensteten in Bern unter dem Gesichtspunkt der Muttersprache.* Bern: Eidgenössisches Personalamt.

Århammer, N. (1967) ‚Die Syltringer Sprache'. In: Hansen, M. und N. Hansen (Hrsg.) *Sylt – Geschichte und Gestalt einer Insel.* Itzehoe-Voßkate: Hansen & Hansen, 3–21.

Auburger, L., H. Kloss und H. Rupp (Hrsg.) (1977) *Deutsch als Muttersprache in Kanada.* Stuttgart: Steiner.

Auburger, L. (1977a) ‚Zur Sprache kanadadeutscher Zeitungstexte'. In: Auburger et al. 1977: 149–56.

Auburger, L. (1977b) ‚Bericht der Arbeitsstelle für Mehrsprachigkeit 1976'. In: *Jahrbuch 1976 des Instituts für Deutsche Sprache.* Düsseldorf: Schwann, 342–77.

Auer, P. (1989) ‚Natürlichkeit und Stil'. In: V. Hinnenkamp und M. Selting (Hrsg.) *Stil und Stilisierung. Arbeiten zur interpretativen Soziolinguistik.* Tübingen: Niemeyer, 27–59.

Auer, P. and A. Di Luzio (eds.) (1992) *The Contextualization of Language*. Amsterdam: Benjamins.

Aufderstraße, H., H. Bock, M. Gerder und H. Müller (1983) *Themen*. München: Hueber.

Bach, A. (1969) *Deutsche Mundartenforschung*. 3. Aufl. Heidelberg: Winter.

Bailey, C.-J. N. (1973) *Variation and Linguistic Theory*. Washington/DC: Center for Applied Linguistics.

Barbour, J. S. (1987) ‚Dialects and the teaching of a standard language: some West German work'. In: *Language in Society* 16/2, 227–44.

Barkowski, H., U. Harnisch und S. Kumm (1979) ‚Sprachlernen mit Arbeitsmigranten im Wohnbezirk'. In: *Deutsch Lernen*19/1, 5–16.

Bauer, D. (1993) *Das sprachliche Ost-West-Problem*. Frankfurt a. M.: Lang.

Bausch, K.-H. (Hrsg.) (1982) *Mehrsprachigkeit in der Stadtregion* (Jahrbuch 1981 des Instituts für deutsche Sprache, 56). Düsseldorf: Schwann.

Becker-Dombrowski, C. (1981) ‚Zur Situation der deutschen Sprache im Elsaß'. In: Ureland 1981: 149–79.

Berg, G. (1993) *Mir welle bleiwe, wat mir sin*. Tübingen: Niemeyer.

Bernstein, B. (1971 [1965]) ‚A socio-linguistic approach to social learning'. In: B. Bernstein (ed.) *Class, Codes and Control*, Vol.1. London: Routledge & Kegan Paul, 118–43.

Besch, W. und H. Löffler (1977) *Alemannisch*. Düsseldorf: Schwann.

Besch, W. (1981) ‚Einige Probleme empirischer Sprachforschung'. In: Besch et al. 1981: 238–60.

Besch, W., J. Hufschmidt, A. Kall-Holland, E. Klein und K. J. Mattheier (1981) *Sprachverhalten in ländlichen Gemeinden. Ansätze zur Theorie und Methode* (Forschungsbericht Erp-Projekt, Bd. 1). Berlin: Schmidt.

Besch, W., U. Knoop, W. Putschke und H. E. Wiegand (Hrsg.) (1982–83) *Dialektologie: ein Handbuch zur deutschen und allgemeinen Dialektforschung* (2 Bde.), Berlin, New York: de Gruyter.

Besch, W. and K. J. Mattheier (1985a) ‚Ortssprachenforschung'. In: Besch/Mattheier 1985b: 9–23.

Besch, W. and K. J. Mattheier (Hrsg.) (1985b) *Ortssprachenforschung: Beiträge zu einem Bonner Kolloquium*. Berlin: Schmidt.

Bettelheim, R. und R. Benedikter (Hrsg.) (1982) *Apartheid in Mitteleuropa? Sprache und Sprachpolitik in Südtirol*. Wien, München: Jugend und Volk Verlagsgesellschaft.

Bettelheim, R. (1982) ‚Introduction'. In: Bettelheim/Benedikter 1982: 1–20.

Bickel, H. (1988) ‚Sprachen in der Schweiz'. Unveröffentlichtes Manuskript, Universität Basel.

Bickel, H. und R. Schläpfer (Hrsg.) (1994) *Mehrsprachigkeit: Eine Herausforderung*. Aarau: Sauerländer.

Bickerton, D. (1971) ‚Inherent variability and variable rules'. In: *Foundations of Language* 7, 457–92.

Bickerton, D. (1977) ‚Pidginization and creolization: language acquisition and language universals'. In: Valdman 1977: 49–69.

Blackshire-Belay, C. (1991) *Language Contact. Verb Morphology in German of Foreign Workers*. Tübingen: Narr.

Bodemann, Y. M. und R. Ostow (1975) ‚Lingua franca und Pseudo-Pidgin in der Bundesrepublik'. In: *Zeitschrift für Literaturwissenschaft und Linguistik* 18/5, 122–46.

Bodmer, F. (1944/81]) *The Loom of Language*. London: The Merlin Press (Seitenangaben entsprechen der Ausgabe von 1981).

Born, J. und S. Dickgießer (1989) *Deutschsprachige Minderheiten. Ein Überblick über den Stand der Forschung für 27 Länder*. Mannheim: Institut für deutsche Sprache.

Braun, P. (1987) *Tendenzen in der deutschen Gegenwartssprache*. Stuttgart: Kohlhammer.

Braverman, S. (1984) *The City Dialect of Salzburg*. Göppingen: Kümmerle.

Bright, W. (ed.) (1966) *Sociolinguistics*. The Hague, Paris: Mouton.

Brown, P. and S. Levinson (1987) *Politeness: Some Universals in Language Usage*. Cambridge: Cambridge University Press.

Brown, R. and Gilman, A. (1972) ‚The pronouns of power and solidarity'. In: Giglioli 1972: 252–82.

Bynon, T. (1977) *Historical Linguistics*. Cambridge: Cambridge University Press.

Camartin, I. (1982) ‚Die Beziehungen zwischen den schweizerischen Sprachregionen'. In: Schläpfer 1982: 301–51.

Cameron, D. and J. Coates (1988) ‚Some problems in the sociolinguistic explanation of sex differences'. In: J. Coates and D. Cameron (eds.) *Women in Their Speech Communities*. London, New York: Longman, 13–26.

Carstensen, B. (1980) ‚Das Genus englischer Fremd- und Lehnwörter im Deutschen'. In: Viereck 1980: 37–75.

Carstensen, B. und H. Galinski (1975) *Amerikanismen der deutschen Gegenwartssprache*. Heidelberg: Winter.

Chambers, J. K. (1994), *Sociolinguistic Theory: Linguistic Variation and its Social Significance*. Oxford: Blackwell.

Chambers, J. K. and P. Trudgill (1980) *Dialectology*. Cambridge: Cambridge University Press.

Cheshire, J. (1982) ‚Variation in the use of „ain't" in an urban British English dialect'. In: *Language in Society* 10, 365–81.

Clahsen, H., J. Meisel und M. Pienemann (1983) *Deutsch als Zweitsprache*. Tübingen: Narr.

Clauss, J. U. (1979) ‚Die politische und verfassungsrechtliche Problematik des deutschsprachigen Belgiens'. In: Nelde l979b: 39–60.

Clyne, M. G. (1968) ‚Zum Pidgin-Deutsch der Gastarbeiter'. In: *Zeitschrift für Mundartforschung* 35,130–39.

Clyne, M. G. (1984) *Language and Society in the German-Speaking Countries*. Cambridge: Cambridge University Press.

Clyne, M. G. (1995) *The German Language in a Changing Europe*. Cambridge: Cambridge University Press.

Cole, R. (1975) ‚Divergent and convergent attitudes towards the Alsatian Dialect'. In: *Anthropological Linguistics* 17, 293–304.

Coulmas, F. (1985) *Sprache und Staat* (Sammlung Göschen 2501). Berlin, New York: de Gruyter.

Dahms-Meškank, W. und W. Oschlies (1993) „„DDRsch" mit slawischen Wörtern? Die Sprache der Lausitzer Sorben unter der SED-Herrschaft'. In: *Muttersprache* 1/1993, 12–21.

Denison, N. (1980) ‚Sauris: a case study in language shift in progress'. In: Nelde 1980: 335–42.

Dialekt-Hochsprache kontrastiv. Sprachhefte für den Deutschunterricht. Düsseldorf: Schwann. Es sind folgende Einzelhefte erschienen:
Ammon, U. und U. Loewer (1977) *Schwäbisch*.
Besch, W. und H. Löffler (1977) *Alemannisch*.
Hasselberg, J. und K.-P. Wegera (1976) *Hessisch*.
Henn, B. (1980) *Pfälzisch*.
Klein, E., K. J. Mattheier und H. Mickartz (1978) *Rheinisch*.
Niebaum, H. (1977) *Westfälisch*.
Stellmacher, D. (1981) *Niedersächsisch*.
Zehetner, L. G. (1977) *Bairisch*.
Die Dialektbücher. München: Beck.
Bisher veröffenlicht:
Friebertshäuser, H. (1987) *Das hessische Dialektbuch*.
Wagner, E. (1987) *Das fränkische Dialektbuch*.
Zehetner, L. (1985) *Das bairische Dialektbuch*.

Dieckmann, W. (1989) ‚Die Untersuchung der deutsch-deutschen Sprachentwicklung als linguistisches Problem'. In: *Zeitschrift für germanistische Linguistik* 17: 162–181.

Dittmar, N. (1973) *Soziolinguistik. Exemplarische und kritische Darstellung ihrer Theorie, Empirie und Anwendung.* Frankfurt a. M.: Athenäum.

Dittmar, N. (1982) ‚Soziolinguistik in der Bundesrepublik Deutschland'. In: *Studium Linguistik* 14, 20–57.

Dittmar, N. und B. Schlieben-Lange (1982) ‚Stadtsprache. Forschungsrichtungen und -perspektiven einer vernachlässigten soziolinguistischen Disziplin'. In: Bausch 1982: 9–86.

Dittmar, N. und P. Schlobinski (1985) ‚Die Bedeutung von sozialen Netzwerken für die Erforschung von Ortssprachen'. In: Besch/Mattheier 1985b:158–88.

Dittmar, N., P. Schlobinski und I. Wachs (1986) *Berlinisch. Studien zum Lexikon, zur Spracheinstellung und zum Stilrepertoire.* Berlin: Verlag Arno Spitz.

Dittmar, N. und P. Schlobinski (1988) *Wandlungen einer Stadtsprache.* Berlin: Colloquium Verlag.

Dittmar, N., P. Schlobinski und I. Wachs (1988) ‚Berlin Urban Vernacular studies: contributions to sociolinguistics'. In: N. Dittmar and P. Schlobinski (eds.) *The Sociolinguistics of Urban Vernaculars.* Berlin, New York: de Gruyter, 1–144.

Dittmar, N., A. Reich, M. Schumacher, M. Skiba und H. Terborg (1990) ‚Die Erlernung modaler Konzepte des Deutschen durch erwachsene polnische Migranten. Eine empirische Längsschnittstudie'. In: *Info DaF* 17/2,125–172.

Dloczik, M., A. Schuttler und H. Sternagel (1984) *Der Fischer Informationsatlas Bundesrepublik Deutschland.* Frankfurt a. M.: Fischer References.

Dressler, W., R. Leodolter and E. Chromec (1976) ‚Phonologische Schnellsprechregeln in der Wiener Umgangssprache'. In: Viereck, W. (Hrsg.), *Sprachliches Handeln – soziales Verhalten.* München: Wilhelm Fink Verlag, 71–92.

Dreyer, H. und R. Schmitt (1985) *Lehr- und Übungsbuch der deutschen Grammatik.* München: Verlag für Deutsch.

Duden. Grammatik der deutschen Gegenwartssprache. (1984) Mannheim: Bibliographisches Institut.

Durrel, M. (1992) *Using German. A Guide to Contemporary German Usage.* Cambridge: Cambridge University Press.

Egger, K. (1977) *Zweisprachigkeit in Südtirol.* Bozen/Bolzano: Athesia.

Eggerer, W. und H. Rötzer (1978) *Manz Großer Analysenband I.* München: Manz.

Eichhoff, J. (1977) *Wortatlas der deutschen Umgangssprachen.* Bern, München: Francke.

Eisenberg, P. (1986) *Grundriß der deutschen Grammatik.* Stuttgart: Metzler.

Eisermann, G. (1981) *Die deutsche Sprachgemeinschaft in Südtirol.* Stuttgart: Enke.

Eisermann, G. und J. Zeh (1979) *Die deutsche Sprachgemeinschaft in Ostbelgien.* Stuttgart: Enke.

Elle[Ela], L. (1991) ‚Die Sorben in der Statistik'. In: Maćica Serbska (Hrsg.) *Die Sorben in Deutschland.* Bautzen/Budyšin: Domowina-Verlag.

Elle[Ela], L. (1992a) ‚Zur aktuellen Sprachsituation der Lausitzer Sorben'. In: *Europa Ethnica* 49/1, 1–12.

Elle[Ela], L. (1992b) ‚Die sorbische Sprache als Komponente der Ethnizität der Sorben'. In: *Létopis. Zeitschrift für Sorabistik* 39/1, 123–27.

Elle[Ela], L. (1992c) *Sorbische Kultur und ihre Rezipienten. Ergebnisse einer ethnosoziologischen Befragung.* Bautzen/Budyšin: Domowina-Verlag.

Engel, U. (1988) *Deutsche Grammatik.* Heidelberg: Julius Groos.

Fairclough, N. (1989) *Language and Power.* London: Longman.

Fairclough, N. (1992) *Discourse and Social Change.* Cambridge: Polity Press.

Fasold, R. (1984) *The Sociolinguistics of Society.* Oxford: Basil Blackwell.

Felix, S. (ed.) (1980) *Second Language Development.* Tübingen: Narr.

Ferguson, C. A. (1972) (zuerst 1959 in *Word* 15, 325–40) ‚Diglossia'. In: Giglioli 1972: 232–51.

Finck, A. und M. Philipp (eds.) (1988) *L'allemand en Alsace*. Strasbourg: Presses Universitaires de Strasbourg.

Fischer, G. (1979) ,Untersuchungen zum Sprachgebrauch in der Areler Gegend'. In: Nelde 1979b: 85–94.

Fischer, H. und U. P. Trier (1962) *Das Verhältnis zwischen Deutschschweizer und Westschweizer: eine sozialpsychologische Untersuchung*. Frauenfeld et al.: Huber.

Fishman, J. A. (1972) *The Sociology of Language: an Interdisciplinary Social Science Approach to Language in Society*. Rowley/Mass.: Newbury House.

Fleischer, W. (1984) ,Zur lexikalischen Charakteristik der deutschen Sprache in der DDR'. In: *Zeitschrift für Phonetik, Sprachwissenschaft und Kommunikationsforschung* 4/1984, 415–24.

Frings, T. (1956) *Sprache und Geschichte*. Halle: VEB Max Niemeyer Verlag.

Fuchs, W. P. (1973) *Das Zeitalter der Reformation* (Handbuch der deutschen Geschichte, Bd. 8). München: Deutscher Taschenbuch Verlag.

Gabriel, E. und H. Stricker (Hrsg.) (1987) *Probleme der Dialektgeographie*. Bühl/Baden: Konkordia.

Gal, S. (1979) *Language Shift*. New York, London: Academic Press.

Gaumann, U. (1983) ,*Weil die machen jetzt bald zu.*' *Angabe- und Junktivsatz in der deutschen Gegenwartssprache*. Göppingen: Kümmerle.

Giglioli, P. P. (ed.) (1972) *Language and Social Context*. Harmondsworth: Penguin.

Giles, H. and P. Smith (1979) ,Accommodation theory: optimal levels of convergence'. In: Giles/St Clair 1979: 45–65.

Giles, H. and R. St Clair (eds.) (1979) *Language and Social Psychology*. Oxford: Basil Blackwell.

Glück, H. und W. W. Sauer (1990), *Gegenwartsdeutsch*. Stuttgart: Metzler.

Glück, H. und W. W. Sauer (1995) ,Directions of change in contemporary German'. In: Stevenson (1995b): 95–116.

Goebl, H., P. Nelde, Z. Starý und W. Wölk (Hrsg.) (1996) *Kontaktlinguistik/Contact Linguistics/Linguistique de contact. Ein internationales Handbuch zeitgenössischer Forschung/An International Handbook of Contemporary Research/Manuel international des recherches contemporaines*, 1. Halbband. (Handbücher zur Sprach- und Kommunikationswissenschaft/Handbooks of Linguistics and Communication Science/Manuels de linguistique et de sciences de communication, Bd. 12.1). Berlin, New York: de Gruyter.

Göschel, J., N. Nail und G. van der Elst (Hrsg.) (1976) *Zur Theorie des Dialekts* (*Zeitschrift für Dialektologie und Linguistik* Beiheft 16). Stuttgart: Steiner.

Göschel, J., P. Ivić und K. Kehr (Hrsg.) (1980) *Dialekt und Dialektologie: Ergebnisse des internationalen Symposiums ,Zur Theorie des Dialekts', Marburg/L, 5–10 September 1977* (*Zeitschrift für Dialektologie und Linguistik* Beiheft NF 26). Stuttgart: Steiner.

Götze, L. und E. W. B. Hess-Lüttich (1989) *Knaurs Grammatik der deutschen Sprache*. München: Droemer Knaur.

Good, C. (1989) *Zeitungssprache im geteilten Deutschland*. München: Oldenbourg.

Good, C. (1995) ,Ost-West-Sprachunterschiede: gibt es sie noch?' In: S. Barbour (Hrsg.) *Sprache, Gesellschaft und Nation im vereinigten Deutschland*. London: Association for Modern German Studies, Goethe-Institut, 28–42.

Goossens, J. (1976) ,Was ist Deutsch – und wie verhält es sich zum Niederländischen?'. In: Göschel et al. 1976: 256–82.

Goossens, J. (1977) *Deutsche Dialektologie*. Berlin, New York: de Gruyter.

Goossens, J. (1981) ,Zum Verhältnis von Dialektologie und Soziolinguistik: der Standpunkt eines Dialektologen'. *Zeitschrift für Dialektologie und Linguistik* 48/3, 299–312.

Gordon, J. C. B. (1981) *Verbal Deficit, a Critique*. London: Croom Helm.

Grießhaber, W. (1990) ,Tansfer, diskursanalytisch betrachtet'. In: *Linguistische Berichte* 130, 386–414.

Grimm, J. (1819–37) *Deutsche Grammatik*. Göttingen.

Große, R. und A. Neubert (1974) ,Thesen zur marxistisch-leninistischen Soziolinguistik'. In: R. Große und A. Neubert (Hrsg.) *Beiträge zur Soziolinguistik*. München: Hueber.

Grundmann, H. (1973) *Wahlkönigtum, Territorialpolitik und Ostbewegung im 13. und 14. Jahrhundert* (Handbuch der deutschen Geschichte, Bd. 5). München: Deutscher Taschenbuch Verlag.

Gumperz, J. (1966) ,On the ethnology of linguistic change'. In: Bright 1966: 27–49.

Gumperz, J. (1977) ,Social network and language shift in Kärnten'. In: Molony et al. 1977: 83–103.

Gumperz, J. (1982) *Discourse Strategies*. Cambridge: Cambridge University Press.

Günther, J. (1967) ,Die städtische Umgangssprache von Freiburg im Breisgau'. Dissertation, Universität Freiburg.

Günthner, S. (1993) ,... weil – man kann es ja wissenschaftlich untersuchen' – Diskurspragmatische Aspekte der Wortstellung in WEIL-Sätzen. In: *Linguistische Berichte* 143, 37–59.

Haarmann, H. (1975) *Soziologie und Politik der Sprachen Europas*. München: Deutscher Taschenbuch Verlag.

Haas, W. (1982) ,Die deutschsprachige Schweiz'. In: Schläpfer 1982: 71–160.

Haas, W. (1983) ,Vokalisierung in den deutschen Dialekten'. In: Besch et al. 1982–83: 1111–16.

Haffner, S. (1985) ,Die einseitige Zweisprachigkeit und Fragen der Sprachkultur in Kärnten'. In: *Incontri linguistici* 10: 45–58.

Halliday, M. A. K. (1973) ,Foreword'. In: N. Bernstein (ed.), *Class, Codes and Control*. Vol. 2. London: Routledge & Kegan Paul, ix-xvi.

Hard, G. (1966) *Zur Mundartgeographie. Ergebnisse, Methoden, Perspektiven*. Düsseldorf: Schwann.

Hartig, M. (1985) *Soziolinguistik*. Bern: Lang.

Hartung, W. (1990) ,Einheitlichkeit und Differenziertheit der deutschen Sprache'. In: *Zeitschrift für Germanistik* 90, 447–466.

Hartweg, F. (1981) ,Sprachkontakt und Sprachkonflikt im Elsaß'. In Meid/Heller 1981: 97–113.

Haugen, E. (1972a) ,Dialect, language, nation'. In: Pride/Holmes 1972: 97–111.

Haugen, E. (1972b) *The Ecology of Language*. Stanford: Stanford University Press.

Heeroma, K. (1962) ,Die Grenze des Friesischen'. In: W. Schröder (Hrsg.) *Festschrift für Ludwig Wolff*. Neumünster: Wachholtz, 33–53.

Heidelberger Forschungsprojekt ,Pidgin-Deutsch' (1975) *Sprache und Kommunikation ausländischer Arbeiter*. Kronberg: Scriptor.

Heilfurth, G. und L. E. Schmitt (Hrsg.) (1963) *Festgabe K. Winnacker*. Marburg: Elwert.

Helbig, G. und J. Buscha (1975) *Deutsche Grammatik*. Leipzig: VEB Verlag Enzyklopädie. (1986) *Kurze deutsche Grammatik für Ausländer*. Leipzig: VEB Verlag Enzyklopädie.

Hellmann, M. W. (1980) ,Deutsche Sprache in der Bundesrepublik Deutschland und in der Deutschen Demokratischen Republik'. In: H. P. Althaus, H. Henne und H. E. Wiegand (Hrsg.) *Lexikon der germanistischen Linguistik*. Tübingen: Niemeyer, 519–27.

Hellmann, M. W. (1989) ,Die doppelte Wende: Zur Verbindung von Sprache, Sprachwissenschaft und zeitgebundener politischer Bewertung am Beispiel deutsch-deutscher Sprachdiffrenzierung'. In: J. Klein (Hrsg.) *Politische Semantik*. Opladen: Westdeutscher Verlag, 397–326.

Hentschel, E. und H. Weydt (1990) *Handbuch der deutschen Grammatik*. Berlin, New York: de Gruyter.

Hermanns, F., W. Lenschen und G. Merkt (Hrsg.) (1983) *Lernziele Deutsch. Perspektiven für den Deutschunterricht in der französischen und italienischen Schweiz*. Neuchâtel: Commission Interuniversitaire Suisse de Linguistique Appliquée.

Herrgen, J. (1986) *Koronalisierung und Hyperkorrektion*. Stuttgart: Steiner.

Herrgen, J. und J. E. Schmidt (1985) ‚Systemkontrast und Hörerurteil. Zwei Dialektalitätsbegriffe und die ihnen entsprechenden Meßverfahren'. In: *Zeitschrift für Dialektologie und Linguistik* 52/1, 20–42.

Hess-Lüttich, E.W.B. (1987) *Angewandte Sprachsoziologie*. Stuttgart: Metzler.

Hinderling, R. (Hrsg.) (1986) *Europäische Sprachminderheiten im Vergleich*. Stuttgart: Steiner.

Hinnenkamp, V. (1982) *Foreigner Talk und Tarzanisch*. Hamburg: Buske.

Hinnenkamp, V. (1989) *Interaktionale Soziolinguistik und interkulturelle Kommunikation*. Tübingen: Niemeyer.

Hinnenkamp, V. (1990) „„Gastarbeiterlinguistik" und die Ethnisierung der Gastarbeiter'. In: E. Dittrich und F.-O. Radtke (Hrsg.) *Ethnizität: Wissenschaft und Minderheiten*. Opladen: Westdeutscher Verlag, 277–297.

Hoffmann, F. (1979) *Sprachen in Luxemburg: sprachwissenschaftliche und literaturhistorische Beschreibung einer Triglossie-Situation* (Deutsche Sprache in Europa und Übersee 6). Stuttgart: Steiner.

Hoffmeister, W. (1977) *Sprachwechsel in Ost-Lothringen*. Stuttgart: Steiner.

Hofmann, E. (1963) ‚Sprachsoziologische Untersuchungen über den Einfluß der Stadtsprache auf mundartsprechende Arbeiter'. In: Heilfurth/Schmitt 1963: 201–81.

Holm, J. (1988-9) *Pidgins and Creoles*, Vol. 1: *Theory and Structure*; Vol. 2: *Reference Survey*. Cambridge: Cambridge University Press.

Holmes, J. (1992) *An Introduction to Sociolinguistics*. London, New York: Longman.

Hooge, D. (1983) ‚Verwendungstypen der Tempusformen in den deutschen Dialekten'. In: Besch et al. 1982-83:1209–20.

Hudson, R. A. (1980) *Sociolinguistics*. Cambridge: Cambridge University Press.

Hufschmidt, J. (1983) ‚Erfahrungen, Beobachtungen und Wertungen zum Mundartgebrauch'. In: Hufschmidt et al. 1983:11–59.

Hufschmidt, J., E. Klein, K. J. Mattheier und H. Mickartz (1983) *Sprachverhalten in ländlichen Gemeinden: Dialekt und Standardsprache im Sprecherurteil* (Forschungsbericht Erp-Projekt, Bd. 2). Berlin: Schmidt.

Hufschmidt, J. und K. J. Mattheier (1981a) ‚Sprache und Gesellschaft'. In: Besch et al. 1981: 43–83.

Hufschmidt, J. und K. J. Mattheier (1981b) ‚Sprachdatenerhebung'. In: Besch et al. 1981:178–205.

Hymes, D. (ed.) (1971) *Pidginization and Creolization of Language*. Cambridge: Cambridge University Press.

Imboden, M. (1964) *Helvetisches Malaise*. Zürich: EVZ-Verlag.

Inglehart, R. F. and M. Woodward (1972) ‚Language conflicts and political community (excerpts)'. In: Giglioli 1972: 358–77.

Ising, G. (1974) ‚Struktur und Funktion der Sprache in der gesamtgesellschaftlichen Entwicklung'. In: *Aktuelle Probleme der sprachlichen Kommunikation* (1974), 9–36.

Jahrbuch des Statistischen Bundesamtes 1995/96.

Johnson, S. (1995) *Gender, Group Identity and Variation in Usage of the Berlin Urban Vernacular*. Bern: Lang

Johnson, S. (1992) ‚On the status of female informants in Peter Schlobinski's „Stadtsprache Berlin"'. In: *Linguistische Berichte* 40, 246–255.

Jongen, R. (1982) ‚Theoriebildung der strukturellen Dialektologie'. In: Besch et al. 1982: 248–277.

Jongen, R., S. de Knop, P. H. Nelde und M. Quix (Hrsg.) (1983) *Mehrsprachigkeit und Gesellschaft*. Tübingen: Niemeyer.

Jongen, R. und W. H. Veith (1982) ‚Theoriebildung der strukturellen Dialektologie'. In: Besch et al. 1982: 248–277.

Kall-Holland, A. (1981) ‚Soziale und sprachliche Gliederung in der Ortsgemeinschaft Erp'. In: Besch et al. 1981: 214–37.

Kallmeyer, W. (Hrsg.) (1994) *Kommunikation in der Stadt.* (*Teil 1: Exemplarische Analysen des Sprachverhaltens in Mannheim. Teil 2: Ethnographien von Mannheimer Stadtteilen.*) Berlin, New York: de Gruyter.

Kartheuser, B. (1979) ‚Die Problematik der Zweisprachigkeit an den Schulen des amtlichen deutschen Sprachgebiets'. In: Nelde 1979b: 101–22.

Keim, I. (1984) *Untersuchungen zum Deutsch türkischer Arbeiter.* Tübingen: Narr.

Keller, R. E. (1961) *German Dialects.* Manchester: Manchester University Press.

Keller, T. (1976) *The City Dialect of Regensburg.* Hamburg: Buske.

Keller, T. (1978) *The German Language.* London: Faber & Faber.

Kern, R. (1980) ‚Interferenzprobleme bei deutschsprachigen Belgiern'. In: Nelde 1980: 97–103.

Kern, R. (1983) ‚Zur Sprachsituation im Areler Land'. In: Jongen et al. 1983: 70–87.

Kinne, M. und B. Strube-Edelmann (1981) *Kleines Wörterbuch des DDR- Wortschatzes.* Düsseldorf: Schwann.

Klein, E. (1981) ‚Sozialdatenerhebung'. In: Besch et al. 1981:152–77.

Klein, E. (1983) ‚Situation und Sprachlage'. In: Hufschmidt et al. 1983:117–99 .

Klein, W. (1974) *Variation in der Sprache.* Kronberg: Scriptor.

Klein, W. and N. Dittmar (1979) *Developing Grammars.* Berlin: Springer.

Klein, W. (1988) ‚Varietätengrammatik'. In: Ammon, U., N. Dittmar und K. J. Mattheier (Hrsg.) *Soziolinguistik.* Berlin, New York: de Gruyter, 997–1006.

Klönne, A. (1984) *Zurück zur Nation?* Köln: Diederichs Verlag.

Kloss, H. (1976) ‚Abstandsprachen und Ausbausprachen'. In: Göschel et al. 1976: 301–22.

Kloss, H. (1978) *Die Entwicklung neuer germanischer Kultursprachen seit 1800* (2. Aufl.) (Sprache der Gegenwart Bd. 37). Düsseldoff: Schwann.

Knoop, U. (1982) ‚Zur Geschichte der Dialektologie des Deutschen'. In Besch et al. 1982–83:1–23.

Knoop, U., W. Putschke und H. E. Wiegand (1982) ‚Die Marburger Schule: Entstehung und frühe Entwicklung der Dialektgeographie'. In: Besch et al. 1982–83: 38–92.

Knowles, J. (1980) ‚Multilingualism in Luxembourg'. In: Nelde 1980: 355–61.

König, W. (1978) *dtv-Atlas zur deutschen Sprache.* München: Deutscher Taschenbuch Verlag.

König, W. (1989) *Atlas zur Aussprache des Schriftdeutschen in der Bundesrepublik Deutschland.* 2 Bde. Ismaning: Hueber.

Kolde, G. (1980) ‚Vergleichende Untersuchungen des Sprachverhaltens und der Spracheinstellungen von Jugendlichen in zwei gemischtsprachigen Schweizer Städten'. In: Nelde 1980: 243–53.

Kolde, G. (1981) *Sprachkontakte in gemischtsprachigen Städten.* Stuttgart: Steiner.

Kolde, G. (1986) ‚Einige aktuelle sprach- und sprachenpolitische Probleme in der viersprachigen Schweiz'. In: *Muttersprache* 1–2/1986, 58–68.

Koß, G. (1983) ‚Realisierung von Kasusrelationen in den deutschen Dialekten'. In: Besch et al. 1982–83: 1242–50.

Kotthoff, H. (1989a) *Pro und Contra in der Fremdsprache. Pragmatische Defizite in interkulturellen Argumentationen.* Frankfurt a. M.: Lang.

Kotthoff, H. (1989b) ‚So nah und doch so fern. Deutsch-amerikanische pragmatische Unterschiede im universitären Milieu'. In: *Info-DaF* 18/4, 448–59.

Kramer, J. (1981) *Deutsch und Italienisch in Südtirol.* Heidelberg: Winter.

Kramer, J. (1984) *Zweisprachigkeit in den Beneluxländern.* Hamburg: Buske.

Kramer, J. (1986) ‚Gewollte Dreisprachigkeit – Französisch, Deutsch und Letzebuergesch im Großherzogtum Luxemburg'. In: Hinderling 1986: 229–49.

Küpper, H. (1987) *Wörterbuch der deutschen Umgangssprache.* Stuttgart: Klett.

Kutsch, S. und I. Desgranges (Hrsg.) (1985) *Zweitsprache Deutsch – ungesteuerter Erwerb.* Tübingen: Niemeyer.

Labov, W. (1972a) *Sociolinguistic Patterns.* Oxford: Basil Blackwell.

Labov, W. (1972b) *Language in the Inner City.* Oxford: Basil Blackwell.

Ladin, W. (1982) ‚Mehrsprachigkeit in Straßburg'. In: Bausch 1982: 303–44.

Lambert, W., R. Hodgson, R. Gardner and S. Fillenbaum (1960) ‚Evaluative reactions to spoken language'. In: *Journal of Abnormal and Social Psychology* 60, 44–51.

Lasch, A. (1928) *„Berlinisch". Eine berlinische Sprachgeschichte.* [Unveränd. reprograf. Nachdruck der Ausg. Berlin 1928]. Darmstadt: Wissenschaftliche Buchgesellschaft 1967.

Le Page, R. and A. Tabouret-Keller (1985) *Acts of Identity.* Cambridge: Cambridge University Press.

Lehmann, W. P. (1973) *Historical Linguistics.* New York: Holt, Rinehart & Winston.

Lehmann, W. P. and Y. Malkiel (eds.) (1968) *Directions for Historical Linguistics.* Austin: University of Texas Press.

Leippe, H. (1977) ‚Deutsche Dialekte, I'. In: *Zeit-Magazin* 50/2, 30–44.

Linguistic Minorities Project (1985) *The Other Languages of England.* London: Routledge & Kegan Paul.

Lockwood, W. B. (1969) *Indo-European Philology.* London: Hutchinson.

Lockwood, W. B. (1972) *A Panorama of Indo-European Languages.* London: Hutchinson.

Lockwood, W. B. (1976) *An Informal History of the German Language.* Oxford, London: Basil Blackwell, André Deutsch.

Löffler, H. (1972) ‚Mundart als Sprachbarriere'. In: *Wirkendes Wort* 22/1, 23–39.

Löffler, H.(1980) *Probleme der Dialektologie.* Darmstadt: Wissenschaftliche Buchgesellschaft.

Löffler, H. (1985) *Germanistische Soziolinguistik* (Grundlagen der Germanistik, 28). Berlin: Schmidt.

Lösch, W. (1986) ‚Merkmale der regionalen Umgangssprache in Südthüringen'. In: W. Lösch (Hrsg.) *Umgangssprachen und Dialekte in der DDR.* Jena: Friedrich-Schiller-Universität, 114–28.

Lötscher, A. (1983) *Schweizerdeutsch.* Frauenfeld et al.: Huber.

Löwe, H. (1973) *Deutschland im fränkischen Reich* (Handbuch der deutschen Geschichte, Bd.3). München: Deutscher Taschenbuch Verlag.

Lüsebrink, C. (1986) ‚Möglichkeiten und Grenzen des rechtlichen Schutzes von Sprachminderheiten am Beispiel Südtirol-Burgenland'. In: Hinderling 1986: 57–79.

Maak, H. G. (1983) ‚Sonderformen in den Pronominalsystemen deutscher Dialekte'. In: Besch et al. 1982–83: 1174–79.

Macha, J. (1982) *Dialekt/Hochsprache in der Grundschule. Ergebnisse einer Lehrerbefragung im südlichen Nordrhein-Westfalen.* Bonn: Röhrscheid.

Mangold, M. und P. Grebe *Duden Aussprache-Wörterbuch* (*Der große Duden*, Bd. 6). Mannheim: Bibliographisches Institut.

Masser, A. (1982) ‚Italienisches Wortgut im Südtiroler Deutsch'. In: Moser 1982: 63–74.

Mattheier, K. J. (1980) *Pragmatik und Soziologie der Dialekte* (Uni.-Taschenbücher, 994). Heidelberg: Quelle und Meyer.

Mattheier, K. J. (1981) ‚Chronologischer Überblick über Planung und Durchführung der Datenerhebung'. In: Besch et al. 1981:16–42.

Mattheier, K. J. (1982) ‚Sprachgebrauch und Urbanisierung'. In: Bausch 1982: 87–107.

Mattheier, K. J. (1983a) ‚Sprachlage und sprachliches Kontinuum'. In: Hufschmidt et al. 1983: 226–64.

Mattheier, K. J. (1983b) ‚Dialekt und Dialektologie'. In: Mattheier 1983c:135–54.

Mattheier, K. J. (Hrsg.) (1983c) *Aspekte der Dialekttheorie.* Tübingen: Niemeyer.

Mattheier, K. J. (1985) ‚Ortsloyalität als Steuerungsfaktor von Sprachgebrauch in örtlichen Sprachgemeinschaften'. In: Besch/Mattheier 1985: 139–57.

Mattheier, K. J. (1990), „Gemeines Deutsch" – ein Sinnbild der sprachlichen Einigung. In: *Begegnung mit dem „Fremden". Grenzen – Traditionen – Vergleiche. Akten des VIII. Internationalen Germanisten-Kongresses. Tokyo 1990*, Bd. 3. München: Iudicium, 39–48.

Mattheier, K. J. und P. Wiesinger (Hrsg) (1994), *Dialektologie des Deutschen. Forschungsstand und Entwicklungstendenzen.* (Germanistische Linguistik, 147) Tübingen: Niemeyer.

Maurer-Lausegger, H. (1992) ‚Das Slowenische in Kärnten in soziolinguistischer Sicht. Ein Forschungsbericht'. In: *Wiener Slavistisches Jahrbuch* 38. Wien: Österreichische Akademie der Wissenschaften, 89–106.

McRae, K. (1983) *Conflict and Compromise in Multilingual Societies*, Vol. 1: Switzerland. Ontario: Wilfred Laurier University Press.

McRae, K. (1986) *Conflict and Compromise in Multilingual Societies*, Vol. 2: Belgium. Ontario:Wilfred Laurier University Press.

Meid, W. und K. Heller, K. (1981) *Sprachkontakt als Ursache von der Veränderung der Sprach- und Bewußtseinsstruktur.* Innsbruck: Institut für Sprachwissenschaft der Universität Innsbruck.

Meinecke, F. (1969) *Weltbürgertum und Nationalstaat.* Hrsg. v. H. Herzfeld. München: Oldenbourg.

Meisel, J. (1980) ‚Linguistic simplification'. In: Felix 1980: 13–46.

Mickartz, H. (1983) ‚Einstellungsäußerungen zur Verwendung von Hochsprache und Mundart in der Kindererziehung'. In: Hufschmidt et al. 1983: 60–116.

Milroy, L. (1987a) *Observing and Analysing Natural Language.* Oxford: Basil Blackwell.

Milroy, L. (1987b) *Language and Social Networks* (2nd rev. edn.). Oxford: Basil Blackwell.

Molony, C., H. Zobl und W. Stölting (1977) *Deutsch im Kontakt mit anderen Sprachen.* Kronberg: Scriptor.

Moosmüller, S. (1984) ‚Soziale und psychosoziale Sprachvariation: eine quantitative und qualitative Untersuchung zum gegenwärtigen Wiener Deutsch'. Dissertation, Universität Wien.

Moosmüller, S. (1987) ‚Soziophonologische Variation bei österreichischen Politikern'. In: *Zeitschrift für Germanistik* 87/4, 429–39.

Moosmüller, S. (1987) *Soziophonologische Variation im gegenwärtigen Wiener Deutsch* (*Zeitschrift für Dialektologie und Linguistik*-Beiheft 56). Stuttgart: Steiner.

Moser, H. (Hrsg.) (1982) *Zur Situation des Deutschen in Südtirol.* Innsbruck: Universität Innsbruck.

Moser, H. und O. Putzer (1980) ‚Zum umgangssprachlichen Wortschatz in Südtirol: italienische Interferenzen in der Sprache der Städte'. In: Wiesinger 1980:139–72.

Moser, H., H. Wellmann und N. R. Wolf (1981) *Geschichte der deutschen Sprache.* Bd. 1: *Althochdeutsch-Mittelhochdeutsch* (Uni-Taschenbücher, 1139). Heidelberg: Quelle und Meyer.

Mühlhäusler, P. (1986) *Pidgin and Creole Linguistics.* Oxford: Basil Blackwell.

Müller, M. und L. Wertenschlag (1985) *Los emol.* Zürich: Langenscheidt.

Nelde, P. H. (1974) ‚Normabweichungen im Zeitungsdeutsch Ostbelgiens'. In: *Deutsche Sprache* 3/1974, 233–51.

Nelde, P. H. (1979a) *Volkssprache und Kultursprache. Die gegenwärtige Lage des sprachlichen Übergangsgebietes im deutsch-belgisch-luxemburgischen Grenzraum.* Stuttgart: Steiner.

Nelde, P. H. (Hrsg.) (1979b) *Deutsch als Muttersprache in Belgien.* Stuttgart: Steiner.

Nelde, P. H. (1980) *Languages in Contact and Conflict* (*Zeitschrift für Dialektologie und Linguistik*-Beiheft 32). Stuttgart: Steiner.

Nelde, P. H. (1984) ‚Aspects of linguistic determination along the Germanic-Romance linguistic boundary'. In: *Journal of Multilingual and Multicultural Development* 5/34, 217–24.

Nelde, P. H. (1986) ‚Ecological implications of language contact'. In: Nelde et al. 1986: 111–24.

Nelde, P. H., P. S. Ureland and I. Clarkson (1986) *Language Contact in Europe. Proceedings of the Working Groups 12 and 13 at the 13th International Congress of Linguists, 29 August – 4 September1982, Tokyo.* Tübingen: Niemeyer

Neuner, G., R. Schmidt, H. Wilms und M. Zirkel (1979) *Deutsch aktiv.* Berlin, München: Langenscheidt.

Neville, G. (1987) ‚Minority languages in contemporary France'. In: *Journal of Multilingual and Multicultural Development* 8, 147–157.

Neweklowsky, G. (1990) ‚Kärntner Deutsch aus slawistischer Sicht: zum Deutsch-Slowenischen Sprachbund in Kärnten'. In: *Germanistische Linguistik* 101/103, 477–500.

Newton, G. (1987) ‚The German language in Luxembourg'. In: Russ/Volkmar 1987: 153–79.

Newton, G. (ed) (1996) *Luxembourg and Letzebuergesch. Language and Communication at the Crossroads of Europe.* Oxford: Clarendon Press.

Niebaum, H. (1983) *Dialektologie.* Tübingen: Niemeyer.

Niepold, W. (1981) *Sprache und soziale Schicht.* Berlin: Spiess.

Oevermann, U. (1968) ‚Schichtenspezifische Formen des Sprachverhaltens und ihr Einfluß auf die kognitiven Prozesse'. In: H. Roth (Hrsg.), *Begabung und Lernen.* Stuttgart: Klett, 297–355.

Orlović-Schwarzwald, M. (1978) *Zum Gastarbeiterdeutsch jugoslawischer Arbeiter im Rhein-Main-Gebiet.* Stuttgart: Steiner.

Oschlies, W. (1991) *Die Sorben. Slawisches Volk in Osten Deutschlands.* Bonn: Friedrich-Ebert-Stiftung.

Pabst, K. (1979) ‚Politische Geschichte des deutschen Sprachgebiets in Ostbelgien bis 1944'. In: Nelde 1979b: 9–38.

Panzer, B. (1983) ‚Formenneutralisationen in den Flexionssystemen deutscher Dialekte'. In: Besch et al. 1982–83: 1170–73.

Pernstich, K. (1982) ‚Deutsch-italienische Interferenzen in der Südtiroler Presse'. In: Moser 1982: 91–128.

Pernstich, K. (1984) *Der italienische Einfluß auf die deutsche Schriftsprache in Südtirol.* Wien, Stuttgart: Braumüller.

Petyt, K. M. (1980) *The Study of Dialect: an Introduction to Dialectology.* London: André Deutsch.

Pfaff, C. (1981) ‚Sociolinguistic problems of immigrant workers and their children in Germany'. In: *Language in Society* 10, 155–88.

Polenz, P. von (1978) *Geschichte der deutschen Sprache.* Berlin, New York: de Gruyter.

Polenz, P. von (1991) *Deutsche Sprachgeschichte vom Spätmittelalter bis zur Gegenwart,* Bd. 1. Berlin, New York: de Gruyter.

Polenz, P. von (1991) *Deutsche Sprachgeschichte vom Spätmittelalter bis zur Gegenwart,* Bd. 2. Berlin, New York: de Gruyter.

Porsch, P. (1983) ‚Die Theorie der sprachlichen Kodes und ihr Verhältnis zur Differenziertheit der Sprache'. In: W. Hartung, H. Schönfeld et al. (Hrsg.) *Kommunikation und Sprachvariation.* Berlin: Akademie-Verlag, 259–79.

Pride, J. B. and J. Holmes (1972) *Sociolinguistics.* Harmondsworth: Penguin.

Putzer, O. (1982) ‚Italienische Interferenzen in der gesprochenen Sprache Südtirols'. In: Moser 1982: 141–62.

Quirk, R. and S. Greenbaum (1973) *A University Grammar of English.* London: Longman.

Quix, M. P. (1981) ‚Altbelgien-Nord'. In: Ureland 1981: 225–35.

Redaktionsarchiv: Zahlenbilder aus Politik, Wirtschaft und Kultur (1996) Redakteur: Georg Seibert. Berlin: Erich Schmidt.

Ris, R. (1973) ‚Dialekte und Sprachbarrieren aus Schweizer Sicht'. In: H. Bausinger (Hrsg.) *Dialekt als Sprachbarriere? Ergebnisbericht einer Tagung zur alemannischen Dialektforschung.* Tübingen: Tübinger Verein für Volkskunde, 29–62.

Ris, R. (1978) ‚Sozialpsychologie der Dialekte und ihrer Sprecher'. In: Ammon et al. 1978: 93–115.

Ris, R. (1979) ‚Dialekte und Einheitssprache in der deutschen Schweiz'. In: *International Journal of the Sociology of Language* 21, 41–61.

Redder, A. und J. Rehbein (Hrsg.) (1987) *Arbeiten zur interkulturellen Kommunikation* (Osnabrücker Beiträge zur Sprachtheorie 38) Osnabrück: Universität Osnabrück.

Redder, A. (1990) *Grammatiktheorie und sprachliches Handeln:* ‚denn' und ‚da'. Tübingen: Niemeyer.

Rehbein, J. (Hrsg.) (1985) *Interkulturelle Kommunikation.* Tübingen: Narr.

Romaine, S. (1982) *Sociolinguistic Variation in Speech Communities*. London: Edward Arnold.

Romaine, S. (1994) *Bilingualism*. 2nd edn. Oxford: Blackwell.

Rosenkranz, H. (1963) ‚Der Sprachwandel des Industriezeitalters im Thüringer Sprachraum'. In: Rosenkranz/Spangenberg 1963: 7–51.

Rosenkranz, H. und K. Spangenberg (Hrsg.) (1963) *Sprachsoziologische Studien in Thüringen*. Berlin: Akademie-Verlag.

Rost-Roth, M. (1994) ‚Verständigungsprobleme in der interkulturellen Kommunikation. Ein Forschungsüberblick zu Analysen und Diagnosen in empirischen Untersuchungen'. In: *Zeitschrift für Literaturwissenschaft und Linguistik* 93, 9–45.

Rost-Roth, M. (1995) ‚Language in intercultural communication'. In: Stevenson, P. (1995b): 169–204.

Russ, C. V. J. und C. Volkmar (Hrsg.) (1987) *Sprache und Gesellschaft in deutschsprachigen Ländern*. München: Goethe-Institut.

Russ, C. V. J. (ed.) (1989) *The Dialects of Modern German*. London: Routledge.

Sanders, W. (1982) *Sachsensprache, Hansesprache, Plattdeutsch: sprachgeschichtliche Grundzüge des Niederdeutschen* (Sammlung Vandenhoeck). Göttingen: Vandenhoeck & Ruprecht.

Sandig, B. (1973) ‚Zur historischen Kontinuität normativ diskriminierter syntaktischer Muster in spontaner Sprechsprache'. In: *Deutsche Sprache* 3/73, 37–57.

Saville-Troike, M. (1989) *The Ethnography of Communication*. 2nd edn. Oxford: Basil Blackwell.

Schellander, A. (1984) ‚Vprašanja dvojezičnosti: diglossija in bilingvizem'. In: *Koroško mladje* 53, 55–61.

Scheutz, H. und P. Haudum (1982) ‚Theorieansätze einer kommunikativen Dialektologie'. In: Besch et al. 1982: 295–315.

Schirmunski (Zhirmunskij), V. M. (1962) *Deutsche Mundartkunde*. Berlin: Akademie-Verlag.

Schläpfer, R. (Hrsg.) (1982) *Die viersprachige Schweiz*. Zürich, Köln: Benziger.

Schläpfer, R. (1987) ‚Mundart und Standardsprache in der deutschen Schweiz als Problem der Schule und Kulturpolitik in der viersprachigen Schweiz'. In: Gabriel/Stricker 1987: 166–75.

Schleswig-Holsteinischer Landtag (1987) *Bericht zur Sprache und Kultur des friesischen Bevölkerungsteils*. Kiel: Schleswig-Holsteinischer Landtag.

Schlieben-Lange, B. und H. Weydt (1978) ‚Für eine Pragmatisierung der Dialektologie'. In: *Zeitschrift für germanistische Linguistik* 6, 257–82.

Schlieben-Lange, B. (1991) *Soziolinguistik. Eine Einführung*. 3. Aufl. Stuttgart: Kohlhammer.

Schlobinski, P. (1984) *Berlinisch für Berliner*. Berlin: arani.

Schlobinski, P. und U. Blank (1985) *Sprachbetrachtung: Berlinisch*. 2 Hefte. Berlin: Marhold.

Schlobinski, P. (1986) *Berliner Wörterbuch*. Berlin: Marhold.

Schlobinski, P. (1987) *Stadtsprache Berlin. Eine soziolinguistische Untersuchung*. Berlin, New York: de Gruyter.

Schlobinski, P. (1992) *Funktionale Grammatik und Sprachbeschreibung*. Opladen: Westdeutscher Verlag.

Schlobinski, P. und H. Schönfeld (1993) DFG-Bericht zum Projekt „Berlinisch". Unveröffentlichter Abschlußbericht.

Schlosser, H. D. (1990) *Die deutsche Sprache der DDR zwischen Stalinismus und Demokratie. Historische, politische und kommunikative Bedingungen*. Köln: Verlag Wissenschaft und Politik.

Schmeller, J. (1821) *Die Mundarten Bayerns*. München.

von Schneidemesser, L. (1984 [1979]) *A Study of Lexical Stability and Change in the Urban*

Spoken Language of Gießen, Germany (Dissertation), Ann Arbor/Mich.: University Microfilms.

Schönfeld, H. (1977) ‚Zur Rolle der sprachlichen Existenzformen in der sprachlichen Kommunikation'. In: Akademie der Wissenschaften der DDR (Hrsg.) *Normen in der sprachlichen Kommunikation.* Berlin: Akademie-Verlag, 163–208.

Schönfeld, H. und R. Pape (1981) ‚Sprachliche Existenzformen'. In: Akademie der Wissenschaften der DDR (Hrsg.) *Kommunikation und Sprachvariation.* Berlin: Akademie-Verlag, 130–214.

Schönfeld, H. (1983) ‚Zur Soziolinguistik in der DDR. Entwicklung, Ergebnisse, Aufgabe'. In: *Zeitschrift für Germanistik* 2, 213–23.

Schönfeld, H. und P. Schlobinski (1995) ‚After the Wall: social change and linguistic variation in Berlin'. In: P. Stevenson (1995b): 117–134.

Schröder, B. (1974) ‚Sociolinguistics in the FRG'. In: *Language in Society* 3, 109–23.

Schuler, M., M. Bopp, K. Brassel und E. Brugger (Hrsg.) (1985) *Strukturatlas Schweiz.* Zürich: ex libris.

Schumann, J. (1978) *The Pidginization Process.* Rowley/Mass.: Newbury House.

Schwarzenbach, R. (1969) *Die Stellung der Mundart in der deutschsprachigen Schweiz.* Frauenfeld et al.: Huber.

Schwarzenbach, R. (1983) ‚Sorgen mit dem Hochdeutschen'. In: *Schweizer Monatshefte* 63/12, 1009–18.

Schwarzenbach, R. und M. Sitta (1983) ‚Mundart und Standardsprache in der deutschen Schweiz'. In: Hermanns et al 1983: 62–71.

Seebold, E. (1983) ‚Diminutivformen in den deutschen Dialekten'. In: Besch et al. 1982–83: 1250–55.

Senelle, R. (1980) *The Reform of the Belgian State.* Brüssel: Ministère des Affaires Étrangères, du Commerce Exterieur et de la Coopération au Développement.

Senft, G. (1982) *Sprachliche Varietät und Variation im Sprachverhalten Kaiserslauterer Metallarbeiter. Untersuchungen zu ihrer Begrenzung und Bewertung* (Arbeiten zur Sprachanalyse, Bd. 2.) Bern, Frankfurt a. M.: Lang.

Sieber, P. und H. Sitta (1986) *Mundart und Standardsprache als Problem der Schule.* Aarau: Sauerländer.

Siebs, T. (1969) *Siebs Deutsche Aussprache.* Hrsg. v. H. de Boor, M. Moser und C. Winkler. 19. Aufl. Berlin, New York: de Gruyter.

Sivrikozoğlu, C. (1985) *... nix unsere Vaterland. Zweitsprache Deutsch und soziale Integration.* Frankfurt a. M.: Lang.

Sjölin, B. (1969) *Einführung in das Friesische* (Sammlung Metzler 86, Abteilung C: Sprachwissenschaft). Stuttgart: Metzler.

Sommerfeldt, K.-E. (1988) *Entwicklungstendenzen in der deutschen Gegenwartssprache.* Leipzig: VEB Bibliographisches Institut.

Sonderegger, S. (1979) *Grundzüge deutscher Sprachgeschichte.* Berlin, New York: de Gruyter.

Søndergaard, B. (1980) ‚Vom Sprachenkampf zur sprachlichen Koexistenz im deutsch-dänischen Grenzraum'. In: Nelde 1980: 297–306.

Spiess, G. (1995) ‚Die sprachliche Situation bei den Sorben in der Niederlausitz'. In: *Lětopis. Zeitschrift für Sorabistik* (Sonderheft), 59–62.

Spillner, B. (Hrsg.) (1990) *Interkulturelle Kommunikation.* Forum Angewandte Linguistik, GAL. Frankfurt a. M.: Lang.

STATEC (1993) *Luxembourg in Figures.* Luxembourg: Service Central de la Statistique et des Études Économiques.

Stellmacher, D. (1977) *Studien zur gesprochenen Sprache in Niedersachsen. Eine soziolinguistische Untersuchung* (Deutsche Dialektgeographie, Bd. 82). Marburg: Elwert.

Stevenson, P. (1990) ‚Political culture and intergroup relations in plurilingual Switzerland'. In: *Journal of Multilingual and Multicultural Development* 1/3: 227–255.

Stevenson, P. (1995a) ‚Gegenwartsbewältigung: Coming to terms with the present in Germany'. In: *Multilingua* 14/14, 39–59.

Stevenson, P. (ed.) (1995b) *The German Language and the Real World. Sociolinguistic, cultural and pragmatic perspectives on contemporary German.* Oxford: Clarendon Press.

Stickel, G. (Hrsg.) (1990) *Deutsche Gegenwartssprache. Tendenzen und Perspektiven* (Institut für deutsche Sprache, Jahrbuch 1989). Berlin, New York: de Gruyter.

Stölting, W., D. Delić, M. Orlović, K. Rausch und E. Sausner (1980) *Die Zweisprachigkeit jugoslawischer Schüler in der BRD.* Wiesbaden: Harrasowitz.

Stone, G. (1972) *The Smallest Slavonic Nation. The Sorbs of Lusatia.* London: Athlone Press.

Sutton, P. (1984) ‚Languages in India', *Incorporated Linguist* 23/2, 75–78.

Tekinay, A. (1984) ‚Wie eine „Mischsprache" entsteht'. In: *Muttersprache* 5f, 396–403.

Thim-Mabrey, C. (1982) ‚Zur Syntax der kausalen Konjunktionen *weil, da* und *denn*'. In: *Sprachwissenschaft* 7, 197–219.

Trim, R. (1981) ‚Central Old Belgium'. In: Ureland 1981: 237–50.

Trim, R. (1983) ‚Sprachtod in Altbelgien-Mitte?'. In: Jongen et al. 1983: 157–68.

Trudgill, P. (1975) ‚Review of B. Bernstein, *Class. Codes and Control.* In: *Journal of Linguistics* 11/7, 147–51.

Trudgill, P. (ed.) (1978) *Sociolinguistic Patterns in British English.* London: Edward Arnold.

Trudgill, P. and J. Hannah (1982) *International English.* London: Edward Arnold.

Trudgill, P. (1983a) *On Dialect.* Oxford: Basil Blackwell.

Trudgill, P. (1983b) *Sociolinguistics.* 2nd edn. Harmondsworth: Penguin.

Tschernik, E. (1956) ‚Ausführlicher Abschlußbericht: Die gegenwärtigen demographischen, volkskundlichen und sprachlichen Verhältnisse in der zweisprachigen Lausitz.' In: Sorbisches Kulturarchiv XXXII, 22D.

Tyroller, H. (1986) ‚Trennung und Integration in Südtirol'. In: Hinderling 1986: 17–35.

Uesseler, M. (1982) *Soziolinguistik.* Berlin: Deutscher Verlag der Wissenschaften.

Ureland, P. S. (Hrsg.) (1979) *Standardsprache und Dialekte in mehrsprachigen Gebieten Europas. Akten des 2. Symposions über Sprachkontakt in Europa, Mannheim, 1978.* Tübingen: Niemeyer.

Ureland, P. S. (Hrsg.) (1981) *Kulturelle und sprachliche Minderheiten in Europa. Aspekte der europäischen Ethnolinguistik und Ethnopolitik. Akten des 4. Symposions über Sprachkontakt in Europa. Mannheim, 1980.* Tübingen: Niemeyer.

Valdman, A. (1977) *Pidgin and Creole Linguistics.* Bloomington: Indiana University Press.

Vassberg, L. (1993) *Alsatian Acts of Identity.* Clevedon, Philadelphia, Adelaide: Multilingual Matters.

Veith, W. H. (1982) ‚Theorieansätze einer generativen Dialektologie' In: Besch u.a. 1982: 277–295.

Veith, W. H. (1983) ‚Die Sprachvariation in der Stadt. Am Beispiel von Frankfurt am Main'. In: *Muttersprache* 93, 82–90.

Velde, M. van de (1974) ‚Noch einmal zur Hauptsatzwortstellung im Nebensatz'. In: *Muttersprache* 84/1, 77–80.

Verdoodt, A. (1968) *Zweisprachige Nachbarn. Die deutschen Hochsprach- und Mundartgruppen in Ost-Belgien, dem Elsaß, Ost-Lothringen und Luxemburg.* Wien, Stuttgart: Braumüller.

Viereck, W. (Hrsg.) (1980) *Studien zum Einfluß der englischen Sprache auf das Deutsche.* Tübingen: Narr.

Vogt, B. (1986) *Mundart und Standardsprache in der deutschen Schweiz: das Sprachverhalten junger Schweizer und ihre Einstellung zur Standardsprache.* Dissertation, Universität Basel.

Wahrig, G. *Deutsches Wörterbuch.* Gütersloh: Mosaik Verlag.

Walker, A. G. H. (1980a) ‚North Frisia and linguistics'. In: *Nottingham Linguistic Circular* 9/1, 18–31.

Walker, A. G. H. (1980b) ,Some factors concerning the decline of the North Frisian tongue'. In: Nelde 1980: 453–60.

Walker, A. G. H. (1987) ,Language and society in Schleswig'. In: Russ/Volkmar 1987: 136–52.

Walker, A. (1989) ,Frisian'. In: Russ 1989: 9–30.

Wardhaugh, R. (1986) *An Introduction to Sociolinguistics*. Oxford: Basil Blackwell.

Wardhaugh, R. (1987) *Languages in Competition*. Oxford, London: Basil Blackwell, André Deutsch.

Wardhaugh, R. (1992) *An Introduction to Sociolinguistics*. 2nd edn. Oxford: Blackwell.

Wehler, H. U. (1975) *Modernisierungstheorie und Geschichte*. Göttingen: Vandenhoeck & Ruprecht.

Weinreich, U. (1953) *Languages in Contact*. The Hague: Mouton.

Weinreich, U., W. Labov and M. Herzog (1968) ,Empirical foundations for a theory of language change'. In: Lehmann/Malkiel 1968: 95–195.

Wells, J. C. (1982) *Accents of English*. 3 Vol. Cambridge: Cambridge University Press.

Wells, C. J. (1985) *German: a Linguistic History to 1945*. Oxford: Oxford University Press.

Whinnom, K. (1971) ,Linguistic hybridization and the „special case" of pidgins and creoles'. In: Hymes 1971: 91–116.

Wiesinger, P. (Hrsg.) (1980) *Sprache und Name in Österreich*. Wien, Stuttgart: Braumüller.

Wiesinger, P. (1983a) ,Diphthongierung und Monophthongierung in den deutschen Dialekten'. In: Besch et al. 1982–83: 1076–83.

Wiesinger, P. (1983b) ,Rundung und Entrundung, Palatalisierung und Entpalatalisierung, Velarisierung und Entvelarisierung in den deutschen Dialekten'. In: Besch et al. 1982–83: 1101–5.

Williams, R. (1976) *Keywords*. London: Fontana/Croom Helm.

Winteler, J. (1876) *Kerenzer Mundart des Kantons Glarus*. Leipzig, Heidelberg.

Wolf, N. R. (1983) ,Durchführung und Verbreitung der zweiten Lautverschiebung in den deutschen Dialekten'. In: Besch et al. 1982–83: 1116–21.

Wolfensberger, H. (1967) *Mundartwandel im 20. Jahrhundert*. Frauenfeld et al.: Huber.

Wolfram, W. (1969) *A Sociolinguistic Description of Detroit Negro Speech*. Washington: Center for Applied Linguistics.

Yakut, A. (1981) *Sprache der Familie. Eine Untersuchung des Zweitspracherwerbs der türkischen Gastarbeiterfamilien in der BRD*. Tübingen: Narr.

Zehetner, L. G. (1977) *Bairisch*. Düsseldorf: Schwann.

Zeitschrift für Literaturwissenschaft und Linguistik 94 (1994).

Zimmer, R. (1977) ,Dialekt-Nationaldialekt-Standardsprache (Vergleichende Betrachtungen zum deutsch-französischen Kontaktbereich in der Schweiz, im Elsaß, und in Luxemburg)'. In: *Zeitschrift für Dialektologie und Linguistik* 44/2, 145–57.

Stichwortverzeichnis

Personenverzeichnis

Stellmacher, D. 115, 151, 156, 157, 166, 197
Stevenson, P. 23, 24, 197, 234, 245
Stickel, G. 210
Stölting, W. 245
Stone, G. 282
Strube-Edelmann, B. 197
Sutton, P. 8

Tabouet-Keller, A. 135, 248
Tekinay, A. 221
Thim-Mabrey, C. 182
Trier, U. 230
Trim, R. 256
Trudgill, P. 13, 68, 70, 71, 80, 107, 111, 116, 117, 126, 146, 203, 259, 292
Tschernik, E. 285
Tyroller, H. 275, 276

Uesseler, M. 20
Ureland, P. 304

Vassberg, L. 267, 268, 269, 270, 271, 272, 305
Veith, W. 80, 150, 197
van de Velde, M. 180
Verdoot, A. 250, 260, 262, 304
Viereck, W. 305
Vogt, B. 240, 241

Wahrig, G. 302
Walker, A. 46, 280, 281, 282
Walker, A.G.H. 305
Walter von der Vogelweide 49
Wardhaugh, R. 24, 221, 235, 304
Wehler, H. 109
Weinreich, U. 110, 246, 248, 295, 304
Wells, C.J. 180, 186
Wells, J.C. 59
Wenker, G. 65, 66, 68, 70
Wertenschlag, L. 237
Weydt, H. 21, 111, 127, 180
Whinnom, K. 220
Wiesinger, P. 98, 100, 101, 107, 152, 210
Williams, R. 307
Winteler, J. 66
Wolf, N. 85
Wolfensberger, H. 115, 116,
Wolfram, W. 116
Wölk, W. 304
Woodward, M. 9
Wrede, F. 71

Yakut, A. 245

Zeh, J. 257
Zehetner, L. 205
Zimmer, R. 201, 242